A INTERNACIONAL DA LAVA JATO

IMPERIALISMO, NOVA DIREITA E O COMBATE À CORRUPÇÃO COMO FARSA

AUTONOMIA
LITERÁRIA

Coordenação editorial
Cauê Seignemartin Ameni, Hugo Albuquerque, Manuela Beloni
Prefácio: Zé Paulo Netto
Orelha: Juliane Furno
Contracapa: Elias Jabbour
Apresentação: Marcelo Braz
Revisão: Lígia Magalhães
Diagramação: Biana Fernandes
Capa: Rodrigo Correa

Dados Internacionais de Catalogação na Publicação (CIP)
(eDOC BRASIL, Belo Horizonte/MG)

F363i Fernandes, Luís Eduardo.
A Internacional da Lava Jato: imperialismo, nova direita e o combate à corrupção como farsa / Luís Eduardo Fernandes. – São Paulo, SP: Autonomia Literária, 2024.
400 p. : 14 x 21 cm

ISBN 978-65-5497-017-4

1. Corrupção na política. 2. Investigação criminal – Brasil. 3. Brasil – Política e governo. I. Título.
CDD 364.13

Elaborado por Maurício Amormino Júnior – CRB6/2422

Autonomia Literária
Rua Conselheiro Ramalho, 945
CEP: 01325-001 São Paulo – SP
autonomialiteraria.com.br

Luís Eduardo Fernandes

A INTERNACIONAL DA LAVA JATO

IMPERIALISMO, NOVA DIREITA E O COMBATE À CORRUPÇÃO COMO FARSA

Autonomia Literária
2024

SUMÁRIO

APRESENTAÇÃO

Marcelo Braz

A publicação deste livro de Luís Eduardo Fernandes, originalmente sua Tese de Doutorado, deve ser celebrada por todos e todas que atuam nos programas de pós-graduação das universidades públicas brasileiras. E como se trata de um trabalho excepcional feito por um ex-orientando a celebração é redobrada.

Estudantes de pós-graduação, especialmente os de doutorado, são pressionados a publicar suas produções para somar pontos aos programas de pós avaliados pela CAPES. O resultado é um aumento de publicações de valor acadêmico duvidoso. É verdade que a pós-graduação brasileira deu saltos *quantitativos* nos últimos trinta anos. Em todas as áreas vemos docentes e discentes publicando, como nunca, artigos, livros, capítulos que *parecem* indicar que a ciência no Brasil avançou, diferentemente do que dizem os críticos do neoliberalismo que vige entre nós desde, justamente, as últimas três décadas. No entanto, se a métrica para aferir a produção científica brasileira se concentrar em parâmetros *qualitativos*, e não exatamente aqueles definidos pela CAPES, ver-se-á que tal produtivismo acadêmico mais se assemelha a uma linha de produção fordista de textos.

Especialmente nas "áreas humanas", quando se pensa na questão da *qualidade* da produção científica o que se vê é a proliferação de publicações de mestrandos, doutorandos e de seus orientadores que servem apenas à engorda dos Lattes e à corrida insana pela melhoria na avaliação quadrienal dos programas de pós. O resultado é que, alguém já o disse, parece haver mais revistas e livros publicados que leitores.

É por isso que devemos enaltecer quando temos à mão um bom material, fruto de pesquisa de doutorado, para publicação. É o caso do texto vertido em livro, intitulado *A Internacional da Lava Jato: imperialismo, nova direita e o combate à corrupção como farsa*, que a editora Autonomia Literária apresenta ao público.

O interesse pela obra se redobra porque o seu autor, apesar de seus trinta e poucos anos, é um militante com larga atuação em diversas organizações da classe trabalhadora, desde o movimento estudantil. Isso não o impediu de construir uma já sólida formação acadêmica – é graduado e mestre em História pela UFF, doutor em Serviço Social pela UFRJ, tem livro e bons artigos publicados –, mas o afastou do diletantismo acadêmico que graça nos meios universitários e nos empanturra de firulas teóricas alheias à realidade social. Além disso, combinou a formação universitária e a militância política com a labuta no ensino de História nas redes municipal, estadual e federal, tendo acumulado experiência docente inclusive no IFSP (Instituto Federal de São Paulo). Atualmente é professor da ESS/UFRJ.

Pois bem, o livro de Luís Eduardo Fernandes expressa essa combinação de atributos do autor. E a obra propriamente dita combina três níveis de competências de difícil articulação: *competência teórica* – é longa a lista de referências bibliográficas, nacionais e estrangeiras, que foram efetivamente consultadas e usadas na pesquisa –; *competência metodológica* – Fernandes se valeu de um amplo manancial de fontes primárias e secundárias cujos dados e informações extraídos foram devidamente sistematizados e expostos de modo claro e objetivo –; e *competência analítica* – o amplo processo de investigação culminou numa exposição que não apenas descreve o que a pesquisa revelou como também, e principalmente, interpreta os fatos à luz da teoria, apresentando um todo articulado que recupera e reproduz o movimento do real.

O livro não se limita a destrinchar os meandros da Operação Lava Jato, ainda que o faça com êxito, principalmente em seus capítulos finais (V e VI). Mas, como o título da obra sugere, vai além daquela triste operação judicial. O desnudamento da grande farsa operada por desqualificados e meliantes agentes do Judiciário é o mote que leva Fernandes a analisar elementos importantes da história do Brasil recente. E assim o fez operando a análise histórica dos acontecimentos, manejando um método de investigação da realidade que não trata a história como "objeto", mas como realidade movida (e movente) pelos sujeitos que a constroem. Opção teórico-metodológica que é legatária de uma forma de conhecer (e acompanhar) a evolução dos fatores econômicos e de demonstrar como eles refletem nas esferas da política, nas classes sociais e nas relações entre elas, com vistas a mostrar a conexão causal interna que, embora se *expresse* numa determinada conjuntura, resulta de um desenvolvimento de mais largo fôlego; e que identifica, para além dos fatos isolados, um quadro totalizante que os enlaça e permite explicar as suas origens, causas e fatores determinantes.

O autor fez uma análise *a quente* da história, quando os fatos estavam em curso. Fruto de seu doutoramento que se deu entre 2017 e 2022, sua pesquisa transcorreu simultaneamente a um período de enorme efervescência na história do Brasil contemporâneo, em que o seu "objeto" de estudo esteve embebido e foi produto direto dos acontecimentos. Basta lembrar que o marco temporal mais decisivo para sua pesquisa foi aquele que cobria o período imediatamente anterior à difusão do lavajatismo – ou seja, a virada da primeira década do século XXI para a segunda em que se notavam os influxos da grande e grave crise capitalista que explodiu em 2008 – e o período subsequente em que os desdobramentos da Lava Jato produziam terremotos e maremotos na conjuntura brasileira.

No plano interno, o tsunami provocado pela crise foi mais tardio, e foi muito mais que uma "marolinha". A grande onda que a crise gerou entre nós produziu contradições relevantes que expressavam demandas da classe trabalhadora represadas e que não encontraram respostas políticas à esquerda, especialmente daquela que estava no poder, capazes de direcionar a força política com que se apresentava de modo difuso e espontaneísta. Em meio ao torvelinho de acontecimentos que se desenrolaram nas chamadas Jornadas de Junho, uma onda conservadora se espraiou e se apropriou de parte relevante daquelas demandas. Mais que uma onda, consolidou-se entre nós um triste tempo em que a extrema direita ganhou as ruas até alcançar espaços do poder político institucional, destacadamente a cadeira presidencial.

A crise de 2008, as Jornadas de Junho de 2013, a ascensão da própria Lava Jato no mesmo ano, a deposição de Dilma Roussef em 2016, o governo Temer entre 2016 e 2018, a eleição de Bolsonaro e seu desastroso e nefasto governo entre 2019 e 2022 – eis aí a complexa e desafiadora realidade com o qual se bateu Luís Fernandes.

O que os leitores e as leitoras encontrarão aqui é um estudo que articula domínio teórico das categorias basilares ao assunto da obra, como a de imperialismo, com uma argumentação solidamente baseada em dados e informações recolhidas de fontes variadas: as governamentais, as vinculadas a institutos de investigação nacionais e internacionais e as de entidades diversas, desde as de classe até as chamadas ONGs. O livro busca, inclusive, apropriar-se criticamente de fontes ligadas a organismos políticos – como a *Transparência Internacional*, braço do imperialismo por aqui incensado pela mídia monopolista e seus asseclas travestidos de "jornalistas" e "comentaristas" (os mervals, sardenbergs e que tais...) – que atuaram para edificar o clima conjuntural favorável ao comportamento quadrilheiro de que se valeu o ex-juiz Sergio Moro para erguer a grande farsa que foi a Operação Lava Jato. O trabalho de Fernandes analisa o contexto, as circunstâncias e as motivações que tornaram possível o advento e a projeção de uma criminosa operação judicial que devastou biografias, organizações políticas, instituições e grandes empresas nacionais.

Verão, leitores e leitoras, que o conluio judicial e midiático tem bases internacionais que se encontram em organismos de formação e difusão político-ideológica estimulados e financiados por países sedes de grandes empresas monopolistas ligadas ao capital financeiro de setores importantes da economia, especialmente o petrolífero. E saberão que tais nações, que são as potências capitalistas, agem em defesa de seus interesses geoeconômicos ensejando uma partilha territorial e econômica do mundo que cria um verdadeiro sistema econômico imperialista que unifica os interesses comuns de seus países centrais, ainda que isso não signifique a ausência de contradições entre eles.

A propósito, sabemos que as formas pelas quais a peleja interimperialista se desenvolve na contemporaneidade preservam aquelas que Lênin já nos apresentou em 1916. Mas a elas foram adicionadas novas modalidades de ação imperialista que passaram a se valer – sem abrir mão, quando necessário, das velhas formas – de meios judiciais para desestabilizar governos, organizações e até empresas privadas que estiverem interferindo nos negócios imperialistas. Pensar o imperialismo e todas as suas consequências econômicas, políticas, sociais – como a política colonialista, a guerra interimperialista dela decorrente, a exportação de capitais, o domínio da oligarquia financeira, o papel dos Estados para os monopólios, a expansão da indústria bélica – é uma tarefa de todos que querem entender o mundo atual para superá-lo.

Para tanto, devemos pensar as novas formas pelas quais o velho imperialismo domina, entre elas aquelas que se valem do redirecionamento do aparato legal e institucional operado por agentes internos atuantes no Parlamento e no Judiciário, devidamente reforçados pela atuação de organismos "não governamentais" nacionais e estrangeiros e amplificados pelos canais monopolistas da mídia burguesa que atua como se fosse uma sucursal dos interesses ianques no Brasil.

A forma pela qual o chamado "imperialismo legal" opera nos Estados Unidos é investigada no primeiro capítulo do livro, que ainda procura mostrar as bases do combate à corrupção (ou do discurso ideológico em torno dele) na formação social brasileira. Apesar de ser um estudo fortemente marcado por eventos conjunturais, os leitores e leitoras verão que o autor busca identificar neles os determinantes que os conectam às novas e velhas estratégias imperialistas, ao mesmo tempo que identifica traços característicos de nossa formação social presentes no mote moralista do combate à corrupção.

É em boa hora, uma década depois da deflagração da Lava Jato – efeméride que vem sendo, lamentavelmente, cultuada em matérias jornalísticas apoiadas por suspeitas pesquisas de opinião – que se publica este livro. Trata-se de um material de leitura obrigatória a todos e a todas que pretendem compreender os caminhos e os descaminhos do Brasil recente.

Natal, 05 de março de 2024.
Marcelo Braz

UM LIVRO IMPRESCINDÍVEL

José Paulo Netto[1]

A segunda metade dos anos 2010 assinalou, em nosso país, a glorificação daquela que ficou conhecida como *Operação Lava Jato*, cuja emergência verificou-se em 2014. A operação acabou por configurar um episódio que trouxe ao proscênio da cena brasileira bacharéis-doutores que, do ponto de vista jurídico, sob condições sociopolíticas de normalidade e maturidade democráticas, não teriam o menor relevo ou destaque – talvez senão como exemplares de mediocridades agressoras do idioma (quem não se recorda do juiz parcial, inculto e ignorante, travestido de justiceiro-mor, cometendo barbaridades do tipo "*conje*" e "*depredraram*"?) ou como fazedores de toscos e mentirosos *slides* de PowerPoint (quem não se lembra daquele apresentado pelo ajudante do justiceiro-mor?). Bufões cuja insignificância intelectual e jurídica não os impediu de efetuar graves e profundas lesões a normas de Direito estabelecidas e a causar danos incontáveis (vários de ponderável peso econômico) à sociedade brasileira; entre outros de seus cometimentos, contam-se o seu contributo ao golpismo parlamentar que desaguou no processo de *impeachment* de Dilma Rousseff e a sua função suplementar de levedura na sabotagem à laicidade do Estado, conduzida por empresários que, com a túnica de "pastores" do revivalismo

[1] Professor Emérito da Escola de Serviço Social da Universidade Federal do Rio de Janeiro, tradutor e ensaísta, com publicações no Brasil e noutros países, autor de *Karl Marx. Uma biografia*. São Paulo: Boitempo, 2020.

religioso mais irracionalista, prosseguem locupletando-se com fortunas e promovendo diligentemente um projeto político de medula teocrática.

A *Operação Lava Jato*, porém, foi realmente *glorificada* – não há nenhum exagero nesta qualificação: houve escriba que chegou a descrevê-la como "a maior investigação contra a corrupção no mundo" (!), e o justiceiro-mor foi obsequiado, entre outras tantas deferências, com a publicação de uma biografia (!). As redes nacionais de TV (com os seus áulicos "comentaristas" de política e economia), os grandes jornais (com os seus editoriais falaciosos e camaleônicos articulistas) e a esmagadora maioria das revistas tornaram-na objeto de louvação, potenciada pela atividade deletéria (e geralmente bem paga) das mídias eletrônicas. Nunca a sabujice da grande imprensa brasileira mostrou-se tão sem pudor. É certo que, desde o início, houve resistências: por exemplo, a atividade editorial quase única de Mino Carta e os esforços individuais de Luís Nassif e, em nichos acadêmicos, o empenho de cientistas sociais como Luiz Werneck Vianna, há pouco falecido – mas eram vozes solitárias. Por outra parte, a leniência – quando não até mesmo a favorável chancela – com que a *Lava Jato* foi recepcionada por altas instâncias do Judiciário envolveu-a, por um lustro, com uma aura de enganosas e falsas legalidade e legitimidade: parecia que, finalmente, aqui no Pindorama, meia dúzia de destemidos templários levavam avante e a sério o combate contra a corrupção.

Hoje, dez anos depois de iniciada a operação conduzida pela *república de Curitiba* (alusão à *república do Galeão*, grupelho golpista anti-Getúlio Vargas dos anos 1950), as máscaras e as fantasias caíram. Ninguém mais neste país, com um mínimo de informação e de decência, ignora a *intencionalidade política* que, por baixo do verniz "jurídico", motivou e dirigiu a ação dos justiceiros paranaenses e seus êmulos – a sua *ideologia reacionária* saltou à luz com as explícitas opções político-partidárias que fizeram a partir de 2018. A glorificação inicial esboroou-se – e se há vivandeiras (e elas existem!) da *Lava Jato*, agora se comportam com menos arrogância: entusiastas apaixonados de ontem discursam na hora atual com fingida moderação... As provas do atropelo e da violação de normas jurídicas, da autêntica truculência e do *quantum* de arbítrio acumulado na ação dos pretensos justiceiros não credibilizam minimamente os seus feitos. E, nos últimos anos, ademais das derrotas que os mesmos tribunais antes lenientes lhes estão impondo, já se disponibilizaram sólidas documentação e bibliografia que demonstram sobejamente os seus radicais vícios de origem e desenvolvimento. Enfim, a *Lava Jato* já começa a ter reconhecida a sua real posição na história brasileira contemporânea, e, nos capítulos 4 e 5 desta obra, Luís Fernandes também oferece subsídios para o seu exame objetivo.

Talvez seja pertinente, antes de prosseguir na breve apresentação a este livro cujas importância e originalidade serão aludidas mais adiante, tecer, em sucintos parágrafos, uns poucos e rápidos comentários acerca da problemática da corrupção.

Deixando de lado os ingênuos e/ou mal-intencionados que argumentam que processos de corrupção acompanham necessariamente a humanidade desde o seu surgimento (o senso comum mais rasteiro e vulgar considera a corrupção algo próprio de uma eterna "essência humana"), é sempre preciso levar em conta não só a *historicidade* da corrupção como a *diversidade* de fenômenos que ela envolve. Recordemos que, na Grécia clássica, a crítica à sociabilidade vigente era posta à conta da corrupção (a condenação de Sócrates é, aqui, emblemática). Urge abandonar a noção da perpetuidade da corrupção e trabalhar sistematicamente com *a hipótese de que a corrupção é um complexo histórico que se transformou e se transforma quantitativa e qualitativamente ao largo dos tempos*. Muitas formas novas de corrupção emergiram na cultura ocidental – e o nascimento da ordem burguesa trouxe à tona o que caracteriza a corrupção própria da Modernidade capitalista: a corrupção que tem por eixo e finalidade a *gratificação material-pecuniária*, que avança sobre riquezas e recursos privados e/ou públicos e se obtém mediante os mais distintos meios e procedimentos. Essa modalidade de corrupção, a moderna, não suprime formas anteriores de comportamentos corruptos nem se torna exclusiva – pense-se como, em quadras históricas de transição social acelerada, são coetâneas, por exemplo, modalidades diferenciadas de corrupção ideológica contrapostas a posições ideológico-morais exemplares (veja-se, de um lado, Burke invectivando contra a Revolução de 1789 e, doutro, a inteireza e a verticalidade de Robespierre). E mais: é fenômeno frequente que a corrupção moderna recorra a (e se socorra de) formas que lhe são precedentes, sobretudo para ocultar o seu interesse material-pecuniário.

A corrupção de que se trata no caso da *Lava Jato* é, obviamente, a *corrupção moderna* – que, a meu juízo, nasce com a constituição e sobretudo o desenvolvimento da sociedade burguesa (não cabe discutir nestes curtos parágrafos o seu registro inegável em formações sociais que buscaram uma alternativa à sociedade burguesa). Ora, o que a análise histórica vem demonstrando é que o desenvolvimento desta sociedade tem sido, igualmente, o desenvolvimento da corrupção que lhe é peculiar – uma modalidade de corrupção que envolve tanto o âmbito do que é o espaço do *privado* (a "sociedade") quanto do que é público (o Estado), operando muitas vezes articuladamente. Não é preciso ser nenhum marxista perigoso e subversivo para constatar, por exemplo, a corrupção histórica da/na sociedade burguesa nos Estados Unidos do século XX (*v.g.*, o clássico estudo, de E. H. Sutherland, sobre os crimes dos "colarinhos brancos") e noutros quadrantes do mundo, associando sujeitos do espaço privado a atores especialmente políticos (acerca da sua atualidade, basta apenas examinar, na Eurásia, as figuras de Putin e Erdogan, no Oriente a da sul-coreana Park Geun-hye e, na Europa Ocidental, as recentes – deste século – peripécias das honradas famílias reais da Espanha, da Bélgica e da Holanda). Vê-se: a antiga *Terra brasilis* está longe de ter qualquer preeminência (e, menos ainda, do monopólio) no quadro da corrupção moderna, burguesa.

Para esta perspectiva de análise, considerada a vigência da ordem burguesa, a corrupção é um componente estruturante desta sociedade – *não há ordem burguesa sem a corrupção que lhe é própria*. Mas esta sociedade se constitui e se desenvolve muito contraditoriamente – é dinamizada primariamente pelas lutas de classes (sabemos, há mais de um século e meio, que a burguesia, entre outras das suas belas criações, produz os seus coveiros) e explicita tensões e conflitos cada vez mais complexos e diferenciados, que vão muito além dos imediatos interesses classistas. Porém, atente-se: a corrupção que lhe é própria, em suas expressões específicas e particulares, engendra mecanismos e dispositivos que a contrarrestam – assim como não existe sociedade burguesa sem a *sua* corrupção, também não existe sociedade burguesa que, a partir de certo grau de maturação e sob determinadas condições sociopolíticas, prescinda inteiramente de limites institucionais e legais a ela. Vale dizer: no evolver da sociedade burguesa, emerge a necessidade de *regular a corrupção* – e a *efetiva punibilidade*, institucional e legal, dos seus agentes, privados e/ou públicos, é um dos índices mais claros dessa regulação.

Ora, é característica histórica saliente da sociedade brasileira uma sempre reiterada e reciclada *cultura da impunidade* (e a prática que é a sua implicação necessária), já objeto de significativa e diferenciada literatura sociológica e antropológica. Muito frequentemente, a crítica a esse traço tão resiliente da nossa história provém de segmentos políticos de nítido posicionamento conservador e até francamente reacionário e com vieses de vulgar moralismo (tudo isto encontrável noutras latitudes). Trata-se, de fato, de um tipo de crítica tradicionalmente cara a camadas sociais pequeno-burguesas – tais camadas são muito sensíveis a ela, mas a sua incorporação político-ideológica pode levar a comportamentos diversos (do *reformismo* de que deu mostras o *tenentismo* do primeiro terço do século XX ao *reacionarismo* de que se beneficiou o golpe do 1º de abril de 1964). Parece supérfluo assinalar que um tal *background* favoreceu a popularidade da *Lava Jato*; a "informação" que a grande imprensa brasileira sistematicamente entregou a seus leitores destilou, dia a dia, a ideia segundo a qual os templários de Curitiba estavam "colocando os ricos na cadeia" – notável exemplo contemporâneo de como se opera um processo de mistificação massiva (jovens interessados em pesquisas sérias de psicologia social deveriam estudar hoje, com olhos críticos, a obra, do fim dos anos 1930, do velho S. Tchakhotine, há mais de cinquenta anos traduzida por Miguel Arraes – que procurem em alfarrabistas o clássico *A mistificação das massas pela propaganda política*).

Observei, linhas atrás, que em dois capítulos (o quarto e o quinto) deste livro de Luís Fernandes[2] apresentam-se subsídios para resgatar veraz e criticamente o que foi a *Lava Jato*. Embora escrito por um historiador que em todos os seus textos jamais deixa escapar a *historicidade* das questões que enfrenta, a história daquele infausto episódio da vida brasileira não é o objeto central de *A Internacional da Lava Jato: imperialismo, nova direita e o combate à corrupção como farsa*; aliás, já há farto material

[2] Nascido em 1989, o professor e pesquisador Luís Eduardo da Rocha Maia Fernandes formou-se (graduação e mestrado em História) na Universidade Federal Fluminense e na Universidade Federal do Rio de Janeiro (doutorado em Serviço Social). Publicou ensaios em revistas científicas e organizou o importante volume *Introdução ao imperialismo tardio* (São Paulo: Ruptura Radical/LavraPalavra, 2022). Dedica-se especialmente ao estudo do imperialismo contemporâneo, objeto da sua tese de doutoramento (2022).

para avançar na elucidação dessa história.[3] O centro da análise do livro que o leitor tem em mãos analisa, ouso dizer que exaustivamente, nos três capítulos que precedem àqueles dois que remetem à história da *Lava Jato*, os *fundamentos* e o *significado econômico-político* da luta contra a corrupção no marco específico do estágio atual do capitalismo contemporâneo – mais exatamente, Luís Fernandes pesquisa a fundo, com o recurso a uma documentação amplíssima e atualizada, essa luta no marco do imperialismo tardio. E o faz com um detalhamento e uma argúcia raramente encontráveis em investigações similares.

O autor está superlativamente preparado para conduzir, com êxito, a sua pesquisa. É que, além de historiador competente, Luís Fernandes é dos mais perspicazes estudiosos da tradição crítico-analítica inaugurada pelos teóricos marxistas do primeiro quartel do século XX, nomeadamente Rudolf Hilferding, Rosa Luxemburgo, V. I. Lênin e N. Bukharin, ademais de autores temporalmente mais próximos de nós (como P. Baran e P. M. Sweezy, Samir Amin, James Petras, Costas Lapavitsas) e de muitos intelectuais brasileiros trabalhando e produzindo nos dias correntes. O fato é que este jovem pesquisador integra ao seu sólido conhecimento histórico um seguro domínio da teoria do imperialismo desenvolvida dos inícios do século XX à entrada do século XXI. Luís Fernandes, porém, está muito afastado da condição de um didático divulgador ou um disciplinado seguidor

---

[3] Cito, desse material e apenas a título de sugestão para um tal avanço, quatro – e bem diferenciados – livros de publicação recente: Milton Alves, *Lava Jato, uma conspiração contra o Brasil*. Curitiba: Kotter, 2021; Fausto Augusto Jr. *et alii*, orgs., *Operação Lava Jato: crime, devastação econômica e perseguição política*. São Paulo: Expressão Popular, 2021; Fábio Kerche e Marjorie Marona, *A política no banco dos réus. A Operação Lava Jato e a erosão da democracia no Brasil*. Belo Horizonte: Autêntica, 2022; Fernando Limongi, *Operação impeachment: Dilma Rousseff e o Brasil da Lava Jato*. São Paulo: Todavia, 2023.

dos "clássicos" do marxismo: vai além deles, é original, inovador, criativo – para comprová-lo, é suficiente atentar nas ideias que expande e instrumentaliza sobre o *cosmopolitismo imperialista*, o *imperialismo legal*, a *ocidentalização periférica* e a *institucionalidade extraterritorial*.

Ponderando, a meu juízo muito corretamente, o hegemonismo dos Estados Unidos ainda no comando do imperialismo contemporâneo, Luís Fernandes circunscreve o que afirma ser o *objetivo estratégico* do "grande irmão do Norte": liderar uma rede institucional e para-institucional de agências de governos, ONGs, entidades de classes e fóruns internacionais que viabilizem o seu domínio extraterritorial "legal". Estou convencido de que a sua pesquisa, calçada em documentação probatória que não resiste a contestações, é um suporte indispensável para avançar na explicação/compreensão das atuais e dominantes formas de combate à corrupção levadas a cabo por aqueles que pretendem formalmente jogar fora a água suja do banho (isto é, a corrupção) sem realmente se desvencilhar do inatacável bebê (isto é, o capitalismo contemporâneo, no seu estágio tardo-imperialista).

Vê-se: este não é mais um livro importante, em meio aos já publicados entre nós, para lançar luz sobre a *Operação Lava Jato*, que, em embalagem tropical, foi produto essencialmente conectado ao empenho da luta travada, em escala mundial, pelo Tio Sam para colimar o seu "objetivo estratégico" – é, decerto e muito simplesmente, um *livro imprescindível*.

INTRODUÇÃO

Em 2024, completam-se dez anos do início da Operação Lava Jato (OLJ), tida como a maior operação anticorrupção da história do Brasil. Até 2021, quando a força-tarefa foi formalmente encerrada, foram 130 denúncias contra 533 acusados, resultando em 278 condenações e atingindo 174 pessoas, cujas penas, somadas, são de 2.611 anos. Os 209 acordos de colaboração e os dezessete acordos de leniência resultaram em compromissos para a devolução de 15 bilhões de reais, dos quais, até 2023, nem um terço voltou aos cofres públicos ou da Petrobras.[4]

Os desdobramentos e as consequências políticas, sociais e econômicas da operação são ainda maiores. Segundo estudo produzido pelo Dieese, cerca de 4,4 milhões de empregos foram perdidos com a operação "anticorrupção". O economista Luiz Gonzaga Belluzzo estimou que os impactos da Operação Lava Jato e da Operação Carne Fraca nas cadeias produtivas geraram de 5 a 7 milhões de novos desempregados no Brasil entre 2015 e 2017 (Giovanaz, 2017). No âmbito político, a OLJ influiu direta e indiretamente nos pleitos eleitorais de 2014 e 2018, assim como foi decisiva para o golpe jurídico-parlamentar de 2016.

Para além disso, a OLJ se tornou um símbolo da reorganização política das direitas no Brasil, assim como a dita "luta contra a corrupção" de um sistema corrupto e de políticas econômicas "intervencionistas" do Estado se tornou parte de uma plataforma mais ampla que influiu em diversos setores políticos e sociais. No campo institucional, a OLJ também representou uma série de novas legislações – propostas e parcialmente aprovadas

---

[4] Dados referentes ao núcleo curitibano da força-tarefa.

–, que perpassam pela criminalização de políticas econômicas orientadas por concepções do "Estado como indutor do desenvolvimento" e da política, em seu sentido amplo, como principal mediatizador para negociações, compromissos e conflitos enraizados na sociedade.

Apesar do seu fim formal, a OLJ produziu uma série de legados para a história recente do Brasil. Além das dimensões citadas, o chamado lavajatismo é uma das consequências mais sentidas na vida política nacional. Embora tenha como referência ex-agentes da Lava Jato que entraram para o mundo da política institucional, como Sergio Moro e Deltan Dallagnol, o lavajatismo impacta diretamente e indiretamente um amplo espectro político: dos liberais à esquerda, passando pela centro-direita até a extrema direita e seu núcleo neofascista.

A criminalização do investimento público, da política como principal espaço de disputas, conflitos e negociações da sociedade e a identificação dos governos populares e de centro-esquerda como os principais causadores da corrupção são algumas das características do lavajatismo.

Desse modo, no Brasil, entre acadêmicos, jornalistas e políticos de diversas matrizes ideológicas, há um extenso debate sobre as investigações, os métodos e as consequências da OLJ. No entanto, caro leitor, o livro em suas mãos tem uma abordagem diferente. Nossa proposta é apresentar as relações entre as condições institucionais, acadêmicas, sociais e políticas que originaram a Lava Jato e os elos com o modelo internacional hegemônico de combate à corrupção, liderado pelos Estados Unidos.

Antes de avançarmos, cabem alguns alertas. O primeiro é criticar o modelo de combate à corrupção no Brasil, materializado pela OLJ, e apontar, por meio de suas contradições, sua baixa efetividade, eficiência e eficácia no avanço de políticas públicas de controle democrático das relações entre Estado e economia no capitalismo brasileiro. Portanto, não se trata de negar ou minimizar o problema da corrupção existente, pelo contrário.

Conceituar a corrupção como uma estrutura supra-histórica é um dos principais traços ideológicos do modelo hegemônico de anticorrupção. Da Antiguidade aos teóricos do absolutismo, de Aristóteles a Hobbes, a corrupção é refletida sob o prisma de apreensões distintas da atual definição supra-histórica em vigor, difundida pelos principais organismos internacionais através do "abuso do poder público para ganho privado".

No "pré-capitalismo", a corrupção era vista como a degradação dos corpos sociais, em especial políticos, desagregando os costumes, as culturas e a organização social como um todo. Aliás, a corrupção das sociedades muitas vezes era vista como sinônimo de colapso, arbítrio e desordem.[5] No capitalismo, em especial após a "Era das Revoluções", o fenômeno foi associado à constituição de um novo tipo de Estado, que, aparentemente, se propunha a representar "todo o povo". A corrupção seria um conjunto de práticas que desvirtuam a "igualdade jurídica" e o "espírito público" do Estado capitalista.[6]

Contudo, mais do que um problema "superestrutural", práticas legais e ilegais consideradas corruptas no capitalismo fazem

---

[5] Para uma introdução ao tema, vale mencionar os artigos sobre a abordagem da corrupção nos clássicos da teoria política. Esses artigos estão presentes no livro organizado por Leonardo Avritzer, Newton Bignotto, Juarez Guimarães e Heloisa Maria Murgel (2008).

[6] Segundo Armando Boito Júnior (2017, p. 10), a questão da corrupção seria um componente importante na ideologia burguesa do Estado. Segundo o cientista político brasileiro, as estruturas do Estado capitalista teriam a especificidade de serem abertas para egressos de todas as classes sociais. A ideologia burguesa de Estado caracterizar-se-ia, principalmente, por apresentar o aparato estatal como uma estrutura "acima das classes e conflitos sociais" e a "igualdade jurídica" entre todos os cidadãos.

parte da sua própria lógica de acumulação desde os primórdios. Pirataria, fraudes, invasões de terras comuns e tráfico de escravizados foram atividades fundantes da acumulação capitalista, fase que Marx denominou "acumulação primitiva".

Intelectuais contemporâneos (Fontes, 2010; Lapavitsas, 2009) apontam como a dinâmica das expropriações, violências, fraudes, apropriações financeiras e práticas tidas como corruptas são parte contínua para a liberalização de mercados em prol da acumulação capitalista.

No contexto da etapa neoliberal do capitalismo, principalmente após a década de 1970, a necessidade de rápida valorização de capitais sobreacumulados impulsionaram a transnacionalização produtiva e a financeirização. Desse modo, constituiu-se uma nova arquitetura da acumulação capitalista, na qual empresas de investimentos, fundos de pensão e de alto risco, companhias de seguros e diversos tipos de gestores de capital de risco ganharam grande protagonismo na direção do sistema financeiro global e também de empresas não financeiras.

Uma das principais características da financeirização é a criação de redes clandestinas de investimentos. Sistemas bancários paralelos e paraísos fiscais são algumas das estratégias do sistema financeiro global para esconder operações e sonegar impostos. A financeirização é uma forma de organização para potencializar a máxima extração da riqueza socialmente produzida, em especial para as oligarquias financeiras.

Muitas vezes, em especial na periferia capitalista, a pressão por lucros e rendimentos imediatos por parte desses agentes financeiros se associa a grupos criminosos, milícias e políticos corruptos a fim de invadir terras públicas, reservas indígenas e de quilombolas e privatizar recursos naturais e de empresas nacionais etc. No Brasil, por exemplo, o maior fundo de pensão dos Estados Unidos, o Tiaa, criou dois fundos agrícolas que administram cerca de 5 trilhões de dólares de ativos.

Esses fundos compraram quase 200 mil hectares de terras no Nordeste brasileiro, a maior parte no estado do Piauí (Seufert; Herre et al.; 2023, p. 37).

Ademais, em 2023, o "escândalo das Americanas" revelou um antigo esquema de "fraude contábil" no conglomerado de varejo, administrado pelos bilionários Jorge Paulo Lemann, Carlos Alberto Sicupira e Marcel Telles, para o pagamento de bônus e dividendos para acionistas e executivos em detrimento da saúde financeira da empresa.

A corrupção na gestão das Americanas afetou milhares de pequenos acionistas brasileiros e outros detentores de papéis da empresa mediatizados por fundos de pensão e de investimentos. Além disso, em meio ao ganho de rendimentos extraordinários através de fraude contábil, os mesmos acionistas majoritários das Americanas compraram parte significativa da Eletrobras, privatizada durante o governo Bolsonaro.

Portanto, a chamada corrupção, mais do que um desvio, é uma prática incorporada pela atual lógica de acumulação do capitalismo neoliberal. O lavajatismo inverte e oculta as raízes desse problema ao enfatizar a criminalização da intervenção econômica estatal, da política e da soberania democrática, mesmo que formal.

O segundo alerta, caro leitor, se refere a alguns dos instrumentos teóricos centrais que utilizaremos ao longo desta obra. Nosso livro é fruto de pesquisa e análise de centenas de documentos, fontes primárias e secundárias sobre o modelo predominante de combate à corrupção no Brasil, no mundo e seus rebatimentos na Lava Jato. A utilização de categorias teóricas é fundamental para "desvendarmos" as aparências e evitarmos as tentações conspiratórias e simplistas sobre o tema.

A categoria "imperialismo", assim como a sua centralidade política para os movimentos populares e de esquerda, esteve "fora de moda" nos círculos progressistas brasileiros nas últimas décadas. As ilusões de que seria possível uma inserção soberana e "negociada" no mundo globalizado se enfraqueceram com os sucessivos golpes e intervenções bélicas que assolaram o Sul Global na última década. Essa categoria teórica é fundamental para compreendermos as relações entre o "modelo internacional hegemônico de combate à corrupção, liderado pelos Estados Unidos", as atuais disputas econômicas e geopolíticas no mundo, assim como a influência desse padrão na formulação e efetivação de operações e políticas anticorrupção no Brasil contemporâneo.

Principalmente devido à marginalidade acadêmica e política da teoria do imperialismo e suas renovações, no Brasil há alguns desvios reducionistas e/ou dogmáticos sobre a utilização dessa categoria. O primeiro é considerar a teoria do imperialismo uma grande teoria conspiratória, que enfatizava o papel das forças externas (imperialistas) no manejo arbitrário de sujeitos internos em prol dos seus interesses imediatos e estratégicos. Nessa linha, o principal traço desse desvio é caracterizar o sistema imperialista como uma intervenção política, num sentido restrito, das principais potências capitalistas.

O desvio conspirativo nega grande parte das contribuições clássicas dos teóricos do imperialismo. Por caminhos teóricos e políticos diferentes, Hilferding, Bukharin, Rosa Luxemburgo e Lênin analisaram o imperialismo, fundamentalmente, como um fenômeno econômico. Tratava-se da base econômica das políticas neocolonialistas que culminaram na Primeira Guerra Mundial, no início do século XX. O capitalismo, em sua fase monopolista, gerou uma nova dinâmica de acumulação de capital: mais intensa, concentrada e centralizada.

O poder do chamado capital financeiro, resultado da fusão entre o capital industrial e bancário, desencadeou profundas mudanças na estrutura das classes sociais (hegemonia da oligarquia financeira e da aristocracia operária) e no seio dos Estados capitalistas (proteção aos seus monopólios nacionais, política neocolonial e beligerante, institucionalização de ideologias racistas etc.). Desse modo, mesmo há mais de cem anos, a categoria teórica do imperialismo é mais complexa do que análises conspiratórias, assim como representa também, no campo da economia política, a estruturação de relações, alianças e tensões entre as distintas classes sociais oriundas de formações sociais nacionais distintas.

O segundo desvio, comum em círculos marxistas tido como radicais, é a redução da teoria do imperialismo a sua dimensão econômica, principalmente por meio de leituras rasas e seletivas da obra de Lênin. Sumariamente, legitimando seus argumentos por meio das cinco características do imperialismo elencadas no clássico *Imperialismo: estágio superior do capitalismo*, de Lênin,[7] o fenômeno contemporâneo da globalização financeira e produtiva resultaria na competição entre vários imperialismos (conflitos interimperialistas). Em especial, entre o polo liderado

---

[7] Lênin elenca cinco grandes características do fenômeno do imperialismo: 1) a concentração da produção dos monopólios: o capitalismo livre concorrencial se transformando em capitalismo monopolista; 2) a nova função social dos bancos: à medida que os lucros aumentam e os bancos se concentram em um pequeno número de estabelecimentos, eles deixam de ser modestos intermediários para se tornarem monopólios todo-poderosos, dispondo da quase totalidade do capital-dinheiro do conjunto dos capitalistas e dos pequenos empresários, assim como da maior parte dos meios de produção e das fontes de matérias-primas de um dado país ou de toda uma série de países; 3) o surgimento do capital financeiro e da oligarquia financeira através da fusão ou interpenetração do capital industrial com o capital bancário; 4) diante do excedente de capitais, a necessidade da exportação de capitais em escala mundializada e a formação de uniões internacionais monopolizadoras, que dividem o mundo em zonas de influência, e, por fim; 5) a partilha territorial do mundo pelas potências capitalistas.

pelos Estados Unidos e os novos centros emergentes, como a China, a Rússia, a Índia, a Turquia e até o Brasil.

Sem dúvida, a contribuição de clássicos é um fundamental ponto de partida para a renovação da teoria do imperialismo. Ademais, não podemos esperar que formulações situadas no século XX nos forneçam todas as explicações para fenômenos contemporâneos. Além disso, por exemplo, mesmo a contribuição de Lênin sobre o imperialismo não foi algo pontual e limitada ao seu escrito de 1916. Sua teoria do imperialismo é extensa e ampla, compreendida como parte de suas reflexões econômicas e políticas, as quais se situam desde seus escritos de juventude, como *O desenvolvimento do capitalismo na Rússia*, até suas intervenções políticas na III Internacional.[8]

Em nossa interpretação, o sistema imperialista se relaciona diretamente com a expansão do mercado mundial capitalista. O caráter desigual e combinado dessa expansão se sustenta por meio das transferências de valor e de riquezas da periferia para o centro, isto é, o conflito entre capital e trabalho se generaliza também para o sistema internacional interestatal. As práticas de trocas desiguais, pagamento de juros, royalties, patentes e remessas de lucros para o exterior são alguns dos mecanismos econômicos de transferência de riquezas.

Em artigo publicado em 2021 na *New Political Economy*, os pesquisadores Jason Hickel, Dylan Sullivan e Huzaifa Zoomkawala tentaram mensurar as trocas desiguais entre países do Sul Global e do Norte entre 1960 e 2018. Segundo o artigo, cerca de 62 trilhões de dólares foram capturados pelos países centrais por meio das trocas desiguais no período observado.

---

[8] Para aprofundamento, ver o respectivo artigo de nossa autoria: Fernandes, L. E. R. M. (2020). Lênin e o Imperialismo Contemporâneo. *Germinal: marxismo e educação em debate*, *12*(2), 69–85. Disponível em: https://doi.org/10.9771/gmed.v12i2.38082.

A apropriação de riqueza das trocas desiguais chegou a representar aproximadamente 7% do PIB dos países centrais. A América Latina transferiu quase 6,5 trilhões nesse período, e a China, por volta de 18,760 trilhões de dólares! Portanto, apesar de derrotas e enfraquecimentos dos sistemas coloniais, a lógica imperialista ampliou-se ainda mais na contemporaneidade.

Sua ampliação e complexidade se manejam por meio da consolidação de mecanismos de apropriação de riquezas no mercado mundial. O poder do capital monopolista desmontou a velha estrutura conglomerada, verticalizada e concentrou-se na "atividade principal". A nova empresa assumiu a função de "integradora" no comando de uma rede de fornecedores. Além disso, as decisões empresariais estratégicas foram submetidas ao "comando sistêmico" de poucas instituições financeiras. Sob os auspícios do capital financeiro, ocorreu a centralização do capital em escala mundial, o que envolveu a vitória do "valor do acionista" sobre as "ultrapassadas" estratégias de crescimento das empresas apoiadas no investimento produtivo via lucros retidos.

Emergem no capitalismo contemporâneo formas de propriedade e capital ainda mais centralizadas e concentradas.[9] Nesse contexto, as pressões pelo aumento das margens de lucros, ganhos e rendas extraordinárias convergem em pressões por maior extração das taxas de exploração dos trabalhadores, expropriações

---

9 As ondas de fusões e aquisições elevaram o grau de centralização: os 25 maiores bancos do mundo tinham 28% dos ativos dos mil maiores bancos em 1997; em 2009, mais de 45%. Dos 4 trilhões de transações diárias com moedas, 52% delas são realizadas pelos cinco maiores bancos. No que tange aos bancos de investimento, os dez maiores concentram 53% das receitas. Baseados principalmente nos 10% mais ricos, que geram 80% de suas receitas, os bancos se conglomeraram e se tornaram verdadeiros supermercados financeiros, capazes de oferecer todo tipo de serviço financeiro a pessoas físicas e jurídicas (Belluzzo; Galípolo, 2019, p. 78).

financeiras, de bens naturais, públicos, dentre outras. Além de impulsionar esses mecanismos econômicos de transferências de riquezas, o imperialismo "pós-sistemas coloniais" reorganizou sua política e influência cultural e moral.

Como aponta Gramsci, os fundamentos econômicos do capitalismo se articulam com a "superestrutura" formando uma organicidade. O sistema imperialista, principalmente após 1945, dedicou-se a formar essa nova organicidade também através de elementos políticos, culturais e morais. Uma potência imperialista hegemônica se consolida, no plano ideológico e cultural, ao transformar seus interesses particulares em universais. Exportar seus costumes, ideias e modelo societal como se fossem o ideal civilizatório a ser seguido pela humanidade.

A construção dessa hegemonia, no imperialismo contemporâneo, é funcional para legitimar a dinâmica estrutural de transferências de riquezas entre países centrais e periféricos. Samir Amin (1976; 2012), num esforço de síntese, caracteriza o sistema imperialista contemporâneo como uma série de intervenções a fim de respaldar a "mundialização da lei do valor" e a proteção da generalização do poder monopólico, especialmente defendendo cinco tipos de monopólios imperialistas: fluxos financeiros, tecnologia, acesso a recursos naturais, meios de comunicação e, por fim, armamentos, em especial das armas de destruição em massa.

Amin caracterizou o sistema imperialista contemporâneo como um *imperialismo coletivo*, liderado pelos Estados Unidos, mas contando com outros sujeitos importantes, como a União Europeia (UE) e o Japão. Outros pesquisadores sobre o tema apontam que a base econômico-social contemporânea do imperialismo seria a *arbitragem global do trabalho*, por meio da desigualdade e hierarquização social, racial e de gênero na exploração da força de trabalho a fim de aumentar as taxas de exploração (Smith, 2020; Suwandi, 2019) e o domínio da financeirização[10] e das hierarquias monetárias (hegemonia do dólar) (Lapavitsas, 2009; Norfield, 2014).

Para nós, latino-americanos, além do poder econômico e financeiro, por razões históricas, a hegemonia imperialista é, sobretudo, estadunidense. Após a crise sistêmica de 2008 e o crescimento de novos polos dinâmicos de acumulação, principalmente a China fora do script neoliberal, a política imperialista, mais do que sustentar a expansão do mercado mundial capitalista, se tornou instrumento defensivo para resguardar a hegemonia estadunidense.

Diante dessa contradição, a crise capitalista também se converte em crise do imperialismo. Nesse contexto, após 2008, intensificou-se a intervenção imperialista extraeconômica por meio de "golpes brancos ou suaves", a ampliação das sanções econômicas e financeiras, o financiamento de milícias, grupos paramilitares, grupos fundamentalistas e o apoio político, financeiro e ideológico para a reorganização das direitas nos países periféricos etc. Em última instância, o conjunto dessas intervenções busca resguardar a hegemonia e o poder monopólico e de ganhos extraordinários dos Estados Unidos.

A forma imperialista contemporânea ou tardia se expressa por meio de uma série de mediações que articulam a "mundialização da lei do valor" com diversas formações socioeconômicas distintas. No campo da política, sua principal expressão é o que chamamos de *ocidentalização periférica*. Se, até a Segunda Guerra Mundial, o neocolonialismo foi, nos termos gramscianos, a

---

10 Até a crise de 2008, um relatório da Unctad mostrou que, entre as cem principais corporações não financeiras internacionais, classificadas pelo total de ativos em 2008, 75 tinham sedes em apenas seis países: Estados Unidos, Reino Unido, França, Alemanha, Japão e Suíça (Unctad, 2010).

orientalização dos subalternos e das periferias,[11] após esse marco, a ocidentalização subalternizada dos Estados e das sociedades civis periféricas, por meio da propagação ideológica, cultural e ação educativa das classes dominantes e dominadas, é uma das principais formas de intervenção imperialista contínua.

O *imperialismo legal*, como uma das dimensões do imperialismo contemporâneo/tardio, é um dos instrumentos da política imperialista de ocidentalização periférica. Em nossa interpretação, o imperialismo legal é um conjunto de jurisdições extraterritoriais e de referências deontológicas no campo jurídico-político produzidas por países imperialistas e pelos aparelhos privados transnacionais de hegemonia das burguesias imperialistas.

Decerto, a ação *contínua* imperialista no seio da economia, Estado e na dinâmica política e cultural brasileira possibilitaram a existência e abrangência funcional da OLJ para a lógica do imperialismo tardio. Até então, no Brasil, os métodos, as consequências e os diversos crimes cometidos pela OLJ são alvo de críticas, contudo as condições institucionais e políticas e as relações com o imperialismo contemporâneo que a viabilizaram são secundarizadas. Nesse sentido, o presente livro se propõe a apresentar os elos entre os impactos da OLJ e das políticas anticorrupção no Brasil e o imperialismo contemporâneo.

Dividimos o livro em cinco capítulos. No primeiro, o foco é a relação entre as políticas contemporâneas de combate à corrupção e o imperialismo legal, mediante a relação da anticorrupção e das

---

11 No índio do século XX, os discursos de Civilização x Barbárie para caracterizar o que seria Ocidente e Oriente, amparados por noções cientificistas e racialistas, davam sustentação às políticas neocoloniais. Após 1945, principalmente pós-Guerra Fria, a ênfase na modernização e na superação do "atraso" seguindo os ditames liberais-cosmopolitas impostos pelo centro imperialista reoxigenaram a sustentação ideocultural do sistema imperialista.

doutrinas recentes de segurança nacional e de política externa dos Estados Unidos. Em seguida, debatemos como as políticas de combate à corrupção pelo mundo, de maneira semelhante ao "combate ao terrorismo" ou à "guerra às drogas", fazem parte da estrutura institucional do Estado imperialista estadunidense. Para isso, analisamos uma série de documentos governamentais e as divisões especializadas no enfrentamento à corrupção em diversos departamentos de Estado e relacionamos o modelo de combate à corrupção criado nos Estados Unidos com as necessidades imperialistas de proteção da lógica de transferências de riqueza, das fronteiras tecnológicas e das atuais hierarquias de poder no sistema interestatal.

No terceiro capítulo, apresentamos um levantamento sobre as formulações e ações de entidades empresariais, ONGs e *think tanks* transnacionais na questão da anticorrupção contemporânea. A atuação contínua desses instrumentos influenciam decisões dos Estados imperialistas e periféricos, assim como consolidam relações, alianças e formam um *habitus*[12] cosmopolita liberal em comum entre as diversas burguesias, altos burocratas e acadêmicos. No campo teórico e acadêmico, também investigamos as principais teorias sobre corrupção, importadas dos Estados

---

[12] Categoria formulada pelo sociólogo Pierre Bourdieu, a fim de refletir sobre os comportamentos sociais e culturais dos indivíduos na vida social. A partir da posição social do indivíduo, a sociedade (exterior) está presente na medida em que interioriza todo um conjunto de valores e práticas vivenciados na dinâmica social. Do mesmo modo, também podemos constatar a realidade social sendo composta enquanto produto de diversos *habitus* que foram interiorizados pelos indivíduos e que estes "devolveram" ao meio social na forma de ações, pensamentos e palavras. Ver: Barboza, Pedro; Ferreira, Rodolfo. "O que é habitus?". Blog Café com Sociologia, mar. 2021. Disponível em: https://cafecomsociologia.com/habitus/.

Unidos, que influenciaram a formação da maioria dos agentes da Lava Jato no Brasil.

A partir do quarto capítulo debatemos as políticas contemporâneas de anticorrupção e a Lava Jato no Brasil. Analisamos a estrutura institucional, desde a redemocratização, do combate à corrupção no Brasil, assim como a formulação, ação e influência de entidades empresariais, ONGs e *think tanks* nacionais sobre o tema. Esses aparelhos da sociedade civil brasileira, em sua maioria, possuem algum grau de aliança e articulação com outros aparelhos privados de hegemonia transnacional. No terreno do combate à corrupção não é diferente.

Por fim, no último capítulo, realizamos um breve histórico da OLJ procurando captar grande parte das suas determinações e consequências políticas, institucionais, econômicas e sociais. Nossa hipótese é a de que, diante do cenário de crise econômica, política, desgaste do pacto social liderado pelo PT e a ação contínua de intervenção imperialista, criou-se um caldo cultural que possibilitou a *autonomia relativa conjuntural* da Lava Jato com relação a outras instituições de Estado e até de classes sociais.

Essa autonomia relativa passageira culminou no protagonismo da Lava Jato e do lavajatismo no golpe jurídico-parlamentar de 2016 e na viabilização, através da perseguição ao ex-presidente Lula, da candidatura de Jair Bolsonaro em 2018. Além disso, a OLJ foi protagonista de uma série de transformações sociais e econômicas no padrão de acumulação do capitalismo brasileiro, funcionais para a intensificação das transferências de valor para as economias imperialistas e que, ao mesmo tempo, ampliaram as margens de lucro da grande burguesia monopolista local.

Os intentos bonapartistas e de implosão do sistema político nacional foram anulados durante o governo Temer, que contou com amplo apoio das diversas frações burguesas, do Parlamento e da cúpula das Forças Armadas. O refluxo da Lava Jato e seu encerramento formal em 2021 representaram o seu fim?

Respondemos que, em grande medida, não. As condições institucionais, políticas e ideoculturais ainda permanecem no Brasil. O lavajatismo, para além de suas representações imediatas como Sergio Moro e Deltan Dallagnol, influencia amplos espectros políticos em nossa sociedade.

A criminalização da política e de políticas econômicas que fomentem o investimento público é parte das plataformas de liberais-conservadores até da extrema direita e de seus núcleos neofascistas. Decerto, esses pressupostos são funcionais para qualquer oposição a medidas sociais e econômicas progressivas que tenham políticas públicas de Estado como protagonistas.

Ademais, em especial após a pandemia de Covid-19, a agressividade imperialista tende a aumentar para proteger mercados e garantir lucros e rendas extraordinárias na periferia. Embora o centro da atual ofensiva imperialista se concentre na guerra da Ucrânia, protagonizada pela Otan e a Rússia, e no apoio à dominação colonial de Israel da Palestina, o estabelecimento de governos populares ou de centro-esquerda na América Latina, a aproximação de governos nacionalistas africanos com a China e a Rússia e a tendência à maior independência do eixo euro-asiático com relação aos Estados Unidos torna a instrumentalização da luta anticorrupção ainda um mecanismo eficiente de intervenção imperialista contemporânea.

Na prática, o lavajatismo, como um dos legados da OLJ, oculta e inverte as razões das mazelas nacionais: as desigualdades, o neoliberalismo, o subdesenvolvimento e a permanente exclusão das massas populares de nossa limitada democracia. Por isso, mesmo sendo um tema ainda tão noticiado, debatido e difundido, realizamos a opção por publicar nossa pesquisa no calor dos debates sobre os dez anos do início dessa operação.

A presente publicação não seria possível sem a assistência de valorosos professores e companheiros de minha vida e de lutas. José Paulo Netto, Marcelo Braz, Eduardo Costa Pinto, Elias

Jabbour, Elton Santiago, Gabriela Rodrigues, Heitor César, Mavi Rodrigues, Juliane Furno, Paulo Henrique Lima, Monyse Ravena, Rodrigo Martins, Miriam Martins, Bernardo Soares, Marcos Botelho, Pedro Henrique Campos, Atilio Borón, Maria Angélica Paixão, Igor Galvão e Esther Tavares foram fundamentais com suas opiniões sobre o meu livro e minha pesquisa realizada nos últimos anos.. Decerto, todos os citados estão isentos de qualquer deslize ou equívoco contido nas próximas páginas.

Por fim, agradeço à Capes pelo financiamento de minha pesquisa enquanto cursei o meu doutoramento na pós-graduação em Serviço Social, na Universidade Federal do Rio de Janeiro (UFRJ).

1. CORRUPÇÃO E ANTICORRUPÇÃO NAS POLÍTICAS EXTERNA E DE SEGURANÇA NACIONAL DOS ESTADOS UNIDOS

Nos últimos anos, no Brasil e na América Latina, uma série de pesquisadores apontam as relações de proximidade política, ideológica e financeira entre agências e setores do governo estadunidense e funcionários públicos, juízes e policiais locais. De certa forma, a Operação Lava Jato escancarou essas relações, que perpassam por cursos de formação, desenvolvimento de programas de assistência internacional em conjunto, apoio financeiro e logístico, troca de informações formais e informais.

No entanto, o que ainda não é muito conhecido entre o grande público é a rede bilionária de agências, programas de assistência, escritórios e departamentos de combate à corrupção transnacional nos Estados Unidos. Para além de diferenças políticas e ideológicas na direção dos governos, o "combate à corrupção", em especial após os atentados de 11 de setembro de 2001, passou a ser uma política de segurança nacional do Estado estadunidense. Nessa linha, o objetivo estratégico dos Estados Unidos é liderar uma rede institucional e parainstitucional de agências de governos, ONGs, entidades de classe e fóruns internacionais que viabilizem o domínio legal extraterritorial ao país.

A instrumentalização desse domínio é relativamente recente, afinal o tema do combate à corrupção transnacional mundializa-se durante a década de 1990. Até o início dos anos 2000, por exemplo, muitos países centrais, como a França, descontavam dos impostos locais as propinas pagas por empresas locais no exterior. Portanto, a transnacionalização do "combate à corrupção", sob liderança dos Estados Unidos, não se limita a uma série de acordos e tratados internacionais, mas está umbilicalmente relacionada com o processo de concorrência oriundo da "globalização produtiva e financeira" e a intensificação das disputas pela apropriação de lucros, (mais-)valor e rendas.

Para efetivar o domínio legal extraterritorial, os Estados Unidos operam uma série de mecanismos de "coerção/consenso" por meio de políticas estatais e/ou ação de entidades e ONGs. Ou seja, a construção de uma institucionalidade extraterritorial num mundo "globalizado" também passa pelo domínio político, ideológico, financeiro e militar de diversos temas tidos como transnacionais, dentre eles a corrupção. Esse domínio viabiliza uma série de intervenções diretas e indiretas em prol da manutenção dos interesses estratégicos do grande capital sediado nos Estados Unidos, assim como o combate a adversários e inimigos políticos.

A história do "combate à corrupção" segue o script imperial, que mantém o "ordenamento interno para se expandir". Se num primeiro momento parte dessa "luta anticorrupção" estaria muito mais voltada para pautas internas nos Estados Unidos (controle das máfias e da evasão de divisas, legalização e regulamentação do lobby político, "proteção" do sistema financeiro local e da hegemonia do dólar), principalmente a partir dos anos 2000 a questão da anticorrupção virou assunto de segurança nacional, combate ao terrorismo, defesa da "concorrência saudável" nos mercados e um "valor universal" dos Estados Unidos para com o mundo (Warde, 2019, p. 95).

É nesse contexto que opera a maior e mais complexa rede estatal e paraestatal anticorrupção do mundo. Mas antes de destrincharmos a organização dessa complexa rede, vejamos como a anticorrupção converteu-se em assunto de segurança nacional e de política externa nos Estados Unidos.

1.1 Os governos de G. W. Bush e a construção da institucionalidade extraterritorial

Desde os anos 1990, os Estados Unidos já dominavam a conceituação jurídica da luta anticorrupção, assim como os primeiros esforços em espaços multilaterais como a Organização dos Estados Americanos (OEA), Organização para a Cooperação e o Desenvolvimento Econômico (OCDE) e Organização das Nações Unidas (ONU), além de apoiarem a criação de entidades e ONGs internacionais que se dedicassem ao tema. Do ponto de vista político-ideológico, o discurso anticorrupção foi adotado por grande parte das direitas, simpáticas aos Estados Unidos, nos países periféricos-dependentes. Em especial, ao longo do século XX, a corrupção era instrumentalizada como uma forma de "denúncia" contra políticos de esquerda, nacionalistas ou desenvolvimentistas. Entretanto, foi após os atentados terroristas de 11 de setembro de 2001 que a questão ganhou novos contornos dentro e fora dos Estados Unidos.

Nesse contexto, o combate à corrupção passou a fazer parte da agenda de "guerra contra o terrorismo", a ser vista como uma prática utilizada por grupos "extremistas" e "fundamentalistas" para enfraquecer as democracias e o livre mercado. Por conseguinte, desde 2002,[13] a temática da corrupção transnacional recebeu cada

---

13 Alguns analistas, como Luiz Alberto Moniz Bandeira (2016, p. 636), sustentaram que os atentados de 11 de setembro de 2001 contaram com a conivência de setores das agências de inteligência, forças armadas e até do governo Bush, visto que a chamada "guerra ao terror" serviu como justificativa para reordenar o imperialismo estadunidense após o fim da Guerra Fria. Segundo Losurdo, o terrorismo como discurso oficial na "linguagem do Império" se notabiliza por uma guerra longa e permanente contra o inimigo muitas vezes invisível, paraestatal e transnacional. As práticas bárbaras adotadas por fundamentalistas religiosos,

vez mais atenção nos Planos Estratégicos de Segurança Nacional dos Estados Unidos e em outros documentos elaborados pelo Conselho de Segurança Nacional dos Estados Unidos.[14]

Nessa linha, no primeiro Plano Estratégico de Segurança Nacional de Bush, publicado em 2002, o problema da corrupção é apresentado como um dos grandes desafios para se combater o terrorismo e o crime organizado e defender a liberdade econômica (Casa Branca, 2002, p. 21). O combate à corrupção, na estratégia de segurança nacional de 2002, assim como a questão do terrorismo, perpassa pelo domínio jurídico, teórico e ideológico dos Estados Unidos no que tange à imposição de uma conceituação universal da prática. Além de ações ostensivas contra os elos da corrupção com o terrorismo e o crime organizado, nesse documento já aparece uma das principais táticas dos Estados Unidos sobre a ampliação de sua influência junto a funcionários públicos, juízes e policiais no exterior: os tratados de assistência técnica internacional.[15]

---

para o autor, são semelhantes às ações de "terrorismo oficial" patrocinadas pelas grandes potências ao longo da história. Sendo assim, para Losurdo (2020, p. 14), as bases do discurso oficial dos Estados Unidos, após o "11 de setembro", são remodeladas a fim de justificar uma "ideologia de guerra" e garantir mais um século de hegemonia no mundo.

[14] Esses planos são lançados no início dos mandatos dos presidentes dos Estados Unidos e servem como uma carta genérica de intenções relativa à política de segurança e exterior dos Estados Unidos a ser construída ao longo do respectivo mandato.

[15] "O objetivo desta administração é ajudar a desencadear o potencial produtivo dos indivíduos em todas as nações. Crescimento sustentado e redução da pobreza são impossíveis sem as políticas nacionais corretas. Onde os governos implementaram políticas reais de mudanças, iremos fornecer novos níveis significativos de assistência. Os Estados Unidos e outros países devem definir uma meta ambiciosa e específica:

Podemos afirmar que grande parte dessas ideias contidas na Estratégia de Segurança Nacional do primeiro governo Bush filho foi implementada por meio de uma série de medidas institucionais. No plano multilateral dos fóruns internacionais, os Estados Unidos lideraram uma série de iniciativas para reconhecerem a corrupção como um grande problema econômico, social e político que financia o crime organizado e o terrorismo, assim como a grande causadora das mazelas sociais no capitalismo contemporâneo. Em 2006, o governo Bush lançou um plano nacional de luta contra a corrupção, onde a liderança estadunidense nos fóruns internacionais é vista como uma das prioridades:

> Os Estados Unidos apoiam ativamente medidas anticorrupção eficazes por meio de vários órgãos e convenções internacionais. Além

---

dobrar o tamanho das economias mais pobres do mundo dentro de uma década.

O governo dos Estados Unidos buscará estas estratégias principais para atingir esse objetivo:

Fornecer recursos para ajudar os países que enfrentaram o desafio da reforma nacional. Propomos um aumento de 50% na ajuda básica ao desenvolvimento prestada pelos Estados Unidos. Ao mesmo tempo que continuamos os nossos atuais programas, incluindo a assistência humanitária baseada apenas nas necessidades, esses bilhões de novos dólares formarão uma nova conta do Millennium Challenge para projetos em países cujos governos agem dentro da legalidade, que lhes permitam investir no seu povo e encorajar a liberdade econômica. Os governos devem combater a corrupção, respeitar os direitos humanos básicos, abraçar o Estado de Direito, investir nos cuidados de saúde e na educação, seguir políticas económicas responsáveis e permitir o empreendedorismo. A conta do Millennium Challenge recompensará os países que demonstraram mudanças políticas reais e desafiará aqueles que não o fizeram a implementar reformas." (Casa Branca, 2002, p. 25-26, tradução livre).

> do compromisso do presidente com os líderes do G-8 de promover estruturas legais e um sistema financeiro global para reduzir as oportunidades para a cleptocracia, os Estados Unidos promoveram uma forte liderança e ação anticorrupção, mas não se limitando a:
>
> • Convenção das Nações Unidas contra a Corrupção
>
> • Convenção antissuborno da Organização para Cooperação e Desenvolvimento Econômico e Grupo de Trabalho sobre Suborno
>
> • Grupo de Estados contra a Corrupção do Conselho da Europa
>
> • Mecanismo da Organização dos Estados Americanos para a Implementação da Convenção Interamericana contra a Corrupção
>
> • A Iniciativa Anticorrupção e Transparência da Cooperação Econômica Ásia-Pacífico
>
> • A Iniciativa Mais Ampla de "Governança para o Desenvolvimento nos Estados Árabes" do Oriente Médio e Norte da África
>
> O governo dos Estados Unidos também trabalhou com seus parceiros do G-8 para lançar programas-piloto anticorrupção na Geórgia, Nicarágua, Nigéria e no Peru, e persuadiu outras nações a aceitar e aplicar a política de "negação de refúgio seguro". (Department Of State, 2006, tradução livre)

Essa liderança dos Estados Unidos permitiu ao país hegemonizar a compreensão e o diagnóstico do problema da corrupção na era do "capitalismo globalizado". Como veremos adiante, ao considerar a corrupção como uma anomalia das relações de mercado e do capitalismo, a partir de uma série de teorias ligadas às escolas neoclássicas de economia e propostas de mensuração do fenômeno, o combate se notabiliza pela perspectiva de "controle social das forças do mercado com relação a corrupção". Nessa perspectiva, os Estados Unidos seriam os grandes guardiões das relações de mercado. O papel do governo estadunidense seria salvaguardar a livre iniciativa e a concorrência no mercado mundial.

Foi justamente durante o governo Bush que se estruturaram três instrumentos que forjaram os Estados Unidos como os "policiais anticorrupção" do mundo. O primeiro, que se relaciona com os desdobramentos dos atentados de 11 de setembro, foi a lei patriótica (USA Patriot Act) de outubro de 2001, que permite que os órgãos de segurança e inteligência dos Estados Unidos interceptem ligações, mensagens eletrônicas e redes sociais de qualquer pessoa suspeita de ligação com o terrorismo, seja ela estadunidense, seja ela estrangeira, sem que haja, necessariamente, autorização judicial. Além de investigar pessoas físicas, o USA Patriot Act[75] também autorizava o monitoramento de empresas que poderiam ter alguma suspeição de financiamento e relação com grupos terroristas e criminosos.

Outro instrumento se concentra mais no terreno prático. Desde 1998, a Lei contra Corrupção no Exterior (FCPA – Foreign Corrupt Practices Act), que abordaremos com mais detalhes adiante, foi remodelada para aumentar o raio de ação de procuradores e oficiais de Justiça dos Estados Unidos na acusação de corrupção e de pagamento de suborno por parte de empresas estrangeiras. Todavia, é ponto consensual entre acadêmicos, jornalistas e políticos estadunidenses que as investigações contra empresas estrangeiras, através da FCPA, foram impulsionadas e incentivadas pelo governo Bush após 2001 (Perlman; Sykes, 2018).

A estrutura de monitoramento e espionagem a pessoas e empresas se complexifica e amplia com o USA Patriot Act. A possível negligência consciente de parte das agências de inteligência e de forças policiais sobre o 11 de setembro foi abafada nas investigações, e ganhou força a tese de que faltava uma maior centralização e interlocução entre as diversas agências, públicas ou privadas. Nesse contexto, o governo Bush filho criou o Department of Homeland Security (DHS), cuja função, além de centralizar as informações colhidas pelas diversas agências, é prevenir qualquer ameaça de terrorismo e desastre ambiental nos Estados Unidos. Por isso, por exemplo, o DHS dispõe de ampla autoridade junto à alfândega, à imigração e ao câmbio.[16]

O DHS emprega mais de 240 mil funcionários e possui um orçamento anual, desde sua criação, sempre maior que 40 bilhões de dólares (Walden University, s/d). Durante os governos Obama, apesar de mudanças em 2015 após os escândalos sobre a espionagem estadunidense trazidos pelo WikiLeaks, a estrutura do DHS ampliou-se, e as bases da USA Patriot Act permaneceram.[17]

O terceiro instrumento impulsionado durante o governo Bush remete ao início de regulamentação do "compliance", através da lei Sarbanes-Oxley, apelidada de SOX. Essa lei foi motivada por escândalos financeiros envolvendo empresas que adulteravam

---

[16] Nesse contexto, em 2006, criou-se uma nova divisão no interior da estrutura do Departamento de Justiça dos Estados Unidos (DOJ): a Divisão de Segurança Nacional (NSD). Segundo fontes oficiais do DOJ, a missão do NSD seria cumprir a maior prioridade do departamento: proteger os Estados Unidos de ameaças à nossa segurança nacional, buscando justiça por meio da lei. A estrutura organizacional do NSD é projetada para garantir maior coordenação e unidade de propósito entre promotores e agências de aplicação da lei, por um lado, e advogados de inteligência e a Comunidade de Inteligência, por outro, fortalecendo assim a eficácia dos esforços de segurança nacional do governo federal." Ver: https://www.justice.gov/nsd/about-division.

[17] Em julho de 2011, Obama sancionou a extensão do USA Patriot Act. Em 2015, o congresso aprovou a nova proposta do governo: o Freedom Act. Essa lei mantinha as bases da espionagem e contraespionagem de pessoas e empresas para combate ao terrorismo, mas procurava limitar o poder das agências, em especial, para monitorar cidadãos estadunidenses. Outro ato de continuidade de Obama se refere à extensão da Lei de Emendas da Fisa (2008), estrutura jurídica que viabiliza que os Estados Unidos monitorem qualquer cidadão, governo ou empresa estrangeira que ameace os interesses estadunidenses.

informações sobre os seus balanços e saúde financeira.[18] A SOX aplica-se a todas as empresas, americanas ou estrangeiras, que tenham ações registradas na Securities and Exchange Commission (SEC). Isso inclui as empresas estrangeiras que possuem programas de American Depositary Receipts (ADRs), do nível 2 ou 3, nas bolsas de valores dos Estados Unidos.

Dividida em onze títulos (capítulos), com um número variável de seções cada um, totalizando 69 seções (artigos), a SOX obriga as empresas a reestruturarem processos para aumentar os controles, a segurança e a transparência na condução dos negócios, na administração financeira, nas escriturações contábeis e na gestão e divulgação das informações. Nos marcos da SOX, é criado o Public Company Accounting Oversight Board (PCAOB), um conselho público para supervisionar as auditorias e relatórios de "compliance" expedidos por empresas sob regime da lei.

A SOX impulsionou um novo mercado entre os grandes escritórios de advocacia e contabilidade: o "*compliance*". Além de normatizar as regras extraterritoriais para a "boa governança" das empresas, os Estados Unidos também utilizarão o "*compliance*" como um instrumento de abertura de informações sigilosas na gestão de grandes corporações nacionais e, principalmente, estrangeiras.

Esses três instrumentos impulsionaram o domínio estadunidense de uma série de mecanismos jurídicos-institucionais extraterritoriais. Em nome do combate ao terrorismo e

18 Um dos escândalos envolveu a gigante no ramo de distribuição de energia Enron. A Enron fraudou seguidamente seus balanços financeiros, forjando falsos lucros a fim de valorizar seus papéis no mercado financeiro. Em 2001, segundo relatório de investigação do congresso dos Estados Unidos, ela inflou lucros de mais de 1 bilhão de dólares.

da corrupção, organizou-se toda uma estrutura de vigilância, policial e jurídica, de investigação de pessoas e empresas que pudessem ameaçar a hegemonia estadunidense no mundo. Mais do que mecanismos de disputa geopolítica, essas estruturas fazem parte do que chamamos de "*imperialismo legal*", ou seja, a construção de uma jurisdição extraterritorial que impõe limites aos exercícios das soberanias nacionais em prol da transferência de valores e rendas de outros países para os Estados Unidos e/ou da aniquilação jurídica de um possível inimigo político do império.[19]

A consolidação dos referidos mecanismos institucionais extraterritoriais se materializa no segundo o Plano Estratégico de Segurança Nacional (NSN -National Security Network) da gestão Bush, lançado em 2006, em que a questão da corrupção é mencionada dezessete vezes como uma temática transversal. A luta anticorrupção seria importante para combater "tiranias" como as de Cuba, Coreia Popular, Irã, dentre outras, assim como um elemento dorsal para a defesa do livre comércio no mundo e para o enfraquecimento do terrorismo e do crime organizado (Casa Branca, 2006, p. 35).

Se durante os governos Bush consolidou-se uma nova faceta do "imperialismo legal", através da doutrina da anticorrupção na política externa e segurança nacional dos Estados Unidos, foi sob os governos de Barack Obama que esses mecanismos se expandiram mundialmente através de programas governamentais,

---

19 Em 2004, o governo Bush criou uma agência bilateral de "ajuda externa" a outros países: a Millennium Challenge Corporation. Independente do Departamento de Estado e da Usaid, essa agência fornecia ajuda financeira a países que se submetem a boas práticas de política econômica, democracia e baixa corrupção na avaliação dos Estados Unidos.

financiamento de parcerias "técnicas" de auxílio a outros países e expansão de leis extraterritoriais.

1.2 Os governos de Barack Obama: o "*soft power*" e a expansão do imperialismo legal

Eleito em 2008, em meio a explosão e consequências da grande depressão capitalista, Barack Obama representava uma agenda de mudanças internas e a tentativa dos Estados Unidos recuperarem o prestígio no cenário internacional. O desgaste interno e internacional devido às invasões do Afeganistão e do Iraque, as ações unilaterais em fóruns internacionais, em especial na ONU, e as consequências econômicas e sociais da crise capitalista, cujo epicentro foi o sistema financeiro estadunidense, impulsionaram a pauta anticorrupção num dos focos de propaganda e ação dos governos Obama.

Com um tom mais ameno, multilateralista e reconhecendo a importância de novos atores no cenário internacional, o primeiro Plano Estratégico de segurança Nacional (NSS) de Obama, lançado em 2009, mantinha a importância da "luta anticorrupção" como fundamental para a defesa das democracias liberais e a proteção da economia capitalista e sua concorrência "sadia". Os esforços multilaterais entre Estados e a "sociedade civil organizada" seriam o caminho principal para combater os elos entre práticas corruptas e o terrorismo e o crime transnacional (Casa Branca, 2010, p. 38).

Enfraquecidos pelas invasões duradouras do Iraque e do Afeganistão e pelas brutais consequências socioeconômicas da crise de 2008, os Estados Unidos dependiam cada vez mais de sua capacidade de realizar alianças com outros atores internacionais e de fomentar a ação de entidades paraestatais para manterem sua influência.

Mesmo sem abrir mão de ações militares de "contraterrorismo", o governo Obama se notabilizou por impulsionar instrumentos de "*soft power*" em sua política exterior e de segurança nacional. O primeiro presidente negro dos Estados Unidos renovou a USA Patriot Act, incentivou a adoção de métodos de guerra terceirizados como, por exemplo, a contratação de mercenários, ao mesmo tempo que buscava internacionalizar pautas como o "multiculturalismo identitário"[20] e o "combate à corrupção".

Ainda no seu primeiro mandato, o governo Obama criou dois programas governamentais fundamentais para entendermos as engrenagens do "imperialismo legal" no século XXI. O primeiro foi a chamada "Parceria pelos Governos Abertos" (Open Government Partnership – OGP).

Lançado durante a Assembleia da ONU, em 2011, essa parceria multilateral reúne governos, agências governamentais, ONGs e entidades da "sociedade civil". Após mais de dez anos de seu lançamento, a iniciativa reúne mais de oitenta países que se comprometem a implementar uma série de políticas públicas, como, por exemplo, de transparência, governança, anticorrupção, igualdade de gênero e direitos ambientais.

Para ingressar na OGP, os governos devem se comprometer a defender os princípios de um governo "aberto e transparente", além de endossar a carta de intenções da iniciativa. A carta defende o uso de novas tecnologias a fim de aproximar os governos das sociedades, aumentar os padrões de integridade profissional na administração pública, apoiar iniciativas de participação na gestão pública por meio de entidades civis

---

20 A socióloga Nancy Fraser chamou esse fenômeno de "neoliberalismo progressista", no qual se combinam políticas específicas progressistas de "reconhecimento às identidades" com uma política econômica regressiva (Fraser, 2017).

e ONGs, "democratizar informações e dados" dos governos e a "transparência" nas licitações públicas.

O Brasil, à época sob a presidência de Dilma Rousseff, ingressou na iniciativa, o que reverberou em uma série de leis e políticas públicas, como o Marco Civil da Internet (Lei 12.965) ou a Lei Acesso à Informação (Lei 12.527). Sobre a anticorrupção, todas as leis e políticas implementadas remetem ao período entre 2011 e 2013. No total, foram seis projetos: desenvolvimento de Banco de Dados de Compras da Administração Pública Federal, auditorias participativas nas construções das cidades-sede brasileira da Copa do Mundo Fifa 2014, incentivos à participação social, ampliação do banco de dados da lista nacional de exclusões (Ceis – Cadastro Nacional de Empresas Inidôneas e Suspensas), registro de preços da educação nacional e gestão contratual de serviços de TI (Open Government Partnership, s/d).

Numa rápida análise, podemos constatar que a aparente "democratização" de dados governamentais na grande rede de internet controlada por empresas estadunidenses também é uma forma de ampliar o poder dos Estados Unidos em disputas geopolíticas e econômicas. No campo da anticorrupção, o foco na abertura dos "mercados de licitações públicas", muitas vezes dominado por empresas locais, também era uma preocupação importante dos Estados Unidos e de aliados. O Brasil, no contexto de organização de grandes eventos como a Copa do Mundo de Futebol e as Olimpíadas, era alvo de pressão (Chade, 2011).

Outra iniciativa também lançada no ano de 2011 foi a Estratégia de Combate ao Crime Organizado Transnacional (TOC). Baseada em experiência históricas no combate a grupos criminosos e insurgentes, como a Cosa Nostra, os cartéis de Medelín e Cali e até as Forças Armadas Revolucionárias da Colômbia (Farc), a estratégia do governo Obama tinha como objetivo "gerar uma consciência internacional sobre os riscos do TOC para a segurança internacional e com isso fortalecer ações multilaterais entre os países".

Essa estratégia, segundo o documento, tem cinco objetivos gerais: proteger os cidadãos estadunidenses e seus parceiros dos danos, violência e exploração de rede criminosas transnacionais; ajudar os países aliados a fortalecer a governança e a transparência, a fim de quebrar as relações corruptas entre crime e Estado; romper o poder econômico das redes de crime transnacional e proteger o sistema financeiro dos Estados Unidos; derrotar as redes criminosas transnacionais que representassem ameaça à segurança nacional, visando a suas infraestruturas, privando-as de seus meios de capacitação e impedindo a facilitação criminosa de atividades terroristas; e, por fim, construir consenso internacional, cooperação multilateral e parcerias público-privadas contra o crime transnacional.

Chama a atenção a conceituação demasiadamente ampla de "crime organizado", e, de alguma forma, o domínio estadunidense desse significado acaba por enquadrar como organização criminosa transnacional grandes cartéis de tráfico de drogas, de armas e de pessoas até grupos políticos de esquerda ou governos que se chocam com os interesses dos Estados Unidos, como o venezuelano e o iraniano. Em nome do combate aos elos corruptos entre crime organizado e governos, os Estados Unidos lideram todo um sistema de cooperação internacional, jurisdição extraterritorial, ações repressivas, sanções econômicas e operações policiais-militares:

> Os países em desenvolvimento com um Estado de Direito fraco podem ser particularmente suscetíveis à penetração da TOC. A penetração da TOC nos Estados está se aprofundando, levando à cooptação em alguns casos e ao enfraquecimento ainda maior da governança em muitos outros. O aparente nexo crescente em alguns Estados entre grupos TOC e elementos do governo – in-

> cluindo serviços de inteligência – e figuras de negócios de alto nível representa uma ameaça significativa ao crescimento econômico e às instituições democráticas. Em países com governança fraca, há funcionários corruptos que fazem vista grossa para as atividades da TOC. As redes TOC se insinuam no processo político de várias maneiras. Geralmente se consegue isso por meio de suborno direto (mas também por meio da candidatura de membros a cargos públicos), criação de economias paralelas, infiltração nos setores financeiro e de segurança por meio de coerção ou corrupção e posicionando-se como fornecedores alternativos de governança, segurança, serviços e meios de subsistência. À medida que se expandem, as redes TOC podem ameaçar a estabilidade e minar os mercados livres à medida que constroem alianças com líderes políticos, instituições financeiras, policiais, inteligência estrangeira e agências de segurança. A penetração da TOC nos governos está exacerbando a corrupção e minando a governança, o Estado de Direito, os sistemas judiciais, a liberdade de imprensa, o fortalecimento institucional democrático e a transparência. (National Security Council, 2011, tradução livre)

Nessa linha, o TOC é apresentado como um empecilho para o desenvolvimento dos interesses comerciais de empresas estadunidenses. Segundo o documento, os vínculos entre crime e Estados nos países periféricos geram uma competição desigual entre empresas, fundamentalmente por conta dos custos improdutivos do suborno.

Na América Latina, a Colômbia e o México são os países que recebem as maiores atenções no documento. O primeiro por ser considerado um grande exportador de drogas ilícitas e sede de grandes cartéis que operam uma grande saída de dólares dos Estados Unidos através de empresas de fachadas; o segundo, além da questão do tráfico de drogas, também pelas preocupações de fronteira com os Estados Unidos. Entretanto, a perspectiva de analisar os países periféricos como locais nos quais a corrupção é um empecilho para a livre concorrência dos mercados por empresas estrangeiras é uma ideia muito forte em todo o documento, fundamental para compreendermos o desenvolvimento da estruturação do "imperialismo legal".

A iniciativa da Parceira pelo Governo Aberto e o TOC fizeram parte de uma agenda anticorrupção mais ampla do governo Obama. Em folheto informativo da Casa Branca, publicado em 2014, foram apresentados os principais pontos dessa agenda: ampliação e fortalecimento das investigações de empresas nacionais e estrangeiras mediante a aplicação da Lei contra a Corrupção no Exterior (FCPA), plano nacional para regular a conduta e a transparência das empresas estadunidenses visando prevenir o abuso na criação de empresas de fachada, aumentar as parcerias bilaterais para combater a corrupção através do Departamento de Estado e a Agência dos Estados Unidos para Desenvolvimento Internacional (Usaid – United States Agency for International Development) e, por fim, melhorar a "transparência" da indústria extrativista (Casa Branca, 2014).

O último ponto desdobra-se na Iniciativa de Transparência nas Indústrias Extrativas (Eiti – Extractive Industries Transparency Initiative). Impulsionada pelo governo do Reino Unido, em 2003, essa iniciativa reúne empresas, governos e ONGs e, até 2021, contava com a adesão de 55 países[21] produtores de petróleo, gás e minérios. Segundo o site dessa organização, a Eiti é um padrão global para os negócios da indústria extrativa a fim de promover a "transparência, gestão aberta e responsável" dos recursos naturais. Esse padrão exige que os países participantes publiquem os dados de governança das receitas de petróleo, gás e mineração.

---

[21] Países grandes produtores de petróleo e gás, como Venezuela, Rússia, Arábia Saudita e Brasil, ainda não fazem parte do Eiti.

Apesar de apoiarem desde 2003, em 2012, como desdobramento da Parceria pelo Governo Aberto, nos Estados Unidos sob direção de Obama, a Eiti ganha maior importância na política externa *yankee*. Curiosamente, no campo energético, nesse período, as inovações na extração de petróleo e gás, através dos métodos de perfuração horizontal e fraturamento hidráulico transformaram o xisto num dos pilares da autossuficiência energética estadunidense. Em parte, graças a isso, os Estados Unidos tornaram-se o maior produtor mundial de petróleo, ultrapassando a Rússia e a Arábia Saudita. Segundo os dados da petrolífera BP, de 2010 até 2018, a produção de petróleo mais do que dobrou, saltando de 7,5 milhões para 15,3 milhões de barris por dia. Em 2015, o próprio presidente Obama revogou a lei que proibia os Estados Unidos de exportarem petróleo bruto, e, em 2019, tornaram-se um grande exportador de petróleo líquido (Ineep, 2020).

Por conseguinte, a posição dos Estados Unidos na geopolítica do petróleo altera-se parcialmente. Além de serem o maior consumidor, eles passaram a ser um grande exportador de petróleo. O acesso a dados de outras empresas, governos e mercados é parte valiosa nas atuais disputas concorrenciais. O entusiasmo de Obama com a Eiti tem menos a ver com um suposto "purismo moral", mas muito mais com os interesses estratégicos de parte da burguesia estadunidense.

Outro ponto a ser destacado é que todas essas iniciativas de parcerias, acordos multilaterais e incentivo à formulação e implementação de políticas públicas anticorrupção não se limitam às relações interestatais, mas também ao fomento à organização de entidades da "sociedade civil" ou, se preferirmos o aparato teórico gramsciano, aparelhos privados de hegemonia transnacionais e locais que priorizam a luta anticorrupção vinculada aos valores de "livre mercado" e "livre concorrência". Por ora cabe sublinhar que, durante o governo Obama, fortaleceu-se a agenda anticorrupção para além da instrumentalização socioeconômica dessa pauta, mas também como elemento moral e ideológico na formação das novas elites orgânicas burguesas, principalmente nos países periféricos.

Um exemplo desse tipo de iniciativa é o programa Stand with Civil Society, lançado em 2013, que visava a fortalecer o "empoderamento" das sociedades num contexto, segundo a Casa Branca, de ascensão de restrições às democracias. Formação de novas lideranças, fomento às boas práticas de governança, transparência pública e financiamento de organizações não governamentais em todo o mundo são preocupações desse programa. Segundo dados oficiais, apenas entre 2010 e 2014, o governo Obama investiu mais de 2,7 bilhões de dólares em projetos que almejam o fortalecimento da "sociedade civil" (Office of the Press Secretary, 2014).

No segundo Plano Estratégico de Segurança Nacional (2015), o governo Obama sintetizava o parcial sucesso dessa política externa para a retomada da liderança estadunidense no sistema imperialista. No período Obama, ocorreram intervenções militares com mortes de civis na Líbia, em Uganda, na Jordânia, Síria, no Iraque e em outros países, ao mesmo tempo que se expandiram uma enorme rede de espionagem, sanções econômicas e *soft power*.

Analisando esse documento, Atilio Borón o considera como a NSS recente de maior densidade teórica e poder de análise. Segundo o intelectual argentino, ao longo do documento há a identificação de cinco transições históricas nas estruturas do poder global. Tendo como pressuposto a diminuição da influência estadunidense no mundo, o desafio estratégico perpassaria por como os Estados Unidos poderiam intervir nessas transições históricas a fim de preservar o seu poder (Borón, 2020, p. 109).

No campo econômico, a principal transição se relaciona à mudança do eixo dinâmico de acumulação para a Ásia-Pacífico, com o prognóstico de que, no prazo de dez anos, 36% do PIB mundial estará concentrado na China e na Índia, o poder geopolítico do

G-20 aumentará, além da ameaça militar da Rússia. Outro ponto de preocupação dos Estados Unidos é o domínio da tecnologia da informação. Ao longo do documento, essa tecnologia é constantemente relacionada com a tendência à intensificação da globalização dos fluxos comerciais, financeiros e produtivos. Uma terceira transição refere-se à instabilidade política no Oriente Médio e no Norte da África, região muito importante para o mercado petrolífero mundial.

A questão energética, para Borón (2020, p. 120), desdobra-se numa quarta transição de caráter ambiental: o maior consumo de energia por parte dos países do chamado terceiro mundo. Por fim, não menos importante, Borón identifica uma concepção cada vez mais "ampliada da disputa de poder" pelos Estados Unidos. Ou seja, as disputas perpassariam por instrumentos de "empoderamento" da sociedade civil.

Não por acaso, no referido Plano Estratégico de Segurança Nacional, além de a luta anticorrupção estar associada à defesa do liberalismo econômico, dos valores morais da democracia estadunidense e o combate ao terrorismo e ao crime organizado, ela é relacionada também à necessidade de os Estados Unidos formarem "jovens líderes" e "empoderarem" entidades que defendam "governos e sociedades abertas":

> Ainda assim, a sociedade civil e os ativistas individuais enfrentam desafios em muitas partes do mundo. À medida que a tecnologia empodera indivíduos e grupos não governamentais para se mobilizarem em torno de uma ampla gama de questões – desde o combate à corrupção e o avanço do Estado de Direito até o ativismo ambiental – as elites políticas em Estados autoritários, e mesmo em alguns com tradições mais democráticas, estão agindo para restringir o espaço para a sociedade civil. Restrições são frequentemente vistas por meio de novas leis e regulamentos que negam os fundos de financiamento estrangeiro de que eles de-

> pendem para operar, que criminalizam grupos de pessoas como a comunidade LGBT ou negam aos grupos de oposição política a liberdade de se reunir em protestos pacíficos. Os Estados Unidos se opõem a essa tendência fornecendo apoio direto à sociedade civil e defendendo a reversão de leis e regulamentos que violam direitos dos cidadãos. (Casa Branca, 2015, p. 21, tradução livre)

Antes do fim do seu segundo mandato, Obama, após os escândalos dos Panamá Papers,[22] tomou novas medidas anticorrupção, principalmente junto ao Departamento de Tesouro, no sentido de coibir a evasão fiscal e dificultar a abertura de empresas de fachada. Mesmo assim, tais iniciativas esbarram muitas vezes na própria estrutura federalista dos Estados Unidos.

De fato, podemos concluir que o período dos governos Obama foi o momento de maior expansão da "anticorrupção" como engrenagem do "imperialismo legal" estadunidense, seja pela quantidade de iniciativas, políticas públicas e incentivos ao fortalecimento de entidades civis que militam nesse tema, seja pelo domínio legal, político e econômico da conceituação de corrupção

---

22 Os Panama Papers são um conjunto de 11, 5 milhões de documentos confidenciais de autoria da sociedade de advogados panamenha Mossack Fonseca que fornecem informações detalhadas de mais de 214 mil empresas de paraísos fiscais *offshore*, incluindo as identidades dos acionistas e administradores. Nos documentos são mencionados chefes de Estado e políticos de diversos países, como Argentina, Islândia, Arábia Saudita, Ucrânia, Emirados Árabes Unidos, África do Sul, Angola, Brasil, China, Coreia do Norte, França, Índia, Malásia, México, Paquistão, Reino Unido, Rússia e Síria, bem como de 29 multimilionários na lista das quinhentas pessoas mais ricas do mundo segundo a revista *Forbes*. No entanto, curiosamente, os dados divulgados de empresários dos Estados Unidos são de empresas já investigadas e condenadas. Essa ausência nesses vazamentos rendeu algumas desconfianças sobre tal escândalo.

e anticorrupção, mas, principalmente, através da ampliação da rede de monitoramento e de investigações na aplicação da Lei contra a Corrupção no Exterior (FCPA).

1.3 Donald Trump e a anticorrupção como política externa: controvérsias e continuidades

A vitória de Trump nas eleições de 2016 foi inesperada para a maioria dos analistas nos Estados Unidos e no mundo. Com um discurso "*outsider*" da política, reacionário e aparentemente nacionalista, o bilionário estadunidense angariou apoios desde parte da burguesia interna, prejudicada pela hegemonia "financista e globalista", até a classe operária branca de antigos centros industriais. Com o slogan "*America First*", Trump se proclamava defensor dos legítimos interesses e valores dos Estados Unidos ao combater o "globalismo" e o "politicamente correto", que estavam levando a "América" para a sua decadência.

Antes e durante a campanha eleitoral, Trump foi bastante crítico à aplicação da FCPA contra empresas estadunidenses (FCPA Professor, 2015). O então futuro presidente era a voz, como veremos mais adiante, de alguns *think tanks* neoconservadores que criticavam a lei como um empecilho para a competitividade das corporações estadunidenses no mercado mundial, principalmente nas disputas contra empresas chinesas.

Publicações de jornalistas ligados ao *New York Times* e *Washington Post* avaliam que, no governo Trump, até se tentou tomar medidas para tornar a FCPA mais branda para as empresas dos Estados Unidos. Foi nomeado um antigo crítico à lei para a Comissão de Valores Mobiliários (SEC – U.S. Securities and Exchange Commission), Jay Clayton, e pressionou-se no mesmo sentido o procurador-geral dos Estados Unidos à época, Jeff Sessions (Smialek, 2020). Um dos principais intelectuais e organizador do principal blogue acadêmico "anticorrupção", Matthew

Stephenson analisava com pessimismo e temor a gestão Trump "como uma possível desorganização de todo o avanço institucional do combate à corrupção por meio da FCPA".

Entretanto, conforme mostraremos adiante, uma das principais características da aplicação da FCPA nos anos de 2010 foi o foco em investigações de empresas estrangeiras e concorrentes de corporações estadunidenses. Nesse contexto, os próprios nomeados por Trump garantiram a continuidade das investigações e aplicações da lei mundo afora. Em artigo de 2021, Matthew Stephenson, que também é professor de Harvard e admirado por procuradores brasileiros ligados à Operação Lava Jato, realizou um "*mea culpa*" ao apontar que sua análise anterior foi tomada por um pessimismo:

> Portanto, em vários casos, fui excessivamente pessimista sobre o impacto adverso que a administração Trump teria sobre a política anticorrupção dos Estados Unidos. A aplicação de estatutos como a FCPA se mostrou muito mais resiliente e resistente à influência do presidente do que eu temia (Stephenson, 2021, tradução livre)

Se, por um lado, é possível identificar as estruturas institucionais anticorrupção como instrumentos de um "imperialismo legal" em nome da segurança nacional dos Estados Unidos, ou seja, uma política de Estado nos Estados Unidos, por outro, no âmbito governamental também podemos constatar recuos e mudanças nessa temática ao longo da administração de Trump. A primeira, identificável através do Plano Estratégico de Segurança Nacional de 2017 (NSS), é a instrumentalização do "combate à corrupção" como ferramenta de guerra econômica e ideológica contra a influência sino-russa.

No referido documento, a gestão Trump assume o compromisso de prosseguir com a utilização das ferramentas econômicas e diplomáticas de combate à corrupção "para que as empresas dos Estados Unidos possam competir razoavelmente em clima de negócios transparentes" (Casa Branca, 2017, p. 20). Como medidas econômicas anticorrupção, o governo Trump comprometeu-se a expandir sanções, medidas antilavagem de dinheiro e ações de fiscalização nos Estados Unidos e no exterior. O combate à corrupção aparece como um dos principais instrumentos estadunidenses de luta contra a influência chinesa e russa na América Latina. A expansão chinesa é vista como propagação do seu sistema "autoritário", "corrupto" e de "vigilância" (Casa Branca, 2017, p. 25).

Se nos documentos anteriores a anticorrupção aparecia como um esforço multilateral e ligado ao *soft power*, com Trump, ao menos no discurso oficial, essa pauta ganhava feições mais próximas a um discurso anticomunista e antiesquerda, típico do período da Guerra Fria.[23]

Outra medida governamental foi a "Iniciativa Chinesa" por meio da Divisão de Segurança Nacional (NSD – National Security Division) do Departamento de Justiça (DOJ – Department of Justice). Numa conjuntura de acirramento dos conflitos comerciais entre Estados Unidos e China, em 2018, o Escritório de Política Comercial e Industrial da Casa Branca publicou um relatório sobre "Como a Agressão Econômica da China Ameaça as Tecnologias e a Propriedade Intelectual dos Estados Unidos e do Mundo", que denunciava a ofensiva chinesa por romper fronteiras tecnológicas para sua política industrial.

---

23 Para Cláudio Puty (2018), o discurso de Rex Tillerson, secretário de Estado de Trump e ex-CEO da Exxonmobil, sobre a política externa do governo para América Latina materializou as diretrizes da estratégia de segurança nacional de Trump. Os programas de assistência institucional entre os Estados Unidos e os aparatos jurídicos latino-americanos seriam uma boa estratégia para frear o "poder corruptor" do avanço chinês no continente.

Essa iniciativa norteia-se por processar pessoas envolvidas em roubo de segredos comerciais, *hacking* e espionagem econômica, a fim de proteger a infraestrutura estadunidense contra ameaças externas, bem como combater "esforços clandestinos para influenciar o público americano e formuladores de políticas sem a devida transparência" (Department of Justice, s/d).

O governo Trump também foi criticado por uma secundarização da luta anticorrupção em sua política externa, seja pela não priorização dos acordos multilaterais, seja pelo distanciamento de aliados históricos europeus à aproximação da Rússia na questão ucraniana. Sobre a América Latina, intelectuais como Matthew Stephenson e publicistas do *New York Times* e *Washington Post* criticaram o recuo das iniciativas anticorrupção no continente, como, por exemplo, a desmoralização da Operação Lava Jato no Brasil, a instabilidade política no Peru, os sucessivos erros táticos no trato com a Venezuela e a não resistência estadunidense frente ao desmonte da Comissão Internacional de Combate à Impunidade na Guatemala (Cicig),[24] liderada pela ONU.[25]

---

[24] Em 2019, depois de doze anos de atuação, esse órgão "independente" chefiado pela ONU foi parte de uma intervenção no país para "fortalecer o Estado de direito". Ao longo dos anos, a Cicig acusou mais de 1.500 pessoas, processou seiscentas e sentenciou quatrocentas. Apesar de ter ganhado as eleições com um discurso anticorrupção e de apoio a Cicig , o governo de extrema direita de Jimmy Morales optou por não renovar a continuidade da atuação da Cicig na Guatemala quando esse órgão passou a investigá-lo (ONU, 2019).

[25] "Os Estados Unidos não apenas abdicaram de sua liderança no combate à corrupção como uma questão de prioridade global, mas, em alguns casos, o governo Trump impediu (ou tentou impedir) o progresso nessa questão em vários países. A retirada do apoio da administração, por exemplo, contribuiu para o fechamento da comissão anti-impunidade na Guatemala (Cicig), e os esforços dos associados de Trump para promover os interesses políticos de Trump complicaam, e

Apesar de diferentes direções e perspectivas políticas e ideológicas, através desse breve apanhado histórico sobre a ação política desses governos estadunidenses em transformar a pauta anticorrupção num componente da política externa e de segurança nacional, podemos constatar que essa questão transcende políticas ou escolhas de governos – ela se converteu numa estrutura jurídico-política contemporânea do Estado imperialista estadunidense.

1.4 A estrutura institucional do "imperialismo legal"

O tema da estrutura jurídico-política extraterritorial dos Estados Unidos, num mundo "globalizado", tem suscitado debates em diversos países, inclusive em outras potências imperialistas subalternas. Na França, principalmente após a ofensiva da FCPA contra a Alstom, empresa de energia e transporte francesa, emergiram questionamentos sobre tais ingerências estadunidenses. O Institut Français des Relations Internationales publicou um estudo intitulado "Comply or die? Les entreprises face à l'exigence de conformité venue des États-Unis" (2018), sob o ponto de vista de defesa dos interesses dos conglomerados franceses, elaborado

---

possivelmente minaram, os esforços anticorrupção na Ucrânia. O conforto de Trump em relação a Vladimir Putin também parece ter encorajado a repressão do governo russo a (e em alguns casos a tentativa de assassinato de) defensores da anticorrupção doméstica, bem como o uso maior do que alguns comentaristas apelidaram de 'cleptocracia armada'. A lição aqui – além do truísmo de que as eleições têm consequências – é que os Estados Unidos, com todas as suas falhas e fracassos, ainda desempenham um papel crítico de liderança quando se trata de anticorrupção e questões associadas. O que resta ver é como a nova administração Biden abordará esta questão, e quão rapidamente o dano causado pela abdicação da liderança da administração Trump nesta questão pode ser revertido." (Stephenson, 2021, tradução livre).

pela analista internacional Marion Leblanc-Wohrer, que apresenta uma série de legislações extraterritoriais dos Estados Unidos.

A autora identifica uma grande quantidade de leis estadunidenses que são impostas aos cidadãos e às empresas estrangeiras. A Lei da Reforma e Proteção ao Consumidor de Wall Street (Lei Dodd-Frank, 2010), a Lei de Conformidade Fiscal de Contas Estrangeiras (2010), a Patriot Act (2002) e a USA Freedom Act (2015), a Lei Sarbanes-Oxley (2002) e a Lei de Justiça contra o Patrocinadores de Terrorismo[26] (Jasta – Justice Against Sponsors of Terrorism Act) são alguns exemplos de jurisdições extraterritoriais trazidas por Leblanc-Wohrer (2018).

Para Leblanc-Wohrer, a lei contra corrupção no exterior (FCPA) e as sanções econômicas aplicadas pelo Departamento de Tesouro, através do Gabinete de Controle de Ativos Estrangeiros (Ofac – Office of Foreign Assets Control), são os "carros-chefes" do "*soft power* legal", ou o que nós chamamos de "imperialismo legal" dos Estados Unidos. Nesse sentido, concomitante ao fortalecimento de estruturas legislativas extraterritoriais, ergueu-se toda uma estrutura institucional no seio do Estado estadunidense para aplicar essas leis, diretrizes e estratégias do "imperialismo legal". No campo da anticorrupção, há uma vasta gama de agências, departamentos, divisões e programas estatais para impulsionar essa pauta como uma das principais para a diplomacia econômica e política e para resguardar a "segurança nacional" dos Estados Unidos.

Se, na seção anterior, demos destaque às iniciativas governamentais e contextualizamos a pauta do "combate à corrupção" nas estratégias de segurança nacional no presente século, agora vamos apresentar uma parte fundamental das estruturas do imperialismo legal.

---

[26] Embora aprovada pelo senado e pela câmara dos Estados Unidos, essa lei foi vetada pelo então presidente Obama.

1.4.1. O Departamento de Estado

O Departamento de Estado nos Estados Unidos é o equivalente a um ministério de relações exteriores. A questão da "anticorrupção e transparência" é um dos dezoito principais temas internacionais elencados em seu portal, em 2021, ao lado de questões como meio ambiente, crimes cibernéticos, tráfico humano, acordos de não proliferação de armas, combate ao terrorismo, direitos humanos, energia, ciência e tecnologia etc. Segundo o portal oficial, o combate à corrupção é uma prioridade para o Departamento de Estado, que atua em diversas frentes em todo o mundo a fim de prevenir, fortalecer investigações, promover a responsabilização e a transparência e capacitar novos "reformadores" mundo afora:

> Em todo o mundo, a corrupção prejudica o crescimento econômico, atrapalha o desenvolvimento, desestabiliza governos, mina a democracia e oferece aberturas para grupos perigosos, como criminosos, traficantes e terroristas. O Departamento de Estado tornou a anticorrupção uma prioridade de segurança nacional e trabalha em todo o mundo para prevenir a corrupção, fortalecer a investigação e o processo contra a corrupção, promover a responsabilização e a transparência e capacitar os reformadores. (Department of State, s/d (a), tradução livre)

Nesse sentido, o trabalho anticorrupção do Departamento de Estado estrutura-se a partir de quatro divisões: Escritório de Assuntos Internacionais de Entorpecentes e Aplicação da Lei (INL – Bureau of International Narcotics and Law Enforcement Affairs), Escritório de Assuntos Econômicos e Comerciais (EB – Bureau of Economic and Business Affairs), Escritório de Democracia, Direitos Humanos e Trabalho (DRL – Bureau of Democracy,

Human Rights, and Labor) e Escritório de Assuntos Energéticos (ENR – Bureau of Energy Resources). Entre os anos de 2014 e 2020, o orçamento do Departamento de Estado e da Agência dos Estados Unidos para o Desenvolvimento Internacional (Usaid), maior órgão de assistência internacional financiado e dirigido pelo Departamento de Estado, variou de cerca de 40 bilhões até um pouco mais de 50 bilhões de dólares (Department of State, s/d (b)), recebendo mais verbas durante o governo Obama.

O apoio a programas de boa governança e formação de novos líderes anticorrupção no exterior passam, normalmente, da cifra de 1 bilhão de dólares. Segundo relatório de assessoria aos congressistas dos Estados Unidos, entre 2014 e 2018, o Departamento de Estado/Usaid administrou cerca de 115 milhões de dólares anuais somente em programas anticorrupção de "assistência técnica" (Congressional Research Service, 2019, p. 6).

A seguir, apresentaremos, em linhas gerais, as principais funções das divisões do Departamento de Estado no combate à corrupção como um dos fundamentos da política externa dos Estados Unidos. Além das quatro citadas, também abordaremos os programas anticorrupção de assistência internacional impulsionados pela Usaid.

1.4.2. Escritório de Assuntos Internacionais de Entorpecentes e Aplicação da Lei (INL)

O INL é o principal escritório que lidera o desenvolvimento de políticas anticorrupção, coordena a atuação dos Estados Unidos em fóruns multilaterais anticorrupção e supervisiona a aplicação de programas de prevenção e combate à corrupção no exterior.

Um dos grandes objetivos do INL é garantir a liderança dos Estados Unidos como referência política, legal e ideológica do combate à corrupção em espaços multilaterais, ou seja, universaliza os interesses particulares estadunidenses no combate à corrupção. Nesse sentido, o INL cria roteiros e referências para reformas institucionais e legislativas em áreas como combate ao suborno, conflitos de interesses e garantia de um sistema judiciário "independente". Além de coordenar a intervenção dos Estados Unidos junto à Convenção das Nações Unidas contra a Corrupção (Uncac) para prezar pelo cumprimento dos acordos firmados entre os 175 países integrantes, assim como também atua em espaços semelhantes na OCDE, na Organização dos Estados Americanos (OEA), entre outros.

No âmbito multilateral, o INL impulsiona, através dos fóruns em que participa, uma série de programas de formação de referência de combate à corrupção no mundo. A rede de recuperação de receitas de corrupção da Interpol, as academias de aplicação da lei internacional (Ilea – International Law Enforcement Academies), que fornecem formação sobre combate ao crime transnacional para policiais de mais de 85 países (International Law Enforcement Academy, s/d), e a Academia Internacional Anticorrupção (Iaca – International Anti-Corruption Academy)[27] são exemplos de iniciativas apoiadas pelos INL.

A construção de sistemas judiciais "independentes" e de redes de juízes identificados com os valores "liberais e democráticos" dos Estados Unidos também são prioridades do INL. Em 2015, o escritório publicou um guia sobre os seus programas de combate à corrupção no mundo.

---

[27] A Iaca foi criada em 2011 como desdobramento do grupo internacional de peritos em corrupção da Interpol. A escola é sediada na Áustria e se tornou uma das grandes referências internacionais, no campo acadêmico, nas pesquisas relativas ao combate à corrupção transnacional. Além de fornecer cursos e treinamentos para policiais, juízes, procuradores e membros de ministérios públicos que combatem a corrupção.

Como exemplos de iniciativas práticas bilaterais, ao longo dos documentos analisados, o INL cita os exemplos de sua atuação junto ao órgão anticorrupção do governo ucraniano[28] e o treinamento de mais de 7 mil policiais em conjunto com o Ministério do Interior desse país. Na Nigéria, o INL auxilia no treinamento de juízes e promotores anticorrupção, e na Tunísia, o escritório assistiu à construção do órgão anticorrupção local. O INL possui projetos bilaterais em todos os continentes, muitas vezes em conjunto com outras agências, como a Usaid ou outros órgãos governamentais, como divisões e escritórios do DOJ.

1.4.3. Escritório de Assuntos Econômicos e Comerciais (EB)

O Escritório de Assuntos Econômicos e Comerciais também integra os esforços anticorrupção do Departamento de Estado, em especial no que tange à diplomacia econômica dos Estados Unidos. O papel do EB na diplomacia econômica anticorrupção estadunidense é bem amplo e diverso. As diversas divisões no interior do EB têm tarefas distintas, que perpassam pelo respaldo à "luta contra o suborno estrangeiro", seguindo as diretrizes da OCDE, a inserção de dispositivos anticorrupção nos tratados comerciais dos Estados Unidos, o preparo de relatórios sobre o "clima de investimento" (Department of State, s/d (d)) no exterior para as empresas do país, levando em conta o "nível de corrupção" nos diferentes países, e a aplicação de sanções econômicas, por meio de uma ampla força-tarefa de órgãos e agências

[28] Segundo dados do orçamento de 2016, o governo Obama destinou mais de 600 milhões de dólares para assistir a "luta anticorrupção" na Ucrânia. O apoio era justificado para inibir qualquer influência russa na região, mesmo a preço de apoiar um governo com forte identidade fascista.

governamentais, a países que financiam o terrorismo e o crime transnacional (Department of State, s/d (e)).

Cabe sublinhar que, além da assistência técnica para a diplomacia econômica, no interior do EB também se desenvolvem importantes programas de materialização do "imperialismo legal" dos Estados Unidos. Um exemplo está no Relatório de Transparência Fiscal, que analisa o grau de publicidade dos orçamentos, dados e boas práticas fiscais dos governos. Mais de 140 países são analisados anualmente desde 2012, e o Departamento de Estado e a Usaid administram o Fundo de Transparência Fiscal para Inovação, que tem como objetivo financiar projetos de assistência a boas práticas de transparência orçamentária e de melhorar a transparência do licenciamento e da contratação na extração de recursos naturais. Desde o seu lançamento, segundo dados do portal oficial, o fundo já financiou mais de 40 milhões de dólares em projetos de transparência no exterior (Department of State, s/d (f)).

1.4.4. Escritório de Democracia, Direitos Humanos e Trabalho (DRL)

Esse setor lidera a atuação dos Estados Unidos na Parceria pelo Governo Aberto (OGP – Open Government Partnership), iniciativa criada pelo governo Obama para fomentar a transparência e a prevenção da corrupção no mundo. Além disso, essa repartição do Departamento de Estado tem a "anticorrupção" como uma das suas causas prioritárias para financiar programas e iniciativas de entidades civis e ONGs mundo afora. A ONG transnacional Transparência Internacional, na qual nos deteremos mais adiante, é uma delas.

Outra iniciativa fomentada e financiada pelo DRL é o Consórcio Global Anticorrupção (Gacc – Global Anti-Corruption Consortium). Essa ação multilateral visa acelerar, por meio da "sociedade civil", a luta contra a corrupção no mundo. A ideia é construir alianças estratégicas entre entidades anticorrupção e jornalistas independentes.

Normalmente, as concessões de apoio logístico e financeiro para ONGs e entidades civis dão-se por meio de seleções públicas dirigidas pelo DRL e pela Usaid. São analisados o mérito da proposta, a capacidade de implementação do projeto e o alinhamento com os valores e interesses dos Estados Unidos. Segundo o próprio Departamento de Estado, existem mais de 1,5 milhão de ONGs nos Estados Unidos. Um dado importante para a implementação de "empoderamento" da "sociedade civil" contido nas estratégias de segurança nacional é que o financiamento e o apoio a entidades e ONGs estrangeiras podem ser "terceirizados", isto é, através de ONGs e entidades civis estadunidenses ou por meio de projetos de "assistência ao desenvolvimento". Estes últimos, normalmente, são encabeçados pela Usaid.

1.4.5. Escritório de Recursos Energéticos (ENR)

O ENR é responsável pelos esforços do Departamento de Estado para formular uma política energética internacional, fortalecer a segurança energética global e responder aos desafios energéticos de todo o mundo, que afetam a política econômica e a segurança nacional dos Estados Unidos.

No bojo da anticorrupção como política externa dos Estados Unidos, a principal atribuição do ENR é coordenar a atuação estadunidense na Iniciativa de Transparência da Indústria Extrativa (Eiti). Segundo o portal oficial do escritório, o fortalecimento da Eiti, por meio da coalizão de governos, empresas e "sociedade civil", promove melhores práticas de governança, transparência e maior controle da corrupção nesse ramo. Por meio do Escritório de Recursos Energéticos, os Estados Unidos atuaram no Conselho Internacional da Eiti por muitos anos e, servindo em vários comitês da Eiti, buscaram melhorar a gestão e a supervisão interna da coalizão, além de financiar a iniciativa e parceiros para que sigam as diretrizes traçadas.

Outra função importante do ENR, transversal à questão da anticorrupção, é a implementação de sanções energéticas aos países que representem "perigo" ou estejam utilizando os recursos energéticos para "fins malignos". Nesse sentido, o escritório monitora, desenvolve e implementa sanções contra países como Rússia, Coreia Popular e Irã. Nenhum desses fazem parte da Eiti, por exemplo (Department of State, s/d (h)).

1.4.6. Agência dos Estados Unidos para o Desenvolvimento Internacional (Usaid)

A Agência dos Estados Unidos para o Desenvolvimento Internacional (Usaid) é dirigida pelo Departamento de Estado, que concentra a maior parte da "ajuda externa" de caráter civil com base na defesa da "segurança nacional" dos Estados Unidos. Fundada em 1961, durante o governo Kennedy, a Usaid hoje conta com um orçamento anual de dezenas de bilhões de dólares.[29] Formalmente, os programas de assistência financiados e dirigidos pela Usaid atuam em diversas temáticas, como educação, segurança pública, meio ambiente, combate à pobreza, estabilização de conflitos, saúde, água e ajuda humanitária. No Brasil, um dos principais programas de assistência foi o treinamento das polícias militares durante a ditadura civil-militar no país.[89]

A atual estrutura dessa agência é complexa, dividida em departamentos regionais (em todos os continentes), departamentos

---

29 Para o ano de 2021, por exemplo, o pedido de orçamento da agência foi de quase 20 bilhões de dólares a fim de financiar fundos administrados totalmente ou parcialmente pela Usaid (Usaid, s/d (a)). Ver o artigo de Rodrigo Sá Motta na *Revista Brasileira de História* (2010).

funcionais temáticos e o "quartel-general", onde se planejam, gerem e monitoram os programas de assistência.[30] A agenda anticorrupção integra um dos departamentos funcionais: o de democracia, direitos humanos e governança. Além de fomentar a "promoção da responsabilidade e transparência", esse departamento também conta com iniciativas no campo da "estratégia de governança da democracia e direitos humanos", apoio a processos eleitorais "justos e livres", respaldo à mídia "independente" e organizações civis, combate ao tráfico de pessoas etc.

Nos marcos do departamento de apoio a democracia, direitos humanos e governança, há um centro de excelência sobre Democracia, Direitos Humanos e Governança (DRG – Democracy, Human Rights, and Governance), em que se desenvolvem estudos, planos e monitoramento dos programas implementados pela Usaid no combate à corrupção no exterior. Cabe destacar as seguintes publicações do centro: *Combatting Corruption Among Civil Servants: Interdisciplinary Perspectives on What Works*, no qual se realiza um balanço dos programas anticorrupção entre servidores públicos no exterior apoiados pela Usaid; *Reducing Corruption in the Judiciary* (2009), que apresenta uma série de programas e perspectivas para reduzir a corrupção no judiciário de outros países para fortalecer a sua independência; e, por fim, o *Anticorruption and Police Integrity* (2007), que aborda modelos

[30] Destacamos o departamento de prevenção e estabilização, onde se encontra o escritório para iniciativas de transição (OTI). Trata-se de um setor que atua para impulsionar mudanças ou golpes políticos em países não alinhados com os Estados Unidos. Segundo o próprio portal oficial deste escritório, a missão do OTI seria "apoiar a política externa dos Estados Unidos, aproveitando as janelas de oportunidade emergentes no cenário político para promover estabilidade, paz e democracia, catalisando iniciativas locais por meio de uma programação ágil e adaptável" (Usaid, s/d (b)).

de combate à "pequena e grande corrupção" no seio das corporações policiais (Usaid, s/d (c)).

No entanto, o principal documento de combate à corrupção da agência é um guia anticorrupção, produzido em 2015, para orientar a implementação dos programas anticorrupção da Usaid. Embora não seja o único documento norteador,[31] o *Practitioner's Guide for Anticorruption* (2015) oferece-nos importantes informações no que tange à conceituação, à aplicação, ao monitoramento e à avaliação dos programas anticorrupção de assistência internacional da agência. O guia segue a conceituação convencional da corrupção, propagandeada principalmente pela Transparência Internacional, que define como "abuso de poder confiado a alguém para ganho privado" (Usaid, 2015, p. 1).

Curiosamente, essa definição demasiadamente ampla, polissêmica e superficial desenvolve-se em classificações sobre o fenômeno da corrupção. Nesse cenário, a grande corrupção seria aquela praticada por altos escalões de governos em conluio com empresários e outros funcionários públicos. A grande corrupção teria ampla capacidade de expandir redes institucionais e extrainstitucionais, convertendo-se em um fenômeno estrutural ou sistêmico. A pequena corrupção seria aquela mais próxima ao cotidiano e cometida por funcionários públicos de médio e baixo escalão. Já a corrupção política refere-se à manipulação de políticas públicas, mudanças de regras de financiamento ou interferências em instituições a fim de garantir mais poder para

31 Apesar de lançar documentos do tipo desde 1999, no portal oficial da agência há publicizado para consulta os seguintes documentos anticorrupção: *Analysis of Usaid Anticorruption Programming Worldwide* (2014), *Tools for Assessing Corruption and Integrity* (2005), *An Anticorruption reader* (2005), *AntiCorruption and Transparency Coalitions: Lessons from Peru, Paraguay, El Salvador and Bolivia* (2005), *Anticorruption Investigation and Trial Guide* (2005) e *Anticorruption Assessment Handbook* (2009).

alguma autoridade pública, e, por fim, a corrupção privada se relaciona a "práticas corruptas" entre entes privados (Transparência Internacional, s/d).

É possível notar que, ao longo do manual, há uma perspectiva que enfatiza a corrupção como um fenômeno estranho às relações mercantis, ou seja, uma prática deformadora do livre desenvolvimento e da concorrência por meio da intervenção estatal e da "política". Nesse sentido, a estratégia da Usaid é tornar a anticorrupção uma pauta transversal na aplicação de seus programas com diversas temáticas, assim como, quando possível, desenvolver projetos "puramente anticorrupção" (Usaid, 2015, p. 6). O manual traz a orientação dos programas da Usaid de seguirem cinco fases para a sua implementação.

A primeira é a "análise do ambiente" em que o programa seria implementado. Trata-se de uma avaliação sobre os "índices de corrupção nos serviços públicos", questões econômicas, políticas e sociais locais. É aconselhado seguir o seguinte roteiro: 1) análise do quadro jurídico institucional; 2) avaliação econômica; 3) mapeamento dos agentes e instituições envolvidas; 4) análise do grau de corrupção em setores-chave dos governos e instituições; 5) revisão dos programas anticorrupção adotados para reformular suas aplicações (Usaid, 2015, p. 2). A segunda fase seria para estabelecer metas e estratégias por meio dos programas anticorrupção explícitos ou "setoriais" com outras temáticas.

A terceira fase refere-se ao encontro de "pontos de entrada" nos locais de implementação dos programas de assistência internacional. Isto é, pontos políticos, jurídicos e institucionais que gerem oportunidades para a implementação das parcerias, assim como o encontro de "campeões" que seriam sujeitos favoráveis às reformas democráticas e anticorrupção aos moldes dos Estados Unidos. A existência de "vontade política" é vital para a escolha do melhor tipo de programa feito pelos aplicadores, segundo o manual:

> [...] A presença de campeões dentro e fora do governo pode ser um fator-chave na decisão de visar setores, funções ou instituições. Mais uma vez, a experiência tem mostrado que programas anticorrupção são mais eficazes quando eles apoiam esforços que receberam compromissos das contrapartes do país anfitrião e, de forma mais geral, alinhem-se com as prioridades do governo. De o mesmo símbolo, a ausência de forte oposição pode ser um fator importante na decisão da Usaid. Um foco na corrupção envolvendo os mais altos níveis de governo pode ser politicamente muito sensível em alguns contextos, por exemplo, mas a corrupção administrativa pode ser um foco viável para a programação da Usaid. Enquanto concentrar os esforços de reforma na pequena corrupção pode parecer incongruente se a grande corrupção for persistente, pode melhorar a experiência dos cidadãos de serviços públicos, permanecendo dentro dos limites de viabilidade política. Também pode ajudar a mover a mais ampla cultura política para se opor à grande corrupção (Usaid, 2015, p. 15, tradução livre).

A quarta fase é a de seleção do tipo de programa a ser implementado pela assistência internacional. O manual traz uma série de opções, como, por exemplo, programas "explicitamente anticorrupção", modelos de assistência baseados em promoção da "transparência, responsabilidade e governança", inserção da bandeira anticorrupção em outros programas setoriais (meio ambiente, igualdade de gênero, desenvolvimento, saúde etc.) e, por fim, programas anticorrupção para sociedades pós-conflitos civis, como na Ucrânia, ou por guerras provocadas por invasão estrangeira, como no Afeganistão.

A última fase de implementação é a do monitoramento do programa e avaliação dos resultados através de pesquisas, índices e produção de relatórios. Analisamos, tendo como base o manual supracitado, que existe a construção de uma série de percepções políticas, sociais, ideológicas e econômicas para a formulação e implementação das políticas anticorrupção. O trunfo para os interesses dos Estados Unidos é garantir o domínio dessas percepções, servir como referência, influir, financiar e formar parte das "elites orgânicas" de outros países. Assim como os Estados Unidos construíram, na esfera militar e juntamente com outras potências imperialistas, um sistema de bases e de intervenção militar no mundo, a anticorrupção é um dos instrumentos para legitimar a edificação da jurisdição extraterritorial sob sua hegemonia e domínio ideológico.

Ao fim do manual, há alguns anexos, dentre eles um banco de dados de projetos anticorrupção da Usaid implementados de 2007 a 2013. Segundo o documento, existem mais de trezentos projetos nesse banco de dados, entre programas "explicitamente anticorrupção"[32] e outros de caráter mais transversal (Usaid, 2015, p. 71).

---

[32] Exemplos de programas explícitos/diretos de anticorrupção:

- Projeto de Mobilização de Ação contra a Corrupção na Armênia (Maac) (2007-2011)
- Assistência para o Projeto da Autoridade Anticorrupção do Afeganistão (4A) (2010-2013)
- Programa de Fortalecimento da Democracia em El Salvador (DSP) / Programa de Transparência e Governança (TAG) (2009-2014)
- Programa Anticorrupção, Transparência e Responsabilidade da América Central e México (CAM) (2003-2008)
- Projeto Transparência e Integridade da Guatemala (2005-2009)
- Três programas na Indonésia: Projeto de Controle da Corrupção MCC TCP (2007-2009), Fortalecimento da Integridade e Programa de Responsabilidade I (SIAP I) (2011-2016) e Melhoria dos Tribunais Comerciais e Anticorrupção (IN-Acce) (2005-2009)
- Cinco programas nas Filipinas: Projeto de Assistência Técnica MCC TCP (2006-2009), Projeto de Integridade (2009-2012), o Projeto Integrity Investments Initiative (I3) (2013-2018), Governança Aprimorada

Além do banco de dados, nos anexos também estão enumerados os projetos citados ao longo do manual, as avaliações dos índices de mensuração e percepção da corrupção disponíveis e os métodos de monitoramento dos programas. Sobre a questão da "porta de entrada" para implementação dos projetos, o documento avalia que quando não há "vontade política" por parte das instituições e governantes para combater a corrupção, o correto é investir em potenciais aliados na "sociedade civil" (Usaid, 2015, p. 64).

Os programas servem como referências de compreensão, de legalidade e de políticas públicas anticorrupção na contemporaneidade. Essa assistência internacional é acompanhada por iniciativas de "produção de consenso", como a formação de juízes, polícias e "entidades civis", assim como pela ampliação de mecanismos de intervenção direta extraterritorial dos Estados Unidos, como, por exemplo, a aplicação da FCPA, parcerias e contatos informais entre agentes públicos estrangeiros (a

---

por meio de Anticorrupção Esforços (2009-2011) e Governança Responsável Transparente (TAG III e IV) (2007-2011)

- Dois programas na Mongólia: o Projeto de Apoio Anticorrupção (Macs) (2005-2011) e o seguimento
- Fortalecimento da transparência e governança (Stage) (2012-2014)
- Programa de Iniciativa Anticorrupção de Madagascar (2006-2008)
- Programa de Promoção do Engajamento dos Cidadãos no Combate à Corrupção (Action) da Ucrânia (2006-2009) Programa Anticorrupção do Djibouti (DACP) (2008-2010), entre alguns programas que deram ênfase bastante forte à anticorrupção são: Programa Limiar do Paraguai I, Programa de Limite Anticorrupção no Peru, Projetos I e II de Governança Transparente (TAG) nas Filipinas, Projeto de Prevenção de Crimes Financeiros (FCPP) na Indonésia, Programa de Apoio ao Programa Nacional de Transparência Orçamentária do Quirguistão, Programa Anticorrupção do Sri Lanka e outros (Usaid, 2015, p. 66, tradução livre).

busca pelos "campeões"), financiamento de investigações que possam servir aos interesses estadunidenses etc. Esses aspectos que fazem parte da construção da hegemonia do imperialismo legal também são flagrantes nas ações do Departamento de Justiça (DOJ).

1.4.7. O Departamento de Justiça (DOJ)

O Departamento de Justiça dos Estados Unidos é o equivalente a um ministério da Justiça ou do Interior em outros países; sua função é aplicar a lei e administrar a Justiça dos Estados Unidos. Em virtude das diversas leis extraterritoriais existentes, a jurisdição do DOJ, na prática, vai além do território estadunidense.

Entre 2015 e 2021, o orçamento do DOJ oscilou entre 27 e 32 bilhões de dólares. Sua estrutura é complexa, muitas das suas divisões contam com ações e investigações internacionais. Para esta pesquisa, contudo, o que deve ser enfocado é a engrenagem da anticorrupção como parte do imperialismo legal.

Nessa linha, cabe destacar as seguintes estruturas de investigação, monitoramento, formação de agentes públicos no exterior e aplicação da FCPA: o Programa Internacional de Assistência ao Treinamento em Investigação Criminal (Icitap – International Criminal Investigative Training Assistance Program), o Escritório de Desenvolvimento, Assistência e Treinamento do Ministério Público no exterior (Opdat – Office of Overseas Prosecutorial Development, Assistance and Training), o escritório de aplicação da FCPA e a iniciativa anti-China. As três primeiras estruturas estão localizadas na divisão criminal do organograma de funcionamento do DOJ; já a última faz parte de uma força-tarefa do Departamento de Segurança Nacional.

1.4.8. Programa Internacional de Assistência ao Treinamento em Investigação Criminal (Icitap)

Criado em 1986 com o objetivo de treinar policiais latino-americanos, o Icitap é um dos principais programas estadunidenses de treinamento e formação de outros sistemas de Justiça pelo mundo. Localizado na divisão criminal do DOJ, parte das iniciativas do programa também recebem financiamentos do Departamento de Estado, Defesa e da Usaid. Um dos principais objetivos do Icitap é fomentar a cooperação jurídica internacional e regional a fim de combater os crimes transnacionais, o terrorismo e a corrupção. Somente em 2018, o programa desenvolveu 936 eventos formativos distintos para mais de 14 mil agentes públicos estrangeiros e esteve envolvido em mais de duzentas atividades de parceria técnica e de treinamento com outras agências governamentais dos Estados Unidos, como o FBI, DHS e a Usaid.

Segundo o portal oficial do programa, o Icitap oferece assistência técnica e treinamento nas seguintes áreas de especialização: desenvolvimento organizacional, terrorismo e crime transnacional, investigações criminais, habilidades especializadas e táticas, serviços básicos de polícia, desenvolvimento de academias de polícia, policiamento comunitário, segurança marítima e fronteiriça, sistemas de informação, coordenação da Justiça Criminal, integridade pública e anticorrupção etc. Os cursos anticorrupção têm como objetivos:

> O trabalho anticorrupção do Icitap visa aumentar a responsabilidade das instituições perante seus cidadãos e, por sua vez, aumentar a confiança dos cidadãos na integridade dessas instituições. O Icitap fornece assistência técnica e treinamento que melhoram a capacidade dos ministérios do governo e instituições de aplicação da lei para investigar má conduta e corrupção e implementar con-

> troles internos que são vitais para a conduta profissional daqueles que trabalham em agências governamentais.
>
> A assistência técnica e o treinamento do Icitap incluem o desenvolvimento de:
> • Técnicas e habilidades investigativas
> • Operações de linha direta
> • Processos, políticas e procedimentos investigativos
> • Programas de segurança e proteção de testemunhas
> • Reforma legislativa e política
> • Procedimentos de verificação de funcionários
> • Procedimentos de interceptação de fio eletrônico
> • Gerenciando informantes e cooperando com testemunhas (Department of Justice , s/d (a), tradução livre).

A ação do programa desenvolve-se a partir de acordos multilaterais ou bilaterais com governos nacionais ou locais. Os cursos podem ser ministrados por procuradores, promotores, juízes, oficiais das forças armadas, agentes de órgãos de inteligência ou do FBI. Além do vínculo formal, os espaços de treinamento também servem para o estabelecimento de laços e troca de informações informais entre agentes públicos estrangeiros e estadunidenses, prática, como veremos mais adiante, incentivada pelos órgãos públicos dos Estados Unidos. Em pouco mais de trinta anos de história, o Icitap possui programas em mais de sessenta países (dados de 2020). Na América Latina e no Caribe, México, Colômbia, Honduras, Guatemala, República Dominicana, Paraguai e Brasil são alguns dos países que recebem capacitações do Icitap (Department of Justice, s/d (a)).

O Icitap publicou seu plano estratégico para o quadriênio de 2018 a 2022. O documento apresenta uma perspectiva mais aprofundada sobre a relação entre o Icitap, o DOJ e as demais agências governamentais. Ao longo do texto, os programas do Icitap são tidos como instrumentos da "política de segurança nacional, combate ao terrorismo e à corrupção" em termos regionais e internacionais (Icitap, 2020, p. 15). Além disso, apresenta uma série de "princípios transversais" que servem como temáticas e objetivos dos programas do Icitap; a unidade de esforços para aplicação da lei e investigações, a fusão e troca de experiências entre os agentes, a reforma abrangente nos sistemas de Justiça, a propagação dos "valores americanos", o desenvolvimento sustentável, as normas e os padrões internacionais e a capacidade de resposta e responsabilidade são os princípios citados. Cabe sublinhar o compromisso explícito do Icitap de ajudar a reformular os sistemas de Justiça estrangeiros:

> O Icitap frequentemente une forças com o Opdat, cuja missão é facilitar legislações e reforma do setor de Justiça e melhorar as habilidades de promotores e investigadores estrangeiros e juízes. O Icitap também colabora com o USMS, bem como com o BOP para desenvolver mecanismos de segurança do processo judicial. O objetivo dessas parcerias estratégicas é empregar uma abordagem holística coordenada que aprimore a integração da Justiça às instituições do setor, evita lacunas sistêmicas e silos programáticos e melhora a cooperação entre os cidadãos e o governo. O Icitap lidera um projeto colaborativo e integrado com abordagem à assistência ao Estado de Direito que ajuda os países anfitriões a desenvolver uma cultura de integridade, profissionalismo e responsabilidade em áreas críticas do sistema de Justiça Criminal, como policiais, promotores, tribunais, correções e perícia. (Icitap, 2020, p. 12, tradução livre)

Os programas de capacitação do Icitap, segundo o documento, estão totalmente alinhados com os objetivos de política externa e da segurança nacional traçados pelos principais órgãos governamentais estadunidenses, como, por exemplo, o Plano

Estratégico do DOJ (2018-2022), o Plano Estratégico do Departamento de Estado e da Usaid, a Estratégia de Segurança Nacional (2017), a Estratégia de Defesa (2018) e a Estratégia Nacional de Contraterrorismo (2018) (Icitap, 2020, p. 23). Sendo assim, podemos concluir que tais programas são parte integrante de uma mesma política imperialista de Estado, compreendida e formulada desde o uso do poder do militar até a expansão de estrutura jurídico-política extraterritoriais.

1.4.9. Escritório de Desenvolvimento, Assistência e Treinamento de Ministério Público no Exterior (Opdat)

O Opdat foi criado, nos marcos da Divisão Criminal do DOJ, em 1991. Sua criação, segundo o portal oficial do escritório, foi uma resposta para conter o avanço do crime transnacional. A proposta seria a de capacitar e impulsionar a cooperação de parceiros estrangeiros com o DOJ para a resolução de crimes transnacionais. O escritório conta com consultores jurídicos residentes no exterior (RLAS), consultores intermitentes (ILAS) e outros consultores internacionais de hackeamento e propriedade intelectual (Ichips), e é financiado pelos departamentos de Estado e de Defesa.

Como podemos ver abaixo, o Opdat tem grande presença internacional. São quase cinquenta escritórios em embaixadas dos Estados Unidos, cuja estratégia é auxiliar em reformas de longo prazo nos sistemas judiciais estrangeiros, a fim de atender aos interesses de segurança nacional dos Estados Unidos. O Opdat oferece assistência técnica e capacitação nas seguintes áreas: crime organizado transnacional, contraterrorismo, combate ao terrorismo, cibercrime e cibersegurança, direito à propriedade intelectual, tráfico de pessoas, antinarcóticos, independência judicial, assistência e defesa de vítimas, assistência jurídica, prevenção à lavagem de dinheiro e anticorrupção (Department of Justice, s/d (b)).

Figura 1: presença internacional da Opdat

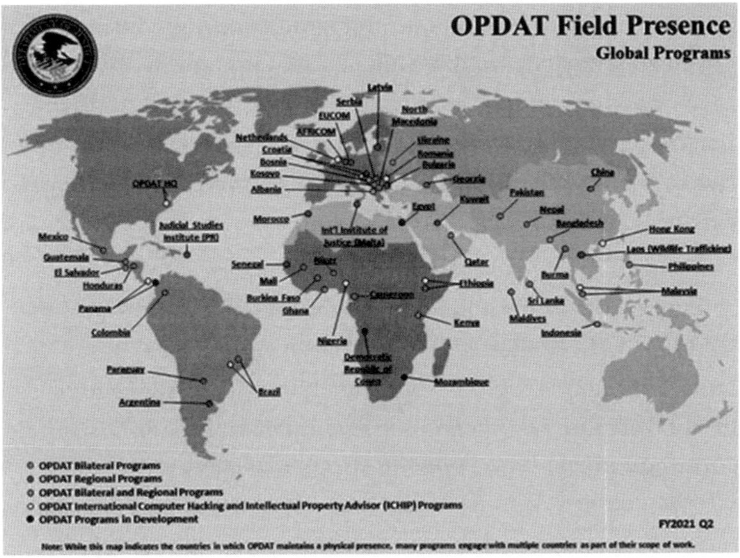

Fonte: Department Of Justice, s/d (b)

Na América Latina e no Caribe, além das parcerias bilaterais, o Opdat organiza o Instituto de Estudos Judiciais (JSI – Judicial Studies Institute), em Porto Rico. Desde 2012, a iniciativa já recebeu mais de 943 juízes latino-americanos e caribenhos para realizar cursos de capacitação e de troca de experiências. O objetivo do programa é auxiliar a transição para sistemas judiciais mais "abertos e democráticos" nessa região.

No campo da anticorrupção, o Opdat projetou uma série de cursos e capacitações para juízes, promotores e agentes públicos de Justiça estrangeiros. Organizou um curso sobre lavagem de dinheiro, anticorrupção e recuperação de ativos com a presença de agentes públicos de dezenas de países, inclusive do Brasil. Esse curso se concentra na investigação e no processo judicial de corrupção e de casos de lavagem de dinheiro relacionados.

Outro curso anticorrupção, projetado pelo Opdat, é voltado para juízes e promotores que abriram processos contra figuras governamentais de médio e alto escalão que se envolveram em casos de corrupção. A prática de "compartilhamento de informações" e auxílio às investigações é claramente um dos objetivos do curso. Uma forma eficiente e sofisticada de influenciar processos judiciais no estrangeiro em prol dos interesses estratégicos dos Estados Unidos.

Além disso, uma parte dos cursos e capacitações é ministrada pela Seção de Integridade Pública (PIN – Public Integrity Section), uma espécie de grupo de "elite moralizadora" de procuradores e advogados do DOJ. Apesar de criado em 1976 como um grupo de combate à corrupção política nos Estados Unidos, cada vez mais essa seção assume papéis formativos na rede internacional do DOJ (Department of Justice, s/d (d)).

Contudo, não é somente através de redes internacionais formativas no exterior que a anticorrupção se fundamenta como uma das peças do imperialismo legal estadunidense. Esse processo de exportação da concepção legal, política e ideológica encastelada no aparato estatal dos Estados Unidos é concomitante ao aumento do poder de investigação e descriminalização extraterritorial desse país. O Escritório de Aplicação da Lei Anticorrupção no Exterior (FCPA – Foreign Corrupt Practices Act) é uma das faces coercitivas no organograma apresentado pelas instituições governamentais da anticorrupção como política exterior estadunidense.

1.4.10. Escritório de Lei de Práticas de Corrupção no Exterior (FCPA)

A FCPA ganhou maior notoriedade no Brasil após as investigações e punições a diversas empresas brasileiras pela Operação Lava Jato. A cobrança de pesadas multas a serem pagas a autoridades ou acionistas estadunidenses fizeram a FCPA ser bastante conhecida e difundida nos meios empresariais brasileiros, principalmente entre as empresas que possuem negócios ou que são comercializadas nos mercados de ações dos Estados Unidos. Na última década, a FCPA tornou-se um dos grandes instrumentos de intervenção direta do governo estadunidense em disputas comerciais e políticas com inimigos e adversários.

A análise da década de 2010 da FCPA faremos mais adiante; por ora é importante sublinhar que a aplicação dessa legislação é uma importante política de Estado. Por isso, inclusive, há um escritório especializado na seção antifraude da divisão criminal do DOJ. Além disso, desde 2008, existe no FBI a Unidade de Corrupção Internacional (UCI), que organiza os Esquadrões Anticorrupção. Essas forças-tarefa têm como objetivo supervisionar a aplicação da FCPA pelo mundo, até 2019 havia esquadrões fixados em Nova York, Los Angeles, Washington e Miami (FBI, s/d). Além disso, o departamento antifraude do DOJ, em 2016, anunciou o aumento de 50% no número de fiscais direcionados para as investigações da FCPA.

Criada em 1977, a FCPA foi promulgada após escândalos de suborno envolvendo empresas estadunidenses no exterior, como o caso Watergate. O debate entre os congressistas era se as propinas pagas pelas corporações deveriam receber algum tipo de "abono" no pagamento de impostos nos Estados Unidos. Esse abono foi muito comum em países europeus, como França e Alemanha, mas os Estados Unidos fizeram a opção de "regulamentar o suborno" e pressionar para que, internacionalmente, os padrões da FCPA fossem aceitos por outros países e organismos multilaterais.

A aplicação da FCPA é relativamente simples. O DOJ é o responsável pela fiscalização dos dispositivos antissuborno, isto é, o pagamento de propinas por parte de indivíduos e/ou empresas para qualquer funcionário público estrangeiro a fim de obter vantagens comerciais. Normalmente, o DOJ executa a parte criminal dos processos enquadrados pela FCPA. A Comissão de Valores Mobiliários (SEC – U.S. Securities and Exchange Commission) também executa a FCPA, em especial as investigações de fraudes contábeis, e a execução civil a fim de proteger os investidores e o mercado financeiro dos Estados Unidos.

Muitas vezes, a SEC encaminha e auxilia nas investigações do DOJ – há uma necessária articulação entre os órgãos executores. Desde 1998, a abrangência e a conceituação de corrupção da FCPA é demasiadamente ampla. Enquanto, por exemplo, a prática do lobby político é regulamentada nos Estados Unidos, a FCPA o criminaliza mundo afora. Podem ser enquadradas pela FCPA pessoas e empresas dos Estados Unidos (preocupações domésticas), empresas organizadas sob as leis dos Estados Unidos, empresas que têm seu principal local de negócios nos Estados Unidos, empresas listadas em bolsas de valores nos Estados Unidos ou empresas obrigadas a apresentar relatórios periódicos junto à SEC (emissores) e determinadas pessoas estrangeiras e empresas, enquanto estiverem atuando no território dos Estados Unidos (jurisdição territorial), coibindo pagamentos corruptos para autoridades estrangeiras e visando a obtenção ou retenção de negócios (Smith Pachter Mcworter PLC, 2017). Ou seja, não é exagero afirmarmos que a ampliação da FCPA torna os Estados Unidos os detentores do domínio legal e a grande polícia anticorrupção no mundo.

1.4.11. A força-tarefa Anti-China

Em 2018, conforme já vimos anteriormente, a DOJ, nos marcos do Departamento de Segurança Nacional, lançou a força-tarefa "anti-China". Isto é, uma série de iniciativas de investigação de indivíduos e empresas chinesas em concorrência com empresas estadunidenses, em especial no que tange às questões relativas a roubos de propriedade intelectual, corrida tecnológica e suborno transnacional. Na página oficial da força-tarefa são apresentadas mais de oitenta iniciativas anti-China desde 2018 (Department of Justice, s/d (e)).

No campo da FCPA, a orientação é "apertar as investigações" a empresas chinesas listadas no mercado financeiro dos Estados Unidos, assim como a possível ação corruptora de executivos chineses. Analisaremos a instrumentalização da FCPA para fins de guerras econômicas e comerciais mais adiante, no entanto cabe adiantar que, devido à ausência de tratados de cooperação jurídica entre China e Estados Unidos, a aplicação da FCPA contra empresas chinesas se torna mais difícil e complexa. Uma das saídas encontradas pelos Estados Unidos foi avançar na responsabilização de executivos e funcionários de empresas chinesas, a fim de conseguir informações e limitar a ação de mercado dessas empresas.

Na China, por sua vez, também há ações de "protecionismo jurídico" para proteger seus interesses contra a FCPA e a iniciativa anti-China em geral. Além das tentativas de ampliação de sua jurisdição, o imperialismo legal estadunidense também institucionaliza uma pesada rede de sanções comerciais e econômicas contra seus inimigos, questão que veremos a seguir a partir do protagonismo do Departamento do Tesouro.

1.4.12. O Departamento do Tesouro

Além do braço coercitivo mediante investigações, monitoramento, multas e até prisões, em sua maioria preventivas, da FCPA, o imperialismo legal também desenvolveu outro braço coercitivo econômico poderoso: as sanções comerciais e financeiras. Trata-se de uma antiga arma política e econômica dos Estados Unidos contra inimigos usada desde o século XX. Se, durante o século passado, os grandes inimigos eram os "países comunistas" ou "não alinhados", como Cuba, Vietnã, Coreia Popular, China, dentre outros, atualmente as sanções são aplicadas a países que ameaçam o acesso dos monopólios imperialistas de produção de armas de destruição em massa aos recursos energéticos e naturais, a novas fronteiras tecnológica ou que optam por um caminho de soberania não alinhados diretamente aos Estados Unidos, como o caso de Cuba.

Nesse sentido, o discurso contra a corrupção transnacional e seus elos com "governos antidemocráticos e que desrespeitam os direitos humanos" é um dos mais usados para justificar essa prática corriqueira. Trata-se de um mecanismo de guerra que pune povos inteiros, a fim de causar terror, instabilidade e revoltas internas. Por exemplo, durante os anos 1990, segundo dados da ONU, mais de 500 mil crianças iraquianas morreram devido às sanções impostas pelos Estados Unidos (Reuters, 2000). Na prática, em nome dos direitos humanos, se promove a barbárie e o colapso social em países inteiros.

O Escritório de Controle de Ativos Financeiros (Ofac) é o responsável por impor possíveis sanções econômicas através do congelamento de ativos de governos, empresas ou pessoas no exterior. Os Estados Unidos exercem o seu controle sobre a grande maioria dos ativos, fundos e mercados financeiros globais, além de sua hegemonia monetária através do dólar, a fim de impor uma série de restrições na relação entre países, empresas ou pessoas inimigas com o mercado mundial. Nas últimas décadas, o sistema de sanções impostas pelo governo estadunidense tem se multiplicado. Por meio da International Emergency Economic Powers Act (Ieepa), legislação de 1977 que sofreu suas últimas alterações em 2006, ao presidente do país é permitido impor sanções a pessoas, empresas e outros países através de ordens executivas.

O governo Trump emitiu a ordem executiva 13.818, que se baseia na lei global de direitos humanos Magnitsky, que tem como alvo os abusos aos direitos humanos e a corrupção no exterior. Os critérios de aplicação das sanções são extremamente flexíveis e com uma ampla jurisdição territorial.[33]

Na América Latina, Venezuela e Cuba são alvos de diversas sanções.[34] O pesquisador Roberto Moraes Pessanha demonstra que os objetivos dessa ação, por parte dos Estados Unidos, estão bem distantes de qualquer luta anticorrupção ou em defesa da democracia e dos direitos humanos. Trata-se apenas de um

---

[33] A Ofac desenvolveu, portanto, uma interpretação muito flexível dos links, multiplicando seu poder extraterritorial. Assim, uma empresa não pode ser processada por exportar bens definidos como americanos no contexto dos regulamentos de controle exporta 17 para um país sob sanção, por ter utilizado diretamente ou indiretamente o dólar, ou quando a ação foi realizada desde Território americano (durante uma reunião de trabalho no território americano Americano, por exemplo) (Leblanc-Woher, 2018, p. 15, tradução livre).

[34] Além do regime de sanções aplicado à Venezuela desde 2014, também destacamos as sanções abrangentes contra o Irã (2010), a lei para combater os adversários da América por meio de sanções (2017) tendo como alvo Rússia, Coreia Popular e Irã e o regulamento da Crimeia de 2014. Esses são exemplos do poder extraterritorial do imperialismo legal estadunidense.

discurso para legitimar a ação de duros mecanismos de guerra econômica e intervenção política em outros países:

> Num esforço para viabilizar o líder que se intitula presidente interino da Venezuela, o presidente dos EUA, Donald Trump, como agente governamental do controle financeiro do padrão dólar, detém em seu poder as riquezas (excedentes da renda do petróleo e títulos da dívida externa) do país sul-americano. Assim, grandes fundos financeiros, entre eles os dois maiores do mundo (BlackRock e Vanguard com sede nos EUA), estavam decidindo a transferência da gestão dos recursos de origem venezuelana da parte das sanções contra o governo Maduro, esses fundos estavam antes congelados. A partir do controle sobre o dinheiro, o objetivo de Trump era o de que esses fundos pudessem ser usados, por exemplo, para a Assembleia Nacional financiar as suas próprias forças armadas na Venezuela e assim garantir a formação de um novo eixo de poder. Esperava-se, desse modo, a instalação de uma situação de maior conflito ainda, com levante de quartéis e possivelmente com o início de um cenário de guerra civil. Ou seja, mediante o uso do poder econômico ao governo interino para além do apoio militar da Otan, na garantia de um governo no país americano sob seu controle. O caso permite que se compreenda o poder da centralização financeira no mundo, onde a hegemonia está sendo disputada e as soberanias nacionais, sob tutela. (Pessanha, 2019, p. 128)

1.4.13. O Homeland Security (DHS) e outras agências de inteligência

Descrever e analisar o papel da espionagem em agências de inteligência é sempre uma tarefa difícil para qualquer historiador e cientista social. A tentação de cair em reducionismos é grande. Conspirações, aparatos de inteligência, monitoramento e infiltração são instrumentos comuns nas lutas de classe, em especial, utilizados ostensivamente por forças conservadoras e reacionárias encasteladas nos aparatos estatais. Se, por um lado, para as forças contra-hegemônicas, esses instrumentos são utilizados para a sobrevivência e proteção de organizações, para o *status quo* eles são utilizados como mecanismos de destruição e aniquilação de inimigos.

Desde os ataques de 11 de setembro de 2001, a anticorrupção consolidou-se como uma das questões de segurança nacional. Ainda no governo Bush, foi criado um enorme departamento governamental para centralizar informações, monitoramento e prevenção ao terrorismo: o Homeland Security (DHS). Apenas em 2021, o DHS possuía um orçamento de quase 50 bilhões de dólares. Em artigo recente, Clara Hudson mostra como parte da estrutura do DHS pode ser utilizada para fomentar investigações da FCPA.

Apesar de não fazer parte do DHS, cabe sublinhar também o papel de outras agências de inteligência, em especial a Agência de Segurança Nacional (NSA – National Security Agency) e a Agência Central de Inteligência(CIA – Central Intelligence Agency). A NSA é submetida ao Departamento de Defesa e é especializada em criptologia e responsável pelo monitoramento e coleta de dados de inimigos e adversários internos e externos da segurança nacional na internet. A CIA é uma agência independente, especializada na espionagem e em ações de contraterrorismo no exterior, além de ter inúmeras operações e agentes em diversos países. Em documentos vazados pelo ex-agente da NSA Edward Snowden, é possível constatar que, desde 2004, há um crescimento dos orçamentos das agências de inteligência e de monitoramento. Em 2013, o orçamento da CIA chegou a quase 14 bilhões de dólares, e o da NSA, a cerca de 11 bilhões (Opeu, 2013).

Conforme já demonstramos, a anticorrupção transnacional, neste início de século XXI, passou a ser um dos principais temas de segurança nacional para os Estados Unidos, segundo seus documentos oficiais. Nesse sentido, é plausível supormos que parte dos dados e das informações coletadas por essas agências de inteligência e de monitoramento pode ser usada de maneira informal em investigações anticorrupção em prol dos interesses do país . O próprio Edward Snowden, em entrevista à imprensa alemã, admitiu a possibilidade dos dados coletados pela NSA serem usados para fins de interesse econômico em prol de empresas estadunidenses.

Em um relatório da União Europeia, datado de 2013, também se afirmou que o Echelon (sistema de espionagem por satélite da NSA com outras agências de inteligência) foi utilizado para espionagem com objetivos econômicos. Essa rede de espionagem, apelidada de "cinco olhos" devido ao trabalho de inteligência coordenado por cinco países (Estados Unidos, Reino Unido, Nova Zelândia, Canadá e Austrália), foi denunciada por Snowden, entre outras coisas, por realizar espionagem industrial. Petrobras, Embraer, Airbus, Telecom China, Alstom, Alcoa, Ericson e petroleiras de Arábia Saudita, África e Irã são alguns dos casos citados na denúncia sobre espionagem industrial (Sanger, 2014; News Wires, 2015).

O ex-agente da CIA James Woolsey, em publicação no *Wall Street Journal*, confirmou a espionagem econômica para fornecer informações às investigações da FCPA (Cassin, 2013). Coincidência ou não, diversas empresas investigadas pela FCPA tiveram dados ou informações sigilosas vazadas no escândalo do WikiLeaks.[35]

---

[35] O WikiLeaks é uma organização transnacional sem fins lucrativos, sediada na Suécia, que publica em sua página postagens de fontes anônimas, documentos, fotos e informações confidenciais vazadas de governos ou empresas, sobre assuntos sensíveis acerca de espionagem, em especial dos Estados Unidos. No Brasil, há um importante trabalho, com base nos documentos vazados pelo WikiLeaks, sobre

Apesar das limitações documentais, parte dessas denúncias nos ajudam a supor que há a utilização do imenso aparato de inteligência estadunidense para fins de fortalecimento de suas empresas na concorrência intermonopólica. A "anticorrupção" como um dos fundamentos da política externa e da segurança nacional passa a ser um dos instrumentos de intervenção e proteção dos interesses econômicos das grandes corporações sediadas nos Estados Unidos, questão que fica mais nítida ao analisarmos a aplicação da Lei de Práticas de Corrupção no Exterior(FCPA) durante a última década.

---

a atuação da embaixada dos Estados Unidos durante os governos de Luiz Inácio Lula da Silva. Ver: Kanann, 2019.

2. A LEI DE PRÁTICAS DE CORRUPÇÃO NO EXTERIOR (FCPA) COMO BRAÇO DO IMPERIALISMO LEGAL

A lei contra a corrupção no exterior (FCPA), conforme já citamos, foi promulgada em 1977. Entre 1978 e o início da década de 2000, essa lei, segundo a literatura jurídica especializada dos Estados Unidos, esteve "adormecida", com apenas 52 ações ao longo do período. No entanto, a partir do governo Bush, a FCPA foi cada vez mais utilizada contra empresas estadunidenses e estrangeiras. Apenas de 2010 a 2016, o número total de ações relacionadas à FCPA supera o dos 22 anos que se passaram entre início da legislação e o governo Bush (Perlman; Sykes, 2018, p. 154).

A FCPA passou por mudanças significativas em 1988 e 1998: primeiro a partir da Omnibus Trade and Competitiveness Act, que ampliou a noção de práticas de corrupção, por meio de dois conceitos legais: "negligência consciente" e "cegueira deliberada" (Warde, 2018); e em 1998, por meio da Lei Anticorrupção Internacional, quando a FCPA passa a ser adotada por todos os países que compõem a Organização para a Cooperação e Desenvolvimento Econômico (OCDE). Além de normatizar as disputas entre as empresas dos grandes centros do capitalismo, a adoção pela OCDE fez com que todas as empresas que se relacionassem com algum país dessa organização também estivessem submetidas à FCPA. Na prática, a Lei Internacional Anticorrupção dos Estados Unidos regula todas as empresas que tenham qualquer tipo de dependência física ou estrutura corporativa dentro do território estadunidense, assim como empresas que tenham ações negociadas nas bolsas de valores ou que tenham acordos de auditoria e aval contábil de empresas do país (Zanin; Martins; Valim, 2020, p. 41).

Em 2012, as instituições que aplicam a FCPA, o Departamento de Justiça (DOJ) e a Comissão de Valores Mobiliários (SEC), publicaram um guia atualizado sobre a aplicação da FCPA, que foi revisado em 2020. Segundo o documento, há um esforço coordenado entre agências governamentais para a aplicação dessa lei. O DOJ é responsável pela execução civil, criminal e pela abertura dos processos da FCPA, em especial a partir de dispositivos "antissuborno", contra empresas, executivos e acionistas que, porventura, possam estar agindo em nome do "emissor do suborno". A SEC cuida da execução civil, principalmente em ações relacionadas às fraudes financeiras. Desde 2010, a SEC possui uma unidade especializada na FCPA. As investigações são realizadas em conjunto com as unidades anticorrupção do FBI (Departmente of Justice; Securities and Exchange Commission, 2020, p. 3-4).

Para alguns juristas (Warde, 2018; Zanin; Martins; Valim, 2020), a definição conceitual de corrupção, suborno e fraude da FCPA e de seus manuais de aplicação é extremamente ampla e imprecisa, até para dar conta de suas pretensões extraterritoriais. Por exemplo, pode ser considerado funcionário público, pela lei, qualquer oficial, agente de um governo estrangeiro ou qualquer departamento, agência ou empresa pública, uma organização internacional pública ou qualquer pessoa agindo em uma capacidade oficial para ou em nome de qualquer governo ou departamento, agência, ou instrumentalidade, ou para ou em nome de qualquer organização internacional pública.

As punições previstas para empresas e indivíduos que se envolvam em casos de suborno e fraudes financeiras internacionais são duras: em casos envolvendo suborno, as multas para empresas são de até 2 milhões de dólares por violação, e de até 250 mil dólares e cinco anos de prisão para indivíduos. Já casos que envolvem fraudes contábeis ou financeiras, as multas podem chegar a 25 milhões de dólares para empresas, multas de até 5 milhões e detenção de até vinte anos para indivíduos.

No entanto, tendo como base o Alternatives Fines Act, os tribunais possuem autonomia para impor multas ainda maiores com base nos lucros auferidos e no "tamanho" das redes de suborno e fraudes. Outro elemento punitivo importante é a capacidade dos Estados Unidos imporem sanções e restrições que, na prática, inviabilizam a saúde financeira das empresas e de executivos.

No manual, por exemplo, é citado como o Banco Mundial e outros bancos multilaterais também podem excluir empresas e indivíduos por práticas corruptas (DOJ; SEC, 2020, p. 73). Há uma verdadeira máquina investigativa e punitiva extraterritorial em torno da FCPA. Segundo dados trazidos pelo observatório da lei criado pela Universidade Stanford, o custo médio mensal de uma investigação da FCPA para os cofres governamentais gira em torno de 1,824 milhão dólares.

Além disso, diante das consequências para empresas e executivos, os altos custos para a defesa jurídica ao longo de demorados processos e possíveis quedas no valor de mercado das empresas por conta das acusações de corrupção, a grande maioria das investigações da FCPA terminam em acordos de execução, sem passar pelos tribunais.

Há diversas possibilidades de acordos[36] com o DOJ e a SEC. Por exemplo, pode-se estabelecer um acordo de confissão, quando o réu admite a culpa e é condenado pelos crimes. Normalmente, parte das multas ou sentenças são reduzidas pela acusação. Outra forma de acordo é de "acusação diferida ou adiada", quando o DOJ formaliza uma investigação/cobrança, mas concorda em dar um tempo à empresa para demonstrar novas práticas de conformidade e boa governança. O acordo de não promotoria

[36] Com o SEC, 92% dos réus fecharam algum tipo de acordo. Já com o DOJ foram 72% (Ferreira, 2020, s/p).

é quando o DOJ mantém o direito de fazer acusações contra o indivíduo e/ou empresa, mas abstém-se a fim de permitir que o acusado possa demonstrar novas práticas de conformidade (DOJ; SEC, 2020, p. 75-76).

No âmbito da SEC, há possibilidade de outros tipos de acordos ou mediações. Uma delas são as "ações injuntivas civis", quando a SEC busca um tribunal para proibir que o réu volte a cometer as mesmas infrações de que fora acusado. Outra possibilidade são ações administrativas, como, por exemplo, suspender ou limitar ações e negócios de corretores e consultores no mercado financeiro, suspender advogados ou contadores por até doze meses etc. Os acordos de acusação diferida ou não também são possíveis com a SEC, desde que o réu se comprometa a cooperar totalmente com as investigações e adotar o modelo de conformidade instruído pelo órgão (DOJ; SEC, 2020, p. 77-78).

O melhor cenário para empresas e indivíduos acusados é quando ocorre o acordo de *declination* por parte dos órgãos governamentais. Nesse acordo, as autoridades declaram o arquivamento de uma investigação devido a uma postura proativa da empresa em se antecipar e mostrar os seus mecanismos de apuração da "desconformidade". No entanto, entre punições, mediações e acordos, cabe ressaltar que o estabelecimento de programas de "*compliance*" regulados pelas agências estadunidenses é parte estratégica para uma "intervenção branda" nas empresas.

2.1 O *compliance*: entre a porta giratória e a intervenção branda nas empresas

Conforme já antecipamos, a FCPA e toda a estrutura institucional dos Estados Unidos tornaram-se uma espécie de modelo "universal" de combate à corrupção no mundo "globalizado" do século XXI. Um dos objetivos desse modelo, segundo o manual de aplicação da FCPA, é regular e estabelecer práticas de "boa governança" e "transparência" entre a iniciativa privada e o poder público nos Estados Unidos e mundo afora.

Um dos temas abordados ao longo do manual é a apresentação de objetivos para os programas de *compliance* e boa governança nas empresas. Como a FCPA é uma lei extraterritorial, é plausível considerarmos que tais parâmetros de conformidade servem para qualquer empresa que esteja submetida aos ditames dessa lei, ou seja, a esmagadora maioria das transnacionais financeiras e não financeiras no mundo contemporâneo. Além da regulação do *compliance*, um dos dispositivos possíveis de aplicação através da FCPA é o estabelecimento de auditorias e de "interventores de conformidade" externos.

No contexto, caracterizado na parte anterior, de acirramento das disputas concorrenciais interior aos monopólios, informação, espionagem econômica e aumento de "gastos improdutivos" estão entre as principais formas dessas concorrências. Nesse sentido, a aplicação de programas de conformidade, regulados pelo DOJ e a SEC, podem se transformar numa poderosa arma do "imperialismo legal" estadunidense. Segundo o manual, eis os elementos a serem analisados pelos aplicadores da FCPA sobre uma possível intervenção externa nas empresas:

> Fatores que o DOJ e SEC consideram ao determinar se um monitoramento de compliance apropriado inclui:
> - Natureza e gravidade da ofensa
> - Duração da má conduta
> - Penetração da má conduta, incluindo se a conduta atravessa linhas geográficas e/ou linhas de produtos
> - O perfil de risco da empresa, incluindo sua natureza, tamanho, alcance geográfico e modelo de negócio
> - Qualidade do programa de compliance no momento da má conduta
> - Esforços de remediação subsequentes e qualidade do progra-

ma de compliance da empresa no momento da resolução

- Se o atual programa de compliance foi totalmente implementado e testado (DOJ; SEC, 2020, p. 74, tradução livre).

Ao constatarmos toda uma estrutura institucional de combate à corrupção transnacional como um elemento da "segurança nacional dos Estados Unidos", podemos apontar que, muitas vezes, empresas estrangeiras têm mais dificuldades de adotar tais "modelos adequados de *compliance*" e passam por uma aplicação da FCPA mais agressiva por parte dos órgãos reguladores estadunidenses.

Além disso, os programas de "conformidade" não são apenas uma peça de formação ideológica ou cultural através das centenas de programas de formação desenvolvidos por agências governamentais dos Estados Unidos e paraestatais (que veremos em outro ponto), mas também serve como base material para sustentar a cooptação de parte da alta burocracia jurídica para o seio das elites orgânicas imperialistas e periféricas, como, por exemplo, juízes, procuradores e outros agentes dos sistemas de Justiça.

Nos Estados Unidos, a FCPA e todo o aparato institucional de combate à corrupção transnacional são aplicados mediante, em sua maioria, consonância com as entidades governamentais como o DOJ, SEC ou o Departamento de Estado. Sendo assim, é muito comum que haja uma "porta giratória" entre acusadores e acusados da FCPA, um mercado que se retroalimenta através dos programas de "*conformidade*". Um dos maiores escritórios de advogados especialistas em "*conformidade*" e na aplicação da FCPA é o King & Spalding. Um escritório multinacional que atua em dezenas de países, inclusive no Brasil. Em sua propaganda destinada a empresas, o escritório diz que:

> Nossa equipe de investigações conta com vários ex-funcionários do governo, incluindo um procurador sênior da unidade de FCPA

> da Divisão Criminal; um vice-procurador-geral; um procurador-geral assistente responsável pela Divisão Civil; um chefe de gabinete do procurador-geral; um ex-diretor da Divisão de Enforcement da SEC e conselheiro jurídico-geral; um diretor regional da SEC; dois diretores assistentes da Divisão de Enforcement da SEC; um inspetor-geral do Departamento de Defesa; procuradores dos Estados Unidos de cinco distritos diferentes; supervisores de diversas procuradorias dos Estados Unidos, incluindo os distritos Sul e Leste de Nova York; diversos procuradores-gerais adjuntos das divisões Criminal, Civil e Antitruste do DOJ; um diretor-executivo da Divisão de Enforcement e conselheiro-executivo do UK Financial Reporting Council; um procurador do UK Serious Fraud Office; e um conselheiro-chefe na Divisão Regulatória do Banco Central da Inglaterra. Além destes profissionais, um grupo de advogados com extensa experiência no setor público e em investigações internas complementa a equipe, que conta com mais de quarenta ex-procuradores federais e outros agentes públicos seniores. Com isso, a equipe do King & Spalding foi reconhecida como o "principal escritório nesta área de prática" (U.S. News & World Report/Best Lawyers), (King & Spalding, 2020, p. 2).

Muitos escritórios de *conformidade* têm como sócios ex-procuradores e ex-agentes públicos dos sistemas de Justiça, também é comum que, como ocorreu com alguns procuradores da Lava Jato e com o ex-juiz Sergio Moro, esses agentes sejam recrutados recebendo generosos honorários por grandes escritórios transnacionais. Em 2020, o mercado de *conformidade* foi avaliado em 35,3 bilhões de dólares, a expectativa é que até 2027 mais de 88 bilhões de dólares sejam movimentados nesse mercado, que, além do recrutamento de ex-agentes públicos, também conta com inovações tecnológicas, em especial para área de contabilidade (Grand View Research, 2021).

2.2 A aplicação da FCPA na década de 2010

A segunda década do século XXI é tida como a década de ouro da FCPA. Foi durante esse período que aumentou o número de investigações, multas, prisões e acordos com a aplicação dessa lei contra empresas e executivos estadunidenses e estrangeiros. Institucionalmente, é nesse período que se ampliam os esquadrões de (combate à) corrupção do FBI, o escritório da FCPA do DOJ recebe mais investimentos e é criada uma divisão anticorrupção especializada na SEC.

Mas mais do que isso, a FCPA também se consolida como um mecanismo (extraeconômico) de regulação da concorrência intermonopólica do capitalismo monopolista neoliberal. Seu raio de ação, mesmo junto às empresas estadunidenses, é estabelecido a fim de garantir barreiras e "padrões" concorrenciais no interior das cadeias globais de valor-trabalho. A faculdade de Direito da Universidade Stanford em parceria com o Sullivan & Cromwell[37] desenvolveu um extenso banco de dados sobre a FCPA.

Segundo esses dados, China, Brasil, México, Índia, Rússia, Angola, Arábia Saudita, Venezuela e Argentina foram os principais locais de ocorrências de suborno com base na FCPA entre 2011 e 2020. Apesar da maior parte dos processos da FCPA serem aplicados contra empresas sediadas em países centrais, o *locus* das práticas corruptas encontra-se, principalmente, em grandes economias periféricas.[38]

---

[37] Trata-se de um dos maiores escritórios de advocacia do mundo, sediado em Nova York, especializado em causas vinculadas à FCPA.

[38] Conforme já adiantamos, a questão chinesa mereceria um capítulo à parte. O grande desenvolvimento econômico desse país, especialmente através da superação das fronteiras tecnológicas, crescimento do seu mercado interno e a internacionalização de investimentos chineses em grandes projetos de infraestrutura, pressiona os

Em 2015, a ex-procuradora-geral dos Estados Unidos Sally Yates lançou um memorando cujo objetivo era reforçar que os

---

Estados Unidos a utilizarem todos os seus mecanismos imperialistas de manutenção do seu monopólio tecnológico, financeiro e militar, a fim de garantir sua dominância nas cadeias globais de valor-trabalho e apropriação de parte da produção de (mais-)valor.

Nos meios governamentais chineses, a FCPA é vista como um instrumento de "controle da corrupção" liderada pelos Estados Unidos. Para Zhao Lin, secretário da Sociedade de Supervisão do Governo da China, o atual modelo de combate à corrupção é uma imposição feita pelos países imperialistas ocidentais. Para Lin, os Estados Unidos legalizaram práticas como o lobby empresarial em seu país, mas o condenam no restante do mundo. Além disso, Lin relata que as empresas multinacionais sediadas em países ocidentais desenvolvidos estão constantemente mudando a forma de suborno de funcionários de outros países por meios mais secretos.

Segundo o dirigente chinês, as agências de inteligência ocidentais armazenam informações e contas de funcionários corruptos em bancos de dados e usam-nas para manipular outros países, em busca de maiores benefícios estratégicos. Segundo Lin, a corrupção tornou-se um acessório para a exportação do modelo "liberal democrático". Ao contrário do que se propaga, países que adotaram o "modelo anticorrupção do Ocidente", como Indonésia e Tailândia, em vez de conterem a corrupção com sucesso, aprofundaram-se ainda mais o problema (Lin, 2014).

Apesar de participar de algumas iniciativas multilaterais de combate à corrupção transnacional, como a Convenção Anticorrupção da ONU e o grupo antissuborno da OCDE, a China não fez, até então, maiores acordos de cooperação jurídica e extradição com os Estados Unidos. Questão que dificulta a punição e a investigação de empresas chinesas. Cabe também destacar que, no contexto das lutas de classes na China, políticas de combate à corrupção ocupam importante papel nas disputas de poder e controle da propriedade pública sob à propriedade privada.

agentes do sistema de Justiça ampliassem a responsabilidade dos indivíduos por ilícitos praticados no âmbito das negociações das empresas, estabelecendo um novo foco das investigações e punições: os executivos e demais funcionários que se envolverem com práticas de suborno e corrupção. Desde então, cresceram as punições a executivos. Chama a atenção, por exemplo, os casos de prisão de ex-diretores da PDVSA (estatal venezuelana) e a condenação à prisão por suborno de Patrick Ho, ex-executivo de um conglomerado chinês de energia (EFE, 2018, s/p; Department of Justice, 2019, s/p).

Desde então, a responsabilização individual por práticas de corrupção no exterior passou a ser cada vez mais usual pelo DOJ e pela SEC. Em 2016, o DOJ lançou um "programa-piloto" de fiscalização da FCPA para orientar os promotores a incentivarem as empresas a cooperarem com investigações e adotarem iniciativas de "conformidade" sob os parâmetros dos órgãos estadunidenses. O programa desdobra as orientações do "memorando Yates" ao regulamentar as cooperações com investigações ou autodelações prévias, sejam elas advindas de executivos, sejam de empresas (Sullivan & Cromwell LLP, 2016, p. 2). Em 2018, já no contexto da gestão do vice-procurador Rod Rosenstein, ocorreram algumas revisões no "memorando Yates" no sentido de valorizar mais a cooperação das empresas e de executivos ao longo das investigações.

Além das investigações de fraude e suborno estarem concentradas em grandes economias periféricas na última década, é possível constatarmos que, durante os anos 2010, a FCPA foi um dos principais instrumentos extraterritoriais da política externa dos Estados Unidos. A aplicação dessa legislação foi muito mais dura junto às empresas estrangeiras em comparação às estadunidenses. Abaixo, apresentamos alguns dados que nos ajudam a comprovar essa afirmação. Primeiramente, apresentamos o número de ações de execução da FCPA com empresas ao longo da década. Em seguida, outro levantamento sobre as trinta maiores multas aplicadas na história da lei.

Figura 2: empresas que fizeram acordos de execução da FCPA de 2010 a 2019

Fonte: elaboração própria

Figura 3: total de dinheiro arrecadado em acordos de execução

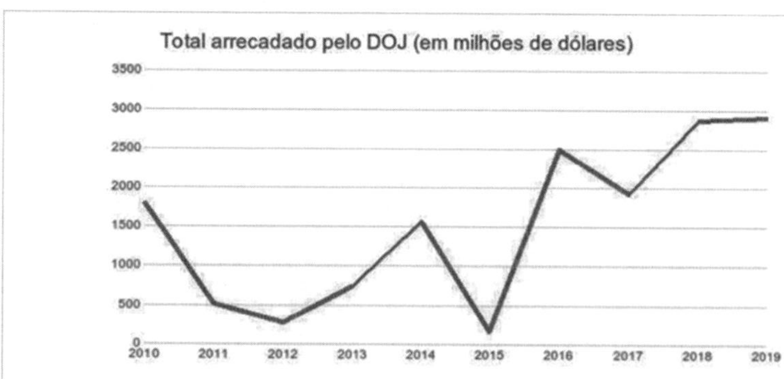

Fonte: elaboração própria

Tabela 1: as trinta maiores multas em acordos de execução da FCPA até 2019

Ano	Empresa	Ramo principal	Origem	Multa em dólares
2017	Odebrecht/Braskem	Conglomerado de infraestrutura	Brasil	3,6 bi
2018	Petrobras	Petrolífero	Brasil	1,78 bi
2019	Telefonaktiebolaget LM Ericsson	Tecnologia	Suécia	1,06 bi
2017	Telia Company AB	Telecomunicações	Suécia	965 mi
2019	Mobile TeleSystems Public Joint Stock Company	Telefonia	Rússia	850 mi
2008	Siemens AG	Tecnologia	Alemanha	800 mi
2016	VimpelCom ltd.	Telecomunicações	Holanda	795 mi
2015	Alstom S.A.	Infraestrutura de energia e transporte	França	772 mi
2018	Société Générale	Financeiro	França	585 mi
2009	Kellogg Brown & Root LLC / Halliburton Company	Petrolífero	EUA	579 mi
2016	Teva Pharmaceuticals Industries	Farmacêutico	Israel	519 mi
2017	Keppel Offshore & Marine Ltd.	Construção naval	Singapura	422 mi
2016	Och-Ziff Capital Management Group LLC	Financeiro	EUA	412 mi
2010	BAE Systems PLC	Tecnologia aeroespacial	Grã-Bretanha	400 mi

Tabela 1: as trinta maiores multas em acordos de execução da FCPA até 2019

2013	Total S.A.	Petroquímico e energético	França	398 mi
2014	Alcoa Inc.	Produção de alumínio	EUA	384 mi
2010	Snamprogetti/ENI S.p. A	Petrolífero	Holanda/Itália	365 mi
2019	Technip S.A.	Engenharia localizada	França	338 mi
2019	TechnipFMC plc	Petrolífero	Grã-Bretanha	301 mi
2019	Walmart Inc.	Varejo	EUA	282.7 mi
2018	Panasonic Corporation	Fabricação de eletroeletrônicos	Japão	280 mi
2016	JPMorgan Chase & Co.	Financeiro	EUA	264.4 mi
2017	SBM	Petrolífero	Holanda	238 mi
2019	Fresenius Medical Care AG & Co. KGaA	Assistência médica	Alemanha	231.7 mi
2011	JGC Corporation	Engenharia	Japão	218.8 mi
2016	Embraer	Aviação civil e militar	Brasil	205 mi
2010	Daimler AG	Fabricação de automóveis	Alemanha	185 mi
2017	Rolls-Royce	Automóveis e energia	Grã-Bretanha	170 mi
2013	Weatherford International Limited	Petróleo e gás	EUA	152.6 mi
2010	Alcatel-Lucent S.A.	Tecnologia	França	137 mi

Fonte: elaboração própria

Apesar do observatório da FCPA da Universidade Stanford apresentar a informação de que, até 2020, 67% dos réus foram domésticos (Stanford Law School, s/d), no que tange ao rigor na aplicação de multas, essa proporção se inverte. Entre as trinta maiores multas, apenas seis foram destinadas a empresas estadunidenses e suas subsidiárias. Empresas sediadas na França, no Brasil, na Alemanha, no Reino Unido e na Suécia também figuram nesse ranking.

Sobre a força da aplicação da lei, entre as trinta maiores multas, 29 foram aplicadas após 2010. Tendo uma média de 38 meses de duração das investigações, podemos constatar que o aumento no número de empresas investigadas e no valor arrecadado pelas multas, principalmente a partir de 2016, são outros elementos que corroboram para o entendimento da "década de ouro" da FCPA.

2.3 A FCPA, disputas intermonopólicas e o imperialismo tardio

Nos pontos anteriores procuramos demonstrar como a FCPA é aplicada como um braço da política externa e de segurança nacional dos Estados Unidos, assim como também é um instrumento que viabiliza oportunidades econômicas e comerciais para grandes escritórios de advocacia e contabilidade por meio do "*compliance*". Essas oportunidades fazem intensificar a "porta giratória" para ex-agentes públicos dos sistemas de Justiça com a iniciativa privada. Não é raro, nos Estados Unidos, e mais recentemente no Brasil, que antigos procuradores que investigaram atos de corrupção de empresas e executivos, em questão de meses ou anos, passem a defender as mesmas empresas que outrora acusavam.

Com o desenvolvimento do capitalismo monopolista, a internacionalização dos processos produtivos e a hegemonia de capitais sob forma monetária (capital portador de juros e capital fictício), a concorrência intercapitalista se amplia e complexifica. Ao contrário do que se imagina, o regime econômico dos monopólios aprofunda a concorrência intermonopolística e entre os setores monopólicos e não monopólicos.

O crescimento de "gastos improdutivos", impulsionados pelas políticas de "boa governança" e "conformidade", beneficia as empresas já consolidadas no mercado mundial. A luta pela preservação dos "preços de monopólio", isto é, a partir da condição monopolística, uma determinada empresa consegue manter seus preços de mercado sempre acima dos preços de produção (preço de custo + taxa média de lucro). A manutenção do monopólio das fronteiras tecnológicas, propriedade intelectual, marcas e *royalties* são alguns exemplos de ampliação da concorrência.

Outro fator, também já apontado, é o predomínio da atividade financeira, ou seja, a hegemonia de capitais portadores de juros e capitais fictícios como uma forma de pressão na administração das empresas e da intensificação da exploração da força de trabalho a fim de extrair maiores quantidades de lucros e mais-valor para remunerar as distintas frações das classes capitalistas. Nesse sentido, se até então pensávamos o "combate à corrupção" alinhado à cooptação financeira-ideológica de grupos sociais ligados aos sistemas de Justiça e como uma peça geopolítica dos Estados Unidos, também sustentamos que o ordenamento anticorrupção estadunidense, em especial na aplicação da FCPA, se relaciona com as bases econômicas do imperialismo tardio.

Para fundamentarmos essa afirmação devemos enfrentar algumas polêmicas sobre a aplicação da FCPA. A primeira delas refere-se ao questionamento advindo de parte do empresariado estadunidense, inclusive do próprio ex-presidente Donald Trump, de que a FCPA seria uma lei ruim para a competitividade das empresas dos Estados Unidos. Nessa linha, argumenta-se que a

FCPA é aplicada majoritariamente contra empresas domésticas e que as exigências de adoção de programas de "conformidade" com alto custo e a impossibilidade de pagamentos de suborno no exterior fazem com que essas empresas percam posições no mercado mundial.

Os cientistas políticos da Universidade Stanford Rebecca L. Perlman e Alan O. Sykes, em 2018, publicaram um artigo em que sustentam justamente o contrário de tais questionamentos: a FCPA pode ser vantajosa para os negócios estadunidenses, em especial para as grandes empresas. Longe de se situarem num espectro crítico à aplicação dessa lei, Perlman e Sykes propuseram-se a realizar uma economia política da aplicação da FCPA. A partir de entrevistas com executivos estadunidenses e agentes do sistema de Justiça, os acadêmicos lançaram quatro hipóteses para defender a importância dessa lei anticorrupção para as empresas estadunidenses: 1) muda-se a forma de barganha entre as empresas; 2) impõem-se barreiras à entrada de novos concorrentes; 3) aplica-se a FCPA contra concorrentes dos Estados Unidos; 4) protegem-se os interesses dos oligopólios na "competição imperfeita".

Para os autores, os possíveis benefícios para empresas dos Estados Unidos estão relacionados com a ampliação e a efetivação da aplicação extraterritorial da FCPA e de demais políticas anticorrupção e de "conformidade" no mundo corporativo. Essa seria a condição para que o suborno deixasse de ser um dos principais meios de barganha para a expansão de negócios no mercado mundial, dando lugar à autodelação de casos de corrupção, à delação premiada de práticas corruptas provocadas por empresas concorrentes e à adoção de programas de conformidade em sintonia com os ditames das autoridades públicas estadunidenses (Perlman; Sykes, 2018, p. 164).

Outro ponto do levantamento é o que os autores chamam de imposição de barreiras para novos concorrentes. Ou seja, a regulamentação de programas de "conformidade e boa governança" seriam custos fixos demasiadamente caros para empresas ainda não consolidadas no mercado mundial. Indiretamente, a aplicação da FCPA acaba por criar empecilhos para que novos atores econômicos possam concorrer com empresas já estabelecidas.

A questão da instrumentalização da FCPA para combater concorrentes das empresas estadunidenses também é lembrada pelos autores. Apesar da maior parte das investigações terem como alvo empresas domésticas, as punições mais severas da FCPA, como vimos anteriormente, são destinadas a empresas e executivos estrangeiros. Não é incomum que empresas estrangeiras punidas e investigadas pela FCPA sejam concorrentes, desenvolvam tecnologias não dominadas ou monopolizadas por empresas estadunidenses e que, posteriormente, diante da baixa nos valores de mercado dessas empresas, sejam compradas por corporações dos Estados Unidos. O caso mais difundido e estudado, em especial nos meios acadêmicos franceses, foi o da Alstom, empresa francesa referência na fabricação de turbinas nucleares, que foi comprada pela General Eletric após processos ligados a casos de suborno.

A ação contra concorrentes, via FCPA, em sua maioria, dá-se em desfavor de empresas de outras grandes economias capitalistas, inclusive oriundas de países imperialistas aliados dos Estados Unidos, como França, Alemanha, Itália, Suécia, Japão etc. Uma outra forma mais branda de intervenção extraeconômica em empresas concorrentes dá-se através da adoção de programas de "conformidade" sintonizados com as diretrizes dos órgãos dos Estados Unidos: em nome da "boa governança", divulgam-se dados estratégicos das empresas ou então reforma-se parte dos conselhos de administração em prol dos interesses acionistas.

Em países periféricos ou dependentes, em nome da luta anticorrupção, também se dá a privatização de diversas empresas estratégicas e de recursos naturais. Muitas vezes, por meio de investimentos estrangeiros diretos, grandes empresas multinacionais apropriam-se dessas empresas e de recursos mediante compras abaixo do valor de mercado, além de contarem com créditos e financiamentos fomentados pelos próprios governos nacionais desses países.

A última hipótese apresentada por Perlman e Sykes remete à proteção de uma "concorrência imperfeita" para os oligopólios. Concorrência imperfeita, segundo o *mainstream* econômico, nada mais é que a concorrência capitalista em sua fase monopólica. Segundo os autores, a adoção da "conformidade anticorrupção" e os riscos de pesadas repreensões na aplicação da FCPA faz com que o uso do suborno para "quebrar" espaços econômicos oligopolizados torne-se cada vez mais difícil para setores relativamente menores em suas composições de capital e menos consolidados no mercado:

> Um mecanismo para trapacear um oligopólio é o pagamento de suborno ou propina aos clientes. Um acordo coletivo para evitar o suborno pode então ser no interesse mútuo dos oligopolistas, ainda que seja difícil para eles fazerem cumprir. pois o suborno por parte dos concorrentes é difícil para eles observarem. Eles podem então se beneficiar de recrutar um agente do governo para ajudar. A aplicação do governo pode aumentar a probabilidade de que o suborno seja detectado e aumentar a sanção por suborno além do que os concorrentes poderiam impor uns aos outros em qualquer arranjo aplicado de forma privada, impedindo-o de forma mais eficaz e cingir a estabilidade dos preços do oligopólio (Perlman; Sykes, 2018, p. 177, tradução livre).

Neste último ponto, trata-se de a aplicação da FCPA ser funcional como um mecanismo de proteção dos preços de monopólio para determinadas multinacionais, assim como a proteção à propriedade intelectual, patentes e royalties. Mais do que um "combate à corrupção", o modelo anticorrupção impulsionado pelos Estados Unidos é de "regulamentação e controle de práticas corruptas" pelos interesses do capital monopolista-financeiro na atual etapa do capitalismo neoliberal. Se a prática de grandes subornos transnacionais passa a ser coibida, relações promíscuas entre poder público e privado, assim como a expansão de formas de apropriação, transferência e expropriação de riquezas sociais em prol dos interesses financistas, são impulsionadas em nome de tal "modelo anticorrupção".

Outro elemento que fortalece nossa hipótese se refere aos ramos e características dos conglomerados investigados. Em sua maioria, são empresas com integrações verticalizadas e que lideram complexas cadeias produtivas nos meios de infraestrutura, energia, tecnologia, varejo etc. Ou seja, ao investigar e intervir nesses conglomerados, há grandes chances de a influência incidir para muito além da empresa acusada.

Resumidamente, podemos localizar a relação entre a aplicação da FCPA, a concorrência intermonopolística e o imperialismo tardio, especialmente, nas seguintes questões: fomento a gastos improdutivos com escritórios de advocacia e contabilidade que, na prática, ajudam a dificultar o crescimento de empresas não monopólicas; substituição do suborno como principal meio para abertura de negócios e para a criação de uma rede de denúncias a concorrentes; autodelação e colaboração com as autoridades estadunidenses e multilaterais; instrumentalização da FCPA para investigar concorrentes de empresas dos Estados Unidos a fim de viabilizar possíveis compras; quebra de patentes ou intervenções brandas; e, por fim, proteção a possíveis "quebras", através de práticas corruptas, de preços de monopólio e do domínio das fronteiras tecnológicas. A seguir, para fins didáticos, iremos exemplificar algumas ações da FCPA que corroboram com as hipóteses supracitadas.

2.4 Alguns casos de aplicação da FCPA contra empresas estrangeiras

O caso Alstom

A Alstom é um conglomerado industrial francês de infraestrutura, com destaque na produção de energia. A empresa tem domínio tecnológico de ponta da produção de energias renováveis à nuclear. A prática do suborno é bastante usual entre as grandes multinacionais francesas: até inícios dos anos 2000 era descontada de parte dos seus impostos caso declarassem o pagamento de propina para a expansão de negócios no exterior. Inclusive, até fins dos anos de 2010, a França ainda não tinha uma legislação especializada sobre crimes de corrupção empresarial.

Agências de inteligência e monitoramento dos Estados Unidos, como a NSA, já espionavam a Alstom durante décadas, segundo denúncias de Edward Snowden. Em 2013, o executivo da Alstom Frédéric Pierucci foi preso preventivamente pelo DOJ ao ser acusado de crimes financeiros. Suas pendências com o DOJ duraram mais de cinco anos. Pierucci escreveu um "*best seller*" na França, intitulado *Le piège américain* (Armadilha americana), em que narra as condições de sua prisão, a pressão para sua delação premiada e os interesses comerciais por trás do episódio.

Em fins de 2014, a Alstom confessou a culpa por crimes relacionados à FCPA por uma série de pagamentos de subornos mundo afora, em especial no Leste Asiático.[39] A empresa aceitou pagar

[39] O Brasil também esteve listado como um dos países onde a Alstom pagou subornos a autoridades locais, principalmente ao governo do PSDB em São Paulo.

uma multa de quase 800 milhões de dólares, que foi a maior da história da FCPA até aquele ano. Concomitante a esse processo, mesmo a Alstom tendo como principal acionista o governo francês, diante da desvalorização de suas ações e ameaça de concorrentes, a empresa vendeu sua divisão de energia para a multinacional dos Estados Unidos General Eletric (*Veja*, 2014; Department of Justice, 2014).

Mesmo tendo outras propostas, como a oferta conjunta da Siemens e da Mitsubishi, é plausível relacionarmos a venda da divisão de energia da Alstom para uma empresa estadunidense com os problemas que tinha na Justiça dos Estados Unidos. Aprovada em 2015, a venda por 10,6 bilhões de dólares proporcionou a fusão entre a GE e a Alstom, a maior companhia industrial digital do mundo, especializada na produção de energias alternativas, tendo destaque a nuclear (GE, s/d).

Esse foi um bom exemplo de caso em que o "combate à corrupção transnacional" foi funcional para os interesses estratégicos e de segurança nacional do imperialismo estadunidense. Fortaleceu um conglomerado do país, ampliou suas fronteiras tecnológicas numa área estratégica, como a de produção de energia, assim como enfraqueceu possíveis concorrentes. Em suma, manteve os Estados Unidos como vanguarda econômica e tecnológica numa cadeia global de valor-trabalho estratégica.

Desde então, o debate público, na França, sobre o uso da energia nuclear reacendeu as pressões para que o governo francês nacionalizasse a Alstom a fim de resguardar a soberania energética e nacional francesa. Nesse contexto, intelectuais, entidades empresariais e governamentais questionam a atuação da FCPA sobre empresas francesas.

O caso Ericsson

Em dezembro de 2019, a gigante sueca de telecomunicações Ericsson firmou um acordo com o DOJ/SEC para pagar multas por violações da FCPA no valor de mais de 1 bilhão de dólares (DOJ,

2019). Segundo as autoridades dos Estados Unidos, a Ericsson mantinha uma densa rede de subornos e fraudes contábeis por mais de dezessete anos através de subsidiárias e negócios em diversos países, como China, Kuwait e Vietnã. Segundo o DOJ, a alta multa devia-se à cooperação apenas parcial da empresa com as investigações:

> O departamento chegou a esta resolução com a Ericsson com base em uma série de fatores, incluindo a falha da empresa em divulgar voluntariamente a conduta ao departamento e a natureza e seriedade da ofensa, que incluiu violações da FCPA em cinco países e o envolvimento de executivos de alto nível na empresa. A Ericsson recebeu crédito parcial por sua cooperação com a investigação do departamento, que incluiu a realização de uma investigação interna completa, apresentações factuais regulares para o departamento, voluntariamente disponibilizando funcionários estrangeiros para entrevistas nos Estados Unidos, produzindo extensa documentação e revelando algumas condutas que o departamento desconhecia anteriormente (DOJ, 2019, tradução livre).

As investigações de corrupção envolvendo a Ericsson vieram à tona justamente quando essa empresa se consolidava como uma das principais concorrentes na "corrida do 5G". Mais do que um mero aumento na velocidade da internet móvel, o 5G é uma tecnologia que pode garantir mais um ciclo de inovações tecnológicas e produtivas, como a "internet das coisas" e a construção de "cidades inteligentes". Ao lado da Nokia e da empresa chinesa Huawei, a Ericsson é uma das protagonistas nessa corrida. Segundo matéria publicada pelo *Financial Times*, os prejuízos e as multas decorrentes das investigações da FCPA atrapalharam grande parte dos planos e investimentos da empresa sueca em busca de contratos do 5G (Waters, 2019).

Curiosamente, já em 2019 e no decorrer de 2020, circularam notícias de que o governo Trump estaria interessado em favorecer a compra da Ericsson ou da Nokia por empresas estadunidenses de tecnologia, como a Cisco. Até mesmo o procurador-geral à época, William Barr, sugeriu que os Estados Unidos passassem a ter o controle acionário da Ericsson e da Nokia. O plano foi adiado devido à pandemia de Covid-19 e parte da estratégia da Cisco, que aposta no domínio do 5G para além da tecnologia de acesso de rádio. No entanto, tal episódio revela as pretensões dos Estados Unidos para isolar a expansão da China, mediante a Huawei, e mais uma vez tentar garantir o domínio das empresas estadunidenses na vanguarda de inovações tecnológicas (*Financial Times*, 2019).

2.5 Os Estados Unidos e o "combate à corrupção na América Latina"

Em maio de 2019, o Congressional Research Service, órgão de pesquisa do Congresso dos Estado Unidos, produziu um relatório para parlamentares intitulado *Combating Corruption in Latin America: Congressional Considerations*. No documento, apresenta o conjunto de iniciativas e parcerias dos órgãos governamentais estadunidenses para promover uma verdadeira "cruzada anticorrupção" na América Latina, a fim de defender os interesses, valores e proteger a segurança nacional dos Estados Unidos.

Chama a atenção a amplitude das ações, por meio das quais constatamos na prática a "máquina do imperialismo legal" posta em movimento. Sumariamente, o relatório traz detalhadamente os interesses dos Estados Unidos e a ação cooperada nos casos da parceria "formal e informal" com a Operação Lava Jato no Brasil, as reformas no sistema de Justiça do México e as ações multilaterais, sob chancela da ONU, de combate à corrupção na América Central, como a Comissão Contra a Impunidade na

Guatemala (Cicig) e a Missão de Apoio à Luta contra a Corrupção e a Impunidade em Honduras (Maccih).

A estrutura institucional de combate à corrupção como política externa dos Estados Unidos foi apresentada aos congressistas. Os programas de assistência da Usaid, as orientações do Departamento de Estado, a estrutura de cooperação jurídica e aplicação da FCPA do DOJ e as sanções impostas a países, empresas e indivíduos via Departamento de Tesouro são citados no documento. Programas de cooperação anticorrupção são vistos como freios importantes à ascensão de "governos populistas de esquerda e direita" na América Latina, os quais, na prática, enfraquecem a "estabilidade e o Estado de Direito" na região:

> Identificar parceiros dos Estados Unidos contaminados pela corrupção pode aumentar as tensões nas relações bilaterais. Como resultado, os programas de assistência dos Estados Unidos costumam se esforçar para aumentar a eficiência ou a integridade do "bom governo", aumentar a "transparência" e inculcar o Estado de Direito, em vez de combater violações flagrantes ou violadores conhecidos. Além disso, os estilos de líderes anti-*establishment* e populistas de governo na América Latina podem definir seus fins políticos como anticorrupção, mas isso pode mascarar outros objetivos políticos que são mais anti-institucionais do que comprometidos com o fortalecimento das instituições (Congressional Research Service, 2019, p. 19, tradução livre).

Outro ponto importante no documento é o mapeamento de escândalos e movimentos políticos anticorrupção na América Latina e Caribe 2014 e 2018. O problema da corrupção no continente é relacionado a questões de migração, tráfico de drogas e armas e problemas econômicos que acabam por enfraquecer a concorrência e o setor privado, e geram monopólios artificiais (Congressional Research Service, 2019, p. 16). Além de informações gerais, o relatório também traz os principais estudos de casos recentes de combate à corrupção em sintonia com o modelo proposto pelos Estados Unidos.

O primeiro caso citado é o da Operação Lava Jato, no Brasil, e a importância da cooperação jurídico-policial formal e informal entre autoridades. Segundo o documento, a operação desvendou uma série de escândalos de corrupção entre empresas e autoridades públicas no Brasil e na América Latina. A estrutura institucional prévia brasileira foi fundamental para tal "avanço", com elementos como a autonomia operacional do Ministério Público e da Polícia Federal, algo determinante para o estabelecimento de uma série de cooperações jurídicas internacionais. Segundo o relatório, até 2019, a operação estabeleceu mais de 269 pedidos de cooperação com autoridades de 45 países, assim como recebeu 279 pedidos de assistência de 36 países diferentes. A cooperação com os Estados Unidos foi consolidada mediante a um acordo jurídico bilateral firmado em 1998 (Congressional Research Service, 2019, p. 24).

Outra informação importante é a "confissão" no relatório da cooperação informal entre agentes públicos brasileiros e estadunidenses como uma política deliberada dos Estados Unidos. Mais adiante veremos os mecanismos para consolidar essa informalidade através de uma série de instrumentos de "diplomacia privada" de *think tanks* vinculados às elites burguesas anglo-saxãs. Por ora, cabe sublinhar que uma das formas de associação entre as autoridades para o compartilhamento de informações e investigações dá-se através do compartilhamento das multas impostas, em especial, pela FCPA:

> As autoridades americanas e brasileiras também se envolvem em ampla cooperação informal. Isso permite que eles compartilhem informações mais rapidamente, mas as evidências obtidas dessa maneira podem não ser admissíveis em tribunal.

> O Departamento de Justiça dos Estados Unidos e o MPF cooperaram formal e informalmente para investigar e processar vários casos importantes de corrupção relacionados à investigação sobre lavagem de dinheiro. Até o momento, esses esforços resultaram em resoluções coordenadas com sete empresas multinacionais por violações da Lei de Práticas de Corrupção no Exterior dos Estados Unidos (15 USC §78dd – 1) e várias leis brasileiras.
>
> Coletivamente, as empresas (Braskem, Embraer, Keppel Offshore & Marine, Odebrecht, Petrobras, Rolls-Royce e SBM Offshore) concordaram em pagar mais de 1, 9 bilhão de dólares em multas aos Estados Unidos e quase 4, 4 bilhões de dólares ao Brasil (Congressional Research Service, 2019, p. 24).

Além do caso brasileiro, o documento também traz o exemplo das reformas no sistema de Justiça mexicano, tendo como destaque a criação do Sistema Nacional Anticorrupção (NAS – National Anticorruption System). Segundo o relatório, apesar de os Estados Unidos apoiarem e desenvolverem programas de assistência anticorrupção no México desde os anos de 1990, foi somente após 2015, diante de intensa pressão da "sociedade civil" e de empresários, que o congresso mexicano aprovou uma reforma judicial que prevenia e punia com mais rigor crimes de corrupção e que resultou no NAS. As propostas e a concepção dessas "reformas" estavam em plena sintonia com o programa anticorrupção da Usaid.

Diante da histórica "ausência de vontade política" das autoridades mexicanas para combater a corrupção, o documento trata a reforma judicial no México como um bom exemplo de "empoderamento" de entidades da sociedade civil e empresariais a fim de pressionarem por "reformas" seguindo os ditames do "modelo anticorrupção dos Estados Unidos". Os fundos financeiros da Usaid apoiam pesquisas para a formulação de políticas públicas, reformas legislativas e promoção do jornalismo investigativo. Os fundos dos Estados Unidos canalizados através do Banco Mundial e do Programa das Nações Unidas para o Desenvolvimento também apoiam a "participação cívica" em secretarias de transparência nos níveis federal e estadual.

O financiamento e a proteção a "jornalistas independentes" também fazem parte de uma das prioridades dos Estados Unidos para "empoderar" pressões da "sociedade civil". A Usaid possui programas específicos sobre o tema direcionados ao México, ainda mais se tratando de um país com forte influência de grupos paramilitares e grandes cartéis de narcotraficantes. Nesse caso, a luta "anticorrupção" também é funcional como um instrumento de controle dos Estados Unidos do mercado global de drogas e armas:

> A assistência externa dos EUA procurou ajudar o governo e a sociedade civil mexicanos a proteger melhor os jornalistas e reduzir a impunidade nos casos de crimes cometidos contra eles. A Usaid ajudou o México a redigir a legislação de 2012 que estabeleceu um mecanismo de proteção federal. O Departamento de Estado também iniciou um diálogo de alto nível sobre direitos humanos com o México, que inclui um foco na questão da proteção de jornalistas. A Usaid forneceu pelo menos 6, 6 milhões de dólares para apoiar a liberdade de expressão e proteção dos jornalistas no México e planeja investir pelo menos outros 4, 2 milhões de dólares até setembro de 2019 (Congressional Research Service, 2019, p. 27, tradução livre).

O relatório faz críticas ao descaso do presidente de centro-esquerda do México, Andrés Manuel López Obrador, com as reformas judiciais. No entanto, os autores admitem o compromisso programático, durante as eleições, de López Obrador de combater a corrupção no país e a nomeação de um procurador-geral pró-reformas, Alejandro Gertz Manero, ajudaram a lançar investigações sobre corrupção na principal petroleira do país, a partir de uma série de denúncias jornalísticas.

Outros dois exemplos de casos trazidos pelo documento são os das ações multilaterais de combate à corrupção na América Central. O primeiro é a Comissão Internacional contra a Impunidade na Guatemala (Cicig), iniciativa criada em fins de 2006 através de uma parceria do governo guatemalteco e da Organização das Nações Unidas ONU para criar um órgão independente de apoio ao Ministério Público e à polícia nacional civil local com os objetivos de combater "forças de segurança paralelas", apoiar investigações contra o crime organizado e a corrupção política e, por fim, capacitar os agentes do sistema de Justiça da Guatemala.

O órgão tinha o seu mandato renovável pelo governo local, e a Cicig funcionou até 2019. Entre 2008 e 2019, segundo o relatório final da iniciativa, foram indiciadas 1.540 pessoas, 660 processadas e mais de quatrocentas condenadas. Também foram identificados mais de setenta grupos criminosos de "alta complexidade". Entre os condenados estão ex-presidentes, ex-vice-presidentes, deputados, traficantes de drogas, empresários e outras figuras do poder político e econômico local.

Mesmo com toda a agenda punitiva "anticorrupção", em 2015 foi eleito para presidente da Guatemala o ex-humorista, evangélico e de extrema direita Jimmy Morales. Morales tinha a anticorrupção como uma das suas principais pautas nas eleições, no entanto, quando investigações da Cicig o ameaçaram, ele não renovou o mandato do órgão e gerou uma grande crise institucional no país. Os Estados Unidos apoiaram e financiaram as iniciativas da Cicig, mas a cumplicidade do governo Trump no fim do seu mandato, conforme já relatamos, causaram críticas ao ex-presidente por acadêmicos e entidades especializadas no tema:

> Quando o governo Morales anunciou que a Guatemala estava se retirando do acordo da Cicig, deu a seus funcionários 24 horas para

> deixar o país. O Tribunal Constitucional da Guatemala anulou a decisão de Morales. As Nações Unidas, a União Europeia e as ONGs que defendem a transparência do governo e os direitos humanos criticaram a decisão de Morales de encerrar a Cicig, e os cidadãos protestaram contra a decisão do governo e pediram que Morales se demitisse. A ONU sustentou que a Cicig deveria continuar seu trabalho, em conformidade com as constatações judiciais, mas retirou funcionários estrangeiros porque o governo não garantiria a segurança deles. O governo Morales tentou subsequentemente acusar membros do Tribunal Constitucional da Guatemala (Congressional Research Service, 2019, p. 29, tradução livre).

Outro caso citado no documento se refere à instalação da Comissão de Apoio à Luta contra a Corrupção em Honduras (Maccih). A Maccih, instalada em 2016, foi uma parceria do governo hondurenho com a Organização dos Estados Americanos (OEA). Honduras vive uma situação de grande instabilidade social, política e econômica, especialmente após o golpe jurídico-militar contra o presidente de centro-esquerda Manuel Zelaya, em 2009. Essa instabilidade acabou por contribuir para o aumento de fluxos migratórios de hondurenhos para os Estados Unidos. Em 2015, após denúncias de desvios de cerca de 300 milhões de dólares da instituição de seguridade social local, o país foi tomado por grandes protestos populares. O governo, acuado, optou por uma saída parecida com a experiência da Cicig da Guatemala.

Os Estados Unidos apoiaram o funcionamento da Maccih, em especial seus esforços de reformas legislativas e no sistema de Justiça local. Segundo o documento direcionado aos congressistas estadunidenses, a Maccih deveria contar com grandes esforços financeiros e diplomáticos dos Estados Unidos.

O estabelecimento dessas reformas e de tribunais anticorrupção, segundo o relatório, seria fundamental para impulsionar processos investigativos e punitivos mais amplos, tendo como exemplo a Operação Lava Jato no Brasil. Diante da maior resistência das instituições políticas hondurenhas, a Maccih não obteve os mesmos resultados quantitativos da Cicig, e a missão não teve seu mandato renovado com a OEA pelo congresso em 2020.

Os casos apresentados demonstram como se estabelecem, na prática, as relações, não imunes a contradições e conflitos, entre o imperialismo legal estadunidense e as classes dominantes latino-americanas na acomodação de estruturas institucionais de poder político e econômico no seio dos Estados periféricos.

Além disso, no campo intercapitalista, há uma tentativa de adaptação e de controle das "práticas corruptas" pelo capitalismo monopolista-financeirizado, liderado pelos Estados Unidos, isto é, a "anticorrupção" como um instrumento de regulação da concorrência intermonopólica mundial e entre os capitais hiperagigantados mundializados e os grandes capitais com peso regional.

Nessa linha, o "suborno transnacional" passa a ser um instrumento relativamente secundário aos olhos da "boa governança" e da "concorrência imperfeita" das grandes multinacionais. O fundamental agora se encontra na capacidade de as grandes corporações influenciarem os processos de "porta giratória" de quadros econômicos e jurídicos na relação entre Estados e empresas, protegerem seus domínios tecnológicos, de suas marcas, os seus preços de monopólio, de manipulação dos preços de mercado das empresas e, não menos importante, de proteger o crescente poder político e econômico das instituições financeiras.

No médio e curto prazo, está a luta pela consolidação do consenso/coerção anticorrupção globalmente em sintonia com o "modelo estadunidense" apresentado. Isto é, a aprovação de "reformas" judiciais, políticas e legislativas com uma conceituação ampla e imprecisa sobre o fenômeno da corrupção, assim como aumenta-se a escalada punitiva sobre esse delito. Um modelo que, conforme mencionamos, apesar de ser exportado pelos Estados Unidos, não é seguido plenamente nesse país.

3. COSMOPOLITISMO IMPERIALISTA, OCIDENTALIZAÇÃO PERIFÉRICA E AGENDA ANTICORRUPÇÃO

3.1 Cosmopolitismo imperialista e ocidentalização periférica

Em seu livro *A luta contra a corrupção* (2017), Deltan Dallagnol, então procurador da República e uma das principais figuras públicas da Operação Lava Jato, narra que, diante dos seguidos casos de insucesso de sua luta contra a corrupção no Brasil, foi procurar inspiração no exterior, mais precisamente cursando um mestrado na Universidade Harvard, nos Estados Unidos.

Mesmo sendo um dos países líderes no encarceramento em massa, um sistema de Justiça que fomenta acordos entre acusadores e réus em busca de "rapidez" e "resultados" em detrimento de ritos de julgamentos que preservem as mínimas garantias individuais e onde se legalizou o controle do sistema político por parte das grandes corporações mediante a prática dos *lobbies* e do financiamento privado eleitoral, Dallagnol considera que esse sistema de Justiça serve de "modelo" para se combater a corrupção no Brasil e no mundo:

> A rotina em Harvard era exigente. Lá estudei como o sistema de Justiça Criminal americano funciona: a investigação, a coleta e a análise da admissibilidade das provas, como as evidências – inclusive as circunstanciais – devem ser sopesadas, a força de diferentes tipos de argumentos, como funcionam os acordos

> de colaboração com a Justiça e quais são os passos do processo criminal federal.
>
> Aprendi muito e conheci pessoas incríveis. Mas o mais importante foi conhecer um sistema de Justiça que efetivamente funciona, mesmo em relação a réus poderosos e influentes. Isso me inspirou a me esforçar para transformar nosso sistema e me levaria de volta ao Brasil cheio de novas perspectivas (Dallagnol, 2017, p. 34).

O discurso de Dallagnol, por trás dos argumentos pretensamente "técnicos" e "neutros", revela uma enorme carga ideológica. O pretenso discurso político "antissistêmico" e "crítico" de membros do sistema de Justiça brasileiro e de outros países periféricos, como o de Dallagnol, encontra como solução para as suas contradições a importação acrítica de modelos políticos e ideológicos do exterior. Em sua maioria oriundos de famílias mais abastadas e/ou ocupantes de carreiras com amplos privilégios no seio dos Estados periféricos, a saída reacionária de "importação de modelos" é uma das principais derivações políticas gestadas nas ideologias do imperialismo pós-1945.

Até aqui relacionamos a questão da anticorrupção com as bases econômicas e geopolíticas do imperialismo contemporâneo. Ao longo deste capítulo pretendemos demonstrar como o domínio ideocultural imperialista sobre essa questão legitima a concepção de anticorrupção de vir a se transformar num instrumento funcional em benefício do grande capital transnacional, sediado principalmente nos Estados Unidos, e de legitimar intervenções diretas ou indiretas de transferências de riquezas e (mais-)valores da periferia para os países centrais.

Nesse sentido, apresentaremos uma análise acerca das produções acadêmicas sobre o fenômeno da corrupção, em especial, nos Estados Unidos, assim como a ação contínua transnacional de ONGs, *think tanks* e organismos multilaterais sobre anticorrupção.

Essas produções influenciam a formação ideocultural de diversos agentes públicos e privados, além de legislações mundo afora.

Apesar das particularidades e mediações distintas, identificamos alguns traços estruturantes nessas formulações e ações de diferentes sujeitos, como, por exemplo, a crença dogmática no desenvolvimento unilinear capitalista-liberal.

No campo teórico, avaliamos que as contribuições de Antonio Gramsci e de parte de seus intérpretes são fundamentais para compreendermos as dimensões ideológicas e culturais das intervenções do imperialismo contemporâneo.

Apesar das dificuldades filológicas e de interpretação histórica, nos seus *Cadernos do cárcere*, Gramsci nos fornece algumas pistas para pensar o desenvolvimento do sistema imperialista para além de análises economicistas, principalmente quando escreve sobre relações internacionais, potências mundiais e relações desiguais entre Estados, articulando o "nacional" e o "internacional" como partes de uma mesma totalidade :

> Uma ideologia, nascida num país mais desenvolvido, difunde-se em países menos desenvolvidos, incidindo no jogo local das combinações. A religião, por exemplo, sempre foi uma fonte dessas combinações ideológicas e políticas nacionais e internacionais; e, com a religião, as outras formações internacionais, como a maçonaria, o Rotary Club, os judeus, a diplomacia de carreira, que sugerem recursos políticos de origem histórica diversa e os fazem triunfar em determinados países, funcionando como partido político internacional que atua em cada nação com todas as suas forças internacionais concentradas; mas religião, maçonaria, Rotary, judeus, etc., podem ser incluídos na categoria social de "intelectuais", cuja função em escala internacional, é a de mediar entre extremos, de "socializar" as descobertas técnicas que fazem funcionar toda atividade de direção, de imaginar compromissos e alternativas entre soluções extremas. (Gramsci, 2012, p. 42 e 43)

Ainda na década de 1930, Gramsci antecipa uma das principais características do imperialismo pós-1945. Mesmo mantendo as estruturas belicistas e coercitivas, o imperialismo depende cada vez mais de arregimentar uma extensa rede transnacional "produtora de consensos" que versa pela formação cultural, ética e moral de outras classes dominantes, assim como massificar pautas e agendas econômicas, políticas e sociais em sintonia com os interesses do grande capital transnacional, no entanto, sob um verniz de "neutralidade" e "cientificidade".

Desse modo, diante da tendência de mundialização das relações capitalistas, Estados imperialistas e periféricos-subalternos se entrechocam, retroalimentam e constroem distintas correlações de forças, assim como no âmbito local da luta de classes.[40] A formulação de Gramsci sobre "nação hegemônica" é fundamental para compreendermos a complexificação do sistema imperialista para além de apreensões economicistas.

Segundo o pensador italiano, uma nação hegemônica (imperialista) se notabiliza pela sua capacidade de forjar alianças no sistema interestatal e de potencializar seus interesses particulares como universais. O poder dos Estados, no âmbito mundial, pode ser, segundo Gramsci, identificado por meio da extensão de seu território e população, força econômica e militar. Outro

---

[40] Cabe destacar que, para Gramsci, o "internacional" se realiza no "nacional", isto é, as combinações e correlações de forças entre Estados no sistema imperialista não são homogêneas no tempo e espaço. Ou seja, há uma centralidade das condições internas de cada Estado, em especial do desenvolvimento das lutas de classes nas distintas formações sociais. A categoria gramsciana de tradutibilidade é uma mediação fundamental para a compreensão de como o universal se realiza por meio das particularidades nacionais nas diferentes formações econômicas e sociais (Fresu, 2022). Para aprofundamento, ver: Amusquivar, Érika. *Gramsci e a geopolítica: um debate sobre poder e território*. Jundiaí-SP: Paco Editorial, 2021.

elemento importante é a força ideológica, principalmente por meio das pressões diplomáticas que viabilizam "vencer guerras sem necessidade de combater" (Gramsci, 2012, p. 55-56).

Para alguns intérpretes de Gramsci, como Benedetto Fontana, a constituição de uma sociedade civil internacional e o aburguesamento do mundo são tendências importantes do capitalismo contemporâneo, principalmente a partir da década de 1990 (Fontana, 2003, p. 113). No Brasil, o cientista político uruguaio radicado no país René Dreifuss avançou no entendimento da "diplomacia privada" como uma das novas formas de intervenção do imperialismo contemporâneo.

O autor apresentou a categoria de "elites orgânicas transnacionais" para localizar uma espécie de "Estado-maior" das classes dominantes sob hegemonia do grande capital transnacional. Essa categoria, para Dreifuss, estaria vinculada à de "intelectual orgânico" de Antonio Gramsci: nessa perspectiva, as elites orgânicas coordenaram estratégias, táticas e frentes de ação contínua para preservar a influência e o poder das classes capitalistas.[41]

No Brasil recente, existem outras pesquisas importantes que seguem o caminho de Dreifuss e que contribuem para estabelecermos vínculos orgânicos entre diversas entidades, revistas e *think tanks* com os atuais padrões de acumulação e reprodução capitalista e as alianças entre as classes dominantes por meio de diversos mecanismos geradores de consensos (Fontes, 2010; Hoeveler, 2020; Casimiro, 2019).

Os chamados aparelhos privados de hegemonia seriam equivalentes, complementares ou relacionais aos aparelhos

[41] Ao nosso ver, a grande fragilidade da categoria apresentada por Dreifuss, embora se trate de uma pesquisa seminal, está num certo "politicismo", isto é, numa ausência de relacionar a organização e a ação das "elites orgânicas" com as relações de produção, padrões de acumulação e de reprodução do capitalismo.

governamentais como na tradição que remonta à Gramsci. Guido Liguori (2017, p. 45), ao historicizar a utilização do conceito de sociedade civil e de aparelhos privados de hegemonia ao longo dos *Cadernos do* cárcere, define-os como a criação de um novo "terreno ideológico" que determina uma reforma das consciências e dos métodos de conhecimento, um fato filosófico. Na linguagem de Benedetto Croce : quando se consegue introduzir uma nova moral, conforme a uma nova concepção de mundo, termina-se por introduzir também essa concepção, ou seja, determina-se uma completa reforma filosófica.

Desse modo, principalmente após 1945, uma das características do imperialismo contemporâneo é a constituição de uma sociedade civil internacional articulada, não imune a contradições e conflitos, aos processos nacionais, através da organização e propagação de APHs transnacionais que fomentem a "ocidentalização periférica" dos países dependentes. Trata-se, portanto, de uma complexa relação entre a lógica ampliada dos Estados imperialistas e dos Estados periféricos.

A categoria de *ocidentalização periférica* é utilizada num artigo de Carlos Nelson Coutinho, "Gramsci e o sul do mundo: entre Oriente e Ocidente" (2005). Coutinho discute a razão pela qual a obra do pensador italiano, apesar de não refletir diretamente sobre as condições políticas, sociais e econômicas dos países periféricos, pode ser um dos instrumentos teóricos centrais a ser incorporado por intelectuais e movimentos críticos no "Sul Global".[42]

[42] Outro importante intérprete brasileiro de Gramsci que se aproxima da formulação de "ocidentalização periférica" é Marcos Del Roio. "O Oriente constitui a representação do outro por excelência do Ocidente, seu verdadeiro antípoda, seu complemento perverso, tido por inferior, desprezível, frequentemente perigoso, às vezes objeto de desejo, que oferece risco com o outro interno de características análogas. Assim é

Para Coutinho, as categorias de Oriente e Ocidente, em Gramsci, vão muito além de uma noção estática e geográfica. Mas nutriam-se da análise entre Estado, classes sociais e luta de classes em diferentes países. Em resumo, no caso do Oriente, o Estado seria tudo, isto é, tinha uma sociedade civil pouco desenvolvida e gelatinosa; já no Ocidente, a sociedade civil era mais extensa e complexa[43].

Profundo estudioso do desenvolvimento político latino-americano, em especial do brasileiro, Coutinho foi adepto das teses sobre a "revolução passiva" e modernizações conservadoras do capitalismo latino-americano e brasileiro. Esse conjunto de transformações sob hegemonia da conservação/reforma, principalmente após a transição das ditaduras civis-militares para as democracias liberais-conservadoras, produziria uma sociedade civil extensa e complexa, contudo com uma correlação de forças totalmente desfavorável para as forças populares.

Em nossa análise, a "ocidentalização periférica" é uma das principais facetas da política imperialista contemporânea/tardia. Se, até a Segunda Guerra Mundial, o neocolonialismo foi, nos

---

que negação e subalternização do Oriente, *por meio de sua ocidentalização*, é pressuposto mesmo da realização do império universal." (Del Roio, 1998, p. 11. grifos nossos).

43 Nicos Poulantzas é outro intelectual marxista que fez formulações sobre o papel dos aparatos estatais nacionais e supranacionais no bojo da expansão do capital transnacional. Em debate com intelectuais do Partido Comunista Francês e Ernest Mandel (1973), Poulantzas analisou que, por mais que se expandam formas estatais supranacionais, estas não substituíram o papel social e econômico dos Estados nacionais no capitalismo transnacional. As grandes corporações multinacionais expressariam a internacionalização das relações capitalistas e a mundialização dos processos produtivos, os Estados nacionais seriam estruturas ainda vitais para a reprodução do desenvolvimento desigual e da divisão internacional do trabalho imperialista.

termos gramscianos, a orientalização dos subalternos e das periferias, após 1945, a ocidentalização subalternizada dos Estados e sociedades civis periféricas, por meio da propagação ideológica, cultural e da ação educativa das classes dominantes e dominadas subalternas, é uma das principais formas de intervenção imperialista, sobretudo estadunidense.

A "ocidentalização periférica",[44] isto é, a ampliação da sociedade civil em países periféricos mediante a expansão da ação contínua de organizações e de entidades burguesas, também conta com uma extensa articulação com entidades e *think tanks* transnacionais, em especial anglo-saxões. Tratava-se, para Coutinho, de um processo de ocidentalização e globalização "arrastado" pelos países do "Norte Global":

---

[44] Cabe destacar que, entre intérpretes gramscianos, há um denso debate sobre as categorias de periferia/subalternidade. Segundo Liguori (2022), em Gramsci ao longo de seus cadernos, essas categorias aparecem, pelo menos, em três momentos distintos: 1) caracterizar sujeitos marginalizados e desagregados; 2) referência ao próprio operariado industrial e 3) sujeitos singulares, posição social e limites culturais. Essas categorias seriam relacionais (par dialético), no pensamento gramsciano, a ideia de hegemonia e/ou classes dirigentes. Sem dúvida, uma apreensão mais ampla já que contemplar de forma relacional as relações econômicas (posição social) e a subjetividade dos sujeitos nas relações de dominação. Posteriormente, historiadores indianos e estadunidenses reivindicaram a perspectiva dos subalternos como protagonistas no "fazer história", no entanto, principalmente os ocidentais provocaram um giro culturalista misturando as formulações de Gramsci com as de Foucault. Marcos Del Roio também sugere que essas categorias podem ajudar a compreender as diferentes formas de distribuição da riqueza e correlação de forças entre Estados hegemônicos e periféricos, numa relação de desenvolvimento desigual e combinado (Del Roio, 2022,p. 9-10).

> Entre o Norte e o Sul do mundo, assim, continua a vigorar uma situação de dominação imperialista, cuja forma atual é a chamada globalização. Trata-se até agora de uma globalização "passiva", assimétrica, para a qual o Sul é arrastado pelo Norte, seja sob a ameaça de retaliação por parte de um "mercado" fetichizado, seja – quando se torna necessário – por meio do recurso à força armada. Quanto às questões, elas podem ser assim formuladas: como unir todo o Sul, seja "oriental" ou "ocidental", numa luta comum para pôr fim à atual assimetria de poder no mundo? E como articular essa luta do Sul, dos países subalternos do planeta, com as forças progressistas do Norte? (Coutinho, 2005, p. 9).

3.2 A anticorrupção como parte da ideologia imperialista

A conceituação do fenômeno da corrupção, nas distintas ciências sociais, é extremamente polissêmica. Para compreender essa complexa polissemia, seria necessária uma longa contextualização das distintas formas sociais, produtivas e normatizações jurídicas ao longo da história. Conceituar a corrupção como uma estrutura supra-histórica é um dos principais traços ideológicos que se reproduzem nas distintas pesquisas sobre o tema.

Da Antiguidade aos teóricos do absolutismo, de Aristóteles a Hobbes, a corrupção é refletida sob o prisma de apreensões distintas da atual definição supra-histórica em vigor, difundida pelos principais organismos internacionais por meio do "abuso do poder público para ganho privado". No "pré-capitalismo", a corrupção era vista como a degradação dos corpos sociais, em especial políticos, desagregando os costumes, as culturas e a organização social como um todo. Aliás, a corrupção das sociedades muitas vezes era vista como sinônimo de colapso, arbítrio e desordem.[45]

No capitalismo, segundo Armando Boito Júnior (2017, p. 10), a questão da corrupção seria um componente importante na ideologia burguesa de Estado. Segundo o cientista político brasileiro, as estruturas do Estado capitalista teriam a especificidade de serem abertas para egressos de todas as classes sociais. A ideologia burguesa de Estado caracterizar-se-ia, principalmente, por apresentar o aparato estatal como uma estrutura "acima das classes e conflitos sociais" e a "igualdade jurídica" entre todos os cidadãos.

A grande referência para Boito Júnior contribuir para a crítica da ideologia da "anticorrupção" são as reflexões sobre o Estado capitalista de Nicos Poulantzas. Apesar de não nos associarmos às críticas de Poulantzas ao historicismo de parte do pensamento de Antonio Gramsci e a reflexão sobre alienação e ideologia de Lukács,[46] acreditamos que o autor possui uma importante

---

45 Para uma introdução ao tema, vale mencionar os artigos sobre a abordagem da corrupção nos clássicos da teoria política. Esses artigos estão presentes no livro organizado por Leonardo Avritzer, Newton Bignotto, Juarez Guimarães e Heloisa Maria Murgel (2008).

46 Avaliamos que há um simplismo de Poulantzas, pela influência da escola althusseriana, em criticar uma espécie de monolitismo das ideologias dominantes em Gramsci ao desconsiderar, por exemplo, as formulações do dirigente comunista sobre o senso comum. Assim como, sobre Lukács, visivelmente o autor grego trabalha apenas com obras juvenis do autor e descarta formulações filosóficas de Lukács em sua maturidade, como, por exemplo, a proposição acerca da "decadência ideológica da burguesia". No caso sobre o debate da ideologia, Poulantzas, na obra supracitada, incorpora as definições do chamado "estruturalismo marxista" de Althusser, em especial a perspectiva dicotômica entre ideologia e ciência, a qual não incorporamos em nosso texto.

contribuição para refletirmos sobre as especificidades histórico-estruturais do Estado capitalista.[47]

Segundo Poulantzas (2019, p.133), o Estado capitalista, ao contrário de outras estruturas estatais pré-capitalistas, não apareceria como aquilo que é, mas como parece ser. Ou seja, a apresentação para a sociedade contemporânea de um "Estado de todo o povo" impõe uma série de normatizações, efeitos ideológicos e sociais particulares.

Para o marxista grego, a luta de classes e os conflitos sociais aparentemente ocorreriam "fora" das instituições do Estado capitalista. A estrutura estatal atuaria para isolar os distintos interesses "privados", econômico-corporativos, e apresentaria uma ambivalência no trato com as classes dominadas e dominantes. Incorporando parte das reflexões de Gramsci, Poulantzas sustenta que o Estado capitalista atua como um desorganizador das classes dominadas, através da aparência ideológica de "Estado popular", seu efeito de isolamento sobre as relações econômicas e sociais e sua relativa abertura a todas as classes no seu aparato burocrático. Por outro lado, para as classes dominantes, o Estado capitalista atua como um organizador em nível político, superando o isolamento "anárquico" da produção e competição intercapitalista (Poulantzas, 2019, p. 191).

A ideologia jurídico-política teria o papel de ocultar a dominação de classe, inverter a determinação da exploração do trabalho e legitimar o Estado capitalista como um aparato

[47] É importante ressaltar que parte das formulações de Poulantzas são revistas ao longo de sua vasta obra. Na presente tese utilizamos, em especial, suas reflexões sobre o Estado capitalista em seu livro, escrito em 1968, *Poder político e classes sociais*. Livro em que o autor sofre maior influência do filósofo francês Louis Althusser e de Lênin. Posteriormente, Poulantzas se aproxima das influências teóricas e políticas do "eurocomunismo".

"acima das classes sociais". Poulantzas estuda o desenvolvimento dessa ideologia ao longo dos escritos de Marx sobre a história francesa e observa que, mais do que legitimar os interesses econômicos burgueses, essa ideologia compõe um imaginário e práticas sociais de "igualdade", "cidadania" e "interesses privados" isolados na sociedade. Para o autor, o peso ideológico jurídico-político no capitalismo seria semelhante à ideologia religiosa no feudalismo e ao discurso moral nas formações escravistas (Poulantzas, 2019, p. 223).

Nesse sentido, podemos afirmar que a questão da "anticorrupção" é um dos componentes da ideologia jurídico-política que se vincula ao Estado capitalista e ao modo de produção capitalista. O discurso anticorrupção é funcional para manter a aparência de um "Estado de todo o povo", desorganizando, na maioria das vezes, politicamente as classes dominadas, além de ser um item importante e organizador das disputas intercapitalistas.

No entanto, a própria análise poulantziana é mais complexa. Na verdade, segundo o autor, existiriam tipos de Estado capitalista, formas de regime político e de transição para a dominância burguesa. Essas diferentes formas expressariam diferentes direções hegemônicas de classe, no tocante ao bloco no poder[48] de Estado, assim como os diversos modos de produção existentes em dada formação social para além do modo de produção capitalista (Poulantzas, 2019, p. 144-145).

---

[48] A partir dos textos de análise política e histórica de Marx e a categoria de hegemonia de Antonio Gramsci, Poulantzas cria a categoria de bloco de poder. Diante da pluralidade e abertura relativa do aparato estatal às diversas classes e frações, o bloco de poder constituiria uma unidade contraditória entre classes e frações politicamente dominantes sob a égide da fração hegemônica no interior do aparato estatal (Poulantzas, 2019, p. 245).

Portanto, nessa lógica, também poderíamos afirmar que as expressões ideológicas variam de acordo com o desenvolvimento desigual capitalista e seus aparatos estatais. De todo modo, poderíamos compreender que o atual modelo de combate à corrupção exportado pelos Estados Unidos é parte também do domínio ideológico do imperialismo contemporâneo?

Ao longo de suas obras, Marx e Engels sustentam a existência de uma determinação sócio-histórica do pensamento. Na história do pensamento burguês de sua época, eles identificam uma tendência revolucionária e conservadora em diferentes períodos. As grandes contribuições burguesas no campo da ciência, em especial no estudo das sociedades, estariam concentradas no período crítico/revolucionário dessa classe. A posição e a condição sociopolítica da burguesia, entre o Renascimento (século XIV ao XVI) e os levantes operários de 1848, impulsionaram o desenvolvimento da razão, do humanismo e de importantes descobertas científicas.

No entanto, ao se consolidar no poder, a criticidade burguesa daria lugar progressivamente a sua principal preocupação como classe: a manutenção e uma visão apologética das condições sociais, econômicas e culturais para a reprodução do modo de produção capitalista. Lukács, em *A destruição da razão* (2020), revitaliza essa análise de Marx presente no posfácio de *O capital*. Ao estudar a evolução das tendências irracionalistas na Alemanha até o nazismo, o autor faz uma pequena história das filosofias reacionárias e conclui que o irracionalismo seria a grande expressão ideocultural da época imperialista.[49]

---

[49] Cabe sublinhar o contexto do pós-guerra nessa produção de Lukács; ao polarizar "razão" e "irracionalismo", o autor desenvolve algumas teses polêmicas: "[...] Como se sabe, na *A destruição da razão*, Lukács não opera suficientes discriminações ideoteóricas no campo da razão, de modo que permanece sem tratamento uma importantíssima vertente

A perspectiva apologética irracional das ideologias dominantes se caracterizaria pela criação de mitos, arbitrariedades, insustentabilidade dos fundamentos, argumentações sofísticas etc. (Lukács, 2020, p. 13). Apesar da sua coerência no plano interno ideal, segundo Lukács, essas características do irracionalismo desenvolver-se-iam a partir do progressivo rebaixamento do nível filosófico e da relação com "respostas reacionárias" diante das crises e acirramento das lutas de classes.

O rebaixamento filosófico das ideologias irracionalistas, para Lukács, seria fruto das determinações sociais para a manutenção de perspectivas apologéticas do ordenamento social. Cabe destacar que, ao longo da obra desse autor, o fenômeno da decadência ideológica burguesa através do irracionalismo é um processo contraditório e se "espelha" através de diferentes determinações nas diversas esferas sociais da produção de ideias.[50]

---

do pensamento ocidental moderno que, embora sendo formalmente racionalista, de fato capitula em face da realidade, aceitando sua imediaticidade (isto é, sua aparência reificada) e, assumindo, como se fora implicação necessária do caráter relativo de todo o conhecimento, um relativismo que redunda no agnosticismo social: trata-se de correntes positivistas e neopositivistas – nas quais o capitalismo em face da realidade quase sempre se assegura à base do epistemologismo [...]" (Netto, 2010, p. 244).

50 No epílogo de *A destruição da razão*, Lukács apresenta um esforço de síntese acerca das ideologias dominantes do imperialismo nos pós-1945. Se, para o filósofo húngaro, entre o fim da Revolução Francesa e a Segunda Guerra Mundial, a Alemanha foi a principal vanguarda das correntes ideológicas irracionalistas, os Estados Unidos passaram a ocupar esse posto como a principal potência imperialista e propagadora da expansão das relações capitalistas no mundo. O autor identifica importantes traços de continuidade entre as ideologias hitleristas e estadunidenses. As agressões militaristas, o racismo e a crença num país que segue como modelo para o pleno desenvolvimento da

Para Carlos Nelson Coutinho, a chamada decadência ideológica da burguesia é um valor operatório universal, uma pressão social de uma época. Essa decadência expressa-se como uma práxis "objetivamente alienada", ou seja, não está no mero campo da "intencionalidade de classe". Ademais, é possível que, no âmbito particular, na periferia capitalista e no desenvolvimento científico de parte das forças produtivas haja contribuições notáveis de pensadores não revolucionários (Coutinho, 2010, p. 36).

Num contexto de libertações nacionais e descolonização de países africanos e asiáticos, o "cosmopolitismo" é uma tendência ideocultural que versa por conservar as estruturas de dependência econômica, política e cultural dos países periféricos e um ambiente ideológico de apologia direta ao capitalismo monopolista.

Segundo o filósofo Mészáros, o cosmopolitismo através da negação das particularidades dos desenvolvimentos nacionais seria uma das principais tendências ideológicas que sustentariam as alianças entre as classes dominantes periféricas e as burguesias

---

humanidade são alguns desses traços. Contudo, enquanto o hitlerismo baseou-se numa "apologia indireta" do capitalismo monopolista através do discurso de demagogia nacional, manipulações e o fomento ao militarismo como uma resposta às agressões de inimigos internos e externos, as ideologias imperialistas estadunidenses caracterizar-se-iam pela "apologia direta" do capitalismo monopolista. Mais uma vez, as determinações sócio-históricas são fundamentais para compreender as mudanças nas ideologias dominantes. Para José Paulo Netto (1978, p. 55-56), o epílogo é a parte mais fraca do livro clássico de Lukács por não captar que, além do irracionalismo, as novas tendências racionalistas-formais também foram instrumentalizadas pela reação burguesa no pós-1945. Em sua crítica ao estruturalismo, o jovem Carlos Nelson Coutinho identificava que, além do irracionalismo, a razão miserável encontrada em diversas correntes filosóficas ocidentais, em especial no estruturalismo, também era uma das características do quadro de decadência ideológica burguesa.

imperialistas no pós-1945. Mészáros revisita esse e outros debates em sua crítica às "ideologias da cura do subdesenvolvimento por meio da modernização". Essas ideologias, segundo o autor, traçaram perspectivas, programas e políticas socioeconômicas universais como se o subdesenvolvimento fosse um problema "técnico" (Mészáros, 2003, p.137).

O fenômeno da corrupção passou, justamente, a ter maior atenção das ciências sociais e econômicas no pós-1945. Normalmente associada ao subdesenvolvimento, a corrupção foi objeto direto ou secundário de estudo de diversas escolas influenciadas por referenciais funcionalistas e positivistas. Ademais, cabe salientar as particularidades históricas do ambiente cultural estadunidense.

Para Richard Hofstadter (1967), o protestantismo, o pragmatismo utilitarista e a apologia mercantil e individualista criaram uma "consciência média" anti-intelectual na vida cultural dos Estados Unidos. Essa consciência média foi ainda mais intensificada com o anticomunismo, principalmente durante o macarthismo. Se a desconfiança, desprestígio e até perseguições a intelectuais afetavam as chamadas "ciências duras", nas ciências humanas a tendência da "matematização" e da importação de métodos científicos das ciências biológicas e físicas foram as formas legitimadas pelo establishment estadunidense.

Foi nesse contexto que a "decadência ideológica" e/ou razão miserável da burguesia se aprofundaram. Essa contextualização teórica tem importância para estabelecermos uma crítica à anticorrupção como parte das ideologias do imperialismo tardio, a partir dos seguintes pressupostos: 1) a ideologia da anticorrupção é funcional para o Estado capitalista apresentar-se como um aparato "neutro" e "acima" dos conflitos e lutas sociais, 2) a definição supra-histórica da corrupção como "abuso de poder (público) para ganho privado", divulgada por ONGs transnacionais e organismos multilaterais, oculta as determinações sócio-históricas desse conceito extremamente polissêmico, 3) a crítica da corrupção como explicação, ao menos parcial, para o subdesenvolvimento e as desigualdades sociais, e, não menos importante, 4) a instrumentalização da agenda anticorrupção para a defesa de contrarreformas neoliberais na atualidade.

3.3 As teorias sobre a corrupção: abordagens sociológicas, jurídicas e econômicas

A teoria da modernização

A teoria da modernização foi uma tendência sociológica influente no pós-1945 nos países centrais e periféricos. Os Estados Unidos foram o seu principal polo propagador, em especial a partir da obra do sociólogo estadunidense Talcott Parsons. Num contexto filosófico cultural de fortalecimento das tendências neopositivistas e pragmáticas, Parsons propõe uma teoria geral dos sistemas sociais sob o prisma do estruturalismo-funcionalismo. O centro de sua sociologia estava no estudo da ação social e em como o sistema geral seria formado pela "soma de suas partes" e interação entre suas peças.[51]

---

[51] Existiriam quatro variáveis no sistema geral de ações de Parsons: valores, normas, coletividade e papéis informariam ao agente as regras do convívio social e os mecanismos pelos quais eles organizarão a distribuição de recursos e benefícios produzidos pela sociedade. Essas seriam formas recorrentes de interação que se institucionalizam em formas organizadas de relacionamento. Os requisitos funcionais do sistema de ação parsoniano também são quatro, a saber: adaptação, consecução dos objetivos, integração e latência. Por adaptação, Parsons entende aquelas relações que conectam o agente a seu meio exterior, sendo este entendido pelo autor como um outro ou vários outros sistemas, que podem ser de ação ou de não ação. A adaptação é o meio pelo qual o sistema buscará os recursos necessários para servir às suas necessidades básicas, isto é, o meio pelo qual ele garantirá a

O sistema social de ação e todo o arcabouço de normas, estruturas e funções seriam subdivididos em subsistemas, segundo Parsons (1949): organismo comportamental, personalidade do indivíduo, sistema social e cultural. O primeiro seria responsável pela adaptação do indivíduo ao meio social, o segundo orienta a busca de objetivos e a realização de tarefas pessoais, o terceiro integra a ação dos diversos membros do sistema ao formar um todo coeso, e o último tem a função de identificar grupos para manter a ordem e a coesão. Para Parsons, a interdependência entre esses subsistemas formaria o sistema social.

A política, na obra do sociólogo estadunidense, seria explicada a partir dos diferentes graus de institucionalização da ordem normativa e no intercâmbio entre comunidade societária e a influência de distintos grupos no exercício do poder. A fragilidade em explicar processos de transformação social e a referência acrítica da perspectiva liberal-democrática são algumas das fragilidades de Parsons. Miriam Limoeiro Cardoso (2006) critica os determinantes sócio-históricos e o conservadorismo da teoria da modernização. Para ela, a teoria está associada a uma visão evolucionista linear, em conformidade com a nova hegemonia do imperialismo estadunidense pós-1945:

> Deste modo, para constituir a teoria da modernização a teoria estrutural funcional da sociedade não precisa se modificar em

---

sobrevivência dos indivíduos participantes. Por consequência dos objetivos, o autor entende as ações que definem os fins do sistema, que devem ser perseguidos metodicamente pelos atores. Como integração o autor entende a função estabilizadora do sistema, mediante a qual este manterá sua coerência interna e a solidariedade de suas partes, possibilitando sua continuidade e seu funcionamento. Por último, Parsons entende por latência um conjunto de unidades-ato que asseguram as devidas motivações aos atores, isto é, que "canalizam" as energias do sistema (Filgueiras, 2004, p. 131).

> nada que lhe seja substancial. A modernização é apenas um desdobramento daquela teoria que se pretende geral. Desdobramento que aparece como muito conveniente num dado momento histórico em que uma nova hegemonia está se constituindo nos processos mais dinâmicos de uma nova expansão do capitalismo, desde a Segunda Guerra Mundial e no imediato pós-guerra. Ao final da Segunda Guerra Mundial, o capitalismo já começava um novo curso de expansão e a fortalecida economia dos Estados Unidos também contribuía para colocar em pauta como uma grande preocupação a necessidade de expandir os mercados e aumentar um certo tipo de produção na Ásia, na América Latina e na África. Não seriam exclusivamente os economistas que iriam contribuir, prontamente, com sua reflexão e suas propostas, para atender a estas novas demandas do grande capital. Também os sociólogos, antropólogos, cientistas políticos, psicólogos atenderiam a esta pressão oriunda da nova ascensão do capitalismo, e sua contribuição acabaria por ser da maior relevância para a construção da nova hegemonia (Cardoso, 2005, p. 8).

Mészáros (2008, p. 43) relaciona o estruturalismo funcionalista com o processo de decadência ideológica burguesa no pós-guerra. A teoria da modernização seria, para Mészáros, uma das expressões conservadoras da ideologia dominante para os debates econômicos, sociais e culturais acerca do desenvolvimento em países periféricos.

Os anos de 1950 e 1960 foram marcados pela degradação dos grandes impérios coloniais ultramarinos, mais notavelmente o inglês e o francês. A relativa independência política dos países dependentes/periféricos não resolveu os seus principais problemas econômicos e sociais, e o peso das transferências de lucros, (mais-)valor, riquezas e das trocas desiguais afetam até hoje essas economias.

Nesse sentido, a teoria da modernização fetichiza a questão do desenvolvimento como uma sequência linear e autônoma que cada país cumpriria ao longo da sua história, tendo os Estados Unidos como a grande expressão econômica e institucional. O "subdesenvolvimento" não seria um problema político, quiçá uma questão de luta de classes ou de enfrentamento ao imperialismo, mas tratava-se de uma questão técnica:

> Assim, por muito tempo tudo parecia ajustar-se perfeitamente à concepção de ideologia "anti-ideológica" do pós-guerra, que era sustentada pela expansão econômica universalmente bem recebida. A prometida "multiplicação do excedente" era o principal tema de persuasão ideológica no Ocidente. Supunha-se que a mera "convergência dos sistemas industriais rivais" resolveria os problemas nas relações entre o Ocidente e Oriente; e esperava-se que a irresistível "modernização" do "Terceiro Mundo" nos livrasse de todo o mal na "região sul", ainda um pouco indisciplinada e nacionalmente instável (Mészáros, 2014, p. 141).

No campo dos estudos sobre a corrupção, no bojo da tradição da teoria da modernização, Samuel Huntington e Joseph Nye merecem destaque. Ambos sustentam o problema da corrupção como uma questão quase exclusiva do mundo subdesenvolvido. O problema central para esses autores não seria problematizar as diversas formas de governo, mas sim o grau de estabilidade e coesão dos governos (Huntington, 1975, p. 13).

A corrupção seria o descompasso entre o desenvolvimento econômico acelerado e a ausência de um processo institucional eficiente, através do desvio de autoridades públicas das normas aceitas a fim de benefícios particulares. No contexto de "guerra contra o comunismo", Huntington estava preocupado com a falta de estabilidade política nos países periféricos, e a questão da corrupção era vital para evitar possíveis revoluções nessa área do planeta:

> É precisamente essa escassez de autoridade que os movimentos comunistas e de tipo comunista conseguem quase sempre resolver. A história mostra conclusivamente que os governos comunistas não são melhores que os governos livres, em atenuar a fome, melhorar a saúde, expandir o produto nacional, criar uma base industrial e melhorar a assistência. Mas uma coisa que os governos comunistas sabem fazer é governar; eles realmente proporcionam uma autoridade efetiva. Sua ideologia fornece uma base de legitimidade e sua estrutura partidária provê o mecanismo institucional para a mobilização de apoio e execução de políticas. Derrubar o governo em muitos países em modernização é uma tarefa simples: um batalhão, dois tanques e meia dúzia de coronéis pode bastar. Mas nenhum governo comunista num país em modernização foi derrubado por um golpe de estado militar. O verdadeiro desafio que os comunistas colocam para os países em modernização não é que eles sejam capazes de derrubar governos (o que é fácil) mas que sejam capazes de constituir governo (o que é muito mais difícil). Podem não dar liberdade, mas exercem autoridade; criam governos que podem governar. Enquanto os americanos se esforçam laboriosamente por diminuir o hiato econômico, os comunistas oferecem para os países em modernização um método testado e provado para preencher o vácuo político. Em meio ao conflito social e à violência que afligem os países em modernização, eles fornecem alguma certeza de ordem política (Huntington, 1975, p. 20).

De acordo com Huntington, o processo de desenvolvimento econômico geraria o fortalecimento de novos agentes sociais, e a ausência de uma institucionalização política aumentaria as práticas de corrupção a fim desses agentes conseguirem influenciar e adentrar na arena política. O autor propõe quatros pares dicotômicos como critérios de institucionalização: adaptação-rigidez, complexidade-simplicidade, autonomia-subordinação e coesão-desunião. Segundo Filgueiras:

> Dados os quatro critérios de institucionalização política, segundo Huntington, a corrupção se torna mais evidente quando não há institucionalização política satisfatória que dê conta de tornar as normas do sistema aceitas pelos diferentes grupos presentes na arena política. A modernização, acompanhada de baixa institucionalização, de acordo com esse autor, cria um hiato político mediante o qual a corrupção política ocorre. Quando as organizações do sistema são rígidas, simples, subordinadas e apresentam desunião entre seus membros, a probabilidade de que a corrupção se torne recorrente e um padrão de articulação de interesses é enorme. Esse autor observa a corrupção como fruto da modernização, ou seja, como fenômeno decorrente das mudanças sociais e políticas, que tem seu grau proporcionalmente determinado pela institucionalização (Filgueiras, 2004, p. 135).

Outro arcabouço conceitual/ideológico de Huntington, ainda presente em análises e pesquisas atuais sobre corrupção, refere-se aos custos e aos benefícios da corrupção. Apesar de criticar a "corrupção descontrolada", Huntington sustenta que em muitos casos ela é necessária para o desenvolvimento, no sentido de abrir mercados e superar empecilhos burocráticos impostos por estruturas institucionais atrasadas.

Essas questões são mais bem desenvolvidas por Nye (1967), um cientista político estadunidense vinculado à Universidade Harvard e intelectual que frequentemente participou de administrações democratas nos Estados Unidos. Além de sua associação à teoria da modernização, Nye desenvolveu, juntamente com Robert Keohane, a teoria da interdependência complexa.

Uma espécie de contraponto às teorias do imperialismo, sistema mundo e da dependência. No que tange à questão da corrupção, Nye criticou as abordagens moralistas, defendeu que a corrupção controlada pode gerar benefícios importantes para a integração nacional, financiar o desenvolvimento, favorecer o acúmulo privado de capitais (ao desburocratizar sua circulação) e facilitar investimentos estrangeiros nas economias nacionais.

Sobre os custos da corrupção, Nye defende justamente o oposto. A corrupção descontrolada pode ser um entrave ao desenvolvimento, favorece a fuga de capitais para paraísos fiscais, enfraquece governos e pode intensificar desestabilidades sociais e políticas. Portanto, a problemática para Nye remete à existência ou não de mecanismos institucionais de controle da corrupção. Tendo o modelo liberal-democrático estadunidense como maior referência, a problemática da corrupção "descontrolada" estaria concentrada em países subdesenvolvidos onde as instituições políticas não acompanham a modernização econômica desses países.

As apreensões de Huntington e Nye fazem parte de um contexto de grande expansão de capitais sobreacumulados nos países imperialistas para as periferias. Historicamente, os investimentos multinacionais, inclusive através do fomento à industrialização periférica, foram uma das principais características do período pós-guerra. Um dos principais mecanismos de disputas intermonopólicas desse período, ainda mais após a degradação dos impérios coloniais, era a utilização da prática de suborno entre autoridades públicas locais, empresas multinacionais e suas subsidiárias.

Nesse sentido, os cientistas sociais supracitados omitem a dimensão transnacional das práticas de corrupção em suas análises, construindo modelos apriorísticos e acríticos. Essa omissão, em nome de uma teoria de modernização evolucionista, é uma das características assinaladas por Lukács e Mészáros da apologia direta do capitalismo imperialista pós-1945. No caso da relação com o imperialismo, o cosmopolitismo de "modelos universais" que devem ser exportados para os países periféricos é uma das principais marcas da "ideologia do combate à corrupção".

A abordagem culturalista

A abordagem culturalista sobre a corrupção foi oriunda da escola de "cultura política" das ciências sociais dos Estados Unidos. Sumariamente, a premissa é que o desenvolvimento político está relacionado a um primado da cultura sobre o político e o econômico. Normalmente, as diferenças culturais e históricas são utilizadas como as principais justificativas para os graus de corrupção entre os países. No geral, os países de tradição protestante e anglo-saxã são vistos como tendencialmente menos corruptos do que os de tradição católica e latina (Filgueiras, 2008, p. 356).

Assim como os teóricos da modernização, os adeptos da cultura política da corrupção também têm a sociedade estadunidense como uma das principais referências de cidadania e de democracia liberal. Para Almond e Verba (1963), o amadurecimento institucional, o grau de participação e o associativismo da população dos Estados Unidos produziram uma cultura coletiva cívica que valoriza o espaço público e sua coesão.

Revisitando extensa bibliografia, João Vitor Gomes (2010) contrapõe o conceito de cultura cívica com o de familismo. O familismo seria uma expressão cultural tradicional, antagônica ao civismo, no sentido da prevalência de laços familiares em detrimento de sentimentos comunitários. Nessa linha, a defesa da família estaria acima de qualquer bem comum público.

No geral, apesar da abordagem diferente, há mais traços de similaridade entre o culturalismo e a teoria da modernização. O cosmopolitismo e a ideologia da anti-ideologia estão presentes em esforços teóricos que acabam por contribuir, em sua maioria, para a apologia conservadora do modelo liberal-democrático capitalista e a manutenção das atuais relações econômicas e de poder no mercado mundial. Inclusive, o culturalismo influenciou importantes intelectuais progressistas brasileiros.

Talvez a maior expressão dessa influência esteja presente em análises históricas que utilizam o conceito de patrimonialismo para interpretar a formação social brasileira.[52] Além disso, a abordagem da cultura política da corrupção também influencia análises pautadas pelo chamado "capitalismo de compadrio", expressão muito utilizada no Brasil pelos apoiadores da Operação Lava Jato. No entanto, essa última conceituação é muito mais rasa e vulgar se compararmos, por exemplo, com as análises sobre o patrimonialismo de Faoro e de Buarque de Holanda.

A abordagem econômica da corrupção: a teoria da escolha pública e a ideologia das contrarreformas neoliberais

Ainda pouco desenvolvido no Brasil, o estudo do fenômeno da corrupção política e transnacional já é uma área multidisciplinar acadêmica consolidada mundo afora, em especial nas universidades dos Estados Unidos e da Europa ocidental. Além disso, a questão da corrupção é alvo de dezenas de pesquisas de mensuração e objeto de instituições privadas, assim como um dos principais temas contemporâneos nas agendas dos organismos e bancos multilaterais. Sem dúvida, essa poderosa rede acadêmica e multilateral de estudos sobre a corrupção, nos dias atuais, tem como grande referência a "teoria da escolha pública", ou "*public choice*".

No quadro de desenvolvimento da decadência ideológica burguesa, podemos caracterizar essa teoria como uma das expressões contemporâneas, no plano ideocultural, da hegemonia

---

52 Ver: Fernandes, L. E. Notas críticas sobre corrupção, patrimonialismo e o "jeitinho brasileiro" na formação social brasileira. São Paulo: *Princípios*, 2022, 41(164), 70-99. Disponível em: https://doi.org/10.4322/principios.2675-6609.2022.164.004.

neoliberal.[53] A "teoria da escolha pública" transpõe para o universo das ciências sociais a radicalização do "individualismo metodológico"[54] e do *Homo economicus* presente como um dos principais pressupostos das análises da escola econômica neoclássica.

Nesse sentido, as economias de mercado são vistas como a expressão mais avançada da evolução humana. O ideal do mercado autorregulado como a principal instituição mediatizadora da sociedade e o conceito de indivíduo supra-histórico são derivações dessa conclusão. A ação racional do indivíduo seria o pressuposto básico para a análise das sociedades, segundo os

---

[53] Aqui estamos trabalhando, como pressuposto, a partir da interpretação de Carlos Nelson Coutinho: a época neoliberal como uma época contrarreformista. Para o pensador brasileiro, trata-se de um período histórico que se caracterizava pelo avanço contra as principais conquistas históricas da economia política dos trabalhadores: não temos assim, na época em que estamos vivendo, o acolhimento de "uma certa parte das exigências que vêm de baixo", que Gramsci considerava – como já vimos – uma característica essencial das revoluções passivas. Na época neoliberal, não há espaço para o aprofundamento dos direitos sociais, ainda que limitados, mas estamos diante da tentativa aberta – infelizmente em grande parte bem-sucedida – de eliminar tais direitos, de desconstruir e negar as reformas já conquistadas pelas classes subalternas durante a época de revolução passiva iniciada com o americanismo e levada a cabo no Welfare. As chamadas "reformas" da previdência social, das leis de proteção ao trabalho, a privatização das empresas públicas etc. – "reformas" que estão atualmente presentes na agenda política tanto dos países capitalistas centrais quanto dos periféricos (hoje elegantemente rebatizados como "emergentes") – têm por objetivo a pura e simples restauração das condições próprias de um capitalismo "selvagem", no qual devem vigorar sem freios as leis do mercado (Coutinho, 2012, p. 123).

[54] Ver a crítica de Leda Paulani ao "individualismo metodológico" de Hayek (Paulani, 1996).

seguidores dessa escola. Essa ação racional partiria de um cálculo em que os indivíduos buscariam potencializar seus benefícios e minimizar seus riscos. A essência dos indivíduos estaria numa "ontologia egoísta", tal como nas competições interconcorrência entre os agentes de mercado.

Apesar de diferenças importantes com o pensamento estruturalista-funcionalista da teoria da modernização, em que o indivíduo é visto como uma mera engrenagem funcional dos sistemas sociais, os adeptos da "escolha pública" maximizam o processo de "atomização" do indivíduo, elemento conceitual já presente nas raízes do liberalismo econômico. A sociedade e suas contradições são reduzidas ao mero cálculo racional individual. Segundo André Borges, a "*public choice*" vincula-se ao processo de formação ideocultural da nova direita neoliberal a partir da década de 1980:

> Dentre as várias vertentes do pensamento neoconservador, a teoria da escolha pública (TEP) tem se destacado nas últimas décadas por sua enorme influência sobre a agenda de governos e agências internacionais empenhados em promover programas de ajuste "estrutural" e reforma do Estado. Os teóricos da escolha pública utilizam-se do ferramental microeconômico neoclássico e da teoria dos jogos para analisar o processo político, compondo uma abordagem radicalmente individualista e fundada no método positivo (Buchanan e Tullock, 1962). Fiel a suas raízes filosóficas liberais e utilitaristas, a TEP vai enxergar o processo político e sua intromissão nas transações mercantis privadas como uma ameaça à liberdade individual e ao progresso econômico, vendo o mercado como o padrão institucional mais adequado para a organização das sociedades. O avanço da regulação político-administrativa sobre a economia e a sociedade que acompanha o nascimento e a consolidação das democracias de massas (cf. Habermas, 1982; Offe, 1984), é encarado nesta perspectiva como re-

> fratário à liberdade e responsável por toda sorte de ineficiências na ação dos governos (captura das políticas públicas por grupos de interesses, "populismo fiscal" dos políticos etc.) (Buchanan, 1975; Krueger, 1974; Olson, 1982; Tullock, 1996) (Borges, 2001).

As raízes da teoria da escolha pública estão entre os anos de 1940 e 1960. Basicamente, diversos economistas utilizam parte do arsenal microeconômico neoclássico para interpretar fenômenos políticos, sociais e históricos. O primeiro grande objeto dessa escola foi a questão eleitoral, a partir da criação de um "teorema do eleitor médio". Downs (1999) cria um modelo explicativo, por exemplo, no qual os partidos políticos operariam na lógica das grandes empresas e os eleitores como consumidores. O cálculo racional individual estaria na potencialização da busca pelos interesses particulares, o "interesse público" apenas existiria sob forma coercitiva e regulatória dos "cálculos racionais". É possível perceber que o pressuposto é idêntico ao processo concorrencial no mercado capitalista: o sentido do indivíduo é a busca incessante pela conquista dos seus interesses particulares (lucro).

A "*public choice*", principalmente após 1990, ampliou seus objetos de análise e de estudos. Inclusive, diversos dos seus seguidores foram agraciados com o Prêmio Nobel de Economia. No entanto, por ora, cabe sublinhar suas apreensões acerca da corrupção e como grande parte dessa teoria faz parte da anticorrupção como parte da ideologia imperialista contemporânea.

Marcus Olson Jr. (1965), ao analisar a ação política de sindicatos nos Estados Unidos, fornece uma análise complementar à de Downs. Para ele, a interpretação de ações coletivas não seria apenas uma ampliação simples das ações individuais. O chamado "individualismo metodológico" seria combinado com o princípio da eficiência (Costa Leister, 2005, p. 8). Segundo o princípio da eficiência, o papel das ações coletivas seria o de aproximar ao máximo os anseios determinados pelo cálculo racional individual.

Nesse sentido, para Olson, a democracia liberal favorece a ação racional de pequenos grupos dotados de poder material e coercitivo em detrimento de uma maioria de interesses desorganizados. A única forma de solucionar a ação de grupos maiores, como sindicatos, seria a adoção de benefícios para seus associados, capazes de "comprar" o apoio, ou mediante ações "autoritárias" como piquetes em frente aos postos de trabalho.

Dentro do contexto de crítica ao pacto fordista-keynesiano e da tentativa de reenquadramento imperialista das periferias, a arena política nas democracias liberais transformou-se, segundo Olson, numa grande disputa por rendas e benefícios advindos do Estado em prol de pequenos grupos corporativos, como oligopólios privados, sindicatos e associações profissionais. Salários acima da produtividade, subsídios e direitos sociais seriam exemplos dessas disputas. A teoria da corrupção, com base na abordagem econômica, tem seus germes nas teses de Olson. Os custos e benefícios do cálculo racional do indivíduo são relacionados às "disputas corporativas" na arena política por rendas advindas do Estado.

A corrupção seria um fenômeno que ocorre na interface entre os "interesses públicos" e "privados", fruto das imperfeições na gestão do Estado e das relações de mercado. Essas abordagens acabam por cumprir papéis conservadores ao idealizarem a defesa do mito da "livre concorrência nos mercados" num contexto de generalização dos domínios do capitalismo monopolista.

A teoria do rent-seeking

Desenvolvida por economistas como Gordon Tullock (1967) e Anne Krueger (1974), que foi economista-chefe do Banco Mundial, o fenômeno da corrupção estrutural, principalmente nos países subdesenvolvidos, estaria localizada nas disputas por rendas e privilégios advindos dos monopólios estatais, subsídios e intervenções do Estado na economia. O *rent-seeking* seria um processo de transferência de renda entre grupos sociais tornando a competição imperfeita nos mercados e a gestão pública ineficiente.

Em seu artigo escrito em 1974, Krueger critica as diversas medidas protecionistas adotadas por países subdesenvolvidos no mercado internacional.[55] Através de seu levantamento sobre a alocação de licenças governamentais na Índia e na Turquia para importação, a economista sustenta como tais medidas são um estímulo a uma concorrência interna improdutiva por rendas advindas do Estado e como, no médio e longo prazo, essas medidas seriam nocivas para a competição dessas economias de mercado. Essa competição interna pode ser por meios legais, assim como por meios ilegais (corruptos):

> Em todos esses casos de alocação de licenças, existem meios, legais e ilegais, para competir por rendas. Se os indivíduos escolherem suas atividades com base nos retornos esperados, as taxas de retorno das atividades alternativas serão equacionadas e, nesse sentido, os mercados serão competitivos. Na maioria dos casos, as pessoas não se percebem como *rent-seekers* e, de modo geral, os indivíduos e empresas não são especializados em *rentseeking*. Em vez disso, *rent-seeking* é uma parte de uma atividade econômica, como distribuição ou produção, e parte dos recursos da empresa são dedicados à atividade (incluindo, é claro, a contratação de despachantes). O fato de que *rent-seeking* e outras atividades econômicas não sejam geralmente conduzidas por entidades eco-

---

[55] Para aprofundamento sobre o tema, vale conferir o artigo de Vinícius Eduardo Ferrari (2011), que sustenta a inviabilidade teórica e empírica da teoria do *rent-seeking*. Ferrari realiza uma extensa revisão bibliográfica e dos pressupostos empíricos dos autores adeptos da teoria.

nômicas separadas fornece a motivação para a forma do modelo desenvolvido abaixo (Krueger, 1974, p. 4, tradução livre).

Apesar de a autora reconhecer casos específicos onde o *rent-seeking* possa funcionar como um mecanismo virtuoso para o dinamismo econômico e social, Krueger defende que essa tendência limitaria novos investimentos produtivos e crescimento econômico, visto que a "sociedade e os empresários" estariam "viciados" em obter rendas extraordinárias através da "influência" e de instrumentos legais e ilegais para isso. Além de ser um fator ideocultural de desagregação das sociedades de mercado que podem potencializar revoltas contra as desigualdades socioeconômicas (Krueger, 1974, p. 14).

A teoria do *rent-seeking* tem uma abordagem invertida de um problema real: a grande corrupção, no capitalismo em sua fase monopólica, está localizada no terreno da apropriação dos lucros, mais-valores e rendas e na abertura de novas formas de valorização dos capitais e obtenção de lucros extraordinários. Isto é, a grande corrupção localiza-se no âmbito econômico e político da concorrência intermonopólica e das expropriações de riquezas sociais e naturais. No entanto, essa teoria inverte o problema ao pressupor que a questão do processo de monopolização é mera ação estatal e não o relaciona às "leis gerais da acumulação capitalista" e da luta das grandes corporações pela manutenção dos preços de monopólio, rendas e novas fontes de lucros.

Nesse sentido, a anticorrupção, para essa teoria, privilegiaria a luta contra os monopólios estatais e toda intervenção socioeconômica pública que tornassem os mercados imperfeitos e desvirtuasse a sua "autorregulação". Portanto, a luta contra a corrupção seria associada a uma série de contrarreformas institucionais. Para os países subdesenvolvidos, em especial, essas reformas foram sintetizadas, num primeiro momento, pelo chamado "Consenso de Washington" e estariam relacionadas à abertura de mercados, quebra de monopólios nacionais, desregulamentação do mercado de trabalho e do sistema financeiro a fim de inseri-los nas cadeias globais de valor-trabalho, sob hegemonia imperialista.

Para os países centrais, a anticorrupção estaria associada às reformas tecnicistas que puseram fim ao pacto fordista-keynesiano, através da refuncionalização da máquina pública para desmantelar as "medidas distributivas" e recuperar as margens de lucro das grandes corporações. No entanto, como vimos na parte anterior, tal tecnicismo estava subordinado à lógica do mercado mundial capitalista cada vez mais oligopolizado, em que o poder das elites burguesas transnacionais estaria encastelado nas estruturas decisórias dos Estados, questão bem criticada por Borges:

> Na prática, nunca se conseguiu efetivamente implementar esta separação. No começo do século XX, a tentativa de submeter a política aos ditames dos mercados autorreguláveis em escala internacional, como sugere Polanyi, acabaria abrindo espaço para a ascensão do totalitarismo fascista nos anos [19]30. Mercados livres corroem as instituições que garantem a coesão social das comunidades, tendendo por isso à entropia. Até mesmo certas *coalizões distributivas* de Olson, vistas como um empecilho à liberdade individual e à eficiência econômica, são observáveis ao longo de extensos períodos da história econômica desempenhando importante papel na socialização e integração dos indivíduos à comunidade. Destruí-las significa não só recuperar a dinâmica "schumpeteriana" de crescimento capitalista, mas também jogar os indivíduos, atomizados e "livres", num espaço de insegurança econômica e impotência diante de forças que escapam ao seu controle. A desestruturação de coletividades e o espraiamento da instabilidade social promovidas pelo livre mercado fomentam o consenso em torno da necessidade de limitar o escopo do sistema de preços como árbitro de decisões que afetam toda a socieda-

> de. Uma vez que haja a possibilidade deste consenso se expressar pelo voto democrático, o resultado provável é a ressubmissão do mercado à regulação política. Se neste processo abre-se espaço para a explosão de interesses particularistas de coalizões distributivas, é da natureza das sociedades de mercado que seja assim. Na medida em que o ganho próprio é aceito como uma motivação moralmente justificável em quase todas as transações sociais e o dinheiro é importante fonte de poder político, é natural que o interesse privado de alguns submeta o interesse coletivo na maior parte do tempo. O fato é que, para eleitores racionais, talvez seja melhor esperar que a "ineficiência crônica" da democracia seja remediada no longo prazo do que conviver permanentemente com a instabilidade e a desestruturação social promovidas por mercados desregulamentados (Borges, 2005).

Importante realçar que a agenda de "reformas institucionais" não necessariamente representa uma diminuição dos aparatos estatais, como transparece em parte das críticas neodesenvolvimentistas (Bresser-Pereira, 2009). A agenda anticorrupção, na proposição de Krueger e, principalmente, de Tullock (1967) estaria vinculada a processos de desmontes de "monopólios públicos" que incentivam o *rent-seeking*, assim como o aumento do chamado Estado penal. Essas medidas acabariam por regular os "cálculos racionais" dos indivíduos e inibi-los de realizar qualquer ato ilícito.

Não por acaso, como demonstrou Atilio Borón (2002), o neoliberalismo não representou uma diminuição de tamanho das máquinas públicas nos países centrais e, na periferia, por mais que as privatizações tenham se acelerado e políticas austeras tenham se tornado estruturais, o crescimento do aparato penal-repressivo foi expressivo em países como Brasil, Colômbia e México.

Outro ponto fulcral remete à relação entre democracia e eficiência, no interior da *public choice*. Ao reduzir o processo político e social às disputas de mercado, a perspectiva democrática na *public choice* transforma-se numa tecnocracia a serviço da eficiência para o grande capital e da mercantilização da "questão social".

A fórmula de Klitgaard

Robert Klitgaard é considerado um dos principais acadêmicos no estudo sobre corrupção nos Estados Unidos e no mundo. Nos anos de 1990, em especial através do seu livro *A corrupção sob controle* (1994), expressou o acúmulo da *public choice* através de uma fórmula que pretende sintetizar a corrupção como fenômeno social: C = M + P – R, isto é, corrupção é igual a monopólio mais poder discricionário menos responsabilização.

Na interpretação de Klitgaard, a corrupção tornou-se um problema universal de todos os países, especialmente dos subdesenvolvidos. Sua fórmula visa explicar o funcionamento da corrupção sistêmica, em que o cálculo racional do indivíduo para cometer práticas corruptas relaciona-se com o poder dos monopólios econômicos e o grau de discrição dos funcionários públicos, menos o risco de punições/responsabilização por tais atos.

Nessa linha, o combate à corrupção deve perpassar pela diminuição ou controle do poder econômico e político dos monopólios, maior transparência dos atos discricionários no funcionalismo público e maior responsabilização penal por atos corruptos e corruptores. A corrupção não seria um crime de paixão, mas de cálculo, por isso o seu combate deveria ser planejado cientificamente. A punição de parte dos grandes transgressores, reformas no funcionalismo público e na máquina de Estado e fomento a organizações da sociedade civil a fim de criar um ambiente favorável a reformas anticorrupção são parte da agenda proposta por Klitgaard e em sintonia com o "modelo transnacional de combate à corrupção" dos Estados Unidos (Klitgaard, 1998, p. 5).

O curioso na abordagem de Klitgaard, amplamente incorporada pela maioria das pesquisas contemporâneas sobre o tema, é a utilização de uma forma argumentativa típica das "ciências duras" com o intuito de reafirmar seu argumento como científico, anti-ideológico e neutro. Uma versão contemporânea, ainda mais rebaixada, do processo que Lukács chamou de "teorias de manipulação científica" parte do decurso de decadência ideológica.[56]

A fórmula de Klitgaard se transforma, então, numa manipulação reacionária apologética às contrarreformas neoliberais do Estado. Conforme já mencionamos anteriormente, manipula-se, inverte-se e oculta-se as relações entre corrupção e capitalismo monopolista-financeiro. O monopólio econômico é apresentado como um problema puramente político, o descontrole da corrupção como uma característica do subdesenvolvimento, o Estado como um "ente abstrato" e o grande corruptor da sociedade. Assim, a solução estaria na modernização eficiente das democracias sob os moldes do modelo estadunidense de combate à corrupção, na ampliação das relações de mercados e na "atomização" social.

---

56 Ao criticar o neopositivismo e polemizar filosoficamente com Albert Einstein sobre se a geometria seria ou não parte da física, Lukács sustenta que a matematização e a geometria seriam um importante instrumento de espelhamento homogeneizador da realidade e não eram partes ou elementos da realidade física em si. Nessa linha, uma das características do neopositivismo seria, mediante ao processo de matematização, inclusive das ciências sociais, criar "modelos metafísicos" para que nenhuma crítica impedisse o desenvolvimento do "aparato teórico manipulatório": [...] Pois é um traço básico de manipulação como método universal do neopositivismo eliminar por inteiro justamente essas da ciência – sob título de "metafísica" – , para que assim nenhuma reflexão sobre problemas da realidade perturbe ou mesmo impeça o funcionamento ilimitado do aparato manipulatório [...] (Lukács, 2012, p. 66).

3.4 Os organismo multilaterais e a anticorrupção: agentes políticos, intelectuais e financeiros do imperialismo legal

Com o fim da Guerra Fria e o avanço dos processos de globalização produtiva, financeira, tecnológica e cultural, as relações sociais no mundo passaram, em que pese o aumento das diversas formas de desigualdade, a ser cada vez mais integradas e interdependentes.

Contudo, a conformação dessas institucionalidades desenvolve-se de forma desigual, contraditória e não imune a conflitos. A ampliação do imperialismo legal pode se dar através de mecanismos diretos, como vimos o caso da FCPA e o seu poder extraterritorial, assim como por instrumentos indiretos que promovem a "globalização" de conceitos jurídico-políticos oriundos de países imperialistas.

O papel desses organismos não deve ser reduzido à mera reprodução de políticas e interesses imperialistas, em especial dos Estados Unidos. Embora façam parte da institucionalidade internacional, desde o pós-guerra, sob hegemonia estadunidense, a relativa autonomia desses atores é fundamental até mesmo para a legitimidade de tais órgãos.

Como afirma João Márcio Mendes Pereira (2016), um dos principais estudiosos brasileiros sobre o Banco Mundial, essas instituições, que possuem relativa autonomia, orçamentos e comportam técnicos, assembleias e gestões compartilhadas por diversos governos de países diferentes, são, na verdade, instrumentos utilizados como atores políticos, intelectuais e financeiros na gestão do capitalismo contemporâneo.

No campo da anticorrupção, a construção de diversas convenções, grupos de trabalho, tratados de cooperação técnica, elaboração de notas e pesquisas "técnicas" e financiamento de programas e projetos de "boa governança" acabaram por ampliar ainda mais o domínio doutrinário, jurídico e político sobre a corrupção e seu combate sob a direção dos Estados Unidos.

Cabe contextualizar que a agenda anticorrupção ganha mais notoriedade no período pós-Consenso de Washington, entre fins da década de 1990 e a segunda década do século XXI. Os efeitos, principalmente nos países periféricos, do neoliberalismo e sua agenda de privatizações, ajuste fiscal estrutural, retirada de direitos e mercantilização da vida social fizeram intensificar resistências, conflitos e lutas de classes mundo afora.

A corrupção, nesse contexto, seria um dos grandes empecilhos para o cumprimento das (falsas) promessas do neoliberalismo. Mesmo sem citar propriamente essa questão, Castelo apresenta uma síntese interessante sobre esse contexto geral:

> O diagnóstico apresentado pelas classes dominantes e seus representantes ideológicos não foi o erro na prescrição do remédio, mas a sua baixa dosagem. Em essência, o Consenso de Washington estaria correto: o problema residiria na aplicação parcial do receituário, derivada das resistências que impediam o correto manejo das suas políticas. Seria preciso remover tais barreiras e promover um aprofundamento das medidas liberalizantes, dando ênfase aos mecanismos de mercado na produção da riqueza ao mesmo tempo em que se passaria a reconhecer as suas falhas no tocante à distribuição de renda, além dos problemas ambientais (Castelo, 2012, p. 313).

A partir de intensa ação diplomática, política e financeira, apresentaremos, em linhas gerais, as principais formulações e programas adotados pela Organização das Nações Unidas (ONU), Organização para a Cooperação e Desenvolvimento Econômico (OCDE), Organização dos Estados Americanos (OEA), Banco

Mundial (BM) e Fundo Monetário Internacional (FMI) sobre o tema da "luta contra a corrupção no mundo".

A Convenção sobre o Combate da Corrupção de Funcionários Públicos Estrangeiros em Transações Comerciais Internacionais da OCDE

O tema da anticorrupção e criminalização do suborno transnacional foi uma das principais preocupações da Organização para a Cooperação e Desenvolvimento Econômico (OCDE) já nos anos de 1990.[57] Em 1994, foi criado o grupo de trabalho antissuborno na entidade. Por pressão da diplomacia estadunidense, a OCDE atuou fortemente para a criminalização do suborno transnacional, o aumento de cooperações jurídico-investigativas entre os países e a ampliação da capacidade de reter ou recuperar ativos financeiros envolvidos em práticas de suborno. Em 1997, foi firmada a convenção da OCDE antissuborno entre os seus países membros (37 à época) e outros convidados, como Brasil, Argentina, Bulgária, Chile, Rússia, Costa Rica, África do Sul, dentre outros.

No geral, a convenção esforçou-se para uma tipificação jurídica universal sobre os crimes de suborno transnacional, como o pagamento de propinas a funcionários públicos estrangeiros, responsabilização das pessoas jurídicas por atos de corrupção no exterior, flexibilização da jurisdição sobre os crimes, o dever dos Estados participantes da convenção de darem um tratamento legislativo nacional sobre a prestação de

---

57 Já em fins dos anos 1980, o G7 criou o Fatf (Financial Action Task Force), também chamado de Gafi (Grupo de Ação Financeira Internacional), uma organização internacional intergovernamental dedicada à troca de informações entre as unidades de inteligência financeira dos seus Estados-membros, e que também exerce um papel normativo/sancionador, ao expedir recomendações e avaliar o cumprimento delas pelos países.

contas e registros contábeis das empresas e a pronta assistência jurídica mútua para investigações sobre casos de suborno e fraudes contábeis.

Na prática, a convenção acabou por ampliar a jurisdição dos pressupostos e conceitos legais já contidos na lei extraterritorial estadunidense, a FCPA. A convenção entrou em vigor em 1999, e em 2009 e 2019 passou por algumas modificações e atualizações. O GT antissuborno da OCDE é responsável pelo monitoramento da aplicação dos dispositivos institucionais da convenção em duas fases: a implementação legislativa e a material.

Em 2020, segundo a página oficial do GT antissuborno, cerca de 45 países participaram das reuniões dessa iniciativa, incluindo o Brasil O GT também produz relatórios anuais sobre o monitoramento da aplicação das leis antissuborno entre os países envolvidos, assim como realiza encontros anuais com o setor privado e a "sociedade civil" sobre o tema do antissuborno. Participam de tais encontros empresas financeiras, transnacionais e ONGs.

Além das articulações institucionais, a OCDE também atua intelectualmente sobre o tema da anticorrupção e suborno transnacional. No geral, as pesquisas e análises emitidas pelos organismos estão relacionadas com a questão da "boa governança", "integridade" e reformas na "eficiência e transparência dos serviços públicos".

Outro ponto importante de destacar é o papel da OCDE na elaboração e organização da difusão da concepção de integridade e anticorrupção defendida pelo organismo. A OCDE organiza diversos encontros entre "especialistas", agências governamentais, empresas transnacionais e ONGs sobre o tema. Destacamos dois: o Fórum Global Anticorrupção e Integridade (OCDE, s/d (c)), organizado anualmente desde 2013, e o Fórum Global sobre Conduta Empresarial Responsável (OCDE, s/d (d)).

A anticorrupção e a Organização dos Estados Americanos (OEA)

A organização dos Estados Americanos foi criada em 1948, sob hegemonia dos Estados Unidos, a fim de preservar e impulsionar os seguintes valores no continente: democracia, direitos humanos, segurança e desenvolvimento. Atualmente o organismo conta com a participação de 35 países, dentre eles o Brasil. Cuba, por conta do seu caminho revolucionário, foi suspensa pela entidade.

Em 1994, em reunião entre os ministros das relações exteriores dos países americanos e outros representantes, foi assinada a Declaração de Belém do Pará. Esse documento apontava a necessidade de desenvolvimento de estudos sobre o combate à corrupção e a eficiência na gestão pública. Também foi criado um grupo de trabalho de probidade e ética, que teve como função a organização da Convenção Interamericana contra a Corrupção (Meyer-Pflug; Oliveira, 2009, p. 190).

A convenção anticorrupção da OEA ocorreu em 1996, na cidade de Caracas (Venezuela). O texto oriundo do encontro, no geral, aproxima-se das principais diretrizes também formuladas pela OCDE. No documento são tipificados dois delitos entre os Estados-parte: o suborno transnacional e o enriquecimento ilícito. Além da criminalização dessas práticas, também avança em instituir "medidas preventivas", "assistência e cooperação jurídica entre os países" e "fortalecer o papel da sociedade civil na luta anticorrupção". No entanto, o que chama a atenção: assim como a FCPA, o documento acaba por recair em definições demasiadamente amplas de "funcionários públicos" e "atos de corrupção".[58]

[58] Para os fins desta Convenção, entende-se por "Função pública" toda atividade, temporária ou permanente, remunerada ou honorária realizada por uma pessoa física em nome do Estado ou a serviço do Estado ou de suas entidades, em qualquer de seus níveis hierárquicos. "Funcionário público", "funcionário de governo" ou "servidor público" é qualquer funcionário ou empregado de um Estado

Para acompanhar e desenvolver os acordos firmados na Convenção Interamericana contra a Corrupção, a OEA criou o

---

ou de suas entidades, inclusive os que tenham sido selecionados, nomeados ou eleitos para desempenhar atividades ou funções em nome do Estado ou a serviço do Estado em qualquer de seus níveis hierárquicos. "Bens" são os ativos de qualquer tipo, quer sejam móveis ou imóveis, tangíveis ou intangíveis, e os documentos e instrumentos legais que comprovem ou pretendam comprovar a propriedade ou outros direitos sobre estes ativos, ou que se refiram à propriedade ou outros direitos.[...] Esta Convenção é aplicável aos seguintes atos de corrupção:

a. a solicitação ou a aceitação, direta ou indiretamente, por um funcionário público ou pessoa que exerça funções públicas, de qualquer objeto de valor pecuniário ou de outros benefícios como dádivas, favores, promessas ou vantagens para si mesmo ou para outra pessoa ou entidade em troca da realização ou omissão de qualquer ato no exercício de suas funções públicas; b. a oferta ou outorga, direta ou indiretamente, a um funcionário público ou pessoa que exerça funções públicas, de qualquer objeto de valor pecuniário ou de outros benefícios como dádivas, favores, promessas ou vantagens a esse funcionário público ou outra pessoa ou entidade em troca da realização ou omissão de qualquer ato no exercício de suas funções públicas; c. a realização, por parte de um funcionário público ou pessoa que exerce funções públicas, de qualquer ato ou omissão no exercício de sua; funções, a fim de obter ilicitamente benefícios para si mesmo ou para um terceiro; d. o aproveitamento doloso ou a ocultação de bens provenientes de qualquer dos atos a que se refere este artigo; e. a participação, como autor, coautor, instigador, cúmplice, acobertado ou mediante qualquer outro modo na perpetração, na tentativa de perpetração ou na associação ou confabulação para perpetrar qualquer dos atos a que se refere este artigo.

2. Esta Convenção também é aplicável por acordo mútuo entre dois ou mais Estados Partes com referência a quaisquer outros atos de corrupção que a própria Convenção não defina (OEA, 1996).

Mecanismo de Acompanhamento da Implementação da Convenção Interamericana contra a Corrupção (Mesicic). O Mesicic analisa se os marcos jurídicos e as instituições dos países membros da convenção estão em sintonia com as diretrizes traçadas, assim como orienta a articulação da cooperação e assistência jurídica em investigações entre os Estados-parte (OEA, s/d (a)). Sobre o funcionamento desse mecanismo da OEA, Fabiana Alves Rodrigues explica que:

> Esse acompanhamento é realizado por uma comissão de peritos que se reúne duas vezes ao ano para fazer a análise e aprovar relatórios sobre os marcos jurídicos e institucionais voltados à implementação das disposições da convenção. Os relatórios são baseados em informações prestadas pelo governo brasileiro [no caso analisado pela autora] e por entidades da sociedade civil, como a Associação Brasileira de Jornalismo Investigativo e a Transparência Internacional, e trazem diversas recomendações ao país, além de identificar boas práticas no combate à corrupção (Rodrigues, 2020, p. 33).

Outra iniciativa anticorrupção protagonizada pela OEA é a Missão de Apoio contra a Corrupção e a Impunidade em Honduras (Maccih), que, conforme já destacamos, trata-se de uma intervenção multilateral jurídica e investigativa no país centro-americano, amplamente apoiada e financiada pelos Estados Unidos. A intervenção consiste em reformar as instituições hondurenhas em quatro pontos: prevenção à corrupção, reforma eleitoral, reforma da Justiça Criminal e segurança pública (OEA, s/d (b)).

No geral, a OEA vincula a luta contra a corrupção à defesa das democracias liberais, principalmente para países latino-americanos, onde existem pactos sociais mais restritivos e instáveis e onde crescem os efeitos deletérios da crise capitalista. Ao mesmo tempo que o organismo defende uma dita estabilidade institucional da região, também se associa à implementação de modelos econômicos-sociais de desenvolvimento que aprofundam a dependência e as desigualdades na região.

A Convenção contra a Corrupção da Organização das Nações Unidas (ONU)

A Convenção contra a Corrupção da ONU foi aprovada em 2003 pela assembleia geral da entidade. Em 2005, suas resoluções entraram em vigor. Trata-se do maior acordo multilateral anticorrupção, que envolve centenas de países na tipificação comum de crimes como o suborno transnacional e o enriquecimento ilícito, assim como procura intensificar medidas institucionais preventivas, acordos de assistência e cooperação jurídica entre os países e a recuperação de ativos envolvidos em práticas ilegais.

A criminalização da corrupção e do suborno transnacional pela ONU coroava as medidas e a intensa diplomacia anticorrupção dos Estados Unidos, em especial após os atentados terroristas de 11 de setembro de 2001. Até o início do século XXI, sabemos, por exemplo, que países imperialistas como França e Alemanha não só não criminalizavam a corrupção transnacional de suas empresas como permitiam a dedução contábil de gastos com propina internacional.

A Convenção tipifica e universaliza a criminalização de práticas corruptas na concorrência no mercado mundial, estabelece que os países signatários devem ampliar, fortalecer ou criar órgãos públicos contra a corrupção, defende o princípio da eficiência e da boa governança dos serviços públicos, assevera os códigos de conduta para funcionários públicos e defende o "empoderamento" de entidades da sociedade civil, em especial, ONGs que lutam pela "transparência" e "boa governança" no setor público e privado.

Para monitorar a implementação institucional e prática das medidas propostas pela convenção, criou-se a Conferência dos Estados Partes da Convenção das Nações Unidas contra a Corrupção.

Essa conferência acontece a cada dois anos e tem como objetivo auxiliar na melhoria da capacidade dos Estados para implementar as medidas da convenção, aumentar a cooperação entre os Estados para combater a corrupção e implementar as decisões da Convenção.

Países não signatários, órgãos intergovernamentais e organizações não governamentais podem participar como observadores das reuniões da Conferência. A Conferência também criou órgãos subsidiários que operam durante o seu mandato, produzindo recomendações nos seguintes temas: prevenção, recuperação de ativos, cooperação internacional e revisão da implementação da Convenção (ONU, s/d (a)).

A anticorrupção também faz parte das agendas gerais e transversais das Nações Unidas. Em 2000, a questão da luta contra a corrupção era um dos dez princípios do Pacto Global, uma espécie de "selo" criado pela ONU para empresas que incorporassem os princípios do desenvolvimento sustentável para o século XXI. Em 2015, 193 países membros assinaram o compromisso em torno da Agenda 2030, uma propensa aliança entre setor privado e público para erradicar a extrema pobreza, defender o meio ambiente, a boa governança e o desenvolvimento sustentável (ONU, s/d (b)).

Esta última iniciativa está no contexto do desenvolvimento da crise capitalista, em especial das consequências sociais acumuladas por anos de acumulação sob hegemonia da atividade financeira (neoliberalismo) e o aumento das desigualdades e da pobreza, com exceção da China.

A corrupção, nesse caso impulsionada por órgãos, programas e iniciativas multilaterais, surge como a explicação, ao lado da ineficiência dos governos, para os grandes problemas sociais e retrocessos civilizatórios da humanidade como a fome, as guerras, as desigualdades etc. Esse ocultamento da "questão social" não apenas aparece em iniciativas das Nações Unidas, mas, principalmente, em análises e programas do Banco Mundial e do Fundo Monetário Internacional.

A anticorrupção e o Banco Mundial (BM): transfiguração da "questão social"

O Banco Mundial faz parte da institucionalidade capitalista-imperialista do pós-guerra. Criado em 1944, é do maior e mais conhecido banco de desenvolvimento do mundo. O Banco Mundial efetua empréstimos, presta assessoria e apresenta diversos estudos, em especial, para os chamados "países em desenvolvimento".

Ao longo dos anos, pesquisas acadêmicas sobre o Banco despertaram interesse de diversos economistas, historiadores e cientistas sociais. No Brasil, a abordagem mais recente e, em nossa avaliação, a mais produtiva para essa pesquisa foi a do historiador João Márcio Mendes Pereira. Pereira sustenta em seus estudos que, em que pese o BM ter uma fachada técnica, é um dos principais atores políticos, financeiros e intelectuais do capitalismo contemporâneo.

Sobre a relação entre o órgão e os governos de países periféricos, Pereira não reproduz reducionismos comuns em estudos que analisam o BM como mero reprodutor de políticas financeiras e econômicas em sintonia com os Estados Unidos. Para o historiador, apesar de existirem mecanismos de pressão e imposição do BM, em sintonia com a hegemonia estadunidense, o banco também atua no sentido de construir visões de mundo e interesses mútuos entre os envolvidos. Por isso, a construção de pontes, redes de sustentação na "sociedade civil" e negociação também fazem parte da atuação do BM:

> Embora existam formas e mecanismos de pressão diferenciados (financeiros, políticos, intelectuais e simbólicos) acionados pelo BM conforme as circunstâncias, o assunto, e o cliente, a atuação

> da entidade historicamente sempre se deu em meio a uma densa e crescente rede de relações que envolve agentes nacionais e internacionais públicos, privados, não governamentais, filantrópicos e empresariais, os quais, com meios e níveis de gravitação distintos, apoiam, propõem, adaptam, negociam e veiculam as ideias e prescrições da instituição. Nessa interação, com frequência o discurso e as práticas do BM aportaram argumentos e recursos para dirimir conflitos entre atores domésticos concorrentes e consolidar posições de poder e convicções ideológicas próprias. Dessa perspectiva, a eficácia das ações do BM necessita da construção de visões de mundo e interesses mútuos e, por isso, requer a construção de pontos e redes de sustentação, negociação e difusão, tanto dentro como fora dos espaços nacionais. (Pereira, 2016, p. 399)

Nessa linha, Pereira desenvolveu uma breve historização da agenda política do BM entre 1980 e 2014. Apesar de sustentar a inclinação geral do banco em defender políticas de ajuste estrutural baseadas em empréstimos a fim de viabilizar a liberalização das economias, o autor identifica diferentes tonalidades dessa estratégia ao longo da história recente: 1980-1989 – agenda macroeconômica hipermercadista; 1989-1997 – agenda do Consenso de Washington focada na manutenção dos ajustes macroeconômicos, reformas institucionais e combate à extrema pobreza; e 1998-2014 – agenda pós-Consenso de Washington.

A questão da anticorrupção relaciona-se com as estratégias e tonalidades do BM na história recente. Apesar de a luta contra a corrupção já fazer parte do discurso do Banco em prol dos ajustes estruturais e da liberalização das economias como uma forma de quebrar os monopólios estatais e diminuir o *rent seeking*, foi no final dos anos de 1990 que o "combate à corrupção" tornou-se uma das principais temáticas do Banco.

Em 1996, o então presidente do BM, James D. Wolfensohn, proferiu um discurso, numa reunião com o FMI, sobre o "Câncer da Corrupção". Wolfensohn relacionava o custo da corrupção com efeitos econômicos e sociais perversos e defendia que tal pauta ao lado da questão da governança deveria ser uma das prioridades das políticas de desenvolvimento do BM e do FMI (Anderson, 2016). No mesmo ano, o BM passou a publicar anualmente o Indicador de Governança Mundial, tendo o controle da corrupção como um dos seus critérios.

Na página do BM, reconhece-se que a preocupação da "luta contra a corrupção" se efetivou no interior da instituição nos últimos vinte anos. A definição dessa luta é claramente influenciada pelas concepções da *public choice*, ou seja, luta-se contra a corrupção abrindo mercados, diminuindo o poder de monopólio e discricionário do Estado, assim como aumentando a sua penalização/criminalização:

> O combate à corrupção tornou-se uma prioridade política para a comunidade de desenvolvimento nas últimas duas décadas e extensos esforços de reforma foram lançados. Essas reformas baseiam-se na ideia de que a corrupção é uma disfunção da administração pública que surge na presença de monopólio e discrição, que por sua vez pode ser contida promovendo a responsabilização e a transparência. A corrupção mina as políticas e programas que visam reduzir a pobreza, portanto, atacar a corrupção é fundamental para o cumprimento da missão abrangente do Banco de redução da pobreza. (World Bank, s/d (b))

Além de estar sintonizada com a agenda de mudanças institucionais e a liberalização produtiva e financeira do Consenso de Washington, a anticorrupção ganha ainda mais espaço na chamada estratégia pós-Consenso de Washington do BM. Segundo Pereira (2016), existiriam três grandes novidades na estratégia do BM pós-CW. A primeira é a dinâmica dos empréstimos aos países clientes, que se caracteriza apenas pela liberação de parcelas únicas após os países clientes realizarem as devidas reformas institucionais e políticas "pró-mercado".

A segunda notabiliza-se pela expansão e internalização da agenda de redução da pobreza por meio de investimentos externos estrangeiros e políticas sociais focalizadas. A última refere-se à criação de um sistema de avaliação do ambiente institucional dos Estados clientes, denominado Country Policy and Institutional Assessment (CPIA). Iniciado em 2006, o sistema estabelece um ranking de Estados elegíveis a empréstimos da AID[59] de acordo com a qualidade das suas políticas, a partir de dezesseis critérios organizados em quatro grupos. Um dos critérios seria a transparência, a responsabilização e a corrupção no setor público.

O BM também promove diversas publicações, as quais merecem maiores estudos e críticas, sobre os custos econômicos, sociais e institucionais da corrupção. O Banco relaciona graves problemas sociais à deslegitimidade de governos com o descontrole da corrupção. A partir de estudos empíricos centrados na pequena corrupção, a perspectiva da "luta contra a corrupção" entrelaça-se à tática social-liberal ou à do "neoliberalismo progressista",[60] que articula a manutenção de políticas macroeconômicas em prol do grande capital monopolista, do "empoderamento da sociedade civil" e de políticas sociais focalizadas:

---

59 A Associação Internacional para o Desenvolvimento (AID) faz parte do Banco Mundial e tem como objetivo fornecer empréstimos sem juros e subsídios para os países subdesenvolvidos. Outro órgão do banco é o Banco Internacional para Reconstrução e Desenvolvimento (Bird), que fornece empréstimos e assistência técnica para países com "créditos respeitáveis".

60 Expressão cunhada pela socióloga estadunidense Nancy Fraser, que representa a aliança social e política entre os "novos movimentos sociais" (LGBT, feminista, ambiental etc.) com o grande capital monopolista financeiro.

> O Grupo Banco Mundial considera a corrupção um grande desafio para seu objetivo duplo de erradicar a pobreza extrema até 2030 e aumentar a prosperidade compartilhada para os 40% mais pobres dos países em desenvolvimento.
>
> A corrupção tem um impacto desproporcional sobre os pobres e mais vulneráveis, aumentando os custos e reduzindo o acesso aos serviços, incluindo saúde, educação e justiça. A corrupção na aquisição de medicamentos e equipamentos médicos aumenta os custos e pode levar a produtos abaixo do padrão ou prejudiciais. Os custos humanos de medicamentos falsificados e vacinas sobre os resultados de saúde e os impactos ao longo da vida nas crianças excedem em muito os custos financeiros. Pagamentos não oficiais por serviços podem ter um efeito particularmente pernicioso para os pobres. (World Bank, s/d©)

Segundo Aaron Schneider (2008, p. 518), o BM também incorporou metas anticorrupção como pressupostos institucionais para a viabilização de empréstimos aos países periféricos. Contudo, existiria uma certa vista grossa dos funcionários da instituição sobre isso, já que parte dos planos de carreiras e promoções no Banco estariam vinculados aos resultados dos empréstimos executados. Isso explicaria, segundo o autor, a razão de generosos empréstimos a países com altos indícios de grande corrupção e cerceamento às liberdades democráticas, como a Indonésia.

Ademais, o BM institucionalmente apoia e participa de diversas iniciativas multilaterais anticorrupção, como a Iniciativa do Governo Aberto, a Iniciativa de Transparência das Indústrias Extrativas (ETI), o GT Anticorrupção do G-20 e estabelece parcerias com o Escritório de Drogas e Crimes da ONU, a fim de fortalecer as cooperações jurídicas entre países membros da Convenção contra a Corrupção dessa entidade.

Pereira (2016, p. 417) também apresenta alguns dados interessantes para projetarmos o Banco Mundial como um dos atores internacionais de propagação da agenda anticorrupção. Entre 1993-2014, há um aumento significativo de empréstimos aos países latino-americanos e caribenhos ligados a projetos de "governança no setor público". Entre 1993 e 1997, os empréstimos para esse tópico representavam 9,7% do valor total; entre 1998 e 1999, 12%; em 2013, chega a 21%; e em 2014, 31%.

Segundo o historiador, o BM possui uma notável capacidade de adaptar sua estratégia de liberalização financeira, privatização e mercantilização da vida social ao longo do tempo. A luta anticorrupção, nos marcos teóricos e institucionais do BM, estaria subordinada a essa estratégia global em associação com as elites orgânicas burguesas, em especial anglo-saxãs, e os interesses estratégicos dos Estados Unidos.

O Fundo Monetário Internacional (FMI), governança e anticorrupção

O FMI é outra organização internacional criada no contexto do pós-guerra, nos marcos da Conferência de Bretton Woods em 1944. Inicialmente, sua responsabilidade era auxiliar na reconstrução dos países afetados pela Segunda Guerra Mundial. Até hoje os países devem contribuir com um sistema de quotas financeiras com o Fundo, que pode emprestar parte dos seus ativos para países com dificuldades em suas balanças de pagamento.

Assim como o Banco Mundial, o FMI também nutre extrema capacidade para se adaptar às necessidades de acumulação e reprodução socioeconômica ao longo da história do capitalismo contemporâneo. O Fundo ficou conhecido, inclusive no imaginário dos povos latino-americanos, por suas severas condições para conceder empréstimos a fim de defender políticas de ajustes de austeridade estrutural para as economias dependentes/periféricas.

O FMI também foi vital, nos fins dos anos de 1970, para a consolidação do dólar como a principal reserva de valor e moeda internacional, assim como institucionaliza, através do chamado direito de saque aos países membros, a hierarquia monetária internacional. Muitos estudiosos afirmam que, a partir da década de 1980, o domínio financeiro dos Estados Unidos e do grande capital monopolista financeiro perpassa pela aliança entre Wall Street, FMI e o Federal Reserve dos Estados Unidos.

As discussões sobre a anticorrupção no FMI, assim como nos outros organismos citados, também se fortaleceram no final da década de 1990. Em 1997, o Fundo publica o documento "O papel do FMI nas questões de governança", em que a corrupção aparece como uma consequência de poucos incentivos dos governos para boa governança e transparência. Ademais, a corrupção é vista, essencialmente, como um problema econômico que trava o desenvolvimento dos mercados e o crescimento econômico.

Em 2018, o FMI fez algumas revisões de sua política de governança através do documento

"Estrutura para engajamento aprimorado do FMI", que visa a promover um envolvimento mais "sistemático", "eficaz" e "imparcial" na relação do Fundo com os países membros a fim de buscar identificar a relação entre as vulnerabilidades institucionais que dificultam o desenvolvimento macroeconômico. A política de governança do FMI concentra-se nas funções do Estado que são mais relevantes para a atividade econômica, a saber: governança fiscal; supervisão do setor financeiro; governança e operações do banco central; regulação do mercado; Estado de Direito; Prevenção à Lavagem de Dinheiro e Combate ao Financiamento do Terrorismo (AML/CFT).

O Fundo, na última década, também produziu uma série de relatórios de governabilidade para alguns países com o objetivo de identificar os custos da corrupção para o desenvolvimento econômico. No blogue do FMI, também há diversas publicações de acadêmicos especializados no debate sobre governança e combate à corrupção. Sobre a América Latina, destacamos o artigo "Corrupção na América Latina: algumas reflexões", escrito pelos economistas do Fundo David Lipton, Alejandro Werner e Carlos Gonçalves. O artigo tenta relacionar os chamados custos da corrupção com os problemas de crescimento econômico e sociais da América Latina, segundo os autores:

> Estudos anteriores mostram que a corrupção pode prejudicar o crescimento sustentável e inclusivo. Quando a corrupção é sistêmica, reduz-se a capacidade do Estado para desempenhar suas funções básicas, tornando os custos a ela associados macro críticos. Além disso, a corrupção elevada tende a ser acompanhada por maior desigualdade. Algumas consequências são facilmente reconhecíveis em partes da América Latina: menor disponibilidade de bens públicos (o que prejudica os pobres de forma desproporcional), incentivos distorcidos que resultam na má alocação de talentos e de capital, maior desconfiança na sociedade e menor legitimidade do governo, maior incerteza econômica e menos investimentos privados e estrangeiros. (Lipton; Werner; Gonçalves, 2017, p. 5)

Por fim, os autores analisam que a conjuntura na qual o artigo fora escrito era uma janela de oportunidades para aprofundar mudanças institucionais em prol da "luta contra a corrupção" concatenada com uma estratégia de desenvolvimento sustentável para a região. Assim como a abordagem do Banco Mundial, no FMI também há uma adaptação da abordagem econômica neoclássica sobre as políticas públicas de combate à corrupção com o crescimento das mazelas socioeconômicas derivadas do padrão de acumulação e reprodução neoliberal.

Outro exemplo dessa adaptação está no texto divulgado pela revista do fundo *Finance & Development*, assinado pelos economistas Paolo Mauro, Paulo Medas e Jean-Marc Fournier, "O custo da corrupção" (2019). Na publicação, os autores defendem que, se a corrupção no mundo fosse controlada, os Estados poderiam ganhar cerca de 1 trilhão de dólares em receitas. Também existiriam áreas, segundo os autores, mais propensas às práticas corruptas, como as indústrias extrativas e as empresas estatais. Parte da solução estaria em reformas institucionais anticorrupção com o objetivo de formar uma rede de apoio mútuo entre as instituições, promover o desenvolvimento tecnológico nos serviços públicos, a transparência e a imprensa livre.

Nessa breve apresentação sobre os organismos multilaterais intergovernamentais, podemos constatar o êxito, através de seu poder político, social e diplomático, dos Estados Unidos ao expandirem o seu modelo transnacional de combate à corrupção. Sem excluir as diversas formas de poder coercitivo para essa ação, em especial nos marcos da cruzada contra o terrorismo e o crime organizado, identificamos também o poder da ideologia da "anticorrupção" e a capacidade ideocultural das teorias sobre corrupção dos Estados Unidos hegemonizarem os pressupostos, diagnósticos e formulação de políticas públicas internacionais sobre o tema.

Por certo, esses diversos organismos possuem relativa autonomia: são atores globais na tentativa de governabilidade multilateral do capitalismo contemporâneo, preservando as hierarquias imperiais. Essa autonomia e até a conformação político-burocrática interna interferem em negociações, diálogos e tentativas de conciliar interesses mútuos entre as partes envolvidas.

3.5 A ação transnacional de grupos empresariais, ONGS e *think tanks*

A ação transnacional de *think tanks*, ONGS e entidades de direita tornou-se um objeto com extensa bibliografia na América Latina. Em grande parte, isso se deve à conjuntura de articulações de golpes de Estado e ascensão de uma nova direita que defende a radicalização do neoliberalismo combinado a uma pauta sociocultural reacionária. Segundo levantamentos anuais do Global Go to Think Tanks (University of Pennsylvania, s/d), pesquisadores vinculados a Universidade da Pensilvânia que mensuram a quantidade de *think tanks* que atuam num determinado país, o Brasil saltou de 18 para 190 *think tanks* atuando no país em 2020, o nono país do mundo no ranking.[61]

Bob Jessop (2010, p.201), a partir da perspectiva marxista e da economia política cultural, explica que a explosão mundial do número de entidades, núcleos de estudos e *think tanks* relaciona-se com a questão das crises e a necessidade da batalha das ideias para as classes dominantes construírem imaginários econômicos não apenas funcionais para explicarem determinadas experiências vividas num mundo desordenadamente complexo, mas também agentes com força própria de intervenção no mundo material.

Para María Julia Giménez (2019, p. 123), a ação dessas entidades foi e é importante para propagar uma série de dispositivos defensivos e ofensivos para empreender novos consensos em torno do neoliberalismo. No entanto, como enfatiza Hoeveler (2019, p. 156), cabe caracterizar com maior exatidão o tipo de ação e composição social dessas entidades (aparelhos privados de hegemonia): são entidades organizadas e voltadas para a coesão e educação entre as classes dominantes? Entidades das classes dominantes voltadas para promover discursos para o restante da sociedade? Ou então, é o caso de serem aparelhos de hegemonia que inicialmente foram forjados pela luta das classes subalternas e, posteriormente, cooptados pela ordem liberal-conservadora?

---

61 A Argentina também figurou no top 10 em 2020. Contabilizando a ação de 262 *think tanks*. Outros países que figuram na ponta do ranking são China, Reino Unido, Índia, Coreia do Sul, França, Alemanha e Vietnã.

James Petras defende uma compreensão do imperialismo contemporâneo que evita desvios economicistas. O sociólogo estadunidense sustenta a centralidade do "Estado Imperial" e a construção de uma extensa rede sociopolítica para a efetiva reprodução socioeconômica do imperialismo contemporâneo:

> Em seus termos mais amplos, o imperialismo na periferia tem-se preocupado em primeiro lugar e acima de tudo com a criação de uma nova ordem social, uma ordem na qual as relações estejam vinculadas à dinâmica da expansão e acumulação externamente induzidas. O seu principal problema consiste em prevenir a decadência ou desintegração política através da criação de uma ordem política estável, na qual o controle social sobre a força de trabalho permita a existência de um fluxo contínuo de capital e a reprodução de relações sociais espoliativas. A nível operacional, certo número de agências imperiais, variando de missões militares a equipes de assessoramento universitário, tem colaborado na formação de agências equivalentes, nos programas de recrutamento de pessoal, bem como no traçado de perspectivas convergentes na burocracia estatal, à medida que esta evolui [...].A construção imperial de Estados, contudo, não implica meramente a construção administrativa de pequenos blocos (a infiltração da agência imperial em diferentes áreas administrativas, mas também a integração da cúpula do Estado periférico no projeto político-econômico global do Estado imperial através de acordos de desenvolvimento a longo prazo, inclusive assistência comercial, financeira e técnica. (Petras, 1980, p. 45)

A atuação contínua do imperialismo, para Petras, caracteriza-se por ações de estabilização-desestabilização dos regimes políticos periféricos. Outros pesquisadores sobre o tema, como María José Alvarez-Rivadulla, John Markoff e Verónica Montecinos

(2010), argumentam que há uma espécie de divisão do trabalho entre as diversas frentes, entidades e *think tanks* transnacionais. Nessa linha, as organizações de "segunda ordem" seriam uma espécie de "guarda-chuva" para outras organizações, as quais se dedicariam a formar ideologicamente e apoiar financeiramente outras entidades que atuariam diretamente nos países com o objetivo de fomentar as relações de mercado.

A anticorrupção, a governança e a defesa do "Estado de Direito" (*rule of law*), assim como são parte das agendas dos governos e dos organismos multilaterais, são preocupações de diversos aparelhos privados de hegemonia transnacionais.

Tendo como pressuposto a importância desses aparelhos para fomentar o processo de "ocidentalização periférica" nos países do Sul Global sob direção imperialista, apresentaremos parte da abordagem anticorrupção desses instrumentos, em especial os de "segunda ordem" ou os centrais na coordenação das "frentes móveis internacionais".

Desse modo, selecionamos algumas das ONGs e *think tanks* com intervenção e rede de contatos no Brasil e na América Latina, sobretudo na construção de uma agenda anticorrupção. Cabe destacar que a intervenção em rede dessas entidades é complexa e articulada com grupos, classes e burocracias estatais dos países imperialistas e periféricos. Decerto, a apresentação da ação desses aparelhos privados de hegemonia na construção da agenda imperialista anticorrupção não esgota outras possibilidades de intervenção e o protagonismo de outros aparelhos. Para fins didáticos, procuramos demonstrar a extensão e pluralidade política e ideológica dessas intervenções para a formação comum de um *habitus* entre elites burguesas orgânicas, classes dominantes periféricas e parte das burocracias estatais.

3.5.1 O Fundo Nacional para a Democracia (NED), o novo cosmopolitismo e a agenda anticorrupção

Criada em 1983 pelo presidente Ronald Reagan, a NED é considerada uma entidade de fins privados que recebe generosos recursos do Departamento de Estado dos Estados Unidos e de sua Agência para o Desenvolvimento (Usaid). Sua criação está inserida num contexto de reorganização interna e externa da dominação capitalista e imperialista estadunidense. Do ponto de vista interno, a ascensão nas décadas de 1960 e 1970 de movimentos progressistas (movimentos antiguerra, direitos civis, ecológicos etc.) e até revolucionários (Partido dos Panteras Negras) acirrava as lutas de classe nos Estados Unidos, impondo derrotas parciais para suas classes dominantes. Em questões mais gerais, a criação da NED insere-se no contexto de reestruturação produtiva e financeira e na chamada "segunda Guerra Fria" contra o bloco soviético.[62]

Em 2007, o jornalista Hernando Calvo Ospina publicou uma reportagem sobre a história desse fundo no *Le Monde Diplomatique*. Ospina relata que grande parte das funções que a NED passou a desempenhar, a partir da década de 1980, eram da CIA décadas atrás.[63] Sumariamente, a tarefa da NED é financiar e apoiar, política e ideologicamente, uma rede de entidades, ONGs, jornalistas e partidos políticos que estejam em sintonia com os valores "liberais, democráticos e em defesa do livre mercado". Em

---

62 Nos anos de 1980, a NED articulou redes de ONGs, sindicatos, entidades "democráticas" nos países do "socialismo real" como China, Polônia, União Soviética etc. Também o fundo apoiou movimentos reacionários contra o governo cubano e os sandinistas na Nicarágua.

63 "Uma grande parte do que fazemos hoje, a CIA fazia clandestinamente há 25 anos", declaração do ex-presidente do NED, Allen Weinstein, publicada em 1991 pelo jornal *Washington Post*.

seu portal oficial, a NED declara que financia e apoia milhares de organizações não governamentais pelo mundo. As decisões de respaldo são tomadas trimestralmente pela diretoria da entidade seguindo suas diretrizes estratégicas.[64]

Após o fim da Guerra Fria, a ação da NED ampliou-se através de programas que combatem o terrorismo e as "cleptocracias" e que propagam os valores liberais, democráticos e dos direitos humanos, em especial em países não alinhados com os Estados Unidos. No interior da NED, como aponta o cientista político Ary Cesar Minella, há uma divisão do trabalho político-ideológico entre quatro fundações que compõem a base de atuação do fundo: o Free Trade Union Institute (Ftui) – braço da central sindical AFL-CIO, que adotou em seguida o nome American Center for International Labor Solidarity (Acils), que já existia antes da NED. As outras três criadas são o Center for International Private Enterprise (Cipe), da Câmara do Comércio (braço empresarial); o International Republican Institute (IRI), do Partido Republicano; e o National Democratic Institute (NDI), do Partido Democrata:

> Na fundação do NED, definiu-se claramente uma estratégia na qual ele atuaria de forma ampla, enquanto as quatro organizações (Cipe, Acils, IRI e NDI) teriam como foco espaços sociais mais específicos. Estabeleceu-se, assim, uma espécie de divisão de trabalho na atuação, para criar um consenso em favor de reformas políticas e econômicas ao redor do globo de acordo com interesses estratégicos do governo e das corporações norte-americanas. Assim, os dois institutos vinculados aos partidos Republicano e Democrata agiriam junto a organizações políticas, especialmen-

64 Ver NED (s/d (a)). A NED também possui uma base de dados com milhares de projetos financiados pelo fundo nos últimos 3 anos, disponível em NED (s/d (b)).

> te partidárias, enquanto caberia ao instituto vinculado à AFL-CIO atuar junto às organizações e aos movimentos da classe trabalhadora e ao Cipe, o universo empresarial. (Minella, 2009, p. 16)

Na análise do cientista político, a NED expressa uma complexa rearticulação do governo dos Estados Unidos, corporações estadunidenses, cúpulas dos partidos políticos tradicionais e do movimento sindical a fim de expandir uma nova hegemonia neoliberal pelo mundo. O "modelo ampliado" de intervenções externas através da ampliação de sociedades civis, a partir de uma correlação de forças extremamente favorável ao grande capital transnacional e ideologicamente associada ao neoliberalismo, deslumbrou uma articulação em rede com entidades similares de outros países centrais, como Alemanha, França, Suécia etc.

Segundo James Petras (2000, p. 181), o aumento do alastramento de ONGs foi uma tática dos Estados Unidos para cooptar ou enfraquecer movimentos sociopolíticos anti-imperialistas radicais na periferia, num contexto de transições de regimes ditatoriais para democráticos. O fomento à atuação de ONGs e outras entidades, como faz a NED, configura um novo modelo de "colonialismo", no qual os projetos, cursos e políticas são idealizadas nos centros imperiais e "vendidas" às comunidades do terceiro mundo.

Em nossa perspectiva, a forma cosmopolita da política contemporânea, através da criação de grandes redes de APH transnacionais, é uma consequência das relações historicamente assimétricas entre o Norte e o Sul dadas pela divisão internacional do trabalho. As políticas imperialistas (sejam elas quais forem) atuam para criar inúmeros óbices ao desenvolvimento dos países do Sul Global, dependentes e periféricos.

A NED é um dos principais atores nesse processo, pelo seu volume de recursos (orçamento de cerca de 330 milhões de dólares em 2023) e pela amplitude de suas ações (braços no âmbito político, empresarial e sindical). Para vermos exemplos da poderosa rede emulada pela NED, seguem dois pequenos levantamentos sobre o apoio direto da NED, entre 2016 e 2019, a projetos na América Latina e acerca de apoios a iniciativas de entidades e ONGs no Brasil entre 2019 e 2020.

Cabe destacar que as informações foram retiradas do banco de dados do Fundo, em que é possível pesquisar sobre os milhares de projetos apoiados entre 2016 e 2019.[65] No caso do Brasil, apenas foram citados projetos de 2019 e, no caso de 2020, foi divulgado diretamente em matéria no portal da NED.

Tabela 2: projetos apoiados diretamente pelo Fundo Nacional pela Democracia (NED) na América Latina de 2016 a 2019

Foco	Número de projetos	Organização receptora
Educação Civil	80	6.133.063
Resolução de Conflitos	20	2.561.261
Ideias e Valores Democráticos	151	11.913.561
Desenvolvimento da Economia de Mercado	7	1.468.556
Liberdade de Associação	37	15.088.336
Liberdade de Informação	163	13.921.949
Direitos Humanos	172	11.373.301
Fortalecimento de ONGS	12	905.737
Fortalecimento de Processos Políticos	31	3.427.548
Estado de Direito	48	2.277.678

Fonte: elaboração própria; NED, s/d (b)

65 O recorte temporal escolhido remete aos anos de grande protagonismo da ação da OLJ no Brasil e na América Latina.

Tabela 3: projetos financiados diretamente pelo Fundo Nacional pela Democracia (NED) no Brasil de 2019 a 2020

Foco	Número de projetos	Organização receptora	Doação geral do NED (dólares)	Ano
Educação Civil	Diálogos Impensáveis no Brasil	Politize – Instituto de Educação Política	64.500	2019
Ideias e Valores Democráticos	Fundação Fernando Henrique Cardoso	Fomentando diálogo democrático no Brasil	60.000	2019
Liberdade de Informação	Instituto Tecnologia e Equidade	Combate à desinformação nas eleições locais no Brasil	64.500	2019
Ideias e Valores Democráticos	Sitawi	Pacto pela Democracia no Brasil	67.000	2019
Educação Civil	Sitawi	Promovendo a Cidadania no Brasil	62.500	2020
Educação Civil	Politize – Instituto de Educação Política	Redes de Diálogo no Brasil	85.000	2020
Liberdade de Informação	Associação Internetlab de Pesquisa em Direito e em Tecnologia	Promovendo um espaço digital democrático no Brasil	90.000	2020
Direitos Humanos	Instituto Sou da Paz	Fomentando uma política democrática de segurança pública	60.000	2020

Tabela 3: projetos financiados diretamente pelo Fundo Nacional pela Democracia (NED) no Brasil de 2019 a 2020

Ideias e Valores Democráticos	Instituto Fernando Henrique Cardoso	Fura Bolha	77.300	2020
Ideias e Valores Democráticos.	Sitawi	Pacto pela Democracia no Brasil	67.000	2020
Direitos Humanos	Instituto de Auschwitz para a Prevenção de Genocídio e Atrocidades em Massa	Promoção dos Direitos Humanos e da Democracia na Educação no Brasil	75.000	2020
Ideias e Valores Democráticos	Instituto Sou da Paz	Rede Liberdade	70.000	2020
Liberdade de Associação	Solidarity Center	Abordagens baseadas em direitos para promover a liberdade de associação e negociação coletiva no Brasil e na América Latina	850.000	2020
Fortalecimento de Instituições Políticas	Instituto Democracia e Sustentabilidade – IDS	Fortalecimento da Rede Colaborativa de Advocacia	60.000	2020

Fonte: elaboração própria; NED, s/d (b)

Numa análise geral das informações, cabe destacar que, entre 2016 e 2019, a NED apoiou 934 projetos na América Latina e gastou quase 100 milhões de dólares em financiamento. Os projetos que receberam os maiores investimentos foram operados pelos seus braços institucionais (Cipe, NDI, IRI e SC). Outras entidades e ONGs também receberam recursos nos seguintes temas: educação civil, ideias e valores democráticos, desenvolvimento da economia de mercado, direitos humanos, resolução de conflitos, Estado de Direito, fortalecimento de processos políticos e ONGs e liberdade de associação e imprensa. A difusão de ideias e valores democráticos, liberdade de imprensa e direitos humanos foram os temas que tiveram mais projetos apoiados pelo NED na América Latina; foi, contudo, a questão da liberdade de associação que, apesar de contar com 37 projetos aprovados, recebeu maior volume de recursos entre os anos pesquisados, mais de 15 milhões de dólares no total.

No Brasil, foram apoiados catorze projetos entre 2019 e 2020 no valor total de mais de 1 milhão e 600 mil dólares; a grande maioria dos projetos foi implementada ao longo de 2020. Pelos temas e descrições dos projetos, cabe destacar que a grande inclinação é em formar lideranças e promover debates em torno de uma agenda social-liberal que se contraponha às tendências de extrema direita e de esquerda no espectro político do país.

A anticorrupção é uma das temáticas da NED, que visa o combate aos governos cleptocráticos e ao crime transnacional. Além de estar associada de forma transversal aos projetos que versam pela difusão de ideias e valores democráticos, defendem a economia de mercado, o Estado de Direito ou os direitos humanos, a anticorrupção também merece atenção específica do Fundo. No portal da NED é possível encontrar referências, materiais e projetos em comum com as principais ONGs transnacionais de "luta contra a corrupção", como a Transparência Internacional (TI) e a Integridade Global.

No entanto, cabe enfatizar que o apoio da NED a essas ONGs não representa uma abordagem e atuação monolítica sobre a questão da corrupção entre elas. Sumariamente, a NED cumpre o papel de força aglutinadora que reúne uma rede diversa de entidades que atuam em diversos temas, mas que mantém uma unidade, não imune a contradições, em forjar consensos em torno da elaboração de políticas públicas em sintonia com os ditames do grande capital transnacional.

Além da NED em si, seus quatro braços de atuação também desenvolvem projetos de "luta contra a corrupção" mundo afora. Seguindo uma divisão interna do trabalho, a fundação internacional ligada ao Partido Democrata dos Estados Unidos, o National Democratic Institute (NDI), relaciona a anticorrupção com a necessidade de reformas políticas institucionais em outros países e nos sistemas político-partidários. Segundo o portal oficial do NDI, a grande maioria dos projetos anticorrupção do instituto são aplicados e elaborados em conjunto com "organizações da sociedade civil e líderes reformadores dos respectivos países" (NDI, s/d (a)).

Os programas anticorrupção do NDI, descritos em seu sítio eletrônico, baseiam-se em três pilares: combate aos "governos cleptocráticos", criação de uma rede de comunicação anticorrupção e respaldo transnacional. O NDI apoia ativistas e reformadores que produzem pesquisas e programas que "enfraqueçam as redes cleptocráticas encasteladas nos sistemas políticos". Para isso, segundo o portal oficial, é necessário o NDI também dar suporte para que essas lideranças viabilizem apoios na opinião pública e tenham respaldo internacional.

Na América Latina, o NDI desenvolve diversos programas políticos, muitos em torno da questão da integridade e da governança nos sistemas políticos. Esses programas são aplicados individualmente em países, principalmente Cuba, Venezuela e Colômbia, assim como regionalmente. No âmbito regional, destacamos o

Programa de Transparência Regional, iniciativa para estimular a "governança democrática" e combater a "corrupção política". Atuando em conjunto com legislaturas e partidos políticos na Argentina, Colômbia e Paraguai, o Programa de Transparência Regional visa implementar programas que abordam as percepções de corrupção e da falta de transparência. O programa integra legisladores, partidos políticos e grupos da sociedade civil em iniciativas globais de transparência e fortalece as relações e a colaboração entre esses grupos internamente (NDI, s/d (b)).

Outra iniciativa é a Rede de Partidos Políticos; um portal virtual a fim de modernizar partidos políticos e formar lideranças latino-americanas em temas como transparência, governança democrática, economia de mercado, eleições, democracia interna, dentre outros. A Red Innovación é outra plataforma virtual criada pelo NDI com o objetivo de "modernizar" os sistemas políticos latino-americanos. Nessa linha, o NDI organiza tutoriais e fóruns ao vivo que combinam comunidades virtuais com redes físicas existentes de ativistas. A plataforma Red Innovación permite que visitantes e membros troquem ideias, materiais e experiências utilizando tecnologias de comunicação da informação e redes sociais amplamente disponíveis como YouTube, Facebook, Twitter, Google Plus, Slideshare e uma sala de aula virtual de aprendizagem.

O International Republican Institute (IRI) é ligado ao Partido Republicano e um dos braços institucionais da NED. A anticorrupção também é uma das preocupações do Instituto. Segundo seu portal oficial, os projetos apoiados pelo IRI caracterizam-se por fortalecerem a governança democrática, transparência e modernização dos sistemas políticos. O IRI cita uma série de projetos que, segundo o instituto, ajudariam a quebrar cadeias de corrupção no exterior. Na Colômbia, por exemplo, o IRI trabalhou com governos municipais e a sociedade civil para criar escritórios de transparência como um meio de aumentar a transparência do governo e ajudar a combater a corrupção. No México, o IRI trabalhou com o Instituto Morelos de Informação Pública e Estatística para criar o Escritório de Informação Pública, que se tornou uma das principais agências de transparência patrocinadas pelo Estado mexicano (IRI, 2015).

No geral, no que tange ao continente latino-americano, segundo documentos disponíveis em seu portal virtual, o IRI preocupa-se com a influência crescente dos governos da Rússia e China junto a funcionários públicos e partidos políticos no continente. Nesse sentido, as diversas linhas de projetos apoiados partem do combate a esses "cleptogovernos" e ao uso da corrupção para cooptar governos latino-americanos. Desenvolvimento de habilidades legislativas, eficiência nas administrações municipais, governança inteligente (uso da tecnologia), kits para fomento da participação da sociedade civil, segurança cidadã, diálogo aberto, fortalecimento dos processos eleitorais e da transparência nas indústrias extrativas são alguns exemplos de temas de projetos desenvolvidos pelo IRI na América Latina (IRI, s/d).

O braço sindical da NED, atualmente chamado de Solidarity Center (AFL-CIO), desenvolve programas em mais de sessenta países e em parceria com mais de novecentos sindicatos ou ONGs. Os temas desenvolvidos pelos programas são: trabalho infantil, justiça do trabalho, igualdade e inclusão (violência de gênero), tráfico e trabalho forçado, futuro do trabalho, liberdade para formar sindicatos, economia informal, Estado de Direito, migração, segurança e saúde, dentre outros. Historicamente, o AFL-CIO foi um importante instrumento para propagar a influência estratégica dos Estados Unidos, como, por exemplo, o movimento Solidariedade na Polônia durante os anos de 1980.

No Brasil, essa organização possui relações com diversas centrais sindicais e sindicatos. Inclusive com publicações rotineiras sobre o país, como, por exemplo, sobre a reforma trabalhista aprovada durante o governo Temer (Connel, 2017). Apesar de manter uma retórica de apoio aos direitos trabalhistas e à organização sindical, o AFL-CIO opera numa estratégia de manter o receituário liberal-democrático como o único possível para os trabalhadores. Problemas salariais, perseguições, assédios, trabalho infantil e escravo seriam frutos dos desvios morais dos patrões e governos. Além disso, a organização atua no sentido de "modernizar" o sindicalismo no mundo: negociações mais rápidas e diretas com os patrões e governos, maior espaço para pautas de gênero e raciais e maior participação dos sindicatos na elaboração de políticas públicas (Solidarity Center, s/d (a)).

Apesar de não figurar entre os principais temas desenvolvidos por programas apoiados pelo AFL-CIO, a "luta contra a corrupção" também faz parte do discurso ideológico na formação das lideranças sindicais promovidas pela entidade. Em 2016, na Ucrânia sob direção de um governo neofascista, o AFL-CIO, em parceria com a Transparência Internacional, organizou o seminário "Solidariedade Contra a Corrupção: Trabalho Anticorrupção dos Sindicatos: Melhores Práticas, Experiência e Perspectiva", com a participação de cerca de setenta lideranças sindicais ucranianas (Solidarity Center, s/d (b)).

Segundo texto sobre o evento no portal oficial do AFL-CIO, os sindicatos independentes seriam instrumentos únicos para lutar contra o poder corrupto de monopólios e elites. O texto relaciona o não pagamento de salários, aumento da exploração e o assédio sexual contra mulheres com o problema da corrupção. Um exemplo escancarado de como a questão da corrupção é instrumentalizada para escamotear e ocultar a exploração capitalista e suas diversas consequências para o mundo do trabalho.

Contudo, é o Center for International Private Enterprise (Cipe), entre as instituições que fazem parte da NED, que tem a anticorrupção como uma das suas principais pautas de intervenção. O Cipe é uma entidade empresarial que busca defender o capitalismo de livre mercado e a democracia liberal, segundo seu portal oficial. Os projetos da instituição versam por construir instituições democráticas fortes para "facilitar o clima dos negócios e do empreendedorismo" (Cipe, s/d (a)).

Em 2021, o Cipe desenvolvia mais de 130 projetos em mais de cinquenta países, incluindo o Brasil. A pesquisa de Flávio Casimiro (2019) demonstrou a centralidade da Cipe para a formação dos institutos liberais, durante as décadas de 1980 e 1990, e a importância de seus programas de "assessoria legislativa" para o avanço das contrarreformas neoliberais no seio dos Estados periféricos. O Cipe também atua como um "educador transnacional" das burguesias periféricas, a fim de "inseri-las nas cadeias globais de valor do capitalismo contemporâneo".

É nessa linha geral que se situam grande parte dos projetos anticorrupção do Cipe, atuando em países em reconstrução pós-guerra, como o Afeganistão, ou que passaram por grandes convulsões sociais e hoje são dirigidos por governos de extrema direita, como a Ucrânia, ou que não estejam automaticamente alinhados aos Estados Unidos, como alguns países latino-americanos. Desde 2018, o Cipe lançou um centro próprio de anticorrupção e governança, o ACGC. A missão do centro é expandir programas de respostas rápidas à corrupção para empresas e governos, propagar programas de "*compliance* integrado e de anticorrupção" nos meios empresariais. Em 2021, o centro já desenvolveu programas em mais de trinta países (Cipe, s/d (b)).

Na América Latina, desde 2016, aproveitando-se dos impactos das operações anticorrupção, como a Operação Lava Jato, o Cipe intensificou parcerias com *think tanks* locais a fim de desenvolver programas contra os riscos de corrupção em empresas estatais. A instituição apoia e financia abertamente esses *think tanks* que versam por defender uma gestão mais moderna, transparente e em sintonia com a lógica privada para as empresas estatais, quando muitos defendem abertamente a necessidade, no curto e no médio prazo, de privatização dessas empresas. Segundo o portal do Cipe:

> Políticos corruptos têm usado empresas estatais para extrair recursos para ganhos políticos e enriquecimento pessoal. Isso distorce o desenvolvimento de mercados competitivos, limita o desenvolvimento do setor privado e afeta adversamente a sociedade civil. As organizações parceiras do Cipe trabalham individualmente para enfrentar os desafios específicos de cada país à boa governança, ao mesmo tempo que colaboram para apoiar os esforços regionais e globais para lidar com a corrupção sistêmica nas empresas estatais. (Padbury, 2021)

As três maiores economias do continente (Brasil, México e Argentina) mereceram mais atenção das parcerias do Cipe. O Centro de Implementação de Políticas Públicas para a Igualdade e Crescimento (Cippec), na Argentina, o Instituto Brasileiro de Governança Corporativa (IBGC), no Brasil, e o México Evalúa" são os parceiros citados pelo Cipe. No caso brasileiro, o IBGC, no qual nos deteremos mais adiante, estabeleceu parcerias de projetos de governança com estatais durante os governos Temer e Bolsonaro.

Além das iniciativas regionais, o Cipe também oferece uma série de programas globais anticorrupção, por exemplo, o Projeto de Reação Rápida Anticorrupção, que se caracteriza pelo estabelecimento de parcerias público-privadas para auxiliar países com grandes escândalos de corrupção. A ideia seria enviar para esses países equipes com especialistas anticorrupção renomados com vasta experiência em ONGs, sistemas de Justiça, organismos multilaterais e/ou governamentais. Esses profissionais auxiliariam os governos a combaterem os riscos de corrupção em prol de atrair mais investimentos estrangeiros (Cipe, 2016). Outro projeto, voltado para públicos mais amplos, é o curso online anticorrupção do Cipe, disponibilizado em seu site.

O Cipe também criou um manual de *compliance* para empresas estadunidenses de médio porte que possuem negócios em "mercados emergentes". Além disso, a entidade possui um blogue de referência nos estudos, pesquisas e posicionamentos sobre a importância da luta anticorrupção nos Estados Unidos e no mundo. Na prática, o centro anticorrupção do Cipe configura-se como um grande articulador intelectual orgânico do grande capital transnacional sediado nos Estados Unidos. Mais do que reproduzir a "ideologia da anticorrupção", os debates no interior do Cipe visam a influir na construção de políticas públicas em diversos países, assim como na instrumentalização da anticorrupção como política externa e de segurança dos Estados Unidos.

Numa rápida pesquisa em textos postados, desde 2013, no blogue especializado em anticorrupção do Cipe, além de encontrar textos sobre análises de programas anticorrupção de diversos países, também é possível encontrar outros sobre a aplicação da FCPA, a política externa anticorrupção dos Estados Unidos e a necessidade (ou não) da construção de um tribunal transnacional anticorrupção.

De maneira geral, os programas e formulações anticorrupção do Cipe atuam de forma pedagógica e organizadora junto às classes empresariais dos Estados Unidos e de outros países, a fim de garantir alianças orgânicas em prol da expansão imperialista do grande capital monopolista financeiro sediado nos Estados Unidos. Mais do que uma espécie de "comitê central capitalista", a NED e suas entidades visam emular uma extensa rede de entidades, ONGs e *think tanks* para expandir e consolidar uma cosmovisão de mundo pautada pela ultramercantilização da vida social e naturalizar a condição dependente-periférica dos países subdesenvolvidos. Não necessariamente todas as organizações dessa rede possuem uma mesma abordagem, tema ou até posições políticas conjunturais, no entanto convergem nesse sentido estratégico.

A pauta da anticorrupção, conforme procuramos demonstrar, é instrumentalizada pela burguesia estadunidense a fim de forjar as condições sociais mais vantajosas para as disputas intermonopólicas no mercado mundial e "bloquear" médios e grandes capitais de ameaçarem as rendas monopolistas do grande empresariado dos Estados Unidos e de outros países centrais.

3.5.2 A anticorrupção e a ação das ONGs transnacionais

A Transparência Internacional (TI)

A Transparência Internacional é a maior e mais influente ONG anticorrupção no mundo, contando com mais de 2 mil funcionários em todo o mundo e presente com "capítulos" em mais de cem países. A TI foi fundada em 1993 por um ex-diretor regional do Banco Mundial, Peter Eigen, com o apoio de diversos milionários, jornalistas, líderes políticos e acadêmicos. Inicialmente, em termos governamentais, o grande apoiador político e financeiro da TI foi o GTZ (Agência de Cooperação Técnica Alemã).

Na década de 1990, a TI protagonizou a pressão internacional para se promover um ordenamento jurídico internacional anticorrupção e para a criminalização do suborno transnacional, assim como pressionou para que mais países adotassem as convenções da ONU, OCDE e Interamericana sobre o tema (Fontoura; Soares, 2008, p. 497). Além de combater a corrupção, a TI propõe-se a difundir valores globais de transparência, responsabilidade social e boa governança como uma organização sem fins lucrativos e apartidária.

Em 2020, o orçamento operacional da TI chegou a mais de 22 milhões de euros. A organização recebe diversas doações de empresários, corporações, entidades filantrópicas, agências governamentais e multilaterais. Entre os principais doadores, em

2020, estão o Banco Mundial (BM), o Fundo Monetário Internacional (FMI), o Banco Interamericano (BID), o Departamento de Estado dos Estados Unidos, o Instituto Republicano Internacional (IRI), ligado a NED, o *think tank* do bilionário George Soros, o Open Society, e agências governamentais de países como Reino Unido, França, Canadá, Dinamarca, dentre outros (Transparency International, s/d (a)).

Além de organizar centenas de capítulos nacionais com o objetivo de enraizar a luta anticorrupção, a TI desenvolve uma série de "produtos e kits globais de combate à corrupção". Esses programas têm finalidades, públicos e objetivos diversos. Sumariamente, trata-se da busca da ONG para potencializar o seu papel formador e aglutinador entre as classes dominantes e massificador da pauta anticorrupção associada aos interesses do grande capital transnacional. Vejamos alguns desses programas.

A TI atua nos mais diversos grupos de trabalho, conselhos e outros órgãos consultores entre os variados organismos multilaterais, como o Banco Mundial, FMI, ONU, OCDE, OEA, G-20, dentre outros. A ONG se tornou uma espécie de "entidade de notório saber", que sempre é consultada e que participa de eventos, acordos e negociações que envolvem questões sobre combate à corrupção e boa governança (Transparency International, s/d (b)). Essa posição foi conquistada desde os anos de 1990, quando a TI foi fundamental para a mobilização de diversas convenções multilaterais anticorrupção e por articular/reunir as principais pesquisas e reflexões sobre o tema (Transparency International, s/d (c)).

Outra ação multilateral da qual a TI participa com protagonismo é a Parceria para Governo Aberto (OGP), iniciativa impulsionada pelos Estados Unidos durante o governo Obama. Segundo o portal oficial da ONG, a TI trabalha para aplicar metas ambiciosas de combate à corrupção entre os países membros da OGP. Até 2021, mais de duzentos compromissos anticorrupção foram incluídos no plano de ação da OGP; além disso, a cada dois anos, os países membros da OGP analisam, desenvolvem e implementam compromissos a fim de lograr maior transparência por parte dos governos (Transparency International, s/d (d)).

Além de influir no domínio legal internacional sobre a questão da corrupção, mediante sua ação junto aos governos e organismos multilaterais, a TI também desenvolve parcerias com jornalistas investigativos. A principal delas é o Consórcio Global Anticorrupção. Segundo a TI, o consórcio visa conectar o movimento global anticorrupção, liderado pela ONG, com redes de experientes repórteres investigativos ligados ao Projeto de Relatório sobre Crime Organizado e Corrupção (OCCRP – Organized Crime and Corruption Reporting Project) e outros centros, como o Centro Latino-Americano de Jornalismo Investigativo (Clip) e Repórteres Árabes para Jornalismo Investigativo (Arij – Arab Reporters for Investigative Journalism). A proposta é que informações investigadas por esses centros sejam utilizadas pelos capítulos nacionais da TI e aliados a fim de fomentar as denúncias públicas contra a grande corrupção (Transparency International, s/d (e)).

Outro programa global de destaque da TI é o Programa de Integridade de Governança Climática, em que os capítulos nacionais da TI, em especial na África Subsaariana, América Latina e Ásia-Pacífico, monitoram a aplicação dos recursos oriundos de fundos internacionais de combate à emergência climática.

Além desses programas, a TI é a grande organizadora da Conferência Internacional Anticorrupção (Iacc – International Anti-Corruption Conference), espaço que reúne governos, grandes corporações, jornalistas, ONGs e outras entidades da "sociedade civil" para promoverem a agenda anticorrupção internacional. Embora seu primeiro encontro tenha ocorrido em 1983, a partir dos anos 2000 a Iacc se reúne praticamente a cada dois anos, congregando representantes de mais de 135 países e cerca de 2 mil pessoas por encontro. Em 2012, sob o governo Dilma Rousseff, o Brasil foi o anfitrião do encontro. A TI também promove o seu prêmio anual anticorrupção, destinado a atores (individuais ou coletivos) que se destacam no combate à corrupção em todo o mundo – em 2016 o vencedor do prêmio foi a Operação Lava Jato (Transparency International, s/d (g)).

Para um público mais amplo e para a "massificação" das pautas anticorrupção, a TI também oferece uma série de cursos e "kits de ferramentas anticorrupção" (em grande parte online) para ONGs, movimentos juvenis, governos, empresas e meios de comunicação (Transparency International, s/d (h)). Esses guias, por exemplo, tratam de temas como a construção de um movimento juvenil anticorrupção, a inserção das pautas de boa governança nas plataformas das ONGs, a sugestão de medidas de integridade para governos e empresas e também de uma metodologia mais eficiente para os meios de comunicação investigarem e denunciarem a corrupção em seus países.

Nessa breve apresentação sobre a ampla atuação da Transparência Internacional (TI) podemos concluir que a ONG é um instrumento de organização, coesão e ampliação político-ideológica de utilização da pauta anticorrupção pelo imperialismo contemporâneo. Cabe destacar que entidades como a TI não são puramente peças geopolíticas de governos de países imperialistas, em especial dos Estados Unidos, mas sim um aparelho privado de hegemonia transnacional que é influenciada e influenciadora de diversos governos por meio das pautas da anticorrupção e da transparência.

A Integridade Global (GI – Global Integrity)

A Integridade Global é uma ONG transnacional, fundada em 2005 e localizada em Washington (Estados Unidos), que se dedica a desenvolver projetos e firmar parcerias em torno da agenda da "boa governança". Em 2021, a ONG desenvolvia cerca de quarenta projetos e parcerias em 140 países (Global Integrity, s/d (a)). A GI possui um orçamento de cerca de 5 milhões de dólares anuais e entre seus principais doadores estão agências governamentais do Reino Unido, a Open Society e a Fundação Ford (Global Integrity, s/d (b)).

Um dos principais focos dos projetos desenvolvidos pela GI é o campo da "integridade e anticorrupção". Segundo a ONG, o objetivo desses projetos é ajudar parceiros no combate à corrupção através da elaboração de estratégias em comum, levantamento de dados e pesquisas sobre o risco de corrupção para além de abordagens moralistas sobre o problema. Até 2021, existiam alguns projetos nessa área, desenvolvidos pela GI, como o Índice de Integridade da África, que se caracterizava por fornecer informações sobre governança, anticorrupção e desenvolvimento social para uma rede de "reformadores" africanos advindos de 54 países.

Outro projeto que envolve países africanos e latino-americanos, como Gana, Quênia, Chile e Colômbia, é o Dados Abertos para a Anticorrupção. A iniciativa faz parte da Parceria para o Governo Aberto (OGP) e o objetivo, segundo seu portal, é "apoiar os esforços em nível de país para alavancar o poder dos dados abertos para enfrentar os desafios relacionados à corrupção, gerar e compartilhar aprendizados sobre o desenho e implementação de políticas para lidar com a corrupção".

No entanto, o principal projeto na temática da GI é o Global Integrity Anti-Corruption Evidence (GI-ACE), um programa de pesquisas que apoiou, até 2021, catorze projetos em todo o mundo com o objetivo de gerar evidências para os formuladores e agências governamentais implementarem políticas anticorrupção mais eficazes. A iniciativa é financiada pelo governo britânico e recebe apoio da Universidade de Londres (Global Integrity, s/d (c)). A abordagem do GI-ACE é interdisciplinar e prioriza projetos em torno da questão da arquitetura internacional anticorrupção, sistemas de integridade em governos e empresas, assim como o combate à corrupção nas esferas setoriais e subnacionais.

O GI-ACE também apresenta uma proposta de abordagem que critica as atuais políticas anticorrupção, especialmente aquelas que não dimensionam o seu caráter transnacional num "mundo globalizado". Segundo o relatório anual do GI-ACE de 2020, a iniciativa está preocupada em desenvolver dados e suporte para políticas públicas anticorrupção numa dimensão exclusivamente prática.

Nessa linha, a iniciativa fomenta debates entre especialistas por meio de workshops, seminários, além de possuir um blogue atualizado, livraria virtual etc. A maioria dos projetos apoiados pelo GI-ACE localizam-se na África e na Ásia. Também existem outros sobre lavagem de dinheiro e o papel dos bancos e instituições financeiras no combate à corrupção. Através da abordagem e localização dos projetos é possível perceber os vínculos da iniciativa não só com as políticas anticorrupção defendidas pelos Estados Unidos, como também com os interesses estratégicos do imperialismo britânico, voltado para suas ex-colônias, assim como em sintonia com a hegemonia dos capitais financeirizados sediados em "*City London*" (Global Integrity, s/d (d)).

Apesar de ser uma ONG com uma intervenção menos ampla e capilarizada que a TI, a GI, por meio de suas pesquisas, relatórios e projetos, se tornou uma das principais referências para a elaboração e aplicação de políticas anticorrupção junto a outras ONGs, entidades civis, governos, acordos binacionais e entidades multilaterais como a ONU, o Banco Mundial e a OCDE.

A Integrity Initiatives International (III)

A III é uma ONG transnacional, fundada pelo juiz distrital Mark Wolf, do estado de Massachusetts (Estados Unidos), indicado por Ronald Reagan em 1985. A ONG é apoiada e financiada pela NED e seu grande objetivo é "combater a grande corrupção" através da criação de um tribunal internacional anticorrupção (Iacc) (Integrity Initiatives International, s/d (a)). Wolf é um articulista presente nos principais meios de comunicação dos Estados Unidos, além de escrever para diversos *think tanks* liberais-cosmopolitas, como o Brookings Institution.

Segundo o portal oficial da ONG, a ação do III norteia-se por quatro objetivos: apoiar medidas nacionais anticorrupção; promover a compreensão da estreita relação entre a grande corrupção e as violações dos direitos humanos e a necessidade da articulação entre as organizações de direitos humanos e anticorrupção; forjar uma rede de jovens ativistas anticorrupção em termos nacionais e internacionais; e, por fim, liderar uma campanha internacional para a criação do Tribunal Internacional Anticorrupção (Integrity Initiatives International, s/d (b)).

Para a III, o Iacc supriria uma lacuna na institucionalização internacional do combate à corrupção. Segundo a ONG, a grande corrupção é um problema internacional, e o conjunto de leis nacionais e acordos multilaterais não resolvem a questão. Nesse sentido, o tribunal seria um mecanismo para que as leis nacionais e acordos multilaterais fossem aplicados a fim de combater "cleptocratas" e suas possíveis pressões políticas.

A proposta tem gerado debates e apoios em fóruns da ONU e da OCDE, por exemplo. Mais recentemente, o secretário de Estado dos Estados Unidos, nomeado por Biden, John Kerry, declarou apoio ao tribunal, assim como o ex-primeiro-ministro do Reino Unido David Cameron. Segundo esses líderes, a iniciativa ajudaria a combater os "populismos extremistas", sejam eles de direita ou de esquerda. A proposta do tribunal, até mesmo de interferir indiretamente nas disputas intermonopólicas e na manutenção dos preços de monopólios, fronteiras tecnológicas e acesso privilegiado a recursos naturais e a políticas públicas, encontra resistência entre correntes neoconservadoras e ultraliberais nos

Estados Unidos, assim como é vista com desconfiança por outros países imperialistas, como França, Alemanha e Japão.

No entanto, parece que a proposta de foco do tribunal é o combate aos governos "cleptocráticos", em especial em países periféricos. No portal oficial da III, há uma declaração de mais de "cem líderes mundiais" em apoio à criação do Tribunal Internacional Anticorrupção. Sergio Moro é o representante brasileiro na declaração. O ex-juiz, além de participar de eventos da ONG, também tem promovido o debate no Brasil sobre a importância do tribunal (Moro, 2021).

Diante do fortalecimento estratégico do combate à corrupção transnacional como um dos principais temas relativos à segurança nacional dos Estados Unidos, cabe observar a viabilidade de, nos próximos anos, criação do tribunal internacional ser parte da agenda oficial estadunidense e de outras potências imperialistas.

3.6 A "luta contra" a corrupção transnacional e a atuação de *think tanks* imperiais

No bojo do desenvolvimento "ampliado e/ou integrado" da intervenção dos Estados imperialistas, os grandes *think tanks* possuem papel fundamental. Mais do que meros "braços geopolíticos", influenciam políticas públicas, disputas sociopolíticas, como também são espaços de formulação, educação interclasses dominantes e de massificação de agendas políticas, econômicas e sociais. Esses instrumentos, em especial para a burguesia, fazem a ponte entre questões específicas (muitas vezes trabalhadas na prática e na teoria por ONGs) com as questões gerais e estratégicas em torno da preservação e expansão das relações capitalistas. Conforme sustentou Dreifuss, a maioria dos *think tanks* não funciona como uma mera agência de lobby junto aos governos ou representantes de interesses corporativos patronais, *mas sim como instrumentos de elaboração e atuação estratégica das classes dominantes.*

Apenas nos Estados Unidos, segundo dados divulgados em 2016 pela Universidade da Pensilvânia, quase 2 mil *think tanks* atuam no país. No âmbito da elaboração de reflexões sobre a "economia de mercado", "política internacional", "governança e transparência", "democracia e luta contra governos autoritários", dentre outros temas, a pauta da "luta contra a corrupção transnacional" tornou-se uma das mais abordadas. O poder de influência dos *think tanks* nos Estados Unidos e em outros Estados imperiais passa também pela participação ativa de seus quadros nas administrações públicas nas distintas esferas de governos nacionais e no exterior.

Em nossa abordagem, não consideramos esses "tanques de pensamento" como homogêneos. Há, pelo menos, duas grandes tendências ideoculturais entre os *think tanks* que estudamos. Os primeiros seriam mais tradicionais de linha liberal-cosmopolita, muitos criados até antes, durante e no imediato pós-1945, sendo extremamente influentes nas administrações governamentais e nas grandes universidades estadunidenses. Têm uma relação pragmática na questão econômica e política: por exemplo, migraram de posições mais próximas ao keynesianismo para as neoclássicas e monetaristas ao longo dos anos de 1960 e 1970. Além disso, principalmente com a derrota na Guerra do Vietnã, o ascenso de movimentos anti-imperialistas e a crise do governo Nixon, esses *think tanks* liberais-cosmopolitas participaram da articulação da Comissão Trilateral, fundada em 1973 pelo megacapitalista David Rockefeller e o analista internacional Zbigniew Brzezinski.

A Comissão Trilateral reúne até hoje representantes das maiores transnacionais financeiras e não financeiras, acadêmicos, jornalistas, entidades, lideranças civis e políticas da América do Norte (Estados Unidos e Canadá), União Europeia e Japão para a troca de análises e para formar consensos estratégicos em torno dos rumos do capitalismo internacional. Na prática, trata-se de uma tentativa de ampliação da gestão do que Samir Amin (2005) chamou de "imperialismo coletivo".

Por suposto, a capacidade de metamorfoses na direção moral e intelectual imperialista fez com que a ideologia neoliberal sofresse adaptações nos anos de 1990 e 2000. Temas como desigualdade social, responsabilidade ambiental, transparência, economia digital, inteligência artificial e o avanço dos "nacionalismos" passaram a fazer parte da agenda trilateral, conforme podemos comprovar no comunicado de imprensa da iniciativa em 2021 (The Trilateral Commission, s/d).

Nessa linha trilateralista, estão os *think tanks* "liberais cosmopolitas", que estudamos, com formulações, relações e/ou atuações no combate à corrupção na América Latina e no Brasil: o Conselho de Relações Exteriores (CFR – Council on Foreign Relations), o Conselho das Américas (AS/COA – Americas Society/Council of the Americas), o Conselho Atlântico, a Sociedade Aberta do bilionário George Soros e o Wilson Center. Apesar de influírem em diversas administrações democratas e republicanas nos Estados Unidos, esses *think tanks* são mais associados aos governos democratas. Contudo, o que marca suas ações e alianças são o programa e a perspectiva de aplicar suas políticas e ideias.

Nesse sentido, as alianças dos liberais-cosmopolitas são amplas: dialogam e buscam influir nas pautas de movimentos, partidos e governos de esquerda e centro-esquerda, participam e aconselham diretamente governos liberais de direita, assim como negociam e participam de agendas socioeconômicas de grupos e governos de extrema direita, assim como assessoram ou até mesmo fazem parte de acordos bilaterais entre países e de agências multilaterais governamentais.

Além da tradição liberal-cosmopolita, outra tendência ideopolítica entre os *think tanks* estudados é a neoconservadora. Sumariamente, em especial nos Estados Unidos, o neoconservadorismo busca unir o imaginário socioeconômico neoliberal com pautas conservadoras no campo dos costumes, religiosidade e comportamental. Ao contrário dos europeus, o conservadorismo estadunidense possui suas origens no escravismo.

Os neoconservadores e o neoconservadorismo partiam do mesmo princípio dos liberais-cosmopolitas, mas, em sua crítica ao mito do "Estado social-democrata", os neoconservadores defendem que o Estado teria passado a perseguir um igualitarismo pervertido e secundarizou o papel da família, da igreja e da comunidade, enfraquecendo esses laços supostamente naturais (Moll, 2015). Como consequência, os jovens passaram a valorizar a leniência, a dependência, o consumo de drogas, a pornografia e o sexo. Isso teria aumentado a criminalidade e enfraquecido os Estados Unidos.

Por isso, além de medidas econômicas, seria necessário reforçar os valores clássicos ocidentais para prover a base normativa para os Estados democráticos, liderados por homens capazes e ilibados. No plano da política externa, os neoconservadores ficaram mais em evidência nos governos republicanos e com os projetos de revitalização da hegemonia estadunidense para o século XXI, muitas vezes a partir de ações unilaterais e baseadas em seu poderio militar.

Os *think tanks* neoconservadores foram extremamente influentes nos governos de Ronald Reagan, George H. W. Bush (pai) e, mais tarde, nos governos Bush (filho) e Trump. Internacionalmente, os neoconservadores foram vitais para o fortalecimento da chamada "nova direita" que uniu a pauta econômica liberal e a reacionária no âmbito cultural. A Heritage Foundation é um *think tank* neoconservador que estudamos e que tem alguma relação ou formulação sobre as políticas públicas de combate à corrupção na América Latina e no Brasil.

Por outro lado, o Acton Institute e o Atlas Network, apesar de serem influenciados por neoconservadores, especializaram-se mais na internacionalização da defesa radical do liberalismo econômico nos Estados Unidos e nos países periféricos. Eles intitulam-se como *think tanks* libertários nos Estados Unidos. São ultraliberais, que unem os fundamentos da chamada "escola austríaca" com a "escola de Chicago" ao defenderem o mercado como única instituição legítima reguladora das relações sociais. Funcionam como grandes centros e escolas internacionais para formação de outros *think tanks* pelo mundo e possuem estreita atuação na América Latina e no Brasil.

O Council on Foreign Relations (CFR) e o combate à corrupção na América Latina

O Conselho de Relações Exteriores (CFR – Council on Foreign Relations) é um dos mais antigos e tradicionais *think tanks* estadunidenses. Criado em 1921 por grandes magnatas e assessores políticos do antigo presidente Woodrow Wilson, a entidade propunha-se a unir a nata da intelectualidade e do mundo dos negócios dos Estados Unidos. Mais do que um centro reflexivo, o CFR utilizou e utiliza suas pesquisas e formulações para fins práticos, influenciando governos, mídia, empresários etc. Trata-se de um instrumento de coesão e fomento de uma consciência de classe dos grandes capitalistas. Para Dreifuss, ao lado do Round Table Groups, *think tank* britânico, e do Committee for Economic Development (CED), o CFR foi pioneiro na organização da chamada "elite orgânica transnacional".

Até 2021, no auge dos seus cem anos, o CFR contava com mais de 3.500 membros ou colaboradores; cerca de 120 grandes corporações multinacionais são membras do conselho; nomes importantes e influentes no debate político estadunidense são ou foram próximos do CFR, como Samuel Huntington, Zbigniew Brzezinski e Francis Fukuyama. Entre políticos e celebridades estão Hillary Clinton, Condoleezza Rice, Angelina Jolie, George

Clooney, dentre outros. Existe também um conselho global de consultores, que reúne diversos executivos de transnacionais de fora dos Estados Unidos. O BTG Pactual, representado por André Esteves, é o único do Brasil. Segundo Laurence H. Shoup, estudioso da trajetória do *think tank*, o CFR é conhecido como "*think tank* de Wall Street" e atua no sentido de "coesionar" os interesses econômicos-políticos da plutocracia estadunidense e de sua classe capitalista.

A estrutura do CFR é ampla e complexa; em 2020, por exemplo, sua receita chegou a 76 milhões de dólares (Council on Foreign Relations, s/d (a)). O *think tank* desenvolve diversos programas de pesquisa, bolsas de estudo, atendimento à imprensa, reuniões e contatos com parlamentares e membros de governos, blogues e livrarias. Grande parte das agências de notícias e de mídia monopolista utiliza as análises de membros ou bolsistas do CFR sobre a política internacional. Sobre o combate à corrupção, o CFR possui um programa de pesquisa próprio: Sociedade Civil, Mercados e Democracia (CSMD, na sigla m inglês). Os centros de pesquisas do CFR são temáticos, assim como divididos regionalmente, segundo o portal oficial:

> O programa Sociedade Civil, Mercados e Democracia (CSMD) busca melhorar a compreensão das dinâmicas econômicas, políticas e sociais que moldam o século XXI. Ao examinar como o Estado de Direito é implementado e aplicado, como as cadeias de suprimentos globais afetam a política e as sociedades e como as inovações tecnológicas impulsionam a mobilização da sociedade civil, o CSMD busca promover sociedades mais abertas, prósperas e estáveis.
>
> O trabalho do Estado de Direito do CSMD analisa os esforços para combater a corrupção e aumentar a transparência e a responsabilidade por meio de reformas judiciais, policiais e burocráticas, elaborando as melhores práticas para informar

melhor os esforços anticorrupção atuais e futuros. (Council on Foreign Relations, s/d (b))

Nessa linha, com sua atuação, o programa do CFR acaba por reforçar a tendência de "ocidentalização periférica" através de um discurso de "modernização" e participação da sociedade civil, com o objetivo de fortalecer o "Estado de Direito". As reflexões e propostas anticorrupção do CFR se relacionam com essas premissas. Desde 1922, o CFR publica a revista *Foreign Affairs,* uma das mais influentes nos Estados Unidos. Entre 2010 e 2020, o tema da corrupção ocupou quase 130 artigos no site da revista. O Brasil é o terceiro país mais citado nas abordagens sobre o tema, atrás apenas da China e da Rússia. Abaixo, sistematizamos as principais informações sobre esses artigos. Grande parte dos aspectos qualitativos deles, principalmente sobre a Operação Lava Jato, iremos mencionar mais adiante em nossa tese.

Tabela 4: artigos publicados na *Foreign Affairs* sobre o "combate à corrupção no Brasil" de 2010 a 2020

Autor	Artigo	Ano
Brian Winter	Crise de corrupção sem fim no Brasil	Maio/jun. 2017
Juan de Onís	Após a condenação de Lula por corrupção	Jul. 2017
Geoffrey Robertson	O caso Lula	Maio 2017
Juan de Onís	Educação jurídica no Brasil	Jan. 2013
Eduardo Mello e Matias Spektor	A repressão contra a corrupção no Brasil continuará?	Maio 2018
Eduardo Mello	Declínio e queda do sistema político do Brasil	Out. 2018
Moisés Costa	O próximo presidente do Brasil?	Abr. 2016
Brian Winter	Complexo de Messias	Set./out. 2020

Fonte: Foreign Aaffairs, s/d

Cabe sublinhar também a presença constante de membros do CFR em cargos governamentais nos primeiros escalões. Por exemplo, como demonstra a ampla pesquisa de Laurence H. Shoup (2015, p. 99), durante os governos Obama, quando o "combate à corrupção transnacional" como política de segurança nacional dos Estados Unidos foi ampliado, o CFR ocupou cargos importantes, como no Conselho de Segurança Nacional e na CIA através de James L. Jones Jr., Thomas E. Donilon, Susan E. Rice e o general David H. Petraeus, respectivamente.

Mesmo no governo Trump e com toda a influência neoconservadora e de grupos de extrema direita, o CFR ainda manteve alguma influência, por exemplo, por meio de Elliott Abrams (Council on Foreign Relations, s/d (c)). Abrams foi assessor de segurança nacional na administração Bush e foi representante especial para a política dos Estados Unidos sobre o Irã e a Venezuela durante o governo Trump.

Shoup (2021) também demonstra como o "*know-how*" acumulado por consultores, bolsistas e membros de *think tanks* influentes em cargos governamentais, com trânsito com as grandes corporações e conhecimento das cadeias globais se converte em generosos ganhos financeiros. É cada vez mais comum a proliferação nos Estados Unidos e no mundo ocidental de firmas de consultorias estratégicas para governos e, principalmente, grandes corporações transnacionais. Por exemplo, Henry Kissinger criou a Kissinger Associates, na prática o "mercado da porta giratória" cada vez mais se monopoliza em torno das relações entre governos, transnacionais, *think tanks* e algumas firmas de consultoria estratégica.

Conforme já demonstramos, diante da ascensão, desde fins da década de 1990, da pauta da anticorrupção à alçada da política externa e da segurança nacional dos Estados Unidos, é plausível constatarmos a influência do CFR direta e indireta em governos, corporações e na grande mídia. Com a eleição de Joe Biden, essa influência se potencializou. Durante as eleições, o próprio presidente escreveu um artigo sobre política externa publicado pelo CFR. Shoup (2021), em artigo publicado pela *Monthly Review*, desvenda a grande influência do *think tank de Wall Street* ao criticar as armadilhas do discurso de abertura dos cargos de governo para grupos sociais historicamente oprimidos, como LGBTs, negros e mulheres.[66] Em junho de 2021, o governo Biden estabeleceu a luta contra a corrupção como um dos principais interesses de segurança nacional dos Estados Unidos.

O documento que afirma isso retoma a anticorrupção como um tema estratégico a ser tratado de maneira transversal entre as agências governamentais, relações bilaterais e multilaterais dos Estados Unidos. Enquanto Biden viajava para a Europa e assumia a posição de protagonista na cruzada anti-China, Kamala Harris visitava, em junho de 2021, o México e a Guatemala para tratar, em especial, do problema migratório.

No mesmo mês, no site do CFR, a articulista Shannon K. O'Neil publicou dois artigos sobre a questão da corrupção no México e na América Central. O'Neil é bolsista sênior do CFR e coordena o blogue ligado ao *think tank* Momento da América Latina. Nos artigos intitulados "Corrupção endêmica na América Central e no México" (O'Neil, 2021a) e "A luta contra a corrupção na América Central precisa se tornar dura" (O'Neil, 2021b), a autora defende que os altos índices de imigração de cidadãos da América Central e do México para os Estados Unidos são condicionados pela instabilidade institucional e desigualdades oriundas, especialmente, da corrupção nos sistemas políticos e nas práticas das "elites econômicas locais".

---

66 Em nossa tese, a partir do levantamento de Shoup, sistematizamos os principais nomes do CRF que ocupavam cargos de primeiro escalão no primeiro ano do governo Biden: Vice-Presidência, Secretaria de Estado, de Tesouro e de Defesa (Fernandes, 2022, p. 303).

Em suma, a pesquisadora do CFR defende a combinação de política de financiamento e empoderamento da "sociedade civil" através de ONGs e o aumento do uso repressivo dos Estados Unidos mediante suas leis extraterritoriais para combater a corrupção e o crime transnacional. Mais do que se restringir a apoios ou críticas a governos, o CFR versa por influir e disputar as políticas governamentais.[67] Curiosamente, o CFR ao lado do Conselho Atlântico são os dois *think tanks* vinculados à diretriz da política do governo Biden de investimentos privados e fortalecimento da "sociedade civil" para combater a corrupção na América Central, conforme analisou Aníbal García Fernández (2021).

---

[67] "Então, o que o governo dos Estados Unidos pode fazer? Para começar, pode garantir que sua ajuda externa não caia em mãos sujas. Nós sabemos o que funciona. Uma ampla combinação de desenvolvimento econômico, prevenção da violência e programas voltados para os jovens tem se mostrado promissora na mudança das realidades do dia a dia e nos cálculos dos possíveis migrantes. Mas o dinheiro tem que ir para as pessoas e comunidades em risco, não para contas bancárias de autoridades políticas em apuros. Tanto quanto possível, os fundos dos Estados Unidos devem ir diretamente para ONGs, grupos da sociedade civil e partes do setor privado que os usarão de forma transparente.

Em segundo lugar, os Estados Unidos precisam intensificar os esforços para desmantelar os próprios sistemas corruptos. Isso significa financiar órgãos internacionais de investigação anticorrupção com um histórico comprovado de trazer mudanças reais, e que os governos do Triângulo Norte têm repetidamente procurado minar. Os Estados Unidos deveriam ajudar a criar vigilantes tão necessários – exigindo, por exemplo, que governos ou organizações contratem conselheiros técnicos e capacitem inspetores gerais em ministérios que recebem dinheiro dos Estados Unidos." (O'Neil, 2021a, tradução livre).

O Conselho das Américas (AS/COA)

O Conselho das Américas foi fundado em 1963, por David Rockefeller, a pedido do então presidente John Kennedy, para combater o avanço das forças socialistas e comunistas na América Latina, principalmente após a revolução cubana, em 1959. A organização já mudou de nomes ao longo dos anos, mas se mantém ativa até hoje.[68] Atualmente, segundo seu portal oficial, o Conselho se define como a principal organização empresarial das Américas, cujos membros compartilham um compromisso comum com o desenvolvimento econômico e social, mercados abertos, Estado de Direito e a democracia liberal.

Grandes empresas transnacionais que representam um amplo espectro de setores, incluindo bancos e finanças, serviços de consultoria, produtos de consumo, energia e mineração, manufatura, mídia, tecnologia e transporte são membros do Conselho. Bloomberg, Blackrock, Bank of America, Barings, Barrick Gold Corporation, Boeing, Bombardier, Banco Bradesco, Banco do Brasil, Banco Santander, Cisco, Citigroup, Coca-Cola, ExxonMobil, Ford, General Electric, General Motors, Google, Itaú Unibanco, IBM, Johnson & Johnson, JP Morgan Chase, Lockheed Martin, McDonald's, Moody's, Morgan Stanley, Microsoft, News Corp/Fox, Pearson, Pfizer, Philip Morris, Raytheon, Shell, Television Association of Programmers Latin America, Time Warner/Turner, Toyota, Viacom, Walmart, Standard Oil e Chevron são membras e financiadoras do conselho (AS/COA, s/d (a)).

A entidade possui sedes em Nova York, Washington e Miami e sua diretoria, apesar de contar com a presença de latino-americanos, é ocupada exclusivamente por nomes ligados a grandes

---

68 O Conselho das Américas, por exemplo, no campo da "diplomacia privada", foi extremamente atuante no golpe contra o governo da Unidade Popular no Chile, em 1973, assim como manteve relações próximas com as ditaduras militares no Brasil e na Argentina.

transnacionais do Norte Global, em sua maioria sediadas nos Estados Unidos.[69] No Brasil, o Conselho foi denunciado por alguns setores da esquerda brasileira pela participação indireta no impeachment da ex-presidenta Dilma e seu apoio ao conjunto das políticas socioeconômicas adotadas após 2016.

Outro elemento denunciado foi o respaldo do AS/COA às operações anticorrupção na América Latina, principalmente a Operação Lava Jato. Em 2016, por exemplo, o ex-juiz brasileiro Sergio Moro foi capa da revista *Americas Quarterly*, retratado como uma espécie de "herói anticorrupção", assim como recebeu o prêmio de "Homem do Ano" da Câmara de Comércio Brasil-Estados Unidos em 2018 (*Americas Quarterly*, 2016).

Desde 2016, o Conselho das Américas notabilizou-se por publicar, promover e divulgar diversos artigos, seminários e outros eventos com a temática da luta anticorrupção na América Latina. Na revista impressa e digital *Americas Quarterly (AQ)* foram publicados dezenas de artigos sobre o avanço de reformas anticorrupção no continente sob o protagonismo de procuradores, juízes e outros membros dos sistemas de Justiça. O editor-chefe da AQ declarava com orgulho o papel da revista e do conselho em reunir os "caçadores anticorrupção" (*Corruption Busters*) em eventos para troca de experiências e angariar apoios no exterior (*Americas Quarterly*, 2016).

---

69 Recentemente, no Brasil, a historiadora Rejane Hoeveler (2020) realizou uma detalhada pesquisa, a partir de fontes primárias, sobre a trajetória histórica do Conselho. Hoeveler narra o uso de um conjunto de modalidades de ação, por parte do Conselho, que vai da propaganda para o grande público à estreita colaboração com agências de inteligência, constituindo-se como colaborador e co-operador privado central na política externa estadunidense para a América Latina e um operador coletivo para a proteção e abertura dos mercados para as corporações transnacionais (Hoeveller, 2020).

Em 2018, o AQ realizou, em Nova York, o evento "A Batalha da América Latina contra a Corrupção: O que Vem a Seguir". O encontro contou com representantes de sete países e reuniu a "vanguarda" institucional, política e social dos movimentos anticorrupção no continente: membros oficiais dos sistemas de Justiça, representantes de ONGs anticorrupção e intelectuais de *think tanks* estadunidenses, conforme podemos ver abaixo:

Tabela 5: participantes do evento "A Batalha da América Latina contra a Corrupção" em 2 março de 2018

Nome	Cargo	País
Sergio Moro	Ex-juiz federal	Brasil
Brian Winter	Editor-chefe AQ e vice-presidente político do AS/COA	eua
Néstor Humberto Martínez	Procurador-geral da República	Colômbia
Thelma Aldana	Procuradora-geral	Guatemala
Rodrigo Janot	Ex-procurador-geral	Brasil
Claudio X. González	Presidente e cofundador da ONG Mexicanos contra a Corrupção e Impunidade	México
José Ugaz	Ex-presidente da Transparência Internacional (TI)	Peru
Eduardo Engel	Economista e ex-presidente do Conselho Consultivo Presidencial sobre Conflitos de Interesse, Venda de Influência e Corrupção na administração Bachelet	Chile
Alan Clutterbuck	Presidente e cofundador da Fundación Red de Acción Política	Argentina
Geert Aalbers	Sócio da empresa Control Risks e professor do Insper (Brasil)	Holanda
Shannon K. O'Neill	Representante do Conselho de Relações Exteriores (CFR)	EUA

Fonte: elaboração própria; AS/COA, s/d (c)

O encontro entre representantes de ONGs, *think tanks*, membros da alta burocracia dos Estados e executivos de grandes transnacionais, propiciado pelo Conselho, além de viabilizar intercâmbios de informações e conhecimentos, reproduz socialmente a ideologia da anticorrupção como parte do imperialismo tardio/contemporâneo. Isto é, essa proximidade sociocultural de intelectuais, altos funcionários públicos e empresariado incorpora a luta anticorrupção à estratégia neoliberal. O AS/COA, como um aparelho privado de hegemonia, não se limita apenas a viabilizar esses encontros e articulação, mas também é um grande formulador e divulgador de políticas públicas subordinadas às estratégias das grandes corporações transnacionais para a América Latina. No caso da luta anticorrupção, desde o início dos anos 2000, o Conselho apresenta formulações sobre sua importância associada à "segurança do hemisfério ocidental" e defesa do "Estado de Direito" (*Rule of Law*).

Em novembro de 2004, o Conselho organizou um encontro entre os ministros da defesa das Américas em Quito, Equador. No contexto da doutrina de "guerra ao terrorismo", o governo dos Estados Unidos à época encomendou um relatório para o AS/COA com a justificativa de que as preocupações sobre a segurança do hemisfério ocidental impactariam o ambiente de negócios (AS/COA, 2004). O Conselho montou um grupo de trabalho com pesquisadores e representa diversas transnacionais, o texto produzido tinha como objetivo influir e disputar a linha do governo dos Estados Unidos para o encontro (Hoeveler, 2020, p. 411).

O que nos chama a atenção para a nossa pesquisa é como o tema da anticorrupção aparece nas formulações do AS/COA associado à atração de investimentos estrangeiros diretos. Num quadro comparativo com os países asiáticos, para o Conselho, os altos níveis de corrupção, violência e fragilidade no "*Rule of Law*" inibiriam mais investimentos na América Latina. Nessa linha, uma das recomendações finais do relatório era priorizar e garantir a reforma judicial e o foco anticorrupção, através dos países americanos no Programa de Assistência ao Treinamento em Investigação Criminal do Departamento de Justiça dos Estados Unidos e na International Law Enforcement Academy (Ilea), além de recomendar a implementação da Convenção Interamericana contra a Corrupção (AS/COA, 2004, p. 14).

Em julho de 2007, o Conselho publicou outro relatório: "Estado de Direito (*Rule of Law*), crescimento econômico e prosperidade". O texto foi construído pelo respectivo grupo de trabalho com representantes e observadores das seguintes empresas, fundações ou entidades acadêmicas: Shearman & Sterling LLP, Cleary Gottlieb Steen & Hamilton LLP, Pfizer Inc., Kroll Inc., Due Process of Law Foundation (DPFL), Abbott, PSEG Global LLC, Greenberg Traurig, LLP, IBM Latin America, Columbia University School of Law, Barrick Gold Corporation, Eastman Kodak Company, DirecTV Latin America, Bolser Ltda., Chevron Corporation, Rockefeller Family and Associates, Manatt Jones Global Strategies LLC, McDonald's Corporation, Greenberg Traurig LLP, Alston & Bird LLP, Becton Dickinson Indústrias Cirúrgicas Ltda., Microsoft Corporation, Time Warner Inc., Standard & Poor's, Telefonica International USA Inc., Tyco International, Veirano Advogados, Hughes Hubbard & Reed LLP, The Doe Run Company e Philip Morris Latin America and Canada Inc. (AS/COA, 2007, p. 115-123).

> Embora o Consenso de Washington de reformas que varreram o hemisfério nas décadas de 1980 e 1990 buscasse abordar os desequilíbrios e distorções políticas e fiscais necessárias para reiniciar o crescimento econômico e controlar a inflação, elas deixaram intocados o arcabouço institucional mais amplo para um crescimento sustentável de base ampla. Incluído nesta segunda geração de reformas está o Estado de Direito. Embora seja uma tarefa muito mais difícil e de longo prazo do que as reformas po-

> líticas iniciais do Consenso de Washington, estabelecer o estado de direito é essencial para consolidar uma economia de mercado acessível e mais justa que pode gerar prosperidade e crescimento econômico estável. (AS/COA, 2007, p. 8)

Essas reformas de "segunda geração" estariam, segundo o relatório, em torno do "Estado de Direito" (*Rule of Law*) e com total segurança jurídica para o grande capital transnacional, mediante a administração mais "eficiente" dos sistemas de Justiça, flexibilização dos marcos regulatórios de mercado e de tornar o direito à propriedade como pressuposto da cidadania.

A "reforma dos sistemas de Justiça" é um dos principais pontos também da concepção de combate à corrupção pelo Conselho. Para o AS/COA, seria fundamental, para se evitar a corrupção, que os agentes do Poder Judiciário tivessem maiores remunerações, privilégios e padrões de vida elevados. Curiosamente, apesar de o Conselho, como mostra a pesquisa de Hoeveler, sempre ser uma voz ativa para o "enxugamento" das máquinas estatais e a adoção de políticas austeras, para o Poder Judiciário há a recomendação dos governos gastarem mais:

> Embora não seja suficiente por si só, um corpo profissional e competente de funcionários públicos que compõem o judiciário e escritórios relacionados (juízes, promotores, secretários) é uma condição necessária para um sistema judicial independente, eficaz e consistente. Funcionários judiciais profissionais, bem treinados e bem remunerados fornecem uma maior probabilidade de que o sistema de justiça seja respeitado por aqueles que nele trabalham, reduzem o potencial de influência política no processo judicial, ajudam a garantir que os casos sejam julgados e decididos com consideração pela objetividade e consideração pelos detalhes técnicos da lei, e reduzir a possibilidade de suborno de funcionários. Nesse sentido, o prestígio percebido e real do sistema judicial serve

> para promover um maior profissionalismo e isolamento da corrupção política e econômica. (AS/COA, 2007, p. 29)

Além das respectivas formulações e influência nas políticas anticorrupção dos Estados Unidos para o continente latino-americano e o constante debate em seus meios sobre o tema, desde 2018, o AS/COA constituiu um grupo de trabalho anticorrupção (AWG). Segundo seu portal oficial, o grupo de trabalho visa conduzir o movimento anticorrupção na América Latina mediante a articulação entre os "combatentes anticorrupção" do continente e líderes empresariais. Trata-se de uma rede voltada para a ação e resultados práticos (AS/COA, s/d (b)).

Até 2021, o GT era composto pelo Conselho Corporativo do AS/COA, diretoria, Conselho Consultivo Internacional da presidência e membros do "círculo da presidência". O GT , além de formalizar articulações entre membros dos sistemas de Justiça e executivos de grandes transnacionais, produz uma série de reportagens, artigos e levantamentos sobre a questão da corrupção nos países latino-americanos. Desde 2019, o GT , em parceria com a empresa de consultoria Control Risks lança anualmente o Índice de Capacidade de Controle da Corrupção. Diferentemente dos índices da Transparência Internacional e do Banco Mundial, o objetivo dessa pesquisa é mensurar a capacidade institucional dos países latino-americanos para combater a corrupção aos moldes padronizados internacionalmente e, conforme já destacamos, hegemonizados pelos Estados Unidos (AS/COA, 2019).

O índice aborda três temas e catorze variáveis: I) Capacidade Jurídica: independência e eficiência do Judiciário, independência e eficiência das agências de combate à corrupção, acesso à informação pública e transparência do governo, independência e recursos para procuradores e polícias, nível de conhecimento e recursos disponíveis para se combater a criminalidade do colarinho branco, qualidade dos instrumentos de leniência e colaboração premiada e nível de cooperação internacional para investigações; II) Democracia e Instituições Políticas: qualidade e aplicabilidade das legislações de financiamento de campanha, processo legislativo e decisório e qualidade geral da democracia; III) Sociedade Civil, Mídia e Setor Privado: mobilização da sociedade civil contra a corrupção, melhoria da educação, qualidade da mídia e jornalismo investigativo e comunicação digital e mídias sociais.

O Brasil, em 2019, chegou a ocupar a segunda posição no índice, atrás apenas do Chile. Contudo, com o afastamento de Sergio Moro do governo Bolsonaro, as sucessivas derrotas jurídicas e políticas da Operação Lava Jato, o país perdeu posições no ranking continental, questão que analisaremos mais adiante (AS/COA, 2021).

Por ora, cabe destacar a densa capacidade de influência que o Conselho das Américas exerce nos movimentos anticorrupção na América Latina. Além da articulação entre agentes dos sistemas de Justiça, líderes governamentais e representantes do grande capital transnacional, o Conselho também apoia uma série de movimentos políticos de renovação da direita liberal no continente, como, no Brasil, o caso do RenovaBr.

O Conselho Atlântico (Atlantic Council)

A organização do Conselho Atlântico (CA) relaciona-se com a criação da Organização do Tratado do Atlântico Norte (Otan); a proposta do Conselho seria reunir cidadãos "preocupados" com a segurança, estabilidade política, prosperidade econômica e defesa dos valores liberais-democráticos nos países membros da Otan. No contexto da Guerra Fria, em 1961, a partir do apoio de políticos democratas e republicanos, diplomatas, militares e empresários, o Conselho é estruturado.

Desde fins da década de 1970, a organização e a ação do CA ampliaram, perpassando pela formação de "jovens líderes" em todo o mundo, costurando pautas comuns entre o Partido Democrata e Republicano sobre a política externa nos Estados Unidos e oferecendo bolsas para pesquisadores sobre temas de interesse estratégico do Conselho. Em 1988, o CA organizou uma conferência sobre as relações entre "leste e oeste" e contou com a participação do então presidente Ronald Reagan, o candidato à presidência dos Estados Unidos Michael Dukakis e outros nomes influentes na elaboração da política externa estadunidense, como Zbigniew Brzezinski, Jeane Kirkpatrick, Colin Powell e Brent Scowcroft.

A partir do fim da União Soviética, o Conselho desenvolveu múltiplos programas com diversas abordagens em todo o mundo mediante seus catorzes programas e centros de estudos regionais e temáticos, como, por exemplo, sobre política e diplomacia, segurança e defesa, economia e negócios, energia e meio ambiente, resiliência e sociedade e tecnologia e inovação (Atlantic Council, s/d (b)). O Conselho passou a também realizar mais articulações com outros grupos *think tanks* imperiais, em especial do Reino Unido e do Canadá. Desde 2004, por exemplo, o CA integra o Comitê Britânico Norte-Americano, espaço que reúne representantes de grandes transnacionais, acadêmicos, lideranças políticas e sindicais que se propõem a elaborar políticas que mantenham as relações harmoniosas e estratégicas entre Estados Unidos, Reino Unido e Canadá.

Até 2020, o orçamento do CA passava dos 30 milhões de dólares anuais (Atlantic Council, 2020). Seus maiores contribuintes são empresas transnacionais, responsáveis por quase metade das doações. Empresas como a Amazon Services, Chevron, Airbus, Goldman Sachs, Çalik Holding e Facebook figuram como parte das parceiras estratégicas do Conselho (Atlantic Council, s/d (c)). Em seguida, as agências governamentais de Estados Unidos,

Reino Unido, França, Alemanha, Holanda, Noruega, Emirados Árabes, Taiwan, dentre outros (Atlantic Council, s/d (d)) figuram como principais doadores do Conselho. O CA também admite doações individuais, a grande maioria advinda de bilionários.

O CA é dirigido por um conselho administrativo, composto por representantes de corporações transnacionais, lideranças políticas e diplomáticas. Desde 2017, o CA também criou um "conselho consultivo internacional" que envolve membros não residentes nos Estados Unidos, mas que "concordam e apoiam" a liderança construtiva do país e seus aliados no mundo. Esse conselho internacional reúne executivos de grandes corporações de diferentes ramos e políticos que foram dirigentes máximos em países como Espanha, Noruega, Suécia, Austrália, Paquistão etc.

Os eventos do CA são uma grande oportunidade de negócios, intercâmbio político e influência em decisões de governos. Segundo o relatório de 2019-2020, nesse período foram realizados mais de 254 eventos pelo Conselho. O principal deles sempre é o lançamento do relatório anual do *think tank*, documento que reúne reflexões gerais sobre a ordem internacional e o resultado dos programas de pesquisas desenvolvidos pelos membros, bolsistas e os centros de estudo do Conselho. O evento é prestigiado por membros da alta burocracia dos Estados Unidos, militares de alta patente, acadêmicos, executivos e até por presidentes e/ou membros do primeiro escalão de governos.

Entre os bolsistas e membros sêniores do CA, há diversos especialistas na temática do combate à corrupção transnacional. No Centro Adrienne Arsht da América Latina, até 2021, havia duas especialistas em combate à corrupção, Valentina Sader e Cristina Guevara (Atlantic Council, s/d (e)). O foco do instituto, até então, está em promover estudos e políticas de fomento à diversidade e igualdade de gênero na América Latina, combate à pandemia de Covid-19, combate à desinformação e sobre a presença da China no continente latino-americano. O centro também conta, desde 2019, com um conselho consultivo internacional liderado pela bilionária Adrienne Arsht e o executivo do banco HSBC Gerardo Mato (Mato, 2019).

Para nossa pesquisa, especificamente, os espaços do CA, principalmente seu centro de estudos latino-americanos, ganham notoriedade pela participação de Rodrigo Janot, ex-procurador-geral da República brasileira, como bolsista sênior não residente do *think tank* imperial, em 2017, em evento organizado pelo Conselho intitulado de "Lições do Brasil: Crise, Corrupção e Cooperação Global". Os palestrantes principais do evento foram Rodrigo Janot, então procurador-geral do Brasil, e Kenneth Blanco, então procurador-geral adjunto em exercício dos Estados Unidos. Também participaram Alana Rizzo (analista política do Jota), Patrick Stokes (ex-chefe da unidade da FCPA do DOJ) e Maurício Valeixo, então diretor da Polícia Federal do Brasil (Pardo, 2017).

Foi nesse evento que Kenneth Blanco admitiu publicamente a importância da parceria e da proximidade informal entre agentes do sistema de Justiça do Brasil e dos Estados Unidos para combater a corrupção. A troca de informações, pistas e inteligência acelerariam as investigações (Oliveira, 2018). Essa parceria informal, conforme já relatamos, é uma política deliberada para os órgãos latino-americanos, inclusive presente em seus documentos oficiais, assim como admitido publicamente por seus atores e, posteriormente, foi explicitado por documentos vazados no Brasil da chamada "Vaza Jato".

Posteriormente, quando deixou a Procuradoria-Geral da República, Janot contribuiu com o Conselho Atlântico. Em 2019, ele passou a se dedicar a construir o seu próprio escritório transnacional de "*compliance*". Segundo o site do escritório, a expertise de Janot em empresas, organizações e órgãos de governo seria um diferencial para desenvolver boas práticas de governança e transparência em empresas do Brasil, da América Latina e da África.

Curiosamente ou não, são justamente mercados e empresas que ele investigou à época como procurador-geral da República (Rodrigo Janot Advogados Associados, s/d (a)). Janot também ostenta em seu currículo sua contribuição com o CA (Rodrigo Janot Advogados Associados, s/d (b)). O caso é um exemplo de como, para além da influência sociopolítica e a construção de imaginários jurídico-econômicos, os *think tanks* imperiais também facilitam e são atores no mercado da "porta giratória", ou seja, instrumentos de mediação para a cooptação de acadêmicos e da alta burocracia governamental pelo capital monopolista financeiro.

A Sociedade Aberta (Open Society) de George Soros

A Open Society (OS) foi criada em 1979 por George Soros a fim de financiar bolsas de estudos para negros sul-africanos. Soros é um bilionário, especulador e dono de diversos ativos financeiros. Além de ser considerado um dos homens mais ricos do mundo, também foi um dos pioneiros da filantropia empresarial transnacional.

A prática da filantropia, principalmente nos Estados Unidos, é um instrumento usualmente praticado por milionários e bilionários com o objetivo de pagar menos impostos, no entanto a iniciativa de Soros extrapola qualquer interesse corporativo-imediato. Notabilizou-se por ser um dos instrumentos ideopolíticos do imperialismo contemporâneo que ajudaram a reforçar variados processos de "ocidentalização periférica".

Até 2021, a Open Society financiou mais de 18 bilhões de dólares em projetos, bolsas e subsídios para ONGs, *think tanks* e indivíduos. Apenas em 2020, o orçamento para financiamentos de projetos foi estimado em 1,2 bilhão de dólares. Ao contrário dos demais *think tanks* imperiais supracitados, que possuem ações e programas de massificação e popularização de suas agendas, mas notabilizam-se por serem espaços de articulação entre as classes dominantes e disputa de políticas públicas e estratégicas governamentais, o foco da Open Society é ser a organização dos "de baixo" e de causas progressistas.

Por exemplo, apenas em 2020, a organização doou cerca de 220 milhões de dólares para entidades e movimentos antirracistas nos Estados Unidos e contrários à violência policial. Anualmente, a OS destina mais de 2.500 bolsas para indivíduos e organizações que atuam em causas apoiadas pela entidade. A operação de destinação dos recursos e subsídios é realizada por uma série de fundações regionais e nacionais da OS. Os principais temas apoiados são: prática democrática, primeira infância e educação, equidade econômica e justiça, saúde e direitos, ensino superior, movimentos e instituições de direitos humanos, informação e direitos digitais, jornalismo e reforma da Justiça e Estado de Direito (Open Society, s/d (a)).

A OS também apoia direta e indiretamente iniciativas governamentais e multilaterais, um exemplo foi seu apoio entusiástico à iniciativa Open Government Partnership, liderada pelo governo Obama e lançada em sua visita ao Brasil em 2011. Inclusive, a OS saudou os então presidentes Obama e Dilma Rousseff pelo lançamento do programa (Open Society, 2011). A agenda de desenvolvimento sustentável da ONU e pela transparência nas indústrias extrativas também merece destaque e apoio da OS (Miller; Willians, 2010).

Como é sabido, Soros também possui ativos em empresas petrolíferas, dentre elas a Petrobras. O bilionário comprou ações da empresa brasileira em meio aos escândalos de corrupção e lucrou depois com a nova política de preços da empresa. Além disso, conforme demonstraremos mais adiante, a Open Society apoiou diversos movimentos, ONGs e entidades que denunciavam a corrupção em empresas e no governo brasileiro.

Para países latino-americanos, a OS apoia iniciativas mais vinculadas à prevenção da corrupção, isto é, uma agenda que viabilize grupos de jornalistas investigativos, participação de ONGs e outras entidades na gestão dos orçamentos públicos, formação para jovens lideranças etc. O foco maior da OS é relacionar os problemas da corrupção com as desigualdades sociais, problemas no financiamento privado das campanhas, violência policial, exclusão política de grupos marginalizados como LGBTs, mulheres e negros, assim como a crítica às políticas de "guerra às drogas".

Podemos destacar que, ao abstrair questões como a concentração da propriedade, reprimarização das economias latino-americanas, centralidade do mundo do trabalho e reconhecimento das hierarquias econômicas e políticas entre os países no mercado mundial, a Open Society esforça-se para contribuir para a agenda das "novas esquerdas latino-americanas", processo mais avançado nas maiores economias do continente, como Brasil, Argentina, México e Chile.

Em 2020, o orçamento para projetos financiados pela OS implementados na América Latina foi o maior nos últimos anos, mais de 55 milhões de dólares (Open Society, s/d (b)). A atuação dessas entidades apoiadas pela OS, em sua maioria, pauta-se pela defesa de políticas sociais focais que amenizem as condições sociais bárbaras impostas pela reprodução socioeconômica neoliberal e a transformação de pautas históricas dos oprimidos em questões "identitárias". No caso da corrupção, dissociando-as das disputas intermonopólicas, das lutas de classe e do caráter do Estado capitalista, ou seja, reproduzindo as bases sociais da ideologia da anticorrupção.

A Heritage Foundation: as posições neoconservadoras sobre o combate à corrupção

A Heritage Foundation (HF) é considerada o maior *think tank* neoconservador dos Estados Unidos. Criado nos anos 1970, este *think tank* ganhou notoriedade durante o governo de Ronald Reagan, quando o então presidente adotou grande parte das medidas neoliberais sugeridas no relatório da instituição, intitulado de "Mandate for Leadership". Além disso, diversos quadros formados ou que passaram pelos centros de pesquisa, eventos, cursos e espaços da entidade trabalharam em diversos cargos governamentais, em especial nas administrações republicanas.

A fundação tem, assim como os demais *think tanks* mencionados, uma atuação diversa no sentido de elaboração de políticas públicas e estratégias, articulação entre as classes dominantes e intelectuais, formação de lideranças e massificação de sua agenda, principalmente, mediante às novas redes sociais na internet. A grande missão da HF é defender soluções conservadoras para as sociedades com base nos princípios da "livre iniciativa, governo limitado, liberdade individual, valores americanos tradicionais e uma forte defesa nacional" (The Heritage Foundation, s/ d (a)).

A HF, segundo seu relatório financeiro de 2020, acumula mais de 300 milhões de dólares em ativos, suas doações advêm de recursos de indivíduos e empresas. A entidade organiza centros ou institutos que versam por apresentar estudos, relatórios e/ou propostas de políticas públicas conservadoras que aliem liberalismo econômico e conservadorismo comportamental em diversas temáticas como: estudos jurídicos/constitucionais, liberdade econômica, política global, política doméstica dos Estados Unidos, defesa da "família norte-americana", segurança nacional, cultura, pobreza, dentre outras.

O conselho de curadores é o principal espaço de direção da HF. É composto por representantes de grandes corporações (setor imobiliário, turismo, financeiro, tecnológico, mídia etc.), quadros com grande experiência política em governos e no aparelho de Estado dos Estados Unidos e acadêmicos. Entre as principais ações da HF está, por exemplo, o seu programa de jovens líderes e de estagiários. O programa foi lançado, em 1979, com o objetivo de formar a vanguarda conservadora na academia, na administração pública e privada. Até 2019, quando o programa completou quarenta anos, segundo dados do *think tank*, mais de 4.500 jovens de todo o mundo passaram por esse programa (Mitchell, 2019).

No programa de estagiários, os jovens trabalham nas diversas equipes temáticas da HF e, antes disso, passam por uma série de palestras sobre os "Primeiros Princípios" do conservadorismo. Em 2019, por exemplo, a HF recebeu cerca de 188 estudantes, oriundos de 118 universidades de 31 Estados dos Estados Unidos.

Os estagiários também participam da organização de eventos como a Conferência Política de Ação Conservadora e a Marcha pela Vida (antiaborto), assim como se encontram com juízes da Suprema Corte dos Estados Unidos e membros conservadores da administração pública e privada. Segundo a própria HF, ser um estagiário do *think tank* é garantia de um futuro próspero na academia, na administração pública ou privada.

Outra ação, mais midiática e de "agitação" nas redes sociais, é o Índice de Liberdade Econômica. O Índice foi criado nos anos 1990, ganha algum destaque na grande mídia, mas principalmente nas redes sociais como instrumento de propaganda de *thinks tanks* neoconservadores, por meio *youtubers* e páginas na internet. Basicamente, o índice propõe-se a comprovar a relação entre liberalismo e desenvolvimento econômico. Para a HF, problemas como pobreza, desigualdade, fome e subdesenvolvimento são derivados da falta de liberalismo nas sociedades.

O índice da HF é produzido a partir dos seguintes critérios: Estado de Direito (direitos de propriedade, integridade do governo, eficácia judicial), tamanho do governo (gastos do governo, carga tributária, saúde fiscal, eficiência regulatória), liberdade de negócios, liberdade de trabalho, liberdade monetária e mercados abertos (liberdade comercial, liberdade de investimento, liberdade financeira). Em suma, trata-se de um dado apologético do programa neoliberal, tendo como base as medidas sugeridas pelo Consenso de Washington.

Mesmo economistas conservadores não usam esse índice como referência, uma vez que qualquer conhecedor mínimo de história econômica geral sabe identificar a importância da intervenção direta e indireta estatal para a formação de mercados, aumento da produtividade e regulação da força de trabalho. A história do capitalismo no Reino Unido, nos Estados Unidos ou na França, por vias distintas, teve no Estado capitalista um importante instrumento de desenvolvimento. Outro ponto frágil de tal dado refere-se a conseguir explicar como países considerados altamente corruptos e autoritários, como a China e o Vietnã, viabilizaram taxas altas de crescimento e desenvolvimento econômico e social. Curiosamente, o Índice de Percepção de Corrupção da Transparência Internacional é utilizado como uma das referências para mensurar o desenvolvimento do *Rule of Law* nos países. O Brasil é visto, no índice em 2021, apenas como a 143ª economia "mais livre no mundo". Segundo a HF, apesar dos avanços trazidos pelas políticas do governo Bolsonaro, o impacto da pandemia causou esse recuo na posição brasileira. Desde os governos Lula e, em especial, os de Dilma Rousseff, o Brasil vinha perdendo posições no ranking. Com as medidas tomadas por Temer e Bolsonaro, o país teve uma ligeira melhora no índice (The Heritage Foundation, s/d (c)).

O impacto dessas e outras ações e políticas da HF é grande. Segundo seu relatório de 2020, mais da metade dos novos congressistas eleitos nos Estados Unidos participaram do evento de "Orientação de novos membros da Heritage". O *think tank* também influenciou 78 políticas no Congresso dos Estados Unidos (quinze ordens executivas, sete regras propostas, vinte regras finais, 35 memorandos e ordens de apresentação e um projeto de lei aprovado no Congresso e no Senado). Além disso, o relatório celebra as quase 3.600 reuniões que membros do *think tank* tiveram com funcionários do Congresso e da administração federal (James; Andel-Gaby, 2020).

A HF foi uma das grandes apoiadoras e articuladoras das campanhas de Donald Trump para presidência dos Estados Unidos, inclusive tornando-se o *think tank* com mais influência junto ao governo e com mais membros ocupando cargos na administração (Mahler, 2018). A HF foi bastante crítica ao excesso de intervencionismo econômico de Obama pós-2008, à influência "identitária" em suas políticas e ao multilateralismo em sua política externa. Ao longo da década de 2010, a HF foi uma das principais vozes críticas ao "marxismo cultural" e a ascensão de movimentos como os dos negros, feministas e LGBTS.[70]

Mesmo após a derrota eleitoral, é importante notar a continuidade da aproximação entre o *think tank* e o trumpismo. Membros do gabinete do ex-presidente ingressaram na HF como bolsistas. Foram eles: o ex-vice-presidente Mike Pence, Chad Wolf (ex-secretário de segurança interna), Robert Wilkie (ex-secretário de assuntos dos veteranos) e Andrew Wheeler (ex-administrador da Agência de Proteção Ambiental) (The Heritage Foundation, 2021). Além disso, o *think tank* tornou-se uma referência para políticos e partidos de extrema direita de todo o mundo.[71]

---

[70] Desde 2014, o *think tank* neoconservador construiu uma lista de mais de 3 mil "conservadores de confiança" para ocuparem cargos numa então futura administração do Partido Republicano. Segundo a HF, a administração Trump adotou mais de dois terços de suas recomendações políticas como, por exemplo, o rompimento com o Tratado de Paris, retirada da Unesco, aumento dos gastos militares, engajamento nas causas antiaborto, dentre outras. Durante a administração Trump, o próprio presidente e membros do primeiro escalão do governo, como o vice-presidente Mike Pence e o então secretário de Estado Rex Tillerson, participaram de diversos eventos da HF.

[71] A família Bolsonaro e membros do governo brasileiro mantêm relações com a HF (Boletim da Liberdade, 2020).

Sobre o combate à corrupção transnacional, em especial na América Latina, a HF possui outros argumentos se comparada aos *think tanks* liberais-cosmopolitas. A HF critica, no geral, ações multilaterais que podem prejudicar a competitividade de empresas estadunidenses. Essas ações passam pelo modo de aplicação da FCPA e o arsenal jurídico extraterritorial dos Estados Unidos (no sentido de ser voltado para punir empresas concorrentes estrangeiras) à criação de um tribunal internacional anticorrupção. Sobre essa última proposta emulada por ONGs e *think tanks* liberais-cosmopolitas, a HF considera a proposta impraticável e ineficaz. Nesse sentido, defende que os Estados Unidos foquem em reformas nos sistemas judiciais nos países subdesenvolvidos, tenham maior controle na assistência financeira direta a governos, cumpram acordos de extradição que envolvam corrupção e oponham-se às propostas que incluam a grande corrupção como crime à humanidade, por conta da dificuldade de definição (Groves; Roberts; Schaeffer, 2014).

Sobre a América Latina, em 2020, o setor de política global da HF emitiu um relatório intitulado "Por que os Estados Unidos precisam de uma estratégia atlântica" (Carafano et al., 2020). O relatório desenvolve grande parte dos argumentos já contidos na Estratégia de Segurança Nacional do governo Trump, em especial, a grande preocupação quanto ao avanço comercial e militar da Rússia e da China, principalmente a segunda, sobre os "países do hemisfério ocidental". Além disso, a ascensão de governos "socialistas" e "populistas de esquerda" podem impulsionar um sentimento anti-Estados Unidos na América Latina.

Nesse sentido, a HF sugere uma série de medidas para serem implementadas pelos governos dos Estados Unidos nos próximos anos. O "combate à corrupção", principalmente contra o "poder corruptor chinês" na África, na América Latina e no Caribe, ganha destaque na proposta de fortalecer "a assistência técnica anticorrupção junto aos ministérios da Justiça na África, na América Latina e no Caribe". Segundo o relatório, essa política seria:

> Em conjunto com um comitê consultivo com membros do Comitê de Valores Mobiliários dos EUA e do Departamento de Justiça dos EUA, o Departamento de Estado dos EUA deve desenvolver programas de treinamento para países prioritários no estabelecimento de padrões semelhantes aos da Lei de Práticas de Corrupção no Exterior (FCPA). Espelhar as estritas proibições antissuborno da FCPA e os recursos legais proporcionaria vias legais contra o suborno chinês no exterior. (Carafano et al., 2020)

Sobre o Brasil, a HF possui uma extensa rede de artigos e análises elogiosas à Operação Lava Jato, assim como ao governo Bolsonaro. Ambos seriam parte fundamental para impulsionar a derrota do "socialismo" representado pelos governos do Partido dos Trabalhadores (Roberts, 2017). Cabe destacar que, apesar das diferenças táticas, em especial sobre as iniciativas multilaterais anticorrupção e o peso do controle do "*compliance*" sob empresas estadunidenses, neoconservadores e liberais-cosmopolitas corroboram para a instrumentalização do "combate à corrupção" para fomentar os interesses estratégicos do imperialismo contemporâneo.

O Cato Institute: a anticorrupção na perspectiva dos libertários-ultraliberais

O Cato Institute foi fundado nos anos de 1970 por Ed Crane, Murray Rothbard e Charles Koch, o último então presidente do conselho e diretor-executivo do conglomerado Koch Industries. Crane é um histórico dirigente do Partido Libertário, que, nos Estados Unidos, caracteriza-se por defender radicalmente o liberalismo econômico de Milton Friedman e Friedrich Hayek em aliança com a defesa das liberdades individuais: causas LGBTS, liberação das drogas, aborto etc.

Desde as eleições de 2016, o Partido Libertário alcança mais de 1% nas eleições presidenciais estadunidenses, além de contar com representantes na câmara e no senado. O Cato Institute é considerado o maior *think tank* libertário-ultraliberal dos Estados Unidos. O instituto, segundo o seu relatório anual de 2019, conta com quase 90 milhões de dólares em ativos e cerca de 30 milhões de dólares de orçamento para suas atividades em 2020. Seu conselho administrativo é composto por diversos executivos de grandes empresas financeiras, tecnológicas e da construção civil dos Estados Unidos. O *think tank* declara que só recebe doações de indivíduos e corporações (Cato, 2020).

As ações do instituto passam pela elaboração de altos estudos "libertários", formação de novos líderes acadêmicos e políticos, presença nas redes sociais, criação de pesquisas para ampla divulgação, como o "índice de liberdade humana" e o "índice de liberdade econômica", e a publicação de relatórios, revista em formato acadêmico, manuais e outros materiais produzidos por seus pesquisadores, bolsistas e centros de estudo. Economistas "*mainstream*" laureados com o Prêmio Nobel, como Milton Friedman, Vernon L. Smith e Ronald Harry Coase participaram e/ou cooperaram com o Cato Institute.

O Cato Institute desenvolveu, ao longo dos anos, um amplo e moderno sistema de formação de jovens lideranças políticas, acadêmicas e jornalísticas.[72] Seu programa conta com oportunidades para estágios, visitas de turmas de universidades e eventos

---

72 Os estudantes e jovens profissionais envolvidos no Cato continuarão a defender esses princípios em uma variedade de ocupações diferentes, incluindo a academia, o jornalismo, os negócios e até mesmo o próprio governo. Por meio de uma ampla gama de programas e recursos que educam e capacitam, o Cato fornece aos alunos as habilidades, experiência e redes para ter sucesso profissional e promover a causa da liberdade (Cato, s/d (a)).

presenciais e online. Além disso, as duas principais iniciativas são o Seminário de Liberdade de Outono e a Universidade Cato, espaços que recebem jovens de todo o mundo. Em 2015, por exemplo, a Universidade Cato recebeu Kim Kataguiri e Pedro Ferreira, representantes do Movimento Brasil Livre (MBL), como palestrantes e alunos do programa (Cato, 2015).

Entre as principais publicações do Cato, está o *Manual do Cato para formuladores de política*, um extenso documento escrito pelos pesquisadores do instituto que apresenta análises, reflexões e sugestões de políticas nas mais diversas áreas para influir nas decisões no aparelho de Estado dos Estados Unidos. Em sua última publicação, em 2017, sobre a América Latina, o documento sugere as seguintes políticas dos Estados Unidos para o continente: facilitar a dolarização para qualquer país que deseje adotar o dólar como moeda nacional, retomar a implementação da Área de Livre Comércio das Américas (Alca), encerrar a Aliança para a Prosperidade no Triângulo Norte e da América do Norte e terminar a guerra hemisférica contra as drogas.[73]

Sobre a questão do "combate à corrupção", o Cato Institute adota posições controversas. O instituto critica a expansão da aplicação da Lei de Práticas de Corrupção no Exterior(FCPA) na década de 2010, como uma intervenção socioeconômica de órgãos governamentais desmedida e um limitador da competitividade nos mercados, em especial para empresas dos Estados Unidos. Em artigo publicado no site do *think tank*, em 2018,

[73] Importante destacar que parte da crítica do Cato Institute sobre a "guerra às drogas" perpassa pelo intervencionismo estatal na economia política internacional do comércio de drogas. Os estudiosos do instituto advogam que a liberalização das drogas e sua regulação pelas forças mercantis iria gerar uma série de benefícios sociais e econômicos (Carpenter, 2003).

assinado por Walter Olson, a FCPA é classificada como um ato de moralismo punitivista.

No *Manual do Cato para formuladores de política* de 2017, Olson sugeriu que a "criminalização excessiva" para os crimes do colarinho branco fosse revista nos Estados Unidos e no lugar fossem ampliados os mecanismos de sanções civis (Cato, 2017). No entanto, o Cato Institute, sobre casos de combate à corrupção fora dos Estados Unidos, parece ser um entusiasta apoiador. Em 2018, por exemplo, o principal orador do prêmio Milton Friedman pela Liberdade, entregue em Nova York, foi o ex-juiz brasileiro, Sergio Moro.[74] Moro foi apresentado como um eminente herói contra a cultura da corrupção na América Latina, impregnada, principalmente, nas empresas públicas e governos (Cato, 2018).

Além da homenagem a Moro, o *think tank* estudou e tentou explicar as razões para o sucesso da Operação Lava Jato em desvendar um dos maiores casos de corrupção do mundo envolvendo a Petrobras. Segundo o Cato Institute, o sucesso estaria no reforço do *rule of law* no sistema de Justiça brasileiro. A meritocracia e a capacidade de atrair profissionais gabaritados para o sistema de Justiça, a criação do Conselho Nacional de Justiça (CNJ) e o Conselho Nacional do Ministério Público aumentaram a eficiência, a qualidade nas indicações ao Supremo Tribunal Federal (STF) e a independência/autonomia da Polícia Federal e do Ministério Público Federal foram algumas das razões apontadas como as raízes institucionais do avanço do "combate à corrupção".

---

[74] Moro e outros membros da Operação Lava Jato foram homenageados por diversos *think tanks* imperiais. Sejam eles liberais-cosmopolitas, neoconservadores ou libertários-ultraliberais. Deltan Dallagnol, por exemplo, em 2019, foi convidado como palestrante pelo ultrarreacionário Acton Institute, *think tank* que versa por unir ideias liberais, conservadoras e religiosas de matriz judaico-cristãs (Acton, 2019).

O curioso é que, para o Cato Institute, o que é considerado como "punitivismo autoritário" nos Estados Unidos, para o Brasil seria um exemplo no avanço civilizatório liberal. A controvérsia explica-se por razões materiais. O "combate à corrupção", principalmente envolvendo a Petrobras, foi funcional e aumentou lucros e oportunidades de negócios. Um dos grandes objetivos estratégicos da Koch Industries, cujos executivos foram fundadores do Cato Institute, é a privatização da Petrobras (*Carta Capital*, 2015), principalmente após as descobertas do pré-sal.

3.7. A atuação de outras entidades internacionais A Academia Internacional Anticorrupção (Iaca)

A Iaca foi iniciada, em 2010, a partir de parcerias entre agências governamentais e setor privado. O Escritório das Nações Unidas sobre Drogas e o Crime (Unodc – United Nations Office on Drugs and Crime), a Interpol, o Organismo Europeu de Luta Antifraude (Olaf) e a República da Áustria foram protagonistas em sua criação. O objetivo da Iaca é se tornar a principal escola internacional de formação anticorrupção voltada para agentes públicos e privados.

Até 2021, quase oitenta agências governamentais, principalmente as especializadas em combate à corrupção, são signatárias da Iaca (Iaca, s/d (b)). A Academia já qualificou juristas, economistas, funcionários e diplomatas oriundos de quase 160 países em seus programas de formação. Entre as principais iniciativas estão os programas de mestrado em Estudos Anticorrupção, Compliance Anticorrupção e Ação Coletiva e Anticorrupção e Diplomacia.

A Iaca também oferece Cursos Anuais de Verão para mais de seiscentos alunos, entre agentes públicos, funcionários de empresas privadas e de ONGs (Iaca, s/d (c)). O programa dos cursos é baseado nas convenções multilaterais anticorrupção, como a da

ONU e da OCDE, noções de *compliance* e das normas antifraude estabelecidas pelo Banco Mundial e outras entidades (Iaca, 2020).

A Iaca também promove cursos regionais, personalizados e online para órgãos públicos e privados. A academia é gerida por um reitor que se subordina ao Conselho dos Governadores. Além desse conselho também existem outros espaços consultivos da academia: o Conselho Sênior Internacional e o Conselho Consultivo Acadêmico Internacional. Entre os principais financiadores da Iaca, destacam-se o Departamento de Estado dos Estados Unidos, a Federação Russa, a Siemens, a Motorola e o Fórum Econômico de Davos (Iaca, s/d (d)).

O Brasil é signatário da Iaca, através da Controladoria-Geral da União (CGU), desde 2013. A CGU indicou representantes brasileiros para o Conselho dos Governadores e para o Conselho Sênior Internacional.[75] Desde então, dezenas de agentes públicos, advogados de firmas especializadas em *compliance* e magistrados participaram de eventos e cursos da Iaca. Em 2016, por exemplo, representantes da CGU apresentaram para os alunos de mestrado da academia a "experiência brasileira de combate à corrupção" (Controladoria-Geral da União, 2016). Já em 2018, o Brasil sediou a 9ª Conferência da Iaca, que contou com o ex-juiz Sergio Moro como um dos seus conferencistas (Tribunal Regional Federal da 1ª Região, 2018).

De forma geral, iniciativas como a Iaca demonstram como a "transplantação" de normas e concepções jurídico-políticas sobre o combate à corrupção, muitas vezes, não é consolidada através de mecanismos de imposição imperialista, mas através de processos formativos, intercâmbios internacionais e pressões oriundas de aparelhos privados de hegemonia burgueses. Essa

---

75 Foram indicados Sérgio Nogueira Seabra e Luiz Augusto Fraga Navarro de Britto Filho para o Conselho dos Governadores e o Conselho Sênior Internacional, respectivamente.

transplantação é naturalizada acriticamente pela maioria dos agentes públicos e privados que atuam no combate à corrupção.

TRACE *International*

A TRACE International é uma organização, com sedes nos Estados Unidos e no Canadá, que reúne mais de quinhentas transnacionais de todo o mundo, a fim de orientar seus membros para desenvolverem melhores práticas de governança e *compliance* tendo como referência a U.S. Foreign Corrupt Practices Act (FCPA), UK Bribery Act e outras legislações antissuborno semelhantes (TRACE International, s/d (a)). Para se associar, a empresa deve pagar uma anuidade. Segundo seu portal oficial, o programa de conformidade e assessoria da entidade reduz os custos e o tempo com programas de cumplicidade. Parte significativa das quinhentas maiores empresas dos Estados Unidos é associada à TRACE.

Os membros da associação contam com uma série de recursos, como boletins informativos específicos sobre cada país em que a empresa atua, guias sobre restrições locais de presentes que podem ser concedidos a funcionários públicos, manuais de conformidade, ferramentas para a avaliação de riscos e uma rede de advogados internacionais especializados em leis contra o suborno, através de parcerias entre a TRACE e firmas de advocacia em mais de 140 países. A TRACE oferece formação contínua para executivos e funcionários das empresas associadas por meio de eventos, mesas redondas, conferências anuais e acesso a uma biblioteca online (TRACE International, s/d (a)).

A organização também desenvolve plataformas e softwares para registrar e controlar o recebimento e a entrega de "presentes" a funcionários públicos e avaliação de riscos, além de promover alguns índices sobre parceiros comerciais "seguros" e combate à corrupção pelo mundo. Em nossa análise, a TRACE é um dos instrumentos de articulação entre empresas transnacionais, sob hegemonia estadunidense, para regular o processo de monopolização/oligopolização do "mercado de *compliance*", ao conectar firmas de contabilidade e advocacia, tecnologia de dados e grandes conglomerados. Além de ser uma "entidade sem fins lucrativos", a TRACE também tem seu braço comercial: a TRACE Incorporated.

O foco da TRACE não é somente em empresas transnacionais, mas também suas terceirizadas e empresas grandes e médias locais. A entidade oferece um exame de certificação para empresas, com o objetivo de elas ganharem mais confiabilidade e transparência em seus negócios com firmas transnacionais

Principalmente com o advento da Operação Lava Jato e o "*boom* do mercado de *compliance*" no Brasil, a TRACE passou a ter empresas e associações empresariais brasileiras como um dos seus alvos. A Associação Brasileira de Engenharia Industrial (Abemi) é a principal parceira brasileira da TRACE e tem tentado atrair para a parceria outras associações, como a Federação das Indústrias de São Paulo (Fiesp) (Abemi, 2019). Em 2018, por exemplo, a TRACE organizou uma conferência antissuborno na cidade de São Paulo (TRACE Internatinal, s/d (c)).

4. COMBATE À CORRUPÇÃO NO BRASIL RECENTE: ESTRUTURA INSTITUCIONAL E ATUAÇÃO DE ONGS, *THINK TANKS* E ENTIDADES EMPRESARIAIS

Conforme já mencionamos, nos últimos anos foram publicados diversos estudos sociais, econômicos e jurídicos sobre os métodos, as consequências socioeconômicas e as fundamentações jurídicas da Operação Lava Jato. Para além de focarmos exclusivamente no processo, em si, da operação, temos como grande objetivo neste livro apresentar os elos entre o tardoimperialismo e a estrutura institucional e extrainstitucional do combate à corrupção internacional e no Brasil. Sustentamos que a partir dessa abordagem mais ampla, tendo como base a formação social, a estrutura de classes, o padrão de acumulação e a dinâmica das transferências de (mais-)valor, poderemos melhor compreender, contextualizar e, consequentemente, construir uma crítica radical aos fundamentos e às consequências das operações e políticas de combate à corrupção no Brasil recente.

Primeiramente, cabe salientar que a Lava Jato não foi pioneira na instrumentalização política do combate à corrupção na história do Brasil. Como vimos no capítulo anterior, o discurso anticorrupção muitas vezes fez parte da estratégia das classes dominantes para operarem "revoluções passivas" e modernizações conservadoras nas estruturas econômicas, sociais e políticas da sociedade brasileira. A Proclamação da República, a Revolução de 1930 e as tentativas de golpes em 1954 contra Vargas e em 1955 contra Juscelino Kubitschek são alguns exemplos, com as devidas particularidades e mediações, da instrumentalização política da "luta contra a corrupção".

No entanto, foi no golpe de 1964, e ao longo do governo de Castelo Branco (1964-1974), que o discurso anticorrupção atrelado à cruzada anticomunista impulsionou políticas de Estado a fim de justificar expurgos de funcionários públicos e de quadros políticos de diversas matrizes ideológicas. Os IPMs (Inquéritos Policiais Militares) foram os principais instrumentos de combate à corrupção no período.

Segundo José Paulo Netto (2014, p. 89-90), apenas em 1964 foram instaurados mais de 1.100 IPMs em todos os estados da federação. Os IPMs eram presididos por oficiais com ampla autonomia, poder policial e, oficialmente, eram subordinados a uma CGI (Comissão Geral de Investigações).[76] Contudo, o combate à corrupção no Brasil contemporâneo, apesar de diversos traços de similaridade e continuidade com a instrumentalização histórica, principalmente pelas direitas políticas, tem importantes diferenças.

Se, por exemplo, durante a ditadura, a anticorrupção localizava-se como um discurso moralista e ideológico de legitimação do terrorismo de Estado e, ao mesmo tempo, as práticas tidas como corruptas eram extremamente funcionais para o desenvolvimento da doutrina econômica de segurança nacional do regime, por outro lado, o "combate à corrupção" na contemporaneidade, além do discurso moralizador e organizador de uma frente de massas das direitas políticas, também se tornou funcional para a *mudança no padrão de acumulação* (modelo econômico), implementado durante os anos de governos petistas, e *uma nova relação de forças* na direção do Estado capitalista brasileiro.

---

[76] Para aprofundamento, em nossa tese, temos um capítulo específico sobre o tema "A Lava Jato não inventou o uso político do combate à corrupção: o caso dos IPMs no início da ditadura civil-militar."

Desse modo, além da instrumentalização política (nada nova), a luta contra a corrupção contemporânea também é funcional para a disputa intermonopólica através da concorrência por acesso a informações, mercados, preços de monopólio e fronteiras tecnológicas. No caso brasileiro, além dessas contradições, a anticorrupção é funcional, como veremos, para a intensificação de nossa condição periférica/dependente nas cadeias globais de valor-trabalho e na reconfiguração das relações entre as classes dominantes locais e os capitais transnacionais imperialistas.

Para comprovarmos essa hipótese proposta, após o breve resgate histórico, apresentaremos a estrutura institucional anticorrupção no Brasil pós-1988, que deixou como legado grande parte dos instrumentos legais utilizados pela OLJ. Segundo o ex-coordenador da OLJ Deltan Dallagnol (2021, p. 197), o novo modelo de investigação da Lava Jato teria quatro pilares: acordos de cooperação com os réus (delação premiada), cooperação dentro do Ministério Público Federal entre instituições do Brasil e estrangeiras, a estratégia de fases da operação e, por fim, uma nova estratégia de comunicação (alianças na "sociedade civil").

Ao historicizarmos a evolução da estrutura institucional anticorrupção e a relacionarmos com a dinâmica das lutas sociais e das correlações de forças no seio da sociedade, identificamos três fases dessa estruturação: 1) a fase progressista de crítica aos "entulhos antidemocráticos" da ditadura civil-militar; 2) a anticorrupção como uma das legitimadoras da "contrarreforma do Estado e das privatizações neoliberais" na década de 1990; e, por último, 3) a internacionalização da legislação anticorrupção e a consolidação de amplos instrumentos de combate à corrupção, principalmente, durante os governos petistas (2003-2015).

Em seguida, apresentaremos uma síntese das posições sobre o tema de parte dos principais *think tanks* liberais-conservadores e de ONGs como novos aparelhos privados de hegemonia da burguesia brasileira. Em nosso juízo, a partir desse levantamento, é possível identificarmos as origens institucionais, sociais e políticas da Operação Lava Jato.

4.1. A institucionalidade anticorrupção na Nova República

4.1.1 A fase progressista (1987-1992)

Conforme vimos no ponto anterior, foi durante o regime militar que se institucionalizaram práticas de corrupção como usuais nas relações entre governo e empresas no bojo dos processos de conglomeração econômica (Campos; Brandão, 2017).[77] A reconstrução de um movimento popular e operário com base de massas, relativamente autônomo e antiditadura influiu em debates e nas construções programáticas que alinhavam as liberdades democráticas com a democratização de direitos sociais e econômicos. Apesar da derrota parcial na campanha das Diretas Já, o movimento popular e operário logrou alguns avanços nas disputas da Constituinte de 1987-88.[78]

---

77 Como demonstrou José Paulo Netto (2009), o regime militar representou a aplicação de um projeto de modernização conservadora, o qual operava o desenvolvimento do capitalismo monopolista dirigido por um Estado sob aparência militar. A criação de diversas empresas estatais, modernização do sistema financeiro e impulso à centralização de capitais nacionais associados a estrangeiros, além da modernização de políticas sociais e de financiamento do Estado, foram algumas características marcantes desse processo.

78 Danilo Enrico Martuscelli corretamente caracteriza os limites desse progressismo. Segundo o autor, a luta contra a corrupção associada aos efeitos socioeconômicos da aplicação do receituário neoliberal no início dos anos de 1990 reproduzia, mesmo sob um viés progressista, um "fetichismo com o Estado". Ou seja, reproduzia a ideologia do

Para fins didáticos, caracterizamos o período de 1987 até 1992 como a fase progressista dos debates anticorrupção. Essa fase é marcada pela intervenção independente do movimento operário e popular e o alinhamento das denúncias de corrupção no Estado brasileiro com a "questão democrática, social e econômica". Ou seja, a luta contra a corrupção, para além de uma perspectiva criminal, era vista como parte dos esforços de democratização política e social e de desenvolvimento soberano do país.

A Constituição expressava o acirramento das lutas de classes na década de 1980. Embora tal documento reconheça direitos sociais, políticos, democráticos e a função diretiva do Estado no desenvolvimento econômico, os preceitos liberais de defesa da propriedade privada e da "neutralidade" da administração pública permaneceram. Ademais, a ausência de reformas profundas em estruturas estatais, como as Forças Armadas, e socioeconômicas, como a fundiária, marcam esse processo contraditório.

Na interpretação de Manzano e Carvalho, a Constituição de 1988, apesar dos seus limites e contradições, buscava instituir um modelo de Estado de bem-estar social que não apenas pudesse estabelecer um sistema de proteção social universal, fortalecendo as relações de trabalho e reduzindo as desigualdades históricas que nos caracterizam, como também depositando no Estado o protagonismo na tarefa de dirigir o processo de desenvolvimento econômico (Carvalho; Manzano, 2020, p. 99).

Apesar de diferentes avaliações sobre o processo da constituinte, em linhas gerais, entre estudiosos do campo do pensamento crítico, há um relativo consenso de que o texto constitucional aprovado serviu como um entrave para as transformações institucionais contrarreformistas do neoliberalismo. Prova disso é a necessidade recorrente, por parte das forças políticas ligadas

---

Estado burguês e o mito do "Estado de todo o povo", sem questionar as determinações de classe nessa trama (Martuscelli, 2017).

ao grande capital, de mudar o texto constitucional. Até 2020, segundo Manzano e Carvalho (2020, p. 117), a Constituição sofreu mais de cem emendas e 170 leis complementares por parte do Congresso Nacional.

No campo da anticorrupção, podemos constatar que a Constituição trata esse tema de maneira indireta, associado aos princípios da ordem econômica e da administração pública. A Carta Magna brasileira defende uma ordem econômica voltada para o combate das desigualdades e a afirmação da soberania nacional, as defesas da propriedade privada e sua função social, da livre concorrência, do consumidor e do meio ambiente, assim como a busca pelo pleno emprego. Um conjunto de princípios híbridos que congregam valores liberais, desenvolvimentistas e de justiça social. Ademais, no campo da administração pública, os princípios da moralidade, impessoalidade, legalidade e publicidade são reforçados.

Um dos desdobramentos progressistas dos debates anticorrupção do período foi a Lei 8.112/1990, que regulou os direitos dos servidores públicos federais, buscando combater a perseguição política e o assédio moral e fortalecer os concursos públicos. Num contexto em que predominava a pessoalidade nas indicações para cargos públicos, a Lei 8.112 foi uma importante conquista democrática.

Outro desdobramento desse período progressista remete à aplicação de políticas de participação popular e de controle social dos serviços públicos. A criação e a regulação do Sistema Único de Saúde (Lei 8080/1990) e mais tarde da Lei de Diretrizes e Bases da Educação Nacional (Lei 9394/1996) apontam para a importância da participação popular na elaboração e fiscalização de tais serviços públicos.

O papel do MP (Ministério Público) também foi remodelado pela Constituição de 1988. O MP teria como missão garantir os direitos sociais, individuais e a ordem jurídica e democrática do país, como uma espécie de "guardião" dos princípios constitucionais. Contudo, como veremos, com as contrarreformas neoliberais esses princípios foram minimizados, e, consequentemente, o MP passou a ter outro tipo de atuação.

Outra experiência, no âmbito das políticas governamentais na esfera municipal, foi a dos OP (Orçamentos Participativos). Criado por administrações do PT na década de 1980, o orçamento participativo foi adotado por diversos governos municipais de variados partidos entre 1989 e 1996. Por mais que sua aplicação tenha limites quanto à proporção do orçamento disponível para a fiscalização das comunidades, é possível estabelecermos que, nesse caso, a luta contra a corrupção nos serviços públicos estava associada às formas de exercício da democracia direta.

Contudo, com a mudança na correlação de forças nos anos de 1990, mesmo com o processo de impeachment do então presidente Fernando Collor, a questão da anticorrupção foi hegemonizada pelo discurso moralista. A "novidade" é que a corrupção de políticos, empresários e alguns funcionários públicos passou a servir como justificativa para a agenda de contrarreformas neoliberais no Estado brasileiro. Contraditoriamente, os discursos anticorrupção alinhados às contrarreformas e privatizações não acabaram com as práticas de corrupção, pelo contrário, impulsionaram uma série de esquemas e escândalos nos anos de 1990.

4.1.2. A anticorrupção como legitimadora das contrarreformas neoliberais no Brasil

No Brasil, apesar da crise da dívida nos anos de 1980, o crescimento do movimento operário e popular, assim como a fundação do Partido dos Trabalhadores, freou as contrarreformas neoliberais. Ademais, conforme aponta Martuscelli (2017), devido ao processo de industrialização periférica, formaram-se setores da "burguesia interna" que, apesar de apoiarem a "abertura" e a "modernização" neoliberal, almejavam preservar suas reservas de mercado no plano nacional e resistiram seletivamente às políticas de abertura comercial. Por outro lado, a alta inflação, a instabilidade cambial e a própria correlação de forças na sociedade brasileira dificultavam a inserção periférica brasileira na dinâmica internacional da financeirização (Paulani, 2008, p. 134).

Com tamanhas dificuldades e contradições, a tarefa primordial das classes dominantes era frear e derrotar a ascensão do movimento operário e popular. Nas eleições de 1989, as derrotas das candidaturas populares de Luiz Inácio Lula da Silva e Leonel Brizola foram fundamentais. O vencedor foi um oligarca "outsider" que surfou num discurso antiesquerda e anticorrupção. Fernando Collor de Melo prometia modernizar o país, inseri-lo no processo de globalização, combater os "marajás" e a corrupção nos serviços públicos.

Apesar de não reunir as condições políticas e institucionais para realizar as contrarreformas requeridas pelo capital financeiro e transnacional, Collor representou a derrota eleitoral das esquerdas em ascensão. É nesse período também que a fase progressista da luta anticorrupção chega ao seu ápice e se esgota. Politicamente, o marco desse ápice e esgotamento deu-se através do processo de impeachment de Collor e do protagonismo do MEP (Movimento pela Ética na Política); já em termos econômicos e institucionais, foi mediante a aprovação, em 1993, da Lei de Licitações (Lei 8.666/1993).

Em que pese a esquerda procurar alinhar a pauta anticorrupção com a denúncia aos efeitos das políticas neoliberais, como a abertura comercial, o confisco das cadernetas de poupança e o encarecimento do custo de vida, a "luta pela ética na política" tornou-se a principal bandeira estimulada pelos principais veículos de comunicação. Nesse contexto, entre agosto e setembro de 1992, mais de 260 entidades ligadas ao movimento sindical, popular, empresarial, estudantil e à Igreja Católica fundaram o MEP (Martuscelli, 2017, p. 11).

Apesar do espaço midiático, a força motriz nas ruas contra o governo Collor eram os estudantes, principalmente os secundaristas. A solução negociada através do afastamento de Collor e a instauração de um governo de transição liderado por Itamar Franco foi fundamental para a restauração da estabilidade do poder burguês no país em associação com o programa propagandeado pelos principais organismos internacionais.

Por outro lado, o legado do MEP deixou marcas na política da esquerda brasileira, principalmente no Partido dos Trabalhadores. Diante do colapso das experiências socialistas do Leste Europeu e a aparente vitória da globalização liberal, o debate sobre projetos nacionais e de sociedade perdeu cada vez mais espaço para perspectivas "administrativas" e "humanizantes" do modo de produção capitalista.

Nesse sentido, para demonstrar uma face mais palatável e moderna para as classes médias, o PT incorporou acriticamente (ou se identificou com) o discurso moralista anticorrupção.[79] Apresentava-se como um partido incorruptível e o grande paladino da "ética na política", questão que Leonel Brizola ironizava alegando que esse discurso fazia o PT parecer uma "UDN que usava macacão de fábrica", e como criticou Fontes:

> Duas campanhas foram emblemáticas para a transição entre as referências anticapitalistas que subsistiam e a instauração de um perfil indistinto adotado por grandes ONGs. O Movimento

---

79 Em *Esquerda e direita no eleitorado brasileiro: a identificação ideológica nas disputas presidenciais de 1989 e 1994* (2002), André Singer, além de defender uma identidade ideológica no perfil do eleitorado brasileiro, também demonstra como parte da base eleitoral petista nessas eleições estava situada entre as chamadas "classes médias urbanas".

> Ética na Política exigiu a destituição do governo Collor e contou com intensa mobilização popular. Embora voltado para alvo diretamente político, eximia-se da perspectiva de organização de classes, limitando-se a uma abordagem moralizante. Após o impeachment, ele se desdobraria na Ação da Cidadania (1993), agora com caráter emergencial e propositivo, que se converteria em Ação da Cidadania contra a Miséria e pela Vida (Gohn, 2004, p.306) e experimentaria enorme sucesso. Foi capitaneada por Herbert de Souza, o Betinho, através do Instituto Brasileiro de Análises Sociais e Econômicas (Ibase), então uma das maiores ONGs do país. Balizada num registro "fraterno" que lhe permitia "furar" o bloqueio dos meios de comunicação, a campanha procurava mobilizar todos os setores sociais. Constituindo uma grande frente, chegou a contar com milhares de núcleos, espalhados em todo o país e a recolher (e distribuir) grande quantidade de donativos. (Fontes, 2010, p. 274)

A lei de licitações foi aprovada pelo Congresso Nacional no início de 1993. Carvalho e Manzano (2020) chamaram a atenção de como essa lei representou uma erosão no ensaio de Estado de bem-estar social proposto pela Constituição. Segundo esses autores, grande parte dos princípios progressistas contidos na Constituição de 1988, como, por exemplo, o combate às desigualdades sociais e regionais e a defesa da justiça social, foram subvertidos e deram lugar aos princípios "gerenciais" de eficiência e de proteção ao equilíbrio financeiro em prol dos entes privados:

> Além de restringir os critérios de acesso, a legislação regulamentadora escolheu também proteger as empresas contratadas através de dispositivos que tratam do equilíbrio econômico-financeiro do contrato. Em outras palavras, os parâmetros de rentabilidade das empresas vencedoras dos certames licitatórios não podem sofrer alterações em nenhuma circunstância, sendo que,

> caso a execução demande outra questão ou queira incidir em maior qualidade, fica resguardado, independente de ação judicial, o correspondente aumento dos valores contratuais. (Carvalho; Manzano, 2020, p. 110)

Ademais, ao estabelecer as fases em torno da habilitação e do julgamento, define o critério de preço em prevalência com relação à qualidade dos serviços e diminui o grau de discricionariedade do Estado para fomentar o desenvolvimento de cadeias produtivas locais. Em suma, a lei protege os interesses e a reserva de mercado para conglomerados nacionais e ensaia uma abertura para investimentos estrangeiros, questão que será mais bem regulamentada na nova lei de licitações pós-OLJ aprovada em 2020.

Por conseguinte, essa lei não inibiu as relações promíscuas entre Estado e capital monopolista. Relações derivadas, como já vimos, da ditadura civil-militar. Para Paulani (2008), a partir do governo Itamar e da edificação do Plano Real, originou-se uma nova institucionalidade pautada pelo alarmismo do "Estado de emergência econômica". Além de resolver a questão inflacionária que impedia a abertura formal da economia se transformar em abertura real, o plano abriu espaço para uma série de outras mudanças no governo de Fernando Henrique Cardoso (FHC), já que a preservação da estabilidade monetária conquistada serviu de álibi para justificar a abertura comercial desordenada, as privatizações financiadas com dinheiro público, a sobrevalorização da moeda, a elevação inédita da taxa de juros, e assim por diante.

Trata-se, segundo Paulani, de uma espécie de Estado de Exceção Econômica, que vai sendo paulatinamente decretado e que justifica qualquer barbaridade em nome da necessidade de salvar o país. Mais recentemente, diversos economistas heterodoxos (e até então do campo ortodoxo, como André Lara Resende) chamam essa prática e discurso hegemônico no Brasil de "terrorismo fiscalista".

O novo regime socioeconômico neoliberal baseado nas altas taxas de juros, na autonomia operacional do Banco Central, no sistema de metas de inflação, no câmbio flutuante (a partir de 1999) e na busca por superávits primários transformaram o Brasil numa das principais plataformas periféricas de valorização de capitais fictícios, além de retroceder relativamente o peso dos aparatos produtivos industriais e gerar empobrecimento dos trabalhadores.

Apesar das resistências, principalmente de setores do movimento sindical e do Movimento dos Trabalhadores Rurais Sem Terra (MST), os anos 1990 consolidaram uma nova correlação de forças desfavorável às classes populares e vinculadas ao mundo do trabalho. Concomitantemente às medidas socioeconômicas, ergueu-se uma nova superestrutura jurídica e política no seio do Estado capitalista periférico brasileiro. Liderada por Bresser-Pereira, a contrarreforma do Estado versava por adaptar a administração pública aos desafios de um mundo globalizado. Eficiência e responsabilidade fiscal tornaram-se princípios fundamentais para a construção de um "Estado Gerencial" no Brasil.

Parte da justificativa da agenda contrarreformista era de superar os entraves patrimonialistas e burocráticos da Constituição de 1988. Segundo o plano diretor da "Reforma do Estado" de 1995, apesar do mérito de implementar um modelo de democracia liberal no país, a Constituição possuía diversos empecilhos burocráticos que seriam os responsáveis pela má qualidade dos serviços públicos:

> Como resultado do retrocesso burocrático de 1988 houve um encarecimento significativo do custeio da máquina administrativa, tanto no que se refere a gastos com pessoal como bens e serviços, e um enorme aumento da ineficiência dos serviços públicos. (Brasil, 1995, p. 22)

O aumento da desvinculação das receitas da União, a Lei de Responsabilidade Fiscal, a Lei de Falências (aprovada em 2005, durante o governo Lula), a autonomia operacional do Banco Central, as privatizações de empresas e bancos públicos estratégicos fazem parte, segundo Paulani, da nova institucionalidade neoliberal do "Estado de emergência econômica".[80] A combinação de inserção periférica nos circuitos internacionais de valorização dos capitais fictícios no mercado financeiro, desindustrialização relativa,[81] impulso à centralização de capitais na economia nacional através das privatizações e focalização das políticas sociais foi, em grande parte, justificada com um

---

80 Na interpretação dos economistas marxistas Lecio Morais e Alfredo Saad Filho (2018), a transição do Brasil para o neoliberalismo teve como singularidade a centralidade da estabilização monetária e sete características gerais: liberalização das importações, sobrevalorização da moeda, liberalização dos fluxos internacionais de capital e financeiração doméstica, altas taxas de juros, redução dos déficits nominais do setor público e, por fim, desindexação para consolidar um novo sistema de preços.

81 Na vedade, tratou-se de uma adaptação do parque e das plantas industriais brasileiras às cadeias globais de valor-trabalho. Intensificando, assim, a inserção periférica e a dependência tecnológica dos centros imperialistas. Segundo a análise de Morais e Saad Filho (2018, p. 122), o processo de desindustrialização absoluta foi amenizado nos anos de 1990 devido aos fortes golpes contra a indústria doméstica terem sido suavizados pela transferência de algumas empresas públicas para o capital nacional, especialmente na siderurgia e na petroquímica, e pela expansão do Mercosul. Esse acordo abriu novos mercados para os "antigos" capitais industriais situados na região metropolitana de São Paulo, com destaque para a cadeia produtiva do setor automotivo. Além disso, montadoras de propriedade estrangeira tenderam a se associar ao capital brasileiro fornecedor de peças e componentes.

discurso oficial de superação do "atraso", do "patrimonialismo" e da "corrupção sistêmica".[82]

É perceptível como a retórica moralista da anticorrupção no discurso supracitado do ex-presidente vincula-se diretamente com os princípios de "eficiência" e "equilíbrio financeiro". Anos mais tarde, ao defender a OLJ, em 2017, FHC defendeu que a privatização dos serviços públicos e empresas públicas seria o melhor remédio para combater a corrupção provocada por um sistema político "podre" (*Veja*, 2017).

A edificação de um "Estado de emergência econômica" ou o "terrorismo fiscal" como política do Estado neoliberal periférico em prol do grande capital financeiro e da valorização dos capitais especulativos contava com uma "subversão constitucional". Chamamos de subversão porque não foram mudanças pontuais e emendas na Carta Magna brasileira, mas profundas mudanças constantes nos seus princípios-guias.

---

82 Vejamos este discurso do então presidente Fernando Henrique Cardoso na ocasião de sua posse presidencial em 1995: "Minha missão, a partir de hoje, é fazer com que essas prioridades do povo sejam também as prioridades do Governo. Isso vai demandar uma ampla reorganização da máquina do Governo. A administração está muito deteriorada, depois de anos de desmandos e arrocho financeiro. O clientelismo, o corporativismo e a corrupção sugam o dinheiro do contribuinte antes que chegue aos que deveriam ser os beneficiários legítimos das ações do Governo, principalmente na área social. As CPIs do Congresso e as providências enérgicas tomadas pelo Governo Itamar Franco começaram a limpeza desses parasitas nos últimos dois anos. Vai ser preciso mexer em muitos vespeiros para completar a faxina e fazer as reformas estruturais necessárias para dar eficiência ao serviço público. Isso não me assusta. Sei que terei o apoio da maioria da Nação, inclusive dos muitos funcionários que têm amor ao serviço público." (Brasil, 209, p. 16).

O sistema de Justiça brasileiro e suas instituições tiveram que se adaptar a essas exigências socioeconômicas, muitas vezes legitimando a "subversão constitucional" neoliberal. Por isso, a Justiça, nas últimas décadas, passou a ser uma das principais arenas de disputas sociopolíticas. Nesse sentido, em vez de uma Justiça baseada no combate às desigualdades sociais e regionais, o princípio da eficiência passou a ser a principal referência.

Assim, mais uma vez, os polos "moralismo anticorrupção" *versus* "práticas corruptas" parecem caminhar juntos, como uma unidade de contrários. Em 1997, em meio à tramitação da PEC que viabilizou a reeleição de FHC, o jornal *Folha de S. Paulo* publicou uma denúncia sobre a compra de votos de alguns deputados para votarem favoravelmente a essa PEC , que beneficiaria diretamente as pretensões políticas do ex-presidente e do PSDB (*Folha de S. Paulo*, 2020).

Contudo, o caso mais emblemático trata-se, talvez, da maior denúncia na história brasileira de crimes de lavagem de dinheiro e evasão de divisas: o caso Banestado. Entre 1996 e 1999, com base na investigação da Polícia Federal, foram evadidos por meio de contas CC-5[83] cerca de 30 bilhões de dólares do Brasil. Esse complexo

83 Criadas em 1965, as contas são de livre movimentação, destinadas a pessoas jurídicas ou físicas, não residentes no Brasil, para que pudessem, aqui chegando, depositar o dinheiro na moeda de seu país de origem, usar o que precisassem em moeda brasileira e, no retorno, ter novamente o dinheiro transformado em moeda estrangeira. Desde 1992, o BC permitiu que qualquer pessoa devidamente identificada realizasse depósitos e, posteriormente, os convertesse em moeda estrangeira, remetendo-os para o exterior, por meio das contas CC-5. Para isso, deveria recorrer a uma instituição financeira também titular de CC-5 e autorizada a operar em câmbio, transferir o dinheiro para essa conta, ficando a cargo da instituição o depósito em moeda estrangeira na conta do remetente.

esquema era operado por doleiros[84] que enviavam o dinheiro para uma agência do antigo Banestado em Nova York, depois para outros bancos nos Estados Unidos e para paraísos fiscais.

No meio das investigações, o Banestado foi vendido para o Itaú em 2000, numa das principais compras de bancos públicos estaduais. Por sua vez, o Itaú liberou para a PF o cadastro de todos os correntistas da agência do Banestado em Nova York. A investigação foi a pioneira em contar com ampla cooperação internacional de instituições e agências dos Estados Unidos; parte dos membros da OLJ e até o ex-juiz Sergio Moro foram agentes que participaram da apuração do caso Banestado.

Segundo o delegado José Castilho Neto, responsável pela maior parte das investigações, uma grande quantidade de empresários, políticos e até jogadores de futebol beneficiaram-se de tal esquema. Castilho inclusive afirmou ter encontrado uma conta em Nova York com o nome de "tucano". A suspeita é que os recursos enviados teriam sido obtidos por meio de propinas recebidas durante as privatizações de empresas e bancos públicos (Escobar, 2020).

A proporção do escândalo e o possível envolvimento de políticos do alto escalão de partidos da direita liberal, como o PSDB e PFL (atual União Brasil), tiveram como consequência a criação de uma CPI (Comissão Parlamentar de Inquérito) no Congresso Nacional. O governo Lula, recém-eleito e preocupado com a sua governabilidade, atuou no sentido de enfraquecer a CPI e possíveis maiores desdobramentos da investigação.

Em sintonia com a oposição de direita, agentes do governo atuaram para o estabelecimento de uma "agenda positiva" em torno das propostas de "reforma tributária" e "reforma da previdência".

---

[84] Os dois principais envolvidos no esquema foram Dario Messer e Alberto Youssef. Esse último beneficiou-se por um acordo de delação premiada com o Ministério Público. Posteriormente, ambos também foram investigados e presos pela OLJ.

O PT, que nos anos 1990 atraiu parte das camadas médias urbanas, servidores públicos e membros de parte da burocracia jurídica através da abordagem moralista do discurso anticorrupção, agora necessitava agir dentro das "regras do jogo" da governabilidade.

Sem dúvida, essa postura de "abafar" do governo Lula gerou críticas e revanchismo de membros do sistema de Justiça brasileiro. No entanto, para além disso, foi durante os governos do PT que se consolidaram maiores investimentos na Polícia Federal, autonomia para o Ministério Público, criação da Controladoria-Geral da União (CGU), do Conselho Nacional de Justiça (CNJ), do Conselho Nacional do Ministério Público (CNMP) e, claro, o desenvolvimento de uma Estratégia Nacional de Combate à Lavagem de Dinheiro e Corrupção (Enccla). As medidas tiveram como marco balizador as formulações e indicativos dos principais órgãos internacionais (Agência PT, 2017b).

Por isso, caracterizamos essa fase como o momento de internacionalização e modernização institucional do combate à corrupção. Podemos perceber uma modernização sem mudanças sociais e sob direção política-intelectual do imperialismo legal. Isto é, não houve mudanças, por exemplo, para reformar a composição social, racial e ideológica dos membros do sistema de Justiça, assim como estabelecer maiores mecanismos de controle social desse poder.

4.1.3 A internacionalização da legislação e a ampliação dos mecanismos de combate à corrupção (2000-2013)

Os anos 2000 foram marcados pela consolidação da centralidade do chamado "controle criminal da corrupção" e adaptação da legislação e das instituições brasileiras aos acordos internacionais bilaterais e multilaterais firmados pelo Brasil sobre o tema. O problema da corrupção passou a ser visto como uma questão de impunidade e ineficiência do sistema de Justiça. As mudanças jurídicas e políticas vieram nessa linha, contando, claro, com o apoio de grande parte dos conglomerados midiáticos, ONGs transnacionais e políticos direitistas e até progressistas.

Grande parte dessas mudanças foram operadas durante os governos petistas de Luiz Inácio Lula da Silva e Dilma Rousseff. Desse modo, cabe anteciparmos parte de nossa caracterização desses governos na dinâmica das lutas de classes e da acumulação capitalista. A vitória da ampla coalizão liderada pelo PT em 2002 representava a aliança com os setores sociais que tiveram perdas com a introdução das políticas neoliberais desenvolvidas pelos governos do PSDB.

A crítica ao neoliberalismo encontrava abordagens e perspectivas diferentes no interior dessa frente. Segundo Armando Boito Jr. (2018), essa aliança entre os perdedores da década de 1990 reunia movimento sindical, sem-terra, partidos de esquerda, de centro e até frações da burguesia, em especial a industrial, comercial e até bancária. Essas frações, as quais o autor chama de "burguesia interna", apoiavam a política social e a contrarreforma do Estado realizadas pelos governos FHC. Eram, contudo, críticas às medidas de abertura comercial irrestrita.[85] Segundo

---

85 "Havia, contudo, outro setor da burguesia brasileira que relutava em aceitar a abertura neoliberal. Esse setor, que veio a formar a fração que estamos denominando grande burguesia interna, aderiu tardiamente à candidatura de Collor e o fez mais para evitar a vitória de Lula do que por aderir ao programa do ex-governador de Alagoas. [...] Os grandes industriais, setor que, juntamente com o agronegócio, forma o segmento mais importante da grande burguesia interna mantinham uma relação contraditória com o programa neoliberal. Apoiavam, como toda a burguesia, a *política social do neoliberalismo*: desindexação dos salários, desregulamentação das relações de trabalho, redução e cortes nos direitos sociais – nas áreas de saúde pública, de previdência pública e de educação. Porém, relutavam em aceitar ou mesmo se opunham a aspectos importantes da *política*

Singer (2011), essa ampla coalizão contra os efeitos econômicos e sociais do neoliberalismo viabilizou a vitória eleitoral em 2002.

Entretanto, essa vitória eleitoral não necessariamente representou a afirmação de um novo projeto coerente alternativo. Antes mesmo de assumir o novo governo, o grande capital financeiro transnacional, por meio do mercado financeiro, operou uma grande fuga de capitais do país, as agências internacionais aumentaram o "risco Brasil", e o então governo Bush se certificou de que o novo governo cumpriria os contratos internacionais e daria continuidade ao "tripé macroeconômico" neoliberal.[86]

O primeiro mandato de Lula foi marcado, em especial nos dois primeiros anos, por um rígido ajuste fiscal. Os juros da taxa Selic e as metas de superávit primário foram elevados, uma nova lei de falências que protegia primordialmente os credores foi aprovada, e as "minirreformas" da previdência e tributária, em nome da responsabilidade fiscal, restringiram o direito à aposentadoria de servidores públicos e aumentaram impostos regressivos.

As mudanças e as características da economia política dos governos petistas abordaremos mais adiante, mas, para entendermos as relações desses governos com as mudanças na institucionalidade anticorrupção, cabe destacarmos as bases sociopolíticas do fenômeno lulista. Apesar de nos associarmos às críticas à esquerda com relação às experiências de governos populares

---

econômica neoliberal: rejeitavam a política de abertura comercial, que ameaçava o mercado cativo criado pelo desenvolvimentismo para indústria local, e procuravam manter posições de força que tinham conquistado no capitalismo brasileiro, as quais eram ameaçadas pelas reformas neoliberais." (Boito Jr., 2018, p. 65).

86 Importante mencionar a publicação, ainda em 2002, da "Carta aos Brasileiros". Tratou-se de um compromisso público firmado pelo PT em dar continuidade às políticas em prol do grande capital monopolista-financeiro.

sob liderança do PT, que criticam a "conciliação de classes", temos diferenças com relação aos usos e abusos dessa expressão.

Para esses críticos, a conciliação com o "andar de cima" garantiu o aumento da massa dos lucros e, na maior parte desse período, das taxas de juros. A manutenção das altas taxas de juros, o impulso à capitalização e a centralização de empresas nacionais com respaldo dos bancos públicos, dentre outras medidas, foram realizadas em detrimento de mínimas reformas sociais estruturais, como, por exemplo, a reforma agrária, a reversão das privatizações de empresas públicas e da "institucionalidade neoliberal", ampliação universal de direitos sociais, trabalhistas etc.

Mauro Iasi (2014) recupera a formulação de Florestan Fernandes sobre a chamada "democracia de cooptação" como uma das possibilidades históricas do desenvolvimento da via autocrática. Apesar da instabilidade e do atendimento parcial das demandas populares, para o autor, a "democracia de cooptação" consolidada durante os governos petistas equacionou os conflitos sociais combinando a cooptação com o atendimento parcial das demandas populares.[87]

[87] "A eficiência da democracia de cooptação leva à consolidação de uma hegemonia burguesa no Brasil, talvez pela primeira vez em nossa história, com uma sociedade civil burguesa consolidada, um Estado Democrático de Direito e uma economia capitalista em condições de garantir, dentro da instabilidade e incontrolabilidade próprias desse modo de produção, patamares de acumulação de capitais razoáveis para as camadas dominantes. Por outro lado, os grandes problemas estruturais que estavam na base das demandas apresentadas pelo campo popular e as classes trabalhadoras nos anos 1980 e 1990 não encontraram uma solução no quadro da atual forma econômica, social e política que se consolida com a chamada transição democrática, levando a tensões que aqui e ali explodem em situações dramáticas de crise social e insatisfação, como ficou evidente nas Jornadas de 2013" (Iasi, 2014, p. 100).

Tal análise, em linhas gerais, faz reflexões importantes, mas desconsidera alguns fatores relevantes. O colapso das experiências socialistas do Leste Europeu, o avanço da hegemonia neoliberal e a reestruturação produtiva, derivada dos processos de liberalização para os capitais, resultaram numa correlação de forças mundial extremamente desfavorável para as forças populares. Mesmo para partidos não comunistas, mas de origem operária, como o PT, essas mudanças foram sentidas através do amoldamento à lógica institucional e (neo)liberal, desde os anos de 1990.

Carlos Nelson Coutinho (2010) ajuda a superar esse entrave e, ao mesmo tempo, aproxima-se, em linhas gerais, da crítica de Iasi. Para Coutinho, os governos petistas avançaram a "hegemonia da pequena política", isto é, quando a política deixou de ser pensada como arena de luta por diferentes projetos de sociedade e alheia à vida cotidiana dos indivíduos e passou a simples administração do existente.

Ou seja, apesar de os governos petistas reproduzirem o "esvaziamento e a despolitização dos conflitos sociais", como corrobora a análise de Coutinho, essa reprodução não foi imune a conflitos e contradições entre as diversas classes, frações e grupos sociais da sociedade. O "lulismo" seria um fenômeno sociopolítico de resposta a esses conflitos, segundo a análise de Singer (2012). Para esse intelectual, durante o primeiro mandato de Lula ocorreu um deslocamento político e eleitoral das bases sociais de apoio ao governo.

O ajuste fiscal nos dois primeiros anos, a reforma da previdência, o crescimento econômico ainda moderado e o "escândalo do Mensalão" diminuíram a capacidade de mobilização dos sindicatos, o apoio entre servidores públicos e afastou parte da "classe média" que acreditava que o PT era a expressão da "ética na política". Contudo, a política de valorização do salário-mínimo, a geração de empregos formais e a ampliação de programas sociais, como o Bolsa Família e o Luz para Todos, fizeram deslocar grande parte das massas populares das regiões mais pobres para o apoio de maneira passiva ao governo.

Segundo Singer, esse "subproletariado" estaria interessado em um "Estado forte e promotor de políticas sociais", mas mantendo a ordem. Essa fração é maioria entre as classes subalternas brasileiras, produto do desenvolvimento do capitalismo dependente e do empobrecimento dos trabalhadores devido às políticas neoliberais. Tradicionalmente, para Singer, esse setor associava-se a políticos e partidos conservadores e de direita, assim como criticava a "desordem" provocada pela esquerda, os movimentos sindicais e populares. Tratava-se, para esse autor, de um "reformismo fraco", no sentido de ter sido estabelecido um "pacto conservador" e de ampliação de políticas sociais de combate à pobreza sem tensionar a ordem vigente.

No entanto, apesar da "despolitização" dos conflitos sociais e "amoldamento" do movimento popular organizado à institucionalidade, é um equívoco menosprezar as tensões endógenas e exógenas no esteio dos governos petistas. O campo jurídico-político é um bom exemplo de uma arena contraditória, cuja resolução foi "pelo alto". Ainda em 2004, o governo Lula, sob articulação do então ministro da Justiça Márcio Thomaz Bastos, tentou realizar uma reforma do sistema de Justiça brasileiro.

As principais pautas eram o controle externo de fiscalização do Judiciário, ampliando, mediante a criação do Conselho Nacional de Justiça (CNJ) e do Conselho Nacional do Ministério Público (CNMP), o acesso e a eficiência da Justiça. Lula, no contexto dos debates sobre a onda de ataques do Primeiro Comando da Capital (PCC) entre 2002 e 2003, defendia que a "caixa preta" do Judiciário deveria ser aberta através de um órgão de controle externo (Christofoletti, 2003).

O debate sobre a "reforma do Judiciário", como demonstram os estudos de Maria Tereza Sadek (2010), era uma pauta polêmica no Congresso Nacional desde 1992. Entre os temas da jurisdição política constitucional, o acesso à Justiça e o controle externo, esta última era o principal entrave.[88]

À época da proposta de reforma de Thomaz Bastos, o presidente do STF, Maurício Correia, declarou-se contrário à medida de controle externo. Por conta da grande resistência interna do Judiciário, o CNJ e o CNMP foram aprovados mediante a Emenda Constitucional (EC)-45/2004.

Contudo, a composição interna desses órgãos mais refletia uma perspectiva de controle interno. A esmagadora maioria de seus membros advém da magistratura ou do "campo do Direito". A composição aprovada foi de treze conselheiros, sete indicados pelo Poder Judiciário e seis "externos" (dois representantes da OAB, um membro do Ministério Público estadual e um do Ministério Público Federal e dois cidadãos indicados pelo Poder Legislativo com "notório saber jurídico"). Entre 2000 e 2010, segundo dados do Coaf, magistrados e servidores do Judiciário movimentaram cerca de 856 milhões de reais de forma "atípica".

Além da questão do "controle externo", a EC-45/2004 também aprovou a ampliação de varas trabalhistas pelo país, a fim de facilitar o acesso à Justiça do Trabalho e a constitucionalização da submissão do Brasil aos acordos internacionais de direitos

---

88 Duas razões justificam essa proposta. A primeira delas vem do fato de que o Judiciário brasileiro, na verdade, é composto por diversos tribunais diferentes (estaduais, federais, comuns, especializados), cada um deles dotado de autonomia administrativa e financeira, com poucos padrões nacionais comuns para seu funcionamento. Com a criação do CNJ, ele passou a estabelecer alguns padrões e diretrizes nacionais para o funcionamento dos tribunais, especialmente no que se refere à administração de recursos humanos e financeiros, à informatização e à gestão de informações. A segunda justificativa para a criação do CNJ vinha da crítica ao corporativismo da magistratura e da necessidade de haver algum controle social sobre o único dos três poderes que não se submete ao voto popular [...] (Para entender Direito, 2012).

humanos e penais. O caso frustrado de tentativa de reforma do Judiciário é um bom exemplo de como o "reformismo fraco" está subordinado à lógica do pacto conservador do lulismo, como parte do método e da estratégia política desses governos frente às contradições e conflitos.

Apesar de incorporar algumas medidas progressistas, como a ampliação do acesso à Justiça do Trabalho, o corporativismo dos agentes do sistema de Justiça foi reforçado. A ausência de fiscalização transparente e externa, os altos salários e privilégios e a grande autonomia dada a diversos órgãos investigativos e fiscalizadores foram uma vitória de Pirro dos governos petistas. Esses governos também institucionalizaram a indicação do primeiro colocado da lista tríplice para exercerem a direção de órgãos importantes da República, como a Procuradoria-Geral da República (PGR), a Advocacia-Geral da União (AGU) e a Diretoria-Geral da Polícia Federal (PF).

Em que pesem os argumentos que se baseiam na crença de que essa institucionalização seria um avanço "republicano" que garantiria a "autonomia" do Ministério Público e da Polícia Federal (Agência PT, 2017a), essas medidas aprofundaram, na verdade, a autonomia relativa de instituições ainda baseadas fortemente em suas origens autocráticas. Além disso, a Polícia Federal recebeu mais investimentos públicos e foi reaparelhada. Já no primeiro mandato de Lula, a PF recebeu cerca de 1,8 bilhão de reais; em 2013, esse investimento saltou para 4,7 bilhões.

Esse preâmbulo torna-se necessário para compreendermos que o "republicanismo" e os maiores investimentos públicos na luta contra o crime organizado e de colarinho branco foram feitos sem reformas democráticas mínimas que modificassem ou, ao menos, amenizassem o caráter autocrático desses organismos.[89]

---

89 Entre cientistas sociais progressistas, há uma crítica importante sobre a escalada do "populismo penal" durante os anos de governos

Se o lulismo operava a tentativa de um amplo consenso que subordinasse os movimentos organizados da classe trabalhadora e as massas populares ao pacto conservador, os monopólios midiáticos, algumas ONGs e outras entidades empresariais defendiam que o grande problema para a segurança pública seria a impunidade. O diagnóstico da impunidade não era a solução mágica apenas para crimes cometidos pela população trabalhadora e pobre, como também para os de "colarinho branco".

É nesse contexto de manutenção de estruturas autocráticas e de avanço da hegemonia do Direito penal para solucionar conflitos sociais que se construiu um amplo sistema institucional de "combate à corrupção", seguindo a direção política, jurídica e doutrinária dos tratados internacionais firmados pelo Brasil. Nesse sentido, subdividimos este item com a apresentação dos seguintes pontos, que avaliamos como centrais para compreendermos a institucionalidade anticorrupção influenciada pelo imperialismo legal: a criação da Estratégia Nacional de Combate à Corrupção e Lavagem de Dinheiro (Enccla), a participação ativa em fóruns internacionais anticorrupção e as leis anticorrupção aprovadas nesses períodos.

---

liderados pelo PT. Apesar de consideráveis medidas populares no campo do reconhecimento das tradições, história do povo negro e políticas afirmativas de democratização do acesso ao ensino superior e alguns órgãos públicos, a população carcerária brasileira saltou de 237,7 mil, em 2000, para 727 mil em 2017 (Cruz, 2017), sendo a terceira maior do mundo, com uma população composta, em especial, por jovens negros moradores de periferias. Um terço desses estão presos sem julgamento.

4.1.3.1 A criação da Estratégia Nacional de Combate à Corrupção e Lavagem de Dinheiro (Enccla)

Foi durante os anos 2000 que amadureceu, no Brasil, um sistema institucional anticorrupção seguindo os padrões e as tendências indicadas por organismos internacionais como a OEA, OCDE e a ONU. Se por um lado, há, sem dúvidas, uma modernização institucional e de mecanismos de combate a crimes financeiros e de corrupção, por outro, há um apagamento do legado de alguns princípios contidos na Constituição de 1988: o aprofundamento democrático, o combate às desigualdades sociais e regionais etc. Essa modernização institucional seguindo os padrões internacionais é aplicada por instituições e órgãos de um Estado autocrático num capitalismo dependente.

Essas considerações são fundamentais para não superdimensionar nem minimizar alguns debates, avanços e retrocessos que ocorreram no contexto dos governos de pacto de "reformismo fraco" do PT. Em 2003, o governo Lula criou um órgão fiscalizador do Poder Executivo federal, a Controladoria-Geral da União (CGU), assim como, diante da ineficiência no combate a crimes de lavagem de dinheiro, foi lançada a proposta de uma grande articulação entre órgãos governamentais chamada de Estratégia Nacional de Combate à Lavagem de Dinheiro, mais tarde denominada Estratégia Nacional de Combate à Corrupção e à Lavagem de Dinheiro (Enccla).

A Enccla é a principal rede de articulação para o arranjo e as discussões em conjunto com uma diversidade de órgãos dos poderes Executivo, Legislativo e Judiciário, das esferas federal, estadual e, em alguns casos, municipais, bem como do Ministério Público de diferentes esferas, e para a formulação de políticas públicas voltadas ao combate à corrupção e à lavagem de dinheiro. O Departamento de Recuperação de Ativos e Cooperação

Jurídica Internacional, por intermédio da Coordenação-Geral de Articulação Institucional, funciona como secretaria-executiva da Enccla (Enccla, s/d).

A Enccla tornou-se um polo de formulação de políticas públicas, cooperação internacional e formação de agentes públicos no combate à corrupção. Dentre os seus resultados, até 2022, estão a capacitação de mais de 25 mil agentes públicos, através do Programa Nacional de Capacitação e Treinamento para o Combate à Corrupção e a Lavagem de Dinheiro; a elaboração de sistemas de TI, visando à transparência dos órgãos públicos; a elaboração do Plano de Diretrizes de Combate à Corrupção; e a proposição de inúmeros anteprojetos e propostas de alterações a projetos de lei.

Chama a atenção, mediante uma rápida pesquisa em seu sítio oficial, o fato de que as legislações multilaterais e acordos de cooperação internacional são a referência, quase exclusiva, para o estabelecimento das metas da Enccla. A jurista Fabiana Alves Rodrigues apresentou uma detalhada pesquisa sobre as determinações institucionais da Lava Jato. A autora identifica a influência internacional (imperialismo legal, a nosso juízo) na consolidação da primazia do "controle penal da corrupção", inclusive nos meios da Enccla:

> [...] Entre 2004 e 2007, o grupo (a Enccla) tratou da criminalização do enriquecimento ilícito prevista nas convenções da OEA e ONU e engajou-se na celeridade da aprovação dos tratados internacionais, com reflexos no "combate à lavagem de dinheiro", e da convenção da ONU contra a corrupção, além da formação de um grupo de trabalho para acompanhamento da aprovação dos tratados já assinados. Também buscou a definição de "pessoas politicamente expostas", em atenção à convenção da ONU sobre corrupção e crimes transnacionais. Ao lado das metas, também foi formalizada recomendação a todos os órgãos da Enccla para

promover a divulgação das três convenções sobre corrupção (OEA, ONU, OCDE). (Rodrigues, 2020, p. 41)

A incorporação acrítica dessas resoluções e a intensificação de uma modernização institucional descompassada das particularidades nacionais resultaram, progressivamente, no esgarçamento das contradições entre a economia política do pacto de "reformismo fraco" e a superestrutura da anticorrupção. Sem intervir diretamente e com a contribuição de uma série de decisões políticas internas, a referência intelectual e política do imperialismo legal influiu para uma progressiva desarticulação e crescente autonomização de órgãos governamentais brasileiros.

Essa direção intelectual e política não é uma teoria da conspiração ou mero recrutamento de agentes do sistema de Justiça para colaborarem com agências de inteligência e de segurança nacional dos Estados Unidos e de outros países imperialistas, mas sim a referência doutrinária para combater a corrupção no mundo contemporâneo.

Vejamos alguns exemplos dessa direção. Através da Enccla, o Departamento de Recuperação de Ativos e Cooperação Jurídica Internacional impulsiona os seus programas de formação de agentes públicos, como o Programa Nacional de Cooperação Jurídica Internacional (Grotius Brasil) e o Programa Nacional de Capacitação e Treinamento para o Combate à Corrupção e à Lavagem de Dinheiro (PNLD).

O Grotius Brasil foi instituído pelo Ministério da Justiça em 2010 para incentivar e promover a capacitação de agentes em Cooperação Jurídica Internacional. O programa objetiva o fomento ao ensino, à pesquisa e à extensão acadêmica, além de viabilizar publicações a partir de resultados obtidos por meio de pesquisas sobre o tema. O Grotius Brasil divide-se em três áreas: capacitação de agentes públicos, publicação de obras e estudos e incremento do ensino, da pesquisa e da extensão universitária.

Para isso, são firmados termos de cooperação com instituições governamentais e acadêmicas de todo o país, o que permite o intercâmbio de ações.

Sem dúvida, a capacitação para o uso de instrumentos como a cooperação jurídica internacional é fundamental para o combate à corrupção, à evasão de divisas, ao tráfico de mulheres, crianças e a outros crimes transnacionais. Contudo, ao nos depararmos com os currículos dessa capacitação, constatamos uma dimensão exclusivamente tecnicista das abordagens. Os agentes brasileiros seriam treinados como "aplicadores" de instrumentos legais, mas sem conhecerem nenhuma contextualização geopolítica, social e econômica para a aplicação de tais acordos.

No caso do PNLD, além da dimensão tecnicista, a direção doutrinária do imperialismo legal é ainda mais gritante. Os conteúdos ministrados na capacitação partem sempre do pressuposto de legislações e convenções internacionais. A dimensão social e econômica nacional não fazem parte das preocupações e reflexões desses cursos. Trata-se de uma incorporação acrítica de acordos e literaturas estrangeiras, em especial tendo a conceituação "anticorrupção" associada às ideologias imperiais, e um enorme vazio de conhecimento sobre história, economia e a realidade social brasileira.

Além desses programas internos de formação, também cresceram, durante esse período, espaços de capacitação e cooperação bilateral formal e informal entre agentes públicos brasileiros e estrangeiros, principalmente estadunidenses. Esses espaços foram intensificados desde a década de 1970 mediante as políticas de guerras às drogas dos governos dos Estados Unidos (Villela, 2020).

Em 2004, a revista *Carta Capital* publicou uma entrevista com o ex-chefe do FBI no Brasil Carlos Costa. Ele relatou a proximidade entre o FBI e a Polícia Federal brasileira, através de formas de cooperação e até de financiamento informal. À época, o então presidente da Federação Nacional dos Policiais Federais,

Francisco Garisto, confirmou que a PF recebia dinheiro da CIA e de outros órgãos estadunidenses, como o DEA e o FBI (*Estado de S. Paulo*, 2004).

A denúncia foi repercutida no Congresso Nacional, e esboçou-se, inclusive, a formação de uma CPI. Entretanto, o governo optou por minimizar o caso tendo como receio a abertura de uma crise que poderia ameaçar a sua governabilidade. O incentivo ao estabelecimento de "relações de confiança informais" de agentes públicos estadunidenses no exterior é parte de sua política de segurança nacional, inclusive no terreno do combate à corrupção, conforme vimos em capítulos anteriores.

Nesse sentido, são muito usuais capacitações, cursos e treinamentos entre órgãos do sistema de Justiça brasileiro e os dos Estados Unidos. A cooperação informal da Lava Jato com o DOJ e outros órgãos estadunidenses foi a radicalização extrema de uma série de práticas institucionais desenvolvidas ao longo dos anos 2000. Membros do DOJ, do FBI e até da CIA participam de muitos encontros com autoridades públicas brasileiras, espaços privilegiados para o estabelecimento dessas "relações de confiança".

O Projeto Pontes foi estudado pelo historiador Gabriel Kanaan a partir da investigação dos documentos vazados pelo WikiLeaks. Esse projeto, coordenado pela embaixada dos Estados Unidos no Brasil, segundo Kanaan, promovia encontros e debates entre autoridades estadunidenses e brasileiras sobre combate à corrupção, lavagem de dinheiro, "modelos de força-tarefa", uso da delação premiada e a criação de possíveis leis que fortalecessem os esforços anticorrupção. O ex-juiz Sergio Moro participou desses encontros, com a seguinte caracterização de Kanaan:

> O "Projeto Pontes" foi a versão brasileira do "Programa Umbral" paraguaio. De acordo com Lisa Kubiske (2009), a operação foi "um novo conceito de treinamento introduzido pela embaixada em fevereiro de 2009 para consolidar treinamentos bilaterais de

> aplicação da lei". Em março de 2009, meio ano antes da conferência, Lisa Kubiske escrevia o telegrama "Oportunidades de parcerias para aplicação da lei no Brasil" (Kubiske, 2009), informando que com a criação do Projeto Pontes, a embaixada "estava agarrando a oportunidade de fazer parcerias com diversas entidades brasileiras de aplicação da lei para o combate às crescentes ameaças transnacionais que surgem no Brasil". (Kanaan, 2019, p. 4)

O Projeto Pontes relacionava-se com uma série de outras iniciativas (Abin, 2019; CGU, 2019) da política externa estadunidense, a fim de consolidar o imperialismo legal como referência doutrinária e acumular forças para possíveis operações e ações em conjunto com forças internas brasileiras que poderiam ajudar nos interesses dos Estados Unidos.

Nessa linha, em vez da Enccla ter se tornado uma efetiva estratégia nacional de combate à corrupção e lavagem de dinheiro, ela se tornou, apesar de medidas locais importantes de luta contra o crime organizado, um espaço de articulação e difusão da "doutrina jurídica" do imperialismo legal e de aplicação acrítica de normatizações e acordos internacionais. Mais uma vez, o pouco controle democrático dessas iniciativas aumentou o grau de autonomização e corporativismo em torno da iniciativa. O apoio à Lava Jato e aos seus representantes sugeria que tais agentes acreditavam terem se tornado paladinos anticorrupção e redentores da república brasileira.

Ações e encontros gerais e dos grupos de trabalho da Enccla, em especial para a formulação do Plano de Diretrizes de Combate à Corrupção, dialogam com organizações e representantes da "sociedade civil". Os grupos anticorrupção que mais aparecem como colaboradores do Enccla são a ONG transnacional Transparência Internacional e o Instituto Ethos.

Além da Enccla, durante os governos petistas intensificou-se a feitura e a aplicação de acordos internacionais anticorrupção no âmbito bilateral e multilateral, assim como a participação de programas internacionais de "transparência", "governança" e a formação de agentes públicos e privados dentro dos ditames do imperialismo legal.

Já em 2000, o governo fhc adotou as primeiras medidas de aplicação dos compromissos assumidos pelo Brasil na convenção anticorrupção da OCDE. Segundo Rodrigues (2020), esse compromisso de prestar pronta assistência a investigações e processos criminais relativos ao suborno de funcionários públicos no exterior, além de tipificar criminalmente essa prática, resultou na aprovação da Lei 10.467 em 2002, relativa à corrupção ativa e ao tráfico de influência em transações comerciais internacionais.

Também em 2000, os países membros do Mercosul firmaram um acordo de assistência jurídica e investigativa de processos criminais. Em 2001, foram assinados acordos bilaterais de cooperação jurídica em matéria criminal com os Estados Unidos (Decreto 3.810), a Colômbia (Decreto 3.895) e o Peru (Decreto 3.988). A investigação sobre as contas CC-5 do Banestado, inclusive, contou com cooperação de agências estadunidenses com base nesse tratado de colaboração mútua com os Estados Unidos (Rodrigues, 2020, p. 31).

Após a proclamação do acordo da convenção da OCDE, os governos brasileiros também celebraram outros acordos internacionais de cooperação jurídica criminal.[90] No geral, esses tratados celebrados contam com uma série de mecanismos de acompanhamento das medidas acordadas. Por exemplo, no âmbito da OEA criou-se, como já relatamos, o Mecanismo de

[90] Convenção das Nações Unidas contra a Corrupção (Decreto 5.687/2006), Convenção Interamericana sobre Assistência Mútua em Assuntos Penais do Mercosul (Decreto 8.331/2014) e Convenção de Auxílio Judiciário em Matéria Penal entre Países de Língua Portuguesa (Decreto 8.833/2016).

Acompanhamento da Implementação da Convenção Interamericana contra a Corrupção (Mesicic).

No Brasil, a comissão de peritos do Mesicic reúne-se duas vezes ao ano e produz relatórios com base em informações fornecidas pelo governo e por entidades da "sociedade civil", como a Associação Brasileira de Jornalismo Investigativo e a Transparência Internacional. Os relatórios ressaltam boas práticas e trazem recomendações ao país. Segundo Fabiana Rodrigues (2020, p. 33), há algumas mudanças institucionais, no Brasil, que guardam relações com as recomendações do Mesicic e que tiveram relevância nos resultados obtidos pela OLJ. Nesse sentido, replicamos o quadro elaborado pela autora sobre as sugestões da Mesicic e mudanças institucionais no Brasil.

Tabela 6: recomendações do Mesicic relacionadas a mudanças institucionais no Brasil

Rodada/ Ano	Recomendações	Mudanças institucionais
1ª/2006	Continuar a negociar acordos bilaterais de cooperação jurídica relacionada à corrupção. Continuar esforços de intercambiar cooperação técnica com outros Estados sobre meios mais efetivos para combater a corrupção.	Acordos/Tratados de Cooperação promulgados: Coreia do Sul (2006), Ucrânia (2006), Espanha (2008), Canadá (2009), Suriname (2009), Nigéria (2011), Panamá (2011), Honduras (2013), Grã-Bretanha e Irlanda do Norte (2013), Mercosul (2014), países de língua portuguesa (2016), Turquia (2017), Bélgica (2017) e Jordânia (2019). Acordos/Tratados em tramitação: Alemanha (DL 589/2012), Angola (DL 287/2007) e Líbano (DL 176/2017).
4ª/2012	Implementar reformas no sistema de recursos judiciais ou outros mecanismos para agilizar a conclusão de processos judiciais e o início da execução da sentença.	Fev. 2016: o STF passa a admitir a execução da pena depois da decisão condenatória em 2ª instância (Habeas Corpus 126.292).
4ª/2012	Garantir que o foro por prerrogativa de função não seja utilizado para que agentes políticos supostamente responsáveis por atos de corrupção se esquivem da Justiça.	Maio 2018: o STF passa a adotar interpretação restritiva das hipóteses de foro por prerrogativa de função (questão de ordem na Ação Penal 937).
4ª/2012	Agilizar o julgamento de atos de corrupção por meio da criação de órgãos especializados na matéria no Judiciário.	Maio 2018: o STF passa a adotar interpretação restritiva das hipóteses de foro por prerrogativa de função (questão de ordem na Ação Penal 937).

Tabela 6: recomendações do Mesicic relacionadas a mudanças institucionais no Brasil

4ª/2012	Agilizar o julgamento de atos de corrupção por meio da criação de órgãos especializados na matéria no Judiciário.	Maio 2003: o Conselho da Justiça Federal determina a especialização de varas federais criminais para julgar crimes contra o sistema financeiro e lavagem de ativos (Resolução 314/2003). Jun. 2006: o CJF inclui crimes praticados por organizações criminosas na competência das varas especializadas em crimes financeiros (Resolução 517/2006). Dez. 2013: o CJF determina que, onde houver três ou mais varas com competência criminal exclusiva, ao menos duas deverão ser especializadas em crimes financeiros e organizações criminosas (Resolução 273/2013).
4ª/2012	Criar na estrutura orgânica do Ministério Público Federal uma unidade especializada em atos de corrupção.	Abr. 2014: a Procuradoria-Geral da República reformula a 5ª Câmara de Revisão para atuar exclusivamente em temas de combate à corrupção (Resolução 148/2014). 2014: criação de núcleos de combate à corrupção nos estados. 2016: criação da área de recuperação de ativos na Secretaria de Cooperação Internacional do MPF. Nov. 2018: criação do Grupo Executivo para o Combate à Corrupção Transnacional do MPF (Portaria 927/2018). Nov. 2018: criação do Grupo de Apoio à Secretaria da Cooperação Internacional da PGR (Portaria 926/2018).

Tabela 6: recomendações do Mesicic relacionadas a mudanças institucionais no Brasil

4ª/2012	Fortalecer a cooperação entre as corregedorias e o Ministério Público Federal para tornar mais efetivas ações penais envolvendo corrupção de servidores públicos.	Set. 2014: Protocolo de Cooperação Técnica entre o MPF e a CGU sobre troca de informações e ações integradas envolvendo corrupção de recursos federais.
4ª/2012	Aumentar a capacidade técnica e institucional do Departamento de Polícia Federal para investigar casos de corrupção.	Jan.2012: criação do Serviço de Repressão a Desvios de Recursos Públicos, com delegacias especializadas em dezessete estados e no Distrito Federal (Portaria MJ 2.877/2011). Processo de renovação dos quadros da PF, com seu aparelhamento material e de recursos humanos. Participação da pf no Programa Nacional de Capacitação e Treinamento para o Combate à Corrupção e à Lavagem de Dinheiro (PNLD), criado em 2004 e coordenado pelo Ministério da Justiça. 2011: lançamento da primeira edição do Manual de Investigação de Desvio de Recursos Públicos pela Polícia Federal.

Fonte: Rodrigues, 2020, p. 34-36.

O levantamento de Rodrigues é fundamental para desenvolvermos o que chamamos de referência doutrinária do imperialismo legal. Os tratados, acordos e orientações dos órgãos internacionais serviram de inspiração para a "modernização do combate à corrupção" no Brasil, sem maiores mediações na aplicação dessas estruturas e legislações diante da realidade nacional. Essa ausência de mediação e controle dos órgãos públicos estimulou processos de autonomização de diversos órgãos do sistema de Justiça brasileiro e, como Rodrigues critica, aumentou o poder discricionário dos agentes públicos.

Essa escalada voluntarista no combate à corrupção não somente gerou conflitos e instabilidade entre os poderes da República como também no interior do Poder Judiciário e nas instituições de Justiça. A máxima "dividir para conquistar", tão usual na história do colonialismo, também é atualizada na influência do imperialismo legal junto aos Estados periféricos.

Além da cooperação jurídica internacional, a agenda multilateral anticorrupção também fez parte de esforços governamentais. O governo brasileiro, à época liderado pela presidenta Dilma Rousseff, ingressou como membro fundador da Parceria para o Governo Aberto (Open Government Partnership)". Essa iniciativa, dirigida pelos Estados Unidos, já foi analisada anteriormente. Sumariamente, os países membros comprometem-se com os princípios e com a implementação de programas e políticas que viabilizem a "boa governança" e a "abertura democrática". Até 2021, o Brasil está implementando o seu quarto plano de ação da "parceria".

Os planos de ação envolvem a implementação de políticas de transparência, responsabilidade fiscal, anticorrupção, dados abertos, prestação de serviços públicos etc. A implementação desse plano fica sob responsabilidade dos governos, sob controle e parceria da "sociedade civil". No relatório de progresso produzido por um pesquisador "independente" sobre o segundo plano de ação do Brasil (2013-2014), a "luta contra a corrupção" no país tinha grande importância.[91]

Nesse sentido, o relatório analisa a capacidade e a eficiência da Advocacia-Geral da União (AGU) em recuperar ativos no exterior oriundos de práticas corruptas, o grau de fortalecimento e independência da Controladoria-Geral da União (CGU), o desenvolvimento de novas tecnologias para o combate à corrupção na administração pública (Banco de Preço da Administração Pública Federal), as estratégias de controle e comunicação social para prevenção da corrupção, o fomento ao *compliance* nas empresas privadas e a instalação do cadastro de "Empresas pró-ética" (em parceria com o Instituto Ethos) e o Cadastro de Empresas Inidôneas e Suspensas (Ceis) para licitar com a administração pública.

Na análise do contexto nacional, o relatório é elogioso às mudanças institucionais anticorrupção no Brasil instituídas durante o governo Dilma. A Lei Anticorrupção (12.846/2013) e os efeitos da OLJ são vistos como avanços democráticos num tema

---

91 "Com base nos dados levantados, o principal tema reivindicado pela sociedade civil desde o período de elaboração do Plano de Ação refere-se ao aumento da integridade pública, particularmente o combate à corrupção. Do ponto de vista do governo, com base na distribuição de compromissos nos cinco desafios da OGP, a prioridade também é o aumento da integridade pública. Com base nesta observação e no contexto nacional discutido na Seção VI do relatório, dois temas pouco endereçados pelo 2º NAP devem ganhar relevância no próximo Plano de Ação. São eles (a) o aumento da responsabilidade corporativa, particularmente em ações anticorrupção, e o tema do (b) financiamento de campanhas, que não foi endereçado até o momento. Outra reivindicação é processual, e se refere à necessidade de formalizar, por meio de marco legal, fóruns de participação social e mecanismos de tomada de decisão compartilhada entre governo e sociedade civil" (Steibel, 2015, p. 54).

tão caro para a população brasileira, principalmente diante da organização dos megaeventos desportivos.

Ao fim do relatório, no campo das "recomendações", o "combate à corrupção" é visto como "a principal área de interesse do governo e da sociedade civil no 2º plano de ação". Entre as principais "cobranças" de tarefas atrasadas na implementação estão o fortalecimento e a capacidade operativa da CGU, a defesa da probidade e da recuperação de ativos por parte da AGU e a criação do Banco de Preços da Administração Pública (Steibel, 2015, p. 234).

Por meio desse exemplo da OGP, podemos explorar outra faceta do imperialismo legal para além da referência doutrinária. Trata-se de criar uma série de mecanismos indiretos de pressão, contando com a ação e o apoio de aliados internos, para a implementação de mudanças institucionais de maneira rápida e nem sempre contando com o devido debate e consultas nos países sobre tais questões.

Os convênios, tratados e iniciativas internacionais também reforçam e dialogam com os programas internos de formação dos agentes públicos brasileiros no combate à corrupção. Em 2013, o Brasil, por meio da Procuradoria-Geral da República e do Ministério Público Federal, ingressou como membro da Iaca (International Anti-corruption Academy). Segundo Engelmann (2018, p. 13):

> A análise dos convênios internacionais celebrados tanto pelo governo, quanto pelo Ministério Público Federal permite apreender o perfil das redes internacionais que conectam burocracias públicas a um espaço internacional que incrementa as iniciativas e métodos de controle no "combate a corrupção" inspirada nas iniciativas da "guerra às drogas". (ver Djalli, 2000; Andreas & Nadelman, 2006). Entre os acordos importantes, destaca-se o realizado entre a International Anti-Corruption Academy (Iaca) e Controladoria-Geral da União – CGU, órgão de controle de transparência brasileiro. O acordo inclui também o Conselho

Nacional do Ministério Público – CNMP, através do então procurador-geral da República Rodrigo Janot e o secretário-executivo da Iaca, à época, Martin Kreutner. A Iaca foi criada em 2011 a partir do Escritório das Nações Unidas contra Drogas e Crimes (Unodc), o Escritório Europeu Anti-Fraude (Olaf) e a República da Áustria. A organização possui um mestrado internacional em "estudos anticorrupção".

Em 2016, alunos do mestrado em "anticorrupção" da academia estiveram no Brasil para conhecerem os trabalhos da CGU, do Ministério Público e do Tribunal de Contas Federal. Coincidência ou não, esse era o ano ápice da popularidade da OLJ, fato que demonstra, no mínimo, o prestígio do modelo de combate à corrupção brasileiro nos meios jurídicos e acadêmicos internacionais (Iaca, 2016).

4.1.3.2. As mudanças legislativas no combate à corrupção

A OLJ baseou-se em uma série de mudanças legislativas, principalmente desde 2003, que se caracterizaram pelo aumento do rigor punitivo, pela busca por maior presteza na tramitação dos processos e pelo aprimoramento de novas ferramentas processuais. Vale sublinhar, como vimos no ponto anterior, que grande parte dessas mudanças têm relações com orientações de acordos/convenções internacionais e/ou se referenciam nos princípios da "luta contra a corrupção" nos marcos do imperialismo legal.

Em que pese a abordagem institucionalista, a pesquisa de Rodrigues ajuda a compreender os fundamentos legais para a existência da OLJ. Apesar de secundarizar o contexto social, econômico e histórico que se expressa nessas mudanças institucionais, a autora avança numa compreensão para além de "teorias conspiratórias" sobre a operação anticorrupção, mas vendo-a como produto institucional de um período recente da história brasileira. Acrescentamos que essas mudanças institucionais anticorrupção entraram em contradição com a economia política do pacto conservador de "reformismo fraco" petista, algo que foi extremamente funcional para o remodelamento das alianças entre as classes dominantes locais com o tardoimperialismo.

Desde 1998, quando o Brasil, seguindo as diretrizes das convenções da OCDE e da OEA, aprovou uma legislação específica para a criminalização da lavagem de dinheiro. Em 2012, através da Lei 12.683, aumentou-se a severidade para punições a esse crime. Ademais, essa lei representou a liberação de novos recursos para os investigadores. Ampliação dos tipos de bens que podem ser bloqueados, acesso, por parte de delegados e do Ministério Público, a informações financeiras, provedor de internet, dados de Justiça, empresas telefônicas, dentre outras, sem necessidade de autorização judicial.

Por sua vez, em 2003 a Lei 10.763 aumentou a possibilidade de punição para crimes de corrupção ativa e passiva. No entanto, as duas principais legislações que "endureceram" o combate à corrupção no Brasil foram a Lei das Organizações Criminosas (Lei 12.850) e a Lei Anticorrupção (Lei 12.846). Ambas foram aprovadas em 2013, após a explosão social de junho. Do contexto complexo da criação dessas leis trataremos mais adiante.

Por ora, cabe destacar, a partir da interpretação de Rodrigues (2020), que a Lei das Organizações Criminosas ampliou de maneira flexível a tipificação do que seria uma organização criminosa, incluindo atores que cometeram crimes de corrupção e lavagem de dinheiro. O ensaio dessa flexibilidade já se deu nas acusações e no julgamento do caso do "Mensalão". Essa lei foi muito usada na OLJ, em especial para considerar o Partido dos Trabalhadores uma organização criminosa e Lula o chefe do grande esquema de corrupção que envolvia a Petrobras. Outra novidade trazida por essa lei foi a legalização do instrumento da "delação premiada" para qualquer crime cometido por organizações criminosas.

Já a Lei Anticorrupção, inspirada na FCPA dos Estados Unidos e na UK Bribery Act (2010) do Reino Unido, versa por responsabilizar de maneira administrativa e civil as empresas por qualquer tipo de ato contra a administração pública e estrangeira. Além disso, Rodrigues (2020) destaca a existência de outras mudanças de leis e normas que ampliaram a rigidez e a celeridade dos processos e trouxeram novas ferramentas para as investigações. Antes, em 2011, foi aprovada a Lei 12.403, que criou padrões intermediários entre a prisão e a liberdade dos réus, sendo que um dos expedientes citados é a prisão preventiva.[92]

Criado em 1998, o Conselho de Controle de Atividades Financeiras disponibiliza para juízes, procuradores e delegados os Relatórios de Informações Financeiras (RIF). Outro órgão do Poder Executivo destacado por Rodrigues é o Departamento de Recuperação de Ativos e Cooperação Jurídica Internacional (DRCI).

Dentre suas funções, o DRCI responde pela articulação entre órgãos envolvidos no combate à lavagem de dinheiro e ao crime organizado transnacional. O DRCI coordena a cooperação jurídica direta com outros países e o uso de materiais de interesse da polícia jurídica e do Ministério Público. De acordo Rodrigues, há uma curva ascendente para a cooperação jurídica internacional em matéria penal. Segundo indicadores estatísticos do DRCI, citados por Rodrigues, em 2004 foram 780 pedidos para cooperação jurídica internacional em matéria penal, em 2018, esse número saltou para 2.439.

92 A prisão preventiva, segundo essa lei, poderá ser decretada como garantia da ordem pública, da ordem econômica, por conveniência da instrução criminal ou para assegurar a aplicação da lei penal, quando houver prova da existência do crime e indício suficiente de autoria.

A seguir, inspirados pelo levantamento pioneiro de Fabiana Rodrigues, sintetizamos essas mudanças em três quadros sobre as leis de maior rigor punitivo, a busca pela celeridade processual e novas ferramentas para os investigadores. É notável como esses expedientes se fortalecem, justamente, entre os anos de 2003 e 2013, principalmente durante o governo Dilma. Mais adiante, apresentaremos uma hipótese sobre o apoio dos governos petistas a essas medidas como parte do chamado "ensaio republicano" e a busca por soluções institucionais para as contradições e os conflitos no interior do pacto de "reformismo fraco".

Tabela 7: estrutura legislativa de maior rigor punitivo

Ano	Lei	Impacto
1998	Lei 9.613	Criminalização da lavagem de dinheiro. Punição de três a dez anos mais pagamento de multa para o crime.
2003	Lei 10.763	Aumento da punição para os crimes de corrupção ativa e passiva.
2010	Lei complementar 135	Proibição de candidaturas a cargos políticos de cidadãos condenados em decisões colegiadas por segunda instância.
2010	Lei 12.234	Eliminou a contagem do prazo prescricional do período compreendido entre a data do fato e a do recebimento da denúncia ou queixa, e este fato se estende, também, para a prescrição virtual.
2012	Lei 12.683	Permite o enquadramento de qualquer recurso com origem oculta ou ilícita, e permite punições mais severas ao crime de lavagem de dinheiro.
2013	Lei 12.850	Conceituação flexível do que seria uma organização criminosa.
2013	Lei 12.846	Lei anticorrupção que responsabiliza de maneira administrativa e civil as empresas pela prática de atos contra a administração pública, nacional ou estrangeira.

Fonte: elaboração própria

Tabela 8: ferramentas para maior celeridade na tramitação dos processos

Instrumento	Impacto
Coaf	Elaboração dos Relatórios de Informações Financeiras disponíveis para investigações do Ministério Público e da Polícia Federal.
DRCI	Operação da cooperação jurídica internacional para investigações no Brasil.
Lei 11.719/08	Possibilidade do uso de prisões preventivas.
Lei 11.900/09	Realização de interrogatórios e outros ritos processuais por videoconferência.

Fonte: elaboração própria

Tabela 9: aprimoramento de ferramentas processuais

Ferramentas	Impacto
CNJ (59/08) / CNMP (36/09)	Disciplina e uniformiza as rotinas visando ao aperfeiçoamento do procedimento de interceptação de comunicações telefônicas e de sistemas de informática e telemática.
Leis 12.683/2012 e 12.850/13	Passaram a autorizar que o delegado e o mp tenham acesso a dados da Justiça, de empresas telefônicas, instituições financeiras, provedores de internet e administração de cartão de crédito sem autorização judicial. Ampliação do tipo de bens que podem ser bloqueados pela Justiça, além disso a comprovação da licitude de tal bem não assegura sua devolução para o acusado.
Lei 12.850/2013	Regulamentação do uso da delação premiada para crimes praticados por organizações criminosas.
Lei 12.403/11	Altera dispositivos do Decreto-Lei 3.689, de 3 de outubro de 1941 – Código de Processo Penal, relativos à prisão processual, fiança, liberdade provisória, demais medidas cautelares, e dá outras providências.

Fonte: elaboração própria

4.2. ONGS, Oscips e a "luta contra a corrupção" no Brasil

Decerto, as mudanças institucionais, descritas no ponto anterior, relacionam-se com pressões, lobbies, anseios e organizações presentes na sociedade brasileira. No caso da autocracia burguesa, apesar do predomínio de sua versão liberal e democrática, esses mecanismos de dominação política do aparelho estatal são ainda mais diretos: a prática da porta giratória, isto é, ex-membros do alto escalão de governos e da burocracia estatal prestarem serviços para conselhos administrativos de grandes empresas, escritórios de advocacia e de contabilidade, assim como a elaboração direta de leis e políticas públicas por parte de entidades empresariais são apenas alguns exemplos rotineiros da influência burguesa na direção do Estado capitalista.

No Brasil, o capitalismo periférico/dependente, principalmente após a década de 1990, aprimorou os instrumentos de dominação política, ideológica e culturais da burguesia brasileira. Nos últimos anos já foram publicadas importantes pesquisas sobre o assunto (Fontes, 2010; Casimiro, 2019; Neves, 2005), cabendo salientar o dinamismo e a utilização de novos e velhos instrumentos.

Entre os instrumentos mais tradicionais estão as entidades patronais, como a Federação das Indústrias de São Paulo (Fiesp), a Confederação Nacional da Indústria (CNI) e a Federação Brasileira de Bancos (Febraban). Por outro lado, diante da "subversão constitucional neoliberal", cresceu o número de instrumentos políticos e ideológicos da burguesia brasileira que atuam nas refrações da questão econômica, social e cultural, como ONGS, Organizações da Sociedade Civil de Interesse Público (Oscips) e *think tanks*.

As Oscips nasceram da contrarreforma do Estado nos anos de 1990 e toda sua concepção na "privatização e focalização das políticas sociais". Na prática, são ONGs oficializadas por órgãos governamentais e que podem "ajudar o Estado" a prestar alguns serviços públicos. Muitas Oscips, nos últimos anos, notabilizaram-se por receberem generosos recursos de governos, através de parcerias público-privadas, para administrarem aparelhos públicos de saúde, educação e cultura.

Fundada em 1991, a Associação Brasileira de ONGs (Abong) é a grande articuladora nacional dessa rede de ONGs e Oscips. Financiada por bancos nacionais e estrangeiros, fundos governamentais, multilaterais, privados internacionais e outros conglomerados econômicos, as ONGs, principalmente mediante a Abong, notabilizaram-se por construírem uma "terceira via" para a "administração das mazelas sociais" sob o prisma do grande capital nos países periféricos.

Se até a década de 1980, os debates de políticas sociais pautavam-se por referenciais universalistas e "cosmovisões", o avanço das ONGs, em detrimento das organizações populares, representou a consolidação de um eixo mercantil-filantrópico para a "questão social", conforme criticou Fontes (2010, p. 275).

Nesse contexto, é importada pelo empresariado brasileiro a noção de "responsabilidade social". A Responsabilidade Social Empresarial (RSE) nasceu nos Estados Unidos, nos anos 1950. Com o avanço do neoliberalismo na década de 1980, a RSE tornou-se parte da estratégia do grande capital transnacional. A RSE funciona como um meio de captar recursos públicos e de criar novos mercados por meio da administração das mazelas sociais, assim como um complexo ideológico.

Na lógica da RSE, diante de "governos ineficientes e corruptos", a responsabilidade social das empresas e cidadãos seria a alternativa frente ao crescimento da miséria e das desigualdades sociais. Mesmo que as práticas tidas como corruptas tenham sido, no capitalismo dependente brasileiro, fundamentais para o desenvolvimento autocrático e sua inserção periférica/dependente na economia mundial, o discurso anticorrupção passou a ser funcional para diversas organizações burguesas a fim de impulsionarem o imaginário de um Estado corrupto *versus* o "mercado eficiente e limpo", construindo uma dicotomia eficaz para a legitimação da privatização e a mercantilização de políticas públicas.

Apesar da defesa de alguns programas sociais focalizados, a fim de amenizar os efeitos da concentração de renda e da propriedade no país, consenso e coerção também fazem parte do discurso ideopolítico da burguesia periférica. Nesse sentido, nos últimos trinta anos, constatamos, conforme já mencionamos, a escalada punitivista e a hegemonia do direito penal na direção das políticas de Estado.

O encarceramento em massa como política do Estado autocrático, em especial de jovens negros e moradores de periferia, é concomitante com a divulgação do mito da "impunidade" na sociedade brasileira tão difundido pelos grandes meios de comunicação. Nos últimos anos, entre juristas e cientistas sociais, a abordagem da "criminologia crítica" tem crescido como uma resposta à hegemonia do direito penal como uma das facetas coercitivas do Estado periférico neoliberal.

No entanto, no campo da anticorrupção e de crimes do "colarinho branco", essa abordagem crítica carece de mais mediações. Afinal, o encarceramento por crimes de corrupção de parte de empresários milionários e bilionários, em sua maioria homens brancos, pode parecer atrativo para determinados setores progressistas ou de esquerda. Contudo, engana-se quem pensa que o foco da luta anticorrupção internacional está concentrado nos agentes de mercado.

Conforme já mencionamos, a ideologia da anticorrupção, em especial no neoliberalismo, parte do pressuposto de que o Estado e os seus agentes são os grandes produtores da corrupção estrutural nas sociedades contemporâneas. Portanto, a prisão de empresários, multas e o enfraquecimento de empresas são meios para viabilizar uma regulação das disputas intermonopólicas, assim como o punitivismo anticorrupção favorece uma crescente intervenção judicial antidemocrática de negação da política e, consequentemente, de enfraquecimento dos mecanismos formais democráticos. Essas intervenções partem do pressuposto de uma crescente autonomia relativa e desregulação das instituições e agentes do sistema de Justiça, como também da crença no mito de um "poder redentor e moralizador".

Nesse sentido, veremos a seguir como parte de uma rede de organizações e entidades burguesas abordam a temática da anticorrupção, como apoiaram a OLJ e seus vínculos internacionais. Nesse caso, apresentaremos uma mostra de ONGs e Oscips que se envolvem com a temática anticorrupção e que apoiaram abertamente a OLJ no Brasil.

4.2.1 O Instituto Ethos

Fundado em 1998, o Instituto Ethos (IE) é uma Oscip e conta com mais de 450 empresas associadas, a maioria grandes monopólios, como Shell, Amazon, JBS, Alcoa, Carrefour, Itaú, Sulamérica, Grupo Pão de Açúcar, dentre outros (Instituto Ethos, 2021). Uma pesquisa de 2012, apresentada por Raphael Amorim, estimou que o Instituto, juntando a receita anual de seus associados, reunia cerca de 35% do PIB brasileiro (Amorim, 2012, p. 19).

Segundo o seu portal oficial, a missão do Ethos seria mobilizar e sensibilizar as empresas brasileiras a adotarem uma "gestão socialmente responsável" e "transparente" (Instituto Ethos, s/d(a)). Nessa linha, mais do que um mero representante das empresas associadas, o instituto, mantendo sua relativa autonomia, funciona como um educador, articulador e propagador de ideias e valores em prol do grande capital monopolista transnacional. Outra característica dessa organização remete aos seus associados: entre eles estão monopólios transnacionais de origem tanto brasileira como estrangeira.

Desde 2005, inspirado pelas convenções multilaterais anticorrupção, o Instituto organiza o Pacto Empresarial pela Integridade e contra a Corrupção. Trata-se de um acordo voluntário entre empresas nacionais e estrangeiras que atuam no Brasil a fim de criar um ambiente de negócios mais "transparente" e "ético". Segundo o portal oficial da iniciativa, o texto final contém um conjunto de diretrizes e procedimentos que devem ser adotados pelas empresas e entidades signatárias no relacionamento com os poderes públicos e que são divulgados amplamente para que sejam utilizados pelo mercado como referência no trato com as empresas. Seus princípios estão baseados na Carta de Princípios de Responsabilidade Social, na Convenção da ONU contra a Corrupção, no décimo princípio do Pacto Global e nas diretrizes da OCDE (Empresa Limpa, s/d).

Até 2021, mais de oitocentas empresas tinham assumido o pacto. Muitas empresas que foram investigadas e condenadas pela OLJ fazem parte da iniciativa. O IE se notabiliza por ser um dos pioneiros para a abertura do mercado de *compliance* entre as empresas brasileiras. O Instituto organiza diversos cursos, palestras, *workshops* sobre o tema, além de uma série de indicadores sobre transparência e sustentabilidade para as empresas associadas (Instituto Ethos, 2017). O principal deles é a Conferência Ethos, atualmente chamada de Ethos 360°.

Essa conferência é o principal evento do campo da RSE e ocorre anualmente desde a década de 1990, reunindo empresários, acadêmicos, juristas, membros da alta burocracia do Estado etc. Desde 2015, a conferência possui um formato interativo, com múltiplos debates e painéis simultâneos, e ocorreu em diversas cidades brasileiras, como São Paulo, Rio de Janeiro, Belém e Recife. A conferência é financiada por grandes conglomerados nacionais e estrangeiros e até pela Open Society, de George Soros.

Além do público empresarial, a conferência reúne diversos "ativistas de ONGs" e trata de temas como o combate às desigualdades sociais, raciais e de gênero, a sustentabilidade ambiental e a construção de um mercado mais "ético e íntegro". Desde 2015, os debates anticorrupção, em especial mediante o fomento ao "mercado de integridade e *compliance*", são recorrentes nos encontros.[93]

Além de se notabilizar como um articulador e educador das classes empresariais e de ONGs sobre a questão da RSE, o IE foi um dos principais protagonistas da sociedade civil para pressionar os governos petistas para a implementação de legislações anticorrupção e pró-mercado de integridade no Brasil, em consonância com os ditames internacionais. O Instituto teve participação ativa no Conselho Nacional de Transparência Pública e Combate à Corrupção e participa da Enccla.

Em 2007, como desdobramento da Conferência Ethos daquele ano, o IE organizou o GT Empresas pela Integridade, que contou com a presença da CGU. Em 2008, as empresas participantes da Conferência Ethos propuseram a criação de um marco legal de responsabilização criminal e civil da pessoa jurídica. No ano seguinte, em parceria com a Siemens, o Instituto organizou o projeto Jogos Limpos Dentro e Fora dos Estádios, que visava "ampliar a consciência, a organização e o controle social sobre os orçamentos públicos a partir da mobilização para os megaeventos que vão

---

93 Em nossa tese, realizamos um minucioso levantamento sobre os debates anticorrupção ocorridos nos marcos do Ethos 360º entre os anos de 2015 e 2019. Podemos constatar que, além de debates sobre o mercado de integridade, também ocorreram discussões sobre os rumos da Lava Jato e institucionais no combate à corrupção no Brasil e o papel das empresas nesse processo. Dos palestrantes, executivos, acadêmicos, empresários e altos funcionários públicos, cabe sublinhar que a esmagadora maioria faz parte do *establishment* liberal.

se realizar no Brasil: a Copa do Mundo de 2014 e a Olimpíada de 2016" (Instituto Ethos, 2013).

Ademais, ao saudar a aprovação da Lei Anticorrupção de 2013, o IE referencia sua ativa participação na formulação e articulação da aprovação dessa e de outras leis. Em seu portal, ao construir uma narrativa da luta anticorrupção no Brasil entre 1988 e 2016, o Instituto ressalta sua participação na formulação de leis, normas e mecanismos de combate à corrupção como a publicação do Sistema Nacional de Integridade (2016), a MP dos acordos de leniência (2015), a regulamentação da Lei Anticorrupção (2015), a implementação do primeiro e segundo plano de ação para o Governo Aberto (OGP), dentre outros.[94]

O IE também foi um entusiasta da OLJ e, desde seus primeiros resultados em 2014, emitiu notas de apoio à operação, apesar de

---

94 No início de 2010, a CGU e o Ministério da Justiça, com a contribuição da AGU e da Casa Civil da Presidência da República, encaminhara ao Legislativo o projeto de lei sobre criminalização da pessoa jurídica por atos contra a Administração Pública, o PL 6..826.

Ainda em 2010, foi sancionada a Lei da Ficha Limpa, depois de ampla mobilização popular. No ano seguinte, as empresas signatárias do Pacto Empresarial pela Integridade e contra a Corrupção lançaram o manifesto público pela imediata aprovação do PL 6.826 e iniciaram uma campanha on-line para angariar adesões. Em novembro de 2011, foi publicada a Lei de Acesso à Informação (LAI), de cuja formulação o Instituto Ethos também participou.

Em 2012, uma comitiva formada por representantes de entidades engajadas na luta anticorrupção, inclusive o Instituto Ethos, entregam o manifesto público ao então presidente da Câmara Federal, Marco Maia.

Em abril de 2013, o projeto de lei foi aprovado por unanimidade na Câmara; em junho, sob a pressão das ruas, passou também no Senado. [No] dia 2 de agosto, a lei foi finalmente sancionada pela presidenta Dilma Rousseff e publicada (Instituto Ethos, 2013).

parte das empresas investigadas e punidas, como a OAS, Camargo Corrêa, Odebrecht e Iesa, serem associadas a ele. Mesmo assim, o Instituto insistia, apesar de reconhecer as melhorias, na necessidade de avançarem os sistemas de integridade em empresas públicas e privadas, na autonomia da Justiça Federal, da Polícia Federal, do Ministério Público Federal e do Conselho de Controle de Atividades Financeiras (Coaf), assim como, à época, cobrava da então presidenta Dilma Rousseff a regulamentação da Lei Aticorrupção e os critérios para os sistemas de *compliance* nas empresas (Instituto Ethos, 2014).

Em agosto de 2016, às vésperas da consumação do golpe parlamentar, um novo posicionamento público do IE foi favorável à OLJ. Dessa vez, o Instituto declarava que, até aquele momento, apenas 5% dos condenados pela Operação eram políticos e que as investigações deveriam avançar contra a "classe política". O Ethos também defendia que as empresas deveriam ser responsabilizadas pelos seus atos, independentemente dos seus impactos econômicos:

> As companhias envolvidas em casos de corrupção devem ser responsabilizadas apropriadamente, e não ser salvas pelo impacto econômico que suas condutas causam. Apesar do atual contexto recessivo, enxergamos a Lava Jato como uma oportunidade única de melhorar as relações público-privadas no Brasil, transformando a forma de se fazer negócios e fazendo com que a retomada do crescimento se dê em bases muito mais íntegras e éticas. (Instituto Ethos, 2016)

Ademais, o IE defendia a construção de um plano nacional de integridade, transparência e combate à corrupção, que deveria abordar, entre outros temas, a integridade no setor privado, o aumento da transparência pública nos poderes Executivo, Legislativo e Judiciário e o fortalecimento das formas de controle, com sistemas mais acessíveis e eficazes, por meio dos quais se exercitasse o controle social e aprimorasse o sistema político eleitoral (Instituto Ethos, 2016).

Em 2017, uma nova nota pública denunciou a atuação de "poderosas forças políticas e econômicas que atuavam para inviabilizar as investigações e resultados da Lava Jato". A carta foi endereçada a todos os poderes da República, inclusive ao então presidente Michel Temer. Mais uma vez, o IE cobrava a efetivação da sua proposta de construção de um plano nacional de integridade. Cada vez mais, o Instituto passava a atuar também como um lobista em prol dos grandes escritórios de advocacia e de contabilidade de *compliance*.

Após as denúncias do site *The Intercept Brasil*, conhecidas como "Vaza Jato", que vazaram conversas comprometedoras entre os membros da força-tarefa e o ex-juiz Sergio Moro, o IE reconheceu a gravidade dos vazamentos, mas, mesmo assim ainda defendeu a OLJ como um mecanismo fundamental para romper o círculo vicioso entre empresas públicas, grandes empreiteiras e políticos (Instituto Ethos, s/d(b)).

Posteriormente, mesmo com Moro fazendo parte do quadro ministerial do governo Bolsonaro, o IE apoiava indiretamente as medidas propostas pelo ex-juiz, como o pacote anticrime e anticorrupção, e até fez uma cobertura favorável às denúncias de Moro sobre a interferência de Bolsonaro na Polícia Federal (Instituto Ethos, s/d(c)).

4.2.2 A Transparência Internacional (capítulo Brasil)

Apesar de desenvolver trabalhos, intervenções[95] e contar com colaboradores, foi através do auge dos efeitos da OLJ, em 2016,

---

95 O capítulo brasileiro da TI contribui, como parte da sociedade civil, nas plenárias da Enccla.

que a TI estruturou um capítulo no Brasil com sede, equipe executiva e conselho deliberativo. Desde então a TI possui um orçamento milionário, fruto do apoio de organismos bilaterais, multilaterais e fundações privadas. A partir de dados de 2021, a Fundação Ford, a embaixada do Canadá, a Gordon and Betty Moore Foundation, a Fundação Konrad Adenauer e a Latin America and Caribbean Network for Democracy são parte dos principais apoiadores do capítulo brasileiro da TI.

No Brasil, além da divulgação de suas pesquisas e da participação ativa de seus membros nos meios de comunicação, a TI estrutura-se a partir de cinco braços de intervenção e organização: Centro de Operações e Engajamento, Centro de Conhecimento Anticorrupção, Centro de Apoio e Incidência Anticorrupção, Programa de Governança Local: cidades e comunidades, Programa de Integridade em Mercados Emergentes e o Programa de Integridade Socioambiental (Transparência Internacional, s/d).

Essa divisão articula o trabalho da TI em várias frentes no país, desde a organização interna e coleta de apoio de outras entidades, passando pela prestação de assistência às vítimas de corrupção, recebendo denúncias, promovendo programas de integridades para empresas oriundas de "países emergentes", produção de pesquisas sobre a incidência da corrupção no país, a importância de combatê-la e sua relação com os problemas socioambientais etc. No entanto, o que mais se destaca é a capacidade da TI influir no debate público sobre a questão da corrupção.

Seus membros escrevem e/ou são entrevistados rotineiramente pelos grandes veículos de comunicação. De alguma forma, a TI foi "oficializada" como uma entidade neutra, técnica e especialista no tema da anticorrupção. Sua relação com a OLJ vai muito além do prêmio recebido pela operação no cerimonial internacional da ONG. A TI, conforme já vimos, não é apenas parte influente em encontros da ONU, OCDE ou Davos; na América Latina, a ONG participou e influiu em encontros multilaterais, como a

Cúpula das Américas. Em 2018, no bojo da Cúpula Empresarial das Américas, a presidente da ONG declarou que a OLJ seria um exemplo de "campeã no combate à corrupção".

Decerto, mesmo antes dos vazamentos de conversas particulares entre o procurador-chefe da OLJ, Deltan Dallagnol, e o diretor-executivo da TI Brasil, Bruno Brandão, é possível traçar uma linha de apoio e benefícios mútuos entre a operação e a TI. Para a operação anticorrupção, o apoio da ONG, que tem prestígio e entrada nos meios de comunicação, era estratégico para legitimar os seus "métodos heterodoxos" e os efeitos desastrosos para a economia brasileira. Por sua vez, para a TI, a OLJ representava uma oportunidade para avançar com suas pautas na estrutura institucional e política brasileira. Essas pautas visavam o avanço do "mercado de integridade" no setor privado, maior rigor criminal para os crimes de corrupção e maior acesso a recursos públicos e privados para a implementação de "programas anticorrupção" no Brasil.

Em 2017, a TI Brasil, junto ao Instituto Ethos, ao Observatório Social, ao Movimento de Combate à Corrupção Eleitoral (MCCE), ao Instituto Cidade Democrática e à Associação Contas Abertas, além de cerca de outras duzentas entidades e ONGs, lançou a plataforma Unidos Contra a Corrupção (Unidos contra a Corrupção, s/d (a)). O objetivo da plataforma era apresentar, divulgar e lutar pela aprovação de setenta medidas anticorrupção. Essas medidas foram divididas em doze blocos: sistemas, conselhos e diretrizes nacionais anticorrupção, participação e controle social, prevenção da corrupção, medidas anticorrupção para eleições e partidos políticos, responsabilização de agentes públicos, investidura e independência de agentes públicos, melhorias do controle interno e externo, medidas anticorrupção no setor privado, investigação, melhoria da resposta do Estado à corrupção no âmbito penal e processual penal, melhoria da resposta do Estado no âmbito da improbidade administrativa e instrumentos de recuperação do dinheiro desviado (Unidos contra a Corrupção, s/d (b)).

É difícil tecer alguma avaliação sobre as propostas dessa articulação sem compreendermos os seus pressupostos . A anticorrupção e o "mercado de integridade" seriam reguladores morais das dinâmicas econômicas e até políticas, ao ponto de o documento sugerir uma uniformização na estruturação interna de partidos políticos e auditorias externas em suas contas. O punitivismo também é seletivo: em especial no que diz respeito à responsabilização criminal dos agentes públicos e às formas de controle e participação social. Além disso, as medidas ainda são centradas nas entidades do "terceiro setor", ONGs em sua maioria.

A OLJ teve na TI um aliado importante na "sociedade civil". Em 2016, em meio ao processo contra a Embraer por pagamento de propinas no exterior, Bruno Brandão, principal figura pública da TI Brasil, concedeu uma entrevista que repercutiu em todos os grandes meios de comunicação brasileiros. Segundo Brandão, o caso Embraer mostrava que o Brasil "seria um exportador de corrupção" e que a TI defendia a "internacionalização da Lava Jato", a fim de combater o ambiente de permissividade e instituições frágeis na América Latina e na África (Rosseto, 2016).

Em 2017, o mesmo Brandão declarou que a prisão do ex-presidente Lula da Silva era um avanço importante e poderia significar um novo trato da Justiça aos "poderosos". No entanto, para ele, esse avanço não estava consolidado. O país vivia uma encruzilhada na luta contra a corrupção, que teria um capítulo importante nas eleições de 2018 e na possibilidade de uma expressiva "renovação política" (Barrucho, 2017).

No início de 2018, o diretor-executivo da TI Brasil publicou um artigo no jornal *Valor Econômico* intitulado "Legado de combate à corrupção será positivo para a economia". No texto, Brandão defende que a transparência nos negócios das empresas privadas seria um efeito positivo para a saúde e a vitalidade da economia brasileira.

Em 2019, com a revisão do STF sobre a prisão em segunda instância e a soltura do ex-presidente Lula, Brandão concedeu entrevistas nas quais analisava as medidas como um "agravamento da impunidade" (Schelp, 2019). Para ele, a crescente polarização política entre Lula e Bolsonaro estava esvaziando os esforços anticorrupção, e cada vez mais a esquerda negligenciava essa questão.

No ano seguinte, o escândalo da "Vaza Jato" desencadeou uma série de reportagens do The Intercept Brasil e de outros meios de comunicação, que revelavam o conluio entre o Ministério Público, a Polícia Federal e o ex-juiz Sergio Moro através do vazamento de conversas de um aplicativo de mensagens. Essas relações informais expunham as vicissitudes dos métodos seletivos da operação. Com base nesse vazamento, a Agência Pública publicou a reportagem "Aliança entre a Lava Jato com a Transparência Internacional" (Maciel; Viana; Martins, 2020).

Nessa apuração, foram reveladas conversas informais entre Bruno Brandão e Deltan Dallagnol, que demonstram a influência do diretor da TI junto à operação, quase como um "membro informal". Ambos trocam impressões sobre a conjuntura, os passos da operação e como ela poderia ser defendida na "opinião pública". Além da proximidade político-ideológica, a aliança entre a ONG transnacional e a OLJ também tinha uma dimensão financeira a fim de ampliar a rede de entidades e ONGs anticorrupção no Brasil para gerirem parte dos recursos oriundos das multas e dos acordos de leniência junto às empresas.

Indiretamente, esses benefícios financeiros, repassados para entidades privadas, também criavam vantagens para juízes e procuradores dedicados à cruzada anticorrupção. Parte desses profissionais poderia ser contratado para ministrar palestras, cursos e até gerenciar projetos de integridade e *compliance*.

Em 2017, procuradores do DF em parceria com a TI assinaram um memorando que integrava as operações que atingiram a poderosa *holding* J&S, pertencente à família Batista, administradora da JBS (Greenfield, Sepsis, Cui Bono e Carne Fraca). Segundo o memorando, parte dos valores acordados na delação e na leniência da J&S (cerca de 10,3 bilhões de reais) seria destinado a uma campanha educativa de controle social da corrupção executada por uma fundação privada criada pela TI. O valor dessa "campanha" era orçado em 2,3 bilhões de reais (Azevedo, 2020).

Segundo informações divulgadas pela Procuradoria-Geral da República em dezembro de 2020, até esse período a *holding* J&S já havia depositado cerca de 270 milhões de reais para a criação da tal fundação privada anticorrupção (Voltare; Santos, 2020). A tentativa de privatização dos recursos oriundos de multas e dos acordos de leniência foi, sem dúvida, a cartada mais ousada do campo lavajatista. A justificativa era clara: como um Estado corrupto e corruptor poderia gerir tais recursos? A solução seria repassar essa verba para entidades da "sociedade civil" e fortalecer um campo político e ideológico "anticorrupção" na sociedade brasileira. Nessa linha, a corrupção seria combatida por meio de práticas, no mínimo duvidosas, de agentes públicos e em relações promíscuas com ONGS.

Foi com base nessa experiência que, em 2018, a OLJ de Curitiba solicitou à TI recomendações "técnicas" para diretrizes de governança e de destinação de investimento social para inserção no acordo com a Petrobras. O acordo da petroleira com autoridades brasileiras e estadunidenses previa o pagamento de cerca de 3,5 bilhões de reais. Membros da OLJ chegaram a um acordo com o DOJ de que 80% desse valor poderia ser revertido para o Brasil, por meio da criação de uma fundação de interesse público para fortalecer a luta "anticorrupção" no país.

A TI, o Instituto Ethos, o Observatório Social e a Contas Abertas foram as instituições da "sociedade civil" chamadas a opinar sobre a gestão dessa nova fundação bilionária. À época, diante da má repercussão e da reação de parlamentares do PT, de membros do Supremo Tribunal Federal, do Tribunal de Contas da União e do Ministério Público Federal, a própria OLJ recuou da ideia.

4.2.3 O Instituto Innovare

O Instituto Innovare (II) é uma associação sem fins lucrativos, criada em 2003 pelas Organizações Globo, principal conglomerado midiático do Brasil, em parceria com entidades do meio jurídico, como a Associação dos Magistrados Brasileiros (AMB), Associação Nacional dos Membros do Ministério Público (Conamp), Associação Nacional das Defensoras e Defensores Públicos (Anadep), Associação dos Juízes Federais do Brasil (Ajufe), Ordem dos Advogados do Brasil (OAB), Associação Nacional dos Procuradores da República (ANPR) e a Associação Nacional dos Magistrados da Justiça do Trabalho (Anamatra).

O objetivo do Instituto é contribuir e dar visibilidade às melhores práticas no sistema de Justiça brasileiro. Além das publicações, palestras e cursos, o principal evento da entidade é a sua premiação anual: o Prêmio Innovare, em que são reconhecidas e celebradas as práticas que buscam aumentar o acesso, a eficiência e a celeridade da Justiça. Existem várias categorias[96] na premiação, cujos critérios de avaliação são: eficiência, celeridade, qualidade, ineditismo, praticidade, exportabilidade, satisfação do usuário, alcance social e abrangência territorial (Instituto Innovare, s/d).

Desde 2004, o objetivo da premiação é valorizar e dar visibilidade à "revolução silenciosa" em curso no Poder Judiciário. Curiosamente ou não, essa articulação efetiva-se justamente quando o governo Lula da Silva propunha a criação de um órgão

---

96 Em 2021, foram sete categorias: Tribunal, CNJ/Tecnologia, Juiz, Ministério Público, Defensoria Pública, Advocacia e Justiça e Cidadania.

externo de controle do sistema de Justiça. Até 2021, o conselho superior da associação era presidido pelo ex-ministro do STF Carlos Ayres Britto. As atividades do instituto, principalmente a entrega dos seus prêmios, têm ampla cobertura em todas as mídias das Organizações Globo.

Os palestrantes dos eventos e cursos do II são ministros da Suprema Corte, procuradores, defensores e advogados de grandes escritórios, que normalmente recebem gratificações pelas participações. Ademais, as atividades do II servem para a formação de espaços (*habitus*) formais e informais entre membros do sistema de Justiça e o principal conglomerado midiático do país. Grande parte do faturamento da Rede Globo está relacionada ao ganho em publicidade e em operações no mercado financeiro (Sthephanowitz, 2016). Nesse cenário, cada vez mais, o conglomerado tem se notabilizado por ser um porta-voz dos interesses financistas no Brasil.

A relação privilegiada com os outros poderes da República também se reproduz na esfera do Poder Judiciário. Mais do que poder financeiro, a Globo oferta a sua influência midiática e, consequentemente, maior poder simbólico para os seus aliados no sistema de Justiça. Com a OLJ não foi diferente: as Organizações Globo beneficiaram-se de vazamentos seletivos da operação. Esses benefícios remetiam, na audiência de suas mídias, a lucros financeiros alcançados por meio de informações privilegiadas e de especulação com a taxa de câmbio. Por sua vez, os agentes da OLJ ganhavam contornos de heroísmo em sua cruzada contra o "maior esquema de corrupção" no Brasil, liderado pelo PT.

Além de seus noticiários e telejornais, a Rede Globo investiu na construção da imagem de "justiceiro" do ex-juiz Sergio Moro e de outros membros da OLJ. A construção desses símbolos estava em sintonia com uma estratégia, na qual nos deteremos adiante, de derrubada do então pacto social no Brasil em prol das oligarquias financeiras locais, transnacionais e de seus aliados.

Nos marcos do Instituto Innovare, o tema da anticorrupção foi sempre trabalhado como um apoio às operações em curso no Brasil, assim como uma necessidade de "renovação" de práticas políticas nas relações entre governos e empresas. Em 2018, ano eleitoral, o tema do "combate à corrupção" foi a principal temática escolhida para ser abordada na entrega do Prêmio Innovare.

Antes disso, em 2016, a OLJ foi a grande vencedora do prêmio, entregue na sede do STF e com a presença da então presidente, Carmem Lúcia, e do procurador-geral da República, Rodrigo Janot. Na ocasião, Deltan Dallagnol chegou a declarar que a OLJ não tinha previsão de fim (Moura; Bulla; Pires, 2016). Fica nítido que, pelo menos entre seus agentes, a OLJ era vista como uma operação permanente, moralizadora e "redentora" da república e da política brasileira.

O Instituto Innovare configura-se como mais um espaço de consolidação de alianças e estratégias entre os agentes do sistema de Justiça, meios de comunicação e oligarquias financeiras. Cabe destacar que a OLJ foi apenas um capítulo dessa duradoura relação, mesmo com a Rede Globo tendo problemas com a Justiça, como acusações de sonegação de impostos (Andrade, 2021), e seus donos (família Marinho) sendo suspeitos de possuírem contas não declaradas em paraísos fiscais (Waltenberg; Carvalho, 2021).

4.3. Anticorrupção e os *think tanks* *liberais-conservadores no Brasil*

Segundo dados da Universidade da Pensilvânia, até 2020, o Brasil já tinha 190 *think tanks*. O perfil dessas entidades é variado: algumas se notabilizam por uma intervenção acadêmica e em debates das "ciências sociais aplicadas" para a formulação de políticas públicas, enquanto outras se caracterizam por uma atuação mais no campo político e ideológico. O tema da anticorrupção e da Lava Jato foi alvo de diversos *think tanks*. O mapeamento dessa questão seria um bom tema de uma pesquisa específica, contudo, por ora, fizemos a opção de apresentar um levantamento preliminar com relação às posições sobre o tema de parte dos principais *think tanks* liberais e ultraliberais brasileiros: a Fundação Getúlio Vargas (FGV), o Instituto Millenium, o Instituto Liberal e o Instituto de Estudos Empresariais (IEE).

4.3.1 A abordagem da anticorrupção pela Fundação Getúlio Vargas (FGV)

Fundada em 1944 com o objetivo de preparar quadros para a administração pública e privada, a Fundação Getúlio Vargas (FGV) é considerada o maior e mais influente *think tank* do Brasil e da América Latina. Segundo os levantamentos do programa Think Tanks and Civil Societies da Universidade da Pensilvânia, em 2021 a FGV foi considerada o terceiro *think tank* mais importante do mundo. Além da articulação acadêmica nacional e internacional, os cursos, especializações e programas de pós-graduação da instituição são frequentados por influentes políticos, membros da cúpula do Poder Judiciário, do Executivo e das Forças Armadas.

Apesar de não emitir diretamente posicionamentos políticos, a FGV tem estado cada vez mais à sombra do poder no Brasil e na América Latina, por meio de seus projetos de políticas públicas, espaços de interação entre influentes acadêmicos e ao formar parte dos quadros políticos, econômicos, jurídicos e militares para grandes empresas e o poder público.

No campo da anticorrupção, pelo menos desde 2015, a FGV, por meio dos seus cursos de Direito e Relações Internacionais (RI) no Rio de Janeiro e em São Paulo, tem se consolidado como o principal espaço de reflexão e proposição de políticas públicas anticorrupção dentro do *establishment liberal* no Brasil.

Na filial carioca, a anticorrupção ganhou grande projeção nas pesquisas do Centro de Justiça e Sociedade. Eleições e declarações de bens, reformas anticorrupção propostas ao Parlamento, doações eleitorais, integridade e transparência nas empresas estatais, *compliance* com base nas legislações anticorrupção recentes, transparência pública e governança de recursos compensatórios são alguns temas pesquisados por professores, alunos e grupos de pesquisa da instituição. Destacamos dois campos de pesquisa desenvolvidos: as lições para o combate à corrupção da OLJ e a elaboração de um plano nacional de combate à corrupção.[97]

A pesquisa *Lava Jato: lições para o combate à corrupção* ainda está em andamento, até o ano de 2023. Trata-se de uma articulação entre as escolas de Direito e de Relações Internacionais da FGV para estudar os efeitos e perspectivas da "luta contra a corrupção" pós-OLJ. Sem dúvida, trata-se, até então, do maior esforço institucional de pesquisa sobre o tema.[98]

---

[97] A editora da FGV, desde 2015, tem se notabilizado por traduzir e difundir o debate internacional dos acadêmicos anticorrupção, com publicações como a tradução de *Corrupção e governo: causas, consequências*, escrito por Susan Rose-Ackerman e Bonnie J. Palifka, ou *Corrupção e o escândalo da Lava Jato na América Latina*, organizado por Paul Lagunes, Fernanda Odilla, Jan Svejnar, publicado inicialmente nos Estados Unidos. Esse último livro conta com artigos sobre a OLJ de Rose-Ackerman, Jessie W. Bullock e Matthew C. Stephenson, além de entrevistas com Sergio Moro, Deltan Dallagnol e Glenn Greenwald.

[98] Segundo o portal oficial da instituição, o objetivo dessa pesquisa seria:

> [...] analisar quantitativa e qualitativamente as etapas da Operação Lava Jato para identificar elementos para a construção de políticas públicas de combate à corrupção bem como identificar práticas inefetivas ou contestadas e suas causas. Há três objetivos específicos: (a) sistematizar o conhecimento sobre as causas da Lava Jato e seus impactos institucionais no Brasil e nos países onde a operação teve

O coordenador desse projeto é Matias Spektor, professor de Relações Internacionais da FGV, é formado em RI pela Universidade de Brasília (UnB), mestre pela mesma instituição e doutorado pela Universidade de Oxford. Ele também é articulado com grandes *think tanks* liberais estadunidenses, tendo sido professor visitante de instituições já aqui analisadas, como o Council on Foreign Relations (CFR) e Woodrow Wilson International Center. O acadêmico também já foi diretor do Council of Americas (Conselho das Américas – CA) e tem publicações sobre o Brasil nas revistas do CA e do CFR.

Em suas colunas na *Folha de S. Paulo* e nessas entidades internacionais, é possível ver a sua linha de proximidade com o lavajatismo. Em janeiro de 2018, no jornal brasileiro, em debate com o economista Marcos Lisboa, Spektor (2018) defendeu que a crise fiscal do país está diretamente relacionada com a "corrupção endêmica".

O tema da corrupção alinhada à política externa é parte do centro das preocupações das intervenções de Spektor. A admiração à OLJ como um levante contra a "velha política" é constantemente ressaltada pelo acadêmico. Em 2017, por exemplo, Spektor escreveu sobre como a "roubalheira" contaminou a política externa petista e sobre a importância da OLJ para mudar essa condição:

> Graças à Lava Jato, o país poderá começar a limpar a podridão que impregnou parte da política externa. A solução passa, no início, por redobrar os compromissos internacionais pró-transparência e anticorrupção. Por exemplo, quando assinamos um acordo com a OCDE contra a evasão fiscal, larápios foram postos para correr.

---

desdobramentos; (b) produzir recomendações oriundas da experiência da Lava Jato para as políticas de combate à corrupção no Brasil e (c) sistematizar informações quantitativas sobre os processos judiciais da Lava Jato (FGV, s/d(a)).

> Quando o MP assinou acordos de cooperação lá fora, ganhou dentes que antes não tinha. É necessário fazer mais. Não porque esses compromissos criem sanções estritas (não criam), mas porque abrem espaço para começar a limpeza. (Spektor, 2017a)

Também no mesmo ano, em dezembro, na *Folha de S. Paulo*, escreveu em tom elogioso sobre a OLJ e o seu impulso à coalizão global do combate à corrupção (Spektor, 2017b). Em 2018, antes das eleições, o professor da FGV denunciava a aliança entre o STF e partidos políticos para enfraquecer a OLJ (Spektor, 2018). Além do seu espaço na *Folha*, Spektor também escreve colunas em jornais e revistas estrangeiras e concede entrevistas sobre o Brasil. Na edição especial de 2016 da *Americas Quarterly*, revista vinculada ao Conselho das Américas, fez uma elogiosa apresentação do ex-juiz Sergio Moro:

> Juiz federal desde os 24 anos, ele fez treinamento no exterior na Universidade de Harvard e no Departamento de Estado dos Estados Unidos, e começou a trabalhar como investigador-chefe em dois grandes escândalos de corrupção envolvendo crimes financeiros e lavagem de dinheiro.
>
> Agora com 40 e poucos anos, Moro estava pronto para sua maior missão – mas ele também sabia que não poderia fazer isso sozinho. Ele montou uma excelente equipe de juízes e promotores jovens e enérgicos que, como ele, tinham experiência e habilidade para navegar no sistema jurídico bizantino do Brasil. Em poucos meses, eles haviam garantido uma série impressionante de vitórias iniciais que repercutiriam nos próximos anos. (Spektor, 2016, tradução livre)

A equipe de pesquisa da FGV sobre o combate à corrupção pós-OLJ também conta com outra figura acadêmica com forte trânsito em *think tanks* liberais oriundos dos Estados Unidos, como o Conselho para Relações Exteriores (CFR) e o Conselho das Américas: Eduardo Mello, doutor em Economia pela London School of Economics.

Outra frente de trabalho anticorrupção da FGV-Rio remete à formulação dos Primeiros Passos para um Plano Nacional Anticorrupção. Lançada em 2017, essa frente foi um esforço interdisciplinar para subsidiar uma agenda política, legislativa e judicial para o combate à corrupção no Brasil, a partir de cinco tópicos: 1) a análise da experiência de combate à corrupção no Reino Unido ao longo dos últimos dez anos; 2) a avaliação da evolução legislativa e institucional do Brasil na luta contra a corrupção; 3) o estudo sobre os instrumentos judiciais e as respectivas respostas do STF e STJ sobre a investigação e punição de crimes contra a administração pública e de improbidade administrativa; 4) a avaliação sobre transparência em processos licitatórios em prefeituras e tribunais de contas; e 5) a análise sobre as atuais proposituras do Congresso Nacional em resposta à expectativa popular de combate à corrupção (Mohallem; Ragazzo, 2017).

Em 2018, grande parte da equipe que participou da pesquisa, liderada por Michael Freitas Mohallem, fez parte da parceria da FGV com a Transparência Internacional Brasil para produzir o documento "Novas medidas anticorrupção". Essa plataforma serviu como ponta de lança propositiva, como já vimos, para diversas ONGs e outras entidades apresentarem setenta medidas de combate à corrupção a serem aprovadas na esfera legislativa, executiva e judicial (FGV, 2018).

Inclusive, a aliança entre a FGV e a TI Brasil é anterior. Em 2016, a FGV tornou-se parceira para a construção do Centro de Conhecimento Anticorrupção (FGV, 2016). O projeto versava pelo fomento à pesquisa aplicada nas áreas de anticorrupção, promoção do *compliance* em empresas públicas e privadas e avanços de práticas de transparência. No entanto, a TI Brasil, ao assinar o memorando com o MP-DF para criar a fundação bilionária anticorrupção, também adicionou os serviços da FGV, sem consulta prévia, como parte do acordo.

Principalmente após as denúncias da Procuradoria-Geral da República sobre o repasse de 270 milhões de reais recebidos pela TI Brasil, a FGV acusou o capítulo brasileiro da ONG transnacional de usar sua mão de obra e suas instalações sem seu aval (Miazzo, 2021). Além de negar o recebimento do dinheiro, a TI Brasil alegou que contratou Michael Freitas Mohallem, professor do Departamento de Direito da FGV-Rio, como pesquisador independente.

Em São Paulo, a faculdade de Direito da FGV, desde 2015, organiza um grupo de estudos anticorrupção com os seguintes objetivos: (a) analisar e pesquisar os assuntos que envolvem a questão da corrupção nos setores público e privado da economia, dando ênfase ao mapeamento das normas aplicáveis, aos mecanismos de *compliance* adotados e a atuação dos agentes; (b) fazer análises de natureza jurídica, política, administrativa e econômica para calcular o efetivo custo da corrupção para o país; (c) fazer análises comparativas das medidas adotadas em diferentes países do mundo na busca de soluções alternativas para o combate à corrupção, bem como identificar o contexto, os incentivos e os limitadores de tais medidas; (d) fomentar debates entre o setor privado e os agentes públicos e demais instituições sobre os temas de estudo; e (e) propor políticas públicas para o combate à corrupção (FGV, s/d(b)).

O grupo de estudos é multidisciplinar, sob a supervisão do jurista Paulo Clarindo Goldschmidt e coordenação de Lie Uema do Carmo (jurista e professora do Direito da FGV-SP) e de Maria Lúcia Pádua Lima (economista e professora de RI da FGV-SP). O grupo produz relatórios, artigos e livros com frequência, principalmente em língua inglesa, organiza eventos e tem grande circulação internacional acadêmica junto a universidades europeias, estadunidenses, israelenses e dos Brics.

A maioria dos membros do grupo de estudos realizou alguma pós-graduação em universidades estadunidenses (FGV, s/d(b)). Além disso, o grupo acadêmico também firmou parcerias para publicações e eventos com entidades internacionais anticorrupção, como o Iaca, e *think tanks* liberais, como o Wilson Center.

A partir dessas iniciativas institucionais, no Rio de Janeiro e em São Paulo, e com sua rede de articulação extra-acadêmica com ONGs, outros *think tanks*, entidades nacionais e internacionais e governos, podemos constatar que a FGV se tornou a principal referência na produção de pesquisas e na formulação de políticas públicas contemporâneas no Brasil, sob um prisma liberal. Além disso, a instituição é usada para estabelecer um "selo de qualidade" em possíveis propostas advindas ou defendidas por outras entidades e grupos de intervenção política mais direta.

Nos marcos da OLJ fluminense, o então presidente da instituição, Carlos Ivan Simonsen Leal, seu vice, Sérgio Franklin Quintella, e os diretores da FGV Projetos, César Cunha Campos, Ricardo Pereira Simonsen, Sidnei Gonzalez dos Santos e Ocário Silva Defaveri, foram tidos como suspeitos, através de diversas ações do MP-RJ, de superfaturamento de contratos com o poder público, obtenção de lucro indevido e malversação da verba da própria fundação. Segundo delação do ex-governador Sérgio Cabral, parte da direção da instituição beneficiava-se de contratos milionários com o poder público; em troca a FGV divulgava pesquisas favoráveis às ações e possíveis obras públicas (Nogueira, 2019).

É importante destacar que tais suspeições e investigações não redundaram em condenação desses dirigentes. No entanto, mesmo sem comprovar ilegalidades, tal episódio revela a existência de um "mercado" para *think tanks*, com o objetivo de respaldar e dar legitimidade acadêmica para possíveis decisões governamentais ou de empresas.

4.3.2 O Instituto Millenium (Imil): ideologia anticorrupção e a idolatria à OLJ

Em 2005, Patrícia de Andrade, economista e ex-aluna do pseudofilósofo Olavo de Carvalho, fundou o Instituto Realidade Nacional. Em seu primeiro evento, o Instituto já demonstrou capilaridade entre intelectuais e representantes orgânicos das frações financeiras e industriais da burguesia brasileira e de altos burocratas, políticos e acadêmicos.[99] Segundo Patschiki (2016, p. 13), a consolidação do lulismo e os desdobramentos da crise do "Mensalão" contribuíram para a reorganização de setores liberais e conservadores que faziam oposição ou apoiavam pontualmente os governos petistas.

No ano seguinte, passou a se chamar Instituto Millenium, sendo lançado nos marcos do XIX Fórum da Liberdade (o evento liberal mais importante do país).[100] O Imil é um *think tank*

---

99 Segundo a pesquisa do historiador Lucas Patschiki (2016, p. 12-13): Entre os participantes, notamos a seguinte distribuição (o número final ultrapassa o número total de convidados porque um único convidado pode enquadrar-se em mais de um recorte): oito representantes setor financeiro; dois do setor industrial; um do agronegócio; oito acadêmicos; cinco jornalistas/executivos mídia; três advogados; doze burocratas ou ex-burocratas partidários; dez burocratas de carreira (destes, oito são acadêmicos); quatro políticos. Deste evento inicial pode-se afirmar que o Imil já nasce com parte de sua espinha dorsal organizada: dos participantes convidados, quinze integrarão o instituto em diversas funções, sendo que alguns nomes serão cruciais para sua consolidação, como Jorge Gerdau Johannpeter, Antônio Carlos Pereira, Paulo Guedes, Gustavo Franco, Armínio Fraga etc.

100 Além do Imil, outros novos instrumentos liberais e conservadores da chamada "nova direita" também foram lançados no Fórum da Liberdade, tais como o Instituto Von Mises do Brasil (IMB) e o Estudantes pela Liberdade (EPL).

militante que reúne representantes e intelectuais orgânicos do pensamento liberal e conservador com diversas tonalidades e diferentes expressões políticas.

Como *think tank* militante, o Imil tem como principais objetivos difundir seus valores liberais conservadores e influenciar meios de comunicação, jovens acadêmicos e as classes empresariais. O instituto congrega importantes grupos econômicos de diferentes frações do capital, como Gerdau, Globo, RBS, Abril, BTG Pactual, Banco BBM, Banco CSFB, Grupo Ultra, Petropar, Odebrecht, JP Morgan, Amazon Brasil, entre outros.

Em 2018, o Conselho de Governança (principal órgão da entidade) era composto por Gustavo Franco (presidente), Luiz Felipe D'Avila, Henrique Meirelles, Giancarlo Civita, João Roberto Marinho, Jorge Gerdau Johannpeter, William Ling, Rodrigo Constantino, Pedro Henrique Mariani e Antônio Carlos Pereira (Casimiro, 2018, p. 360). Em 2021, o conselho passou a ser dirigido por Ricardo Diniz (presidente), Alex Szapiro, Dennis Wang, Paulo César de Souza e Sebastião Ventura.

Além de representantes da classe capitalista, o instituto também congrega entre os seus membros e colaboradores jornalistas, acadêmicos e *influencers* nas redes sociais. Nomes como Pedro Bial, Roberto DaMatta, Merval Pereira, Carlos Alberto Sardenberg e William Waack são alguns exemplos de como o instituto tenta conjugar o liberalismo econômico com o conservadorismo cultural em sua ação (Casimiro, 2018, p. 371).

Desde 2009, o Imil é formalmente uma Organização da Sociedade Civil de Interesse Público

(Oscip). Sua gestão possui uma estrutura complexa e dividida em diversas câmaras e conselhos.[101] Em sua dissertação, Luciana

---

[101] Sua estrutura institucional é organizada a partir das constituições de câmaras. São elas: a Câmara de Fundadores e Curadores, a Câmara de Mantenedores, a Câmara de Instituições e a Câmara de

Silveira apresentou um pioneiro estudo sobre a trajetória do Imil, sua composição social, ações e influência nos círculos de poder das classes dominantes.

Ao analisar o programa (linha editorial e carta de princípios) e as campanhas desenvolvidas pelo Imil, Silveira demonstra como a agenda anticorrupção da entidade sempre esteve vinculada à perspectiva de "reforma do Estado e fomento à sua eficiência". Suas campanhas, por exemplo, de diminuição dos impostos e pela "liberdade de imprensa" tinham como justificativas combater o "aparelhamento" e a corrupção produzida pelo Estado e partidos políticos. Silveira sintetiza a ação e a função do Imil em três dimensões:

> O Instituto Millenium desempenha tripla função: a) como um repositório de fontes acessíveis aos meios de comunicação, alinhadas com valores específicos e que servem de alternativa aos departamentos acadêmicos nos quais a imprensa recruta suas fontes, no que se aproxima a uma agência de mídia; b) como um elo entre empresários, especialistas e estudantes, por meio de seus seminários e demais eventos; c) como um *clipping* de temas abordados pela imprensa, reproduzidos em artigos e reportagens no portal da instituição. Apesar da presença constante de seus especialistas em veículos de comunicação, não é possível dizer que o Millenium influencia os meios de comunicação, uma vez que ideias liberais já se encontravam presentes nos jornais. Mas tampouco seria uma aposta no escuro afirmar que a atuação do Instituto é complementar ao trabalho dos jornais e revistas, na medida em que concentra a republicação de conteúdo específico,

---

Financiadores. Além das câmaras, sua estruturação institucional também é composta pelo Conselho de Governança, Conselho Fiscal, Conselho Gestor e Conselho Editorial, além de uma equipe executiva [...] (Casimiro, 2018, p. 349).

> potencializando uma mensagem que aparece diluída nas páginas dos grandes jornais. Há um sistema que se retroalimenta: especialistas do Millenium precisam dos meios de comunicação para difundir suas visões de mundo e os meios de comunicação precisam de fontes para legitimar esta ou aquela posição. (Silveiro, 2014, p. 26-27)

Mesmo antes da OLJ, o Imil apoiou e divulgou projetos para combater a "impunidade" e a "corrupção estrutural" no seio do Estado brasileiro, como a Lei da Ficha Limpa e a própria Lei Anticorrupção. Em 2013, inclusive, o Instituto foi um dos porta-vozes da denúncia contra a PEC 37 (chamada de "PEC da Impunidade"), que se caracterizava por diminuir o poder investigativo do Ministério Público (Maranhão, 2013). A crítica a essa PEC foi utilizada pelos principais meios de comunicação para influir junto às manifestações de junho de 2013. Outra campanha de pressão feita pelo Imil foi a regulamentação da Lei Anticorrupção pela então presidenta Dilma Rousseff (Alves, 2014).

A associação do Imil à "luta contra a corrupção e à impunidade" aumentou ainda mais com a OLJ. Em seu portal oficial, existem textos de articulistas-membros ou de convidados do instituto e matérias jornalísticas amplamente favoráveis à "maior operação anticorrupção da história do Brasil". Em abordagens mais acadêmicas, como a de Sérgio Lazzarini, a OLJ seria o primeiro grande esforço nacional de combate ao "capitalismo de laços" (Instituto Millenium, 2016). Por sua vez, para o economista Armando Castelar Ribeiro, que teve sua coluna no *Valor Econômico* replicada pela Imil, a OLJ não foi uma das responsáveis pela queda do PIB nacional em 2015. Na verdade, a operação apenas interrompeu o ciclo de más gestões, principalmente na Petrobras, fruto das equivocadas políticas econômicas promovidas pela "Nova Matriz Econômica".

O site também divulgou defesas da OLJ a partir de abordagens políticas e culturais. Por exemplo, o cineasta José Padilha, membro do Imil, em 2016, defendia que a OLJ "não tinha qualquer viés político ou partidário". O foco da operação contra o PT e Lula, segundo o cineasta, tinha a ver com o cinismo e a corrupção em maiores proporções liderada por esses agentes (Padilha, 2016). Posteriormente, Padilha lançou a série *O mecanismo* para a plataforma Netflix, inspirada na operação.

Articulistas empregados pelas Organizações Globo e membros ou próximos do Imil também tiveram diversos artigos em defesa da OLJ publicados ou replicados pelo instituto. Carlos Alberto Sardenberg, em agosto de 2019, defendia o ex-juiz Sergio Moro como uma espécie de herói nacional, uma liderança moral e política do país como Joaquim Barbosa (Sardenberg, 2019). Em 2020, o mesmo articulista questionava se a anulação da condenação do ex-presidente Lula representaria também a abolição de todas as demais sentenças advindas da OLJ (Sardenberg, 2020).

Além de artigos e reportagens, o Imil organiza campanhas que se relacionam com políticas anticorrupção. Para o instituto, a corrupção produzida pelo excesso de intervenção estatal teria como remédio as privatizações, maior rigor punitivo e reformas no aparelho estatal. Em 2021, o instituto organizou a campanha "Destrava! Por uma reforma administrativa do bem". Segundo o Imil, o Brasil seria um dos países que mais gastam com a sua máquina estatal e que produzem serviços públicos de baixa qualidade. Cerca de 14% do PIB nacional seriam gastos com salários de servidores públicos, a maioria nas áreas de saúde e educação. Além disso, para a campanha do Imil, haveria um descompasso entre os salários do funcionalismo público e da iniciativa privada.

A campanha e seus dados (Instituto Millenium, 2020), em agosto de 2020, tiveram espaço no *Jornal Nacional*, da Rede Globo. Essa publicização gerou críticas e questionamentos de amplos setores acadêmicos, visto que também existem estudos que apontam que mais de 90% do funcionalismo público brasileiro recebe até três salários-mínimos e uma ínfima minoria recebe supersalários (Rossi; Buono, 2020).

Outro projeto do instituto chama-se Millenium Fiscaliza: trata-se de um informativo sobre "como os políticos gastam os impostos pagos pelo povo". O projeto denuncia a dita alta carga tributária, o alto custo da "ineficiente máquina pública", obras públicas paradas e os supersalários no Legislativo e no Judiciário. A solução para esses problemas? Fazer avançar a agenda de privatizações, desregulamentação financeira e contrarreformas no aparelho de Estado.

O Imil também se articula internacionalmente, principalmente por meio da Rede Atlas Network, já analisada aqui. A "luta contra a corrupção" e o apoio à OLJ, seguindo as tendências internacionais entre liberais e ultraliberais, relaciona-se com a pauta contrarreformista de radicalização da desregulamentação dos mercados financeiros e de trabalho, expropriação de direitos, privatizações e contrarreformas neoliberais no aparelho estatal. Contudo, como demonstra Casimiro (2018, p. 371-372), a faceta política dessa "nova direita" muda de acordo com a conveniência. Embora, no interior do Imil, a maioria de seus membros refute formalmente os "extremismos", eles também podem apoiar movimentos de extrema direita e neofascistas quando estes aderem à pauta econômica liberal.

4.3.3 O Instituto de Estudos Empresariais, o Fórum pela Liberdade e a agenda anticorrupção

Fundado em 1984, na cidade de Porto Alegre (RS), o Instituto de Estudos Empresariais (IEE) tinha como objetivo formar novas lideranças empresariais para influir no processo de redemocratização no Brasil (Casimiro, 2018, p. 311). O instituto é apoiado financeiramente por alguns dos maiores conglomerados nacionais, como o Banco Itaú, Gerdau (siderurgia), Localiza (locadora de automóveis), Suzano (papel e celulose), Évora (Holding), Latam (Aviação), dentre outros (IEE, s/ d(a)).

Denise Gros (2010, p. 190) estudou esse instituto, e afirmou que um dos principais focos do IEE é preparar jovens empresários para assumir postos de liderança na sociedade. Para ingressar no IEE, deve-se ser indicado por um membro, ter entre 20 e 32 anos e estar à frente ou na linha de sucessão de alguma empresa. Em 2021, segundo informações do portal oficial, o IEE contava com mais de duzentos membros (IEE, s/d(b)). Ao longo das últimas décadas, o instituto desenvolveu um complexo e amplo programa de formação para lideranças empresariais, contando com a participação de ex-presidentes e ex-ministros de Estado, acadêmicos, políticos e jornalistas influentes.

O IEE também mantém relações com diversos *think tanks* liberais, ultraliberais e neoconservadores, especialmente dos Estados Unidos, como a Heritage Foundation, Atlas Network e o Cato Institute. O principal evento público do instituto é o Fórum da Liberdade, organizado desde 1988, que se consolidou como o principal encontro na América Latina para liberais e conservadores. O evento ocorre anualmente na PUC-RS, em Porto Alegre, e reúne cerca de 5 mil pessoas, sempre contando com alguma temática geral, painéis de debates e convidados nacionais e internacionais.

Os pesquisadores Camila Vidal, Jahde Lopez e Luan Brum (2020) apresentaram um levantamento quantitativo e qualitativo sobre o Fórum da Liberdade desde o seu primeiro evento, em 1988, até o ano de 2018. Segundo a base de dados colhida pelos pesquisadores, até 2018, 471 pessoas palestraram nos painéis do Fórum da Liberdade. Os palestrantes mais repetidos foram os empresários Jorge Gerdau Johannpeter (doze vezes), Henry Maksoud (sete vezes), o diplomata Roberto Campos (cinco vezes), os economistas Paulo Rabello de Castro (oito vezes), Paulo

Guedes (seis vezes) e Gustavo Franco (cinco vezes), o advogado Ives Gandra Martins (cinco vezes), o autoproclamado filósofo falecido Olavo de Carvalho (cinco vezes) e o articulista Rodrigo Constantino (seis vezes).

Na análise dos pesquisadores, apesar do discurso oficial apresentar o fórum como um "espaço plural de debates", na verdade é um espaço propagador do ideário neoliberal. A maioria dos envolvidos são homens, brancos, empresários, acadêmicos e políticos defensores da "economia de mercado". Outra característica ressaltada, segundo os autores, refere-se à formação dos palestrantes extremamente concentrada e referenciada em universidades e *think tanks* dos Estados Unidos.[102]

Nos marcos do Fórum, também há a entrega de prêmios a figuras defensoras da "economia de mercado", do "Estado democrático de Direito" e da "liberdade de imprensa". O prêmio Libertas (desde 1997) foi entregue para uma série de empresários e acadêmicos e ex-ministros de

Estado de governos como os de fhc, Temer e Bolsonaro, alguns exemplos são Jorge Gerdau, José Roberto Marinho, Paulo Guedes, Gustavo Franco, Armínio Fraga, Salim Mattar e Rodrigo Constantino. Por sua vez, o prêmio Liberdade de Imprensa (desde 2007) já foi entregue para Alexandre Garcia, William Waack, Carlos Alberto Sardenberg e Roberto Civita (Fórum da Liberdade, s/d).

O fórum também é um espaço para presidenciáveis do Brasil assumirem compromisso com as pautas neoliberais. Nas primeiras décadas, era comum o IEE convidar candidatos de todos os espectros políticos, todavia, nos últimos anos, o espaço tem sido ocupado por políticos da centro-direita à extrema direita. O

[102] Segundo os pesquisadores, 207 dos 407 palestrantes, incluindo cidadãos brasileiros e estrangeiros, realizaram algum tipo de formação nos Estados Unidos.

Partido Novo, por exemplo, através da liderança de João Amoedo (Gomes, 2018), teve bastante participação no fórum em 2018; João Dória foi o principal palestrante da edição de 2017; Henrique Meirelles é ativo frequentador do espaço; Michel Temer foi palestrante da edição de 2021, assim como diversos empresários e políticos ligados ao governo Bolsonaro, entre eles Luciano Hang, o atual senador e ex-vice presidente Hamilton Mourão e Salim Mattar.

Entre os principais assuntos abordados nesse espaço, segundo Vidal, Lopez e Brum (2020), estão os debates econômicos, como a importância do "mercado livre" e do "livre comércio internacional", a alta carga tributária para os "empreendedores" no Brasil ("custo do Brasil") etc. Existem outros temas importantes da chamada "questão social" que são abordados no fórum, mas sempre sob perspectivas de empresários ou acadêmicos em prol dos grandes conglomerados privados da educação e saúde, por exemplo.

O tema da anticorrupção aparece de maneira direta e indireta nos painéis e debates, muitas vezes relacionado aos custos econômicos da corrupção, advindos da excessiva intervenção estatal na dinâmica econômica. Em 2012, mesmo ano do julgamento do "Mensalão" pelo STF, o IEE organizou um painel intitulado "Corrupção e o futuro da democracia brasileira", com as intervenções de Gil Castelo Branco (secretário-geral da ONG Contas Abertas, político e economista de associações patronais) e de Ives Gandra de Andrade (jurista e professor da Universidade Mackenzie).

Nos outros anos, apesar de não contar com painéis específicos, a corrupção foi um tema transversal nas intervenções do Fórum da Liberdade. Em abril de 2013, a corrupção esteve relacionada com a defesa da "liberdade dos meios de comunicação". A proposta de controle público dos meios de comunicação advinda do governo argentino e a simpatia da esquerda e dos movimentos populares com essa bandeira geraram críticas entre os membros do fórum, em especial daqueles ligados aos conglomerados brasileiros de mídia (Carneiro, 2013).

Em 2016, os debates sobre a conjuntura brasileira, os impactos da OLJ e o impeachment da ex-presidenta Dilma Rousseff marcaram os principais debates do evento (Mello, 2016). No entanto, o principal momento sobre o tema foi em 2018, quando o ex-juiz Sergio Moro foi a principal estrela do painel "A lei", em que proferiu uma palestra sobre o combate à corrupção em empresas públicas e privadas. Moro é assíduo frequentador e homenageado por *think tanks* liberais, ultraliberais e neoconservadores. Nos Estados Unidos, chegou a receber, também em 2018, o prêmio Milton Friedman, dado pelo Cato Institute, justamente um dos apoiadores do Fórum da Liberdade.

Os associados do IEE também publicam uma revista anual chamada *Pensamentos Liberais*. Ao ler alguns artigos da revista é possível estabelecer uma linha comum de abordagem sobre o problema da corrupção. Os articulistas brasileiros se aproximam da formulação de Alejandro Chafuen, principal dirigente do Atlas Network, a qual se caracteriza por enxergar os "escândalos de corrupção" e o fim da bolha financeira que aumentou o preço dos *commodities* como uma "janela de oportunidades para avançar pautas e movimentos liberais na América Latina" (Fang, 2017). No prefácio da edição de 2015, Frederico Hilzendeger evidencia essa instrumentalização da pauta anticorrupção para legitimar uma agenda de contrarreformas neoliberais:

> As soluções advindas do Estado já demonstraram, reiteradamente, que não são capazes de resolver os problemas que enfrentamos hoje. A título de exemplo, podemos citar a violência urbana, a qualidade dos serviços de saúde, o baixo nível de escolaridade dos brasileiros, a carência de um ambiente que nos permita inovar, empreender e competir livremente, além das necessárias reformas legislativas e da corrupção sistêmica que assola e vilipendia

> o país, diante da fragilidade de suas instituições. Tais problemas são justamente objeto dos artigos do presente livro, que tem a ousadia de identificar o caminho para superá-los. (Hilzendeger, 2015, p. 10)

Em outros artigos, o problema da corrupção está associado ao monopólio em alguns mercados de empresas públicas, e, por isso, a necessidade de privatização da Petrobras, Eletrobras, Embraer, dentre outras (Hitter, 2018). Assim como a alta corrupção no seio do Estado, também relacionada à dita "alta tributação paga por parte das empresas e empresários no Brasil", justificaria a necessidade dos altos impostos (Quites, 2016, p. 33). A solução, para os articulistas, seria fazer avançar as ditas "reformas" em leis trabalhistas, administrativas e na previdência social e reduzir impostos e gastos públicos e privatizar empresas estatais.

É nesse cenário que Moro e Friedman se tornaram símbolos de uma série de políticas estruturais austeras e fiscalistas que desarticularam grande parte das cadeias produtivas nacionais, enfraqueceram parte dos domínios tecnológicos de ponta desenvolvidos no Brasil e geraram a estagnação econômica e uma das crises sociais mais graves da história contemporânea brasileira.

5. A AUTONOMIA RELATIVA DA LAVA JATO E A ASCENSÃO DAS DIREITAS NO BRASIL: DESVENDANDO UM QUEBRA-CABEÇA

Desde 2015, diversos jornalistas, juristas, economistas e cientistas sociais publicaram artigos e livros críticos aos métodos, à seletividade política e/ou aos efeitos econômicos da OLJ.[103]

---

[103] No campo econômico, para Belluzzo (2018), a OLJ escancarou as relações carnais que acoplam o Estado à grande empresa privada. Para o economista, a concorrência entre as grandes empresas e as trapaças ideológicas dos mercados financeiros não só arrastam o Estado para a arena dos negócios, como também atraem a rivalidade privada para o interior das burocracias públicas com o propósito de cooptar cumplicidade, influenciar as formas de regulação e captar recursos fiscais. Ademais, segundo Belluzzo, as consequências econômicas do dito "combate à corrupção" devem levar em conta três características da atual estrutura da economia mundial: 1) a reorganização da estrutura produtiva; 2) a onda de fusões e aquisições que transformou o sistema financeiro; e 3) a centralização do controle da propriedade. Segundo o historiador Pedro Henrique Campos (2019), a OLJ, *grosso modo*, teve como resultado o rompimento da barreira de proteção que resguardava às empresas brasileiras de engenharia o mercado doméstico de obras e serviços (Campos, 2019).

Para os professores vinculados ao Grupo de Análise Marxista Aplicada (Gama), a OLJ é uma peça fundamental para compreender o contexto econômico, social e político da eleição de Jair Bolsonaro e a instabilidade institucional no Brasil. Para os autores, os problemas da acumulação capitalista no país se avolumaram e converteram-se numa crise estrutural e na incapacidade da ordem institucional

Dialogando com essa bibliografia crítica existente, temos como objetivo neste capítulo comprovar a funcionalidade da OLJ para efetivar a radicalização da inserção periférica/dependente da economia brasileira no mercado mundial e concomitantemente às transformações políticas e institucionais no seio do Estado capitalista periférico no Brasil.

Além de investigar as condições históricas para o surgimento de uma operação anticorrupção no Brasil com tamanho impacto, também apresentamos uma síntese sobre a "autonomia relativa" conjuntural dessa operação. Em nossa perspectiva, essa autonomia relativa quanto às classes sociais e ao próprio aparelho de Estado foi fundamental para a instrumentalização da "luta anticorrupção" por forças políticas conservadoras e reacionárias.

Essa instrumentalização cumpriu alguns papéis importantes na cena conjuntural brasileira: 1) a anticorrupção se tornou

---

reverter isso, pelos seguintes motivos: I) o "consenso da insensatez" econômica dos setores dominantes; II) o deslocamento do "centro de poder" do Estado brasileiro para as mãos da OLJ; e III) a perda de legitimidade das instituições. Parte significativa dessa dificuldade é fruto do mecanismo de combate à corrupção (flexibilização do regramento legal e geração de instabilidade) utilizado pela Operação. Esse mecanismo, quando posto em movimento, gerou uma "guerra de todos contra todos" no país, em que os interesses externos são os maiores beneficiados. A unidade entre o "bolsonarismo" e o "lavajatismo", para os pesquisadores, representaria uma espécie de "jacobinismo de direita" que visa à ampliação da instabilidade para se manter no poder (Pinto et al., 2017).

Por fim, entre juristas progressistas, como Warde (2018), Proner (2021) e Valim, Martins, Martins (2020), a OLJ é criticada a partir dos seus métodos de espetacularização do combate à corrupção e de "*Lawfare*" (Guerra Jurídica) contra inimigos políticos, comerciais e/ou geopolíticos.

um "guarda-chuva" ideológico e uma "frente de massas" para a reorganização das direitas e extrema direita no Brasil; 2) a autonomia relativa da Lava Jato foi peça fundamental para a efetivação do golpe jurídico-parlamentar de 2016; e 3) as consequências econômicas da OLJ ajudaram, por meio do ultraliberalismo, a erguer uma nova base econômica no capitalismo brasileiro mais propício para expressões de radicalização à direita na cena política nacional.

Nesse sentido, subdividimos este capítulo em três partes. A primeira se refere à contextualização social e econômica que emergiu a OLJ e as características do golpe de 2016. A autonomia relativa da operação, se transformando numa força social, política e econômica de intervenção direta na realidade brasileira, é produto de condições conjunturais específicas. Nesse caso, trata-se do desgaste do pacto social lulista e de suas dificuldades de renovação por meio de estratégias centradas na institucionalidade do Estado capitalista periférico de via autocrática.

Na segunda, apresentamos um breve histórico da OLJ e suas relações com frações de classe, outros aparelhos privados de hegemonia e agentes do imperialismo. A terceira se remete às consequências econômicas da operação, as mudanças no padrão de acumulação do capitalismo no Brasil e a apologia às medidas econômicas ultraliberais que ajudaram no fortalecimento de uma nova direita, que reúne três características: o reacionarismo na pauta cultural e social, o ultraliberalismo na pauta econômica e um peso de massas extrainstitucional, principalmente entre frações da classe trabalhadora e das camadas médias.

5.1 O lulismo entre a sua renovação e a crise: conflitos sociais, combate à corrupção e os governos de Dilma Roussef (2011-2016)

5.1.1 Renovação e crise do lulismo: economia política e luta de classes no governo Dilma

Em 2010, a população brasileira elegeu, pela primeira vez, uma mulher para a Presidência da República. O clima de otimismo e relativa prosperidade empolgava amplos setores sociais. Mesmo sem nunca ter ocupado cargos eletivos, Dilma Rousseff venceu com boa margem de votos o seu oponente, José Serra (PSDB-SP).

Os efeitos da crise de 2008 pareciam ser, de fato, uma "marolinha". O segundo mandato de Luiz Inácio Lula da Silva foi marcado pela flexibilização do tripé macroeconômico (metas de inflação, metas fiscais e câmbio flutuante). A economista Laura Carvalho (2018) analisou esse período como um passo à frente, por meio do "milagrinho brasileiro".[104] A agenda de crescimento e desenvolvimento ganhou espaço na elaboração das políticas econômicas do governo brasileiro, calcada no fomento ao investimento público e na formação de um mercado interno de massas.

Decerto, uma série de medidas, como os investimentos de empresas públicas, como a Petrobras, as metas fiscais (Furno, 2020), o fortalecimento da atuação dos bancos públicos e a participação de fundos públicos de pensão em conselhos de administração de empresas nacionais estratégicas, como a Vale, recuperaram,

[104] Durante os mandatos Lula da Silva (2003-2010), o PIB brasileiro teve média de 4% de crescimento por ano. O segundo mandato foi marcado pelas maiores taxas de crescimento.

em alguma medida, a margem e o leque de políticas econômicas direcionadas pelo Estado.

A rentabilidade e as taxas de lucro do grande capital foram ampliadas para diversas frações capitalistas. Formou-se uma ampla coalizão econômica, social e política entre as diversas porções burguesas, os trabalhadores organizados e as massas populares desorganizadas. As políticas de transferência de renda e a valorização anual do salário-mínimo melhoraram as condições de vida da população trabalhadora, os investimentos de empresas públicas formavam cadeias produtivas nacionais, de petróleo e gás a energia nuclear, construção de aeronaves, dentre outras coisas. O governo, principalmente via BNDES, também impulsionava processos de conglomeração e transnacionalização de empresas nacionais (Pinto, 2016).[105]

---

105 "Para os setores dominantes, as políticas do governo Lula foram alvissareiras, pois os lucros auferidos pelos capitalistas não encontram precedentes na história do país. Entre 1997 e 2002 e 2003 e 2010, as taxas de rentabilidade médias sobre os patrimônios líquidos (ROE/%) das quinhentas maiores empresas (não bancárias) e das empresas bancárias-financeiras cresceram de 3,5% para 11% e de 12,4% para 20,3%, respectivamente. As grandes empresas da indústria de transformação (453 maiores empresas industriais – com a exceção dos subramos petróleo e gás, refino de petróleo e coque e álcool) também viram suas rentabilidades crescerem (de 4,7% entre 1997 e 2002 para 18,1% entre 2003 e 2010), a despeito da redução da participação desse segmento no PIB. Outro segmento que viu sua rentabilidade elevar-se foi o da construção civil. Para as seis maiores empresas desse segmento (Construtora Odebrecht, Camargo Corrêa, Andrade Gutierrez, Queiroz Galvão, Construtora OAS e Galvão Engenharia), a rentabilidade aumentou de 10,2% entre 1997 e 2002 para 12,3% entre 2003 e 2010, sendo que durante o segundo governo Lula (2007-2010) a rentabilidade média foi de 15,9% em virtude do crescimento do investimento público em infraestrutura decorrente

No entanto, conforme destaca Miguel Bruno (2021), essas políticas "híbridas" de fomento ao desenvolvimento econômico subordinavam-se ao padrão de acumulação neoliberal, a partir da responsabilidade fiscal, juros altos e dependência de capitais especulativos internacionais curtoprazistas para compensar perdas na balança de pagamentos. Essa engenharia política e social conciliatória, a partir do pacto lulista, tinha como pano de fundo a continuidade da regressão produtiva e a reprimarização da pauta exportadora do BrasilOs dados trazidos por Miguel Bruno (2021, p. 506) demonstram como, nos anos dos governos Lula da Silva (2003-2010), o saldo comercial da indústria de transformação, o ramo de baixa intensidade tecnológica, apresentou tendência de crescimento. O padrão de acumulação iniciado nos anos 1990, baseado na liberalização financeira, comercial e ausência de qualquer controle dos capitais, que impõe uma especialização produtiva regressiva da economia brasileira, seguiu intacto.

A apreciação do real com relação ao dólar impunha dificuldades imediatas para a indústria brasileira, assim como os juros elevados. No entanto, segundo documentos produzidos por entidades patronais como a Fiesp e o CNI, a grande dificuldade para a indústria brasileira residiria na gradual elevação dos salários, principalmente através da política de valorização do salário-mínimo,[106] acima dos ganhos em produtividade:

do Programa de Aceleração do Crescimento (PAC) e do programa Minha Casa Minha Vida (Pinto, 2010; Teixeira; Pinto, 2012; Bastos et al., 2015)" (Pinto, 2016, p. 16).

106 Entre 2003 e 2014, o salário-mínimo teve uma valorização real de 66,9%. Além disso, é importante sublinhar outras políticas de transferência de renda, ancoradas no aumento dos benefícios previdenciários, e o programa Bolsa Família.

> Segundo De Negri & Cavalcante (2014), o baixo crescimento da produtividade deixou o Brasil, em 2011, numa posição muito distante dos países mais produtivos, ao mesmo tempo que distanciou do conjunto de países – notadamente os da Ásia – que convergiu em direção aos níveis de produtividade dos países ricos nesse período. Ainda segundo esse estudo, a produtividade brasileira representa algo em torno de 25% a 26% da produtividade do trabalho nos países ricos, muito embora, se tomarmos apenas os Estados Unidos, essa distância tenha aumentado, como ressaltamos. Por outro lado, a produtividade brasileira, que era, em 1960, cerca de 90% da produtividade dos países da Europa e da Ásia Central, chegou em 2011 a apenas 43% da observada nesses países. O mesmo movimento ocorreu em relação ao Leste da Ásia e Pacífico: a produtividade brasileira é cerca de metade da produtividade desses países atualmente, tendo sido mais de 70% em 1960. (Bruno, 2021, p. 527)

Conforme demonstram os estudos de John Smith (2022) e Intan Suwandi (2022), um dos principais determinantes para a mobilidade dos capitais na economia mundial é a busca por maiores taxas de exploração, isto é, a razão entre os gastos dos salários médios e os ganhos em produtividade. A chamada internacionalização de empresas brasileiras, mediante o fomento à centralização de capitais e a formação de grandes oligopólios, foi uma das saídas pragmáticas para manter a estabilidade do pacto conservador lulista.

Se, por um lado, mantinham-se as políticas sociais de transferência de renda, maior acessibilidade ao crédito consignado e o aumento real do salário-mínimo a fim de fortalecer o mercado interno de massas, por outro, o governo incentivava a formação de transnacionais brasileiras exportadoras de commodities e/ou indústrias de baixa e média tecnologia.[107]

---

[107] Ainda que as condições salariais e de vida para amplas parcelas dos trabalhadores tenham melhorado durante os governos Lula, cabe

Para autores como Boito Jr. (2018) e Pinto (2016), no segundo mandato do governo Lula e no primeiro de Dilma formou-se uma ampla "frente neodesenvolvimentista" que tinha, ao menos, três dimensões. A primeira estaria nas relações intensas entre os governos petistas e a indústria de commodities intensiva em capital (JBS, Friboi, Vale, Gerdau e Votorantim) e da construção civil (Odebrecht, Camargo Correia, Construtora OAS e Galvão, Queiroz Galvão e Andrade Gutierrez). Esses setores beneficiaram-se diretamente com a política de "campeãs nacionais" através da grande oferta de crédito subsidiado do BNDES e a participação acionária do banco para induzir a internacionalização dessas empresas.

A segunda dimensão dessa coalizão seriam os trabalhadores sindicalizados, os movimentos populares e as massas empobrecidas desorganizadas. Esse setor não influenciava e muito menos participava do bloco de poder, mas logrou algumas melhorias em suas condições de vida e de salários através das políticas governamentais já citadas.[108]

---

destacar que isso não significou uma mudança estrutural na distribuição de renda e riqueza no período. A renda e a riqueza ainda se concentravam no chamado "topo da pirâmide", agravada pela estrutura tributária regressiva e os mecanismos de transferência de valor para os setores financistas por meio dos altos juros, oligopolização bancária e endividamento em massa, como demonstra Carvalho (2018, p. 50):

Em outras palavras, ainda que os salários tenham ficado menos concentrados nos anos 2000 graças ao crescimento acelerado dos rendimentos de trabalhadores da base da pirâmide – fruto da valorização do salário-mínimo e do crescimento de setores mais intensivos em mão de obra menos qualificada –, a renda do capital cresceu ainda mais e se manteve altamente concentrada nas mãos dos mais ricos.

108 Cabe destacar que, durante dado período, os ganhos salariais se deram num contexto de baixa inflacionária. Segundo Carvalho (2018, p. 47):

O terceiro eixo dessa frente era o setor bancário-financeiro que, como já apontamos, acumulou seus maiores lucros com os governos Lula. A permanência, mesmo flexível, do tripé macroeconômico, dos altos juros e do estímulo ao endividamento em massa da população fizeram os grandes oligopólios bancários acumularem quase 300 bilhões de reais ao fim do mandato de Lula da Silva (*Veja*, 2014).

Contudo, a coalizão social, econômica e política desse pacto conservador era frágil. O lulismo, habilmente, postergava conflitos. Apesar de Boito Jr. (2018, p. 114) identificar momentos de unidade de ação, como a defesa do governo diante do escândalo do "Mensalão", a reeleição de Lula e a eleição de Dilma, essa frente reunia diversas contradições. Entre as frações burguesas, por exemplo, a indústria de commodities e o setor bancário-financeiro dependiam de proteções diferentes do Estado para os seus negócios. Assim como divergências entre os setores financistas e produtivos em assuntos como a rolagem da dívida pública e a política de juros. Já o agronegócio e a indústria de transformação divergiam sobre a política cambial e os acordos internacionais multilaterais.[109]

Foi, portanto, o ciclo de alta das commodities e o cenário externo favorável que, ao trazer capital estrangeiro para o país e valorizar o real, possibilitaram que houvesse crescimento acelerado de salários sem a perda de controle da inflação.

109 Na análise de Saad Filho e Morais (2018, p. 147), o segundo mandato de Lula da Silva implantou o "neoliberalismo desenvolvimentista". Que consistia em seguir o padrão de acumulação neoliberal adotando medidas econômicas anticíclicas e desenvolvimentistas. Essa hibridez só foi possível graças às condições externas singulares do período:

A coexistência aparentemente bem-sucedida entre políticas econômicas neoliberais com políticas novas desenvolvimentistas (inspiradas no estruturalismo latino-americano, nas teorias pós-keynesiana e novo-keynesianas, e em outras escolas de pensamento econômico

Ademais, todas essas frações burguesas eram refratárias às políticas sociais e de valorização salarial incentivadas pelo governo. A estagnação da produtividade, principalmente na indústria, era uma preocupação constante. Essas contradições uma hora iriam explodir. Foi nesse contexto desafiador que Dilma Rousseff assumiu a Presidência da República. Além disso, o processo de oligopolização gerou fissuras e contradições intercapitalistas. Na etapa do capitalismo neoliberal, o conflito entre setores monopolísticos e não monopolísticos muda o patamar: cada vez mais se acentuam as contradições entre o grande capital de projeção nacional e/ou regional e os oligopólios com projeção internacional.[110]

Entre 2010-2011, a conjuntura internacional favorável à exportação de commodities regrediu. Os preços internacionais caíram (*Valor Online*, 2012), a rentabilidade dos capitais, com exceção do setor bancário-financeiro, despencou entre 2011-2014, conforme demonstra Pinto (2016, p. 24):

> Entre 2010 e 2014, as taxas de rentabilidade sobre os patrimônios líquidos (ROE %) das 500 maiores empresas (não bancárias), das empresas de alimentos e bebidas (as seis maiores do setor), da

---

heterodoxo) pode ser explicada pelo ambiente externo favorável durante o segundo governo Lula nessas circunstâncias, a interação entre políticas econômicas *prima facie* incompatíveis não só se tornou possível como contribuiu para êxito significativos, como incluíram a aceleração do crescimento do PIB, é impressionante a recuperação do Brasil após a crise global e uma melhoria contínua nos indicadores de emprego, salário, bem-estar e distribuição de renda.

110 Numa hipótese que ainda não podemos comprovar, as entidades patronais tradicionais, ao contrário de outros aparelhos privados de hegemonia burgueses, como os *think tanks*, são ainda mais influenciadas e corroídas pelas demandas desse grande capital de projeção nacional/regional.

> produção de petróleo e coque (Petrobras) e de empresas de fabricação de aços e derivados (as seis maiores do setor) decresceram, respectivamente, de 10,7% para 3,5%, de 13,9% para 13,1%, de 11,4% para -7% e de 14,3% para 3,1%. Essa tendência de queda de rentabilidade também foi verificada na indústria de transformação como um todo (entre as 453 maiores empresas industriais, com a exceção dos sub-ramos petróleo e gás, refino de petróleo e coque e álcool) que passou (de 14,8% em 2010 para 10,2% em 2012) e para as empresas de automóveis, camionetas e ônibus, que passou de (de 49,2% em 2010 para 14,5% em 2013), vide o Gráfico 2 e a Tabela A.1, em anexo. As seis maiores empresas da construção civil (seis maiores construtoras), representando outro segmento que também enfrentou retração, viram suas rentabilidades despencarem, sobretudo em 2014, passando de 15,7%, em 2010, para 1,9%, em 2014 (Gráfico 2 e Tabela A.1, em anexo), em virtude da forte desaceleração do investimento e dos impactos iniciais da Operação "Lava Jato".

Ademais, desde 2008, conforme apontam relatórios do Dieese, havia uma tendência alta no número anual de greves no Brasil, na esfera pública e privada. O ano de 2013 registrou o maior número de greves na história da Nova República. Ao todo, foram contabilizadas 2.050 greves, com destaque no setor privado, apresentando um crescimento de 134% com relação ao ano anterior (Dieese, 2015). As razões dessas greves mereceriam mais estudos, mas é possível apontar que o avanço da formalização das relações de trabalho, a diminuição do desemprego e a política de valorização do salário-mínimo criavam condições melhores de negociação para os trabalhadores com o patronato.

Contudo, o cenário externo mais restritivo, a tendência de queda da rentabilidade e das taxas de lucro das empresas não financeiras e o maior poder de barganha da classe trabalhadora fizeram explodir as contradições da ampla coalizão político-social lulista.

Infelizmente, muitas análises sobre o governo Dilma acabam por minimizar essas novas condições objetivas em detrimento de uma postura mais "inábil" e "dura" da ex-presidenta; reproduzindo desvios misóginos que recaem em análises voluntaristas.

Decerto, o governo de Rousseff realizou uma aposta, não imune a contradições e conflitos, de equacionar o pacto conservador lulista. O novo governo propôs-se então a limitar os lucros e privilégios do setor bancário-financeiro, principalmente através da redução da taxa de juros e do papel protagonista dos bancos públicos, estabilizar os baixos níveis de desemprego, prosseguir com a política de valorização do salário-mínimo, embora alguns direitos e políticas sociais fossem reduzidos, e "abraçar" as pautas das frações "produtivas" da burguesia brasileira. Essas pautas estavam circunscritas ao aumento da competitividade da indústria nacional nas cadeias globais de valor-trabalho e no fomento ao investimento privado, tendo como referência o modelo de desenvolvimento dos "tigres asiáticos" (Carvalho, 2018, p. 55).

Nesse contexto, no campo das organizações patronais, foram produzidos dois importantes documentos, "Brasil do diálogo da produção e do emprego" (Fiesp, 2011) e "Competitividade Brasil: comparação com países selecionados" (CNI, 2015), que sintetizam as reivindicações da fração industrial da burguesia e que foram abraçadas pelo governo Dilma. O plano Brasil Maior, lançado pelo governo à época, resumia as principais propostas para a indústria da chamada "Nova Matriz Econômica" (NME). Embora ainda deixasse intacto grande parte do tripé macroeconômico neoliberal, a NME pretendia impulsionar uma série de políticas de desenvolvimento, industrialização e crescimento através do incentivo ao investimento privado do "capital produtivo":

> No entanto, não havia nenhuma indicação de que o tripé neoliberal seria abandonado. Em vez disso, introduziu-se uma "nova matriz econômica" (NME) para apoiar as suas políticas fiscais,

> cambiais e industriais. Nesse contexto, os principais objetivos do governo Rousseff eram incentivar o investimento privado e reverter a sobrevalorização do real, que havia trazido consequências adversas para o crescimento econômico em geral e para a indústria manufatureira em particular.
>
> [...] Para tratar desses problemas estruturais, o governo introduziu um novo conjunto de políticas de desenvolvimento voltados para a infraestrutura e os bens e serviços básicos; o objetivo era aumentar a produtividade, reduzir os custos de produção e desenvolver cadeias produtivas estratégicas, especialmente nos setores de Petróleo (em meio à importante descoberta de grandes reservas no chamado pré-sal, no Atlântico Sul), eletricidade, transporte e habitação. [...] Reduzir as taxas de juros domésticas, de modo a apoiar o capital produtivo à custa dos interesses financeiros. (Saad Filho; Morais, 2018, p. 169)

Nesse contexto, operou-se uma política monetária de redução das taxas de juros[111] e de desvalorização do real a fim de aumentar a competitividade da indústria nacional. Em contrapartida à política monetária expansionista, o governo desenvolveu uma política fiscal relativamente contracionista (corte dos investimentos e gastos públicos).

Entre 2010-2013, a "guerra cambial" global atrapalhou os planos de apreciação controlada do real. Países como Brasil e México receberam grande parte dos investimentos estrangeiros diretos de capitais especulativos. O então ministro da Fazenda, Guido Mantega, denunciou a questão na reunião do G20. A resposta do governo brasileiro foi apostar em uma queda do dólar ante o

[111] Os juros partiram de 12,4% até chegar a 7,16% em setembro de 2012, ponto em que se manteve até maio de 2013. Naquele momento, as taxas de juros reais eram inferiores a 2%, seu nível mais baixo desde 1992.

real no mercado de futuros, que estavam se tornando autorrealizáveis (Carvalho, 2018, p. 61).

A apreciação do real não surtiu o efeito competitivo desejado. Segundo Carvalho (2018, p. 63), havia indícios de que a configuração da indústria brasileira era relativamente insensível a mudanças na política cambial, pois concentrava-se na exportação de produtos cuja demanda não é pautada pela dinâmica dos preços internacionais, como produtos agrícolas e minerais. Internamente, a desvalorização do real aumentou a escalada inflacionária e desacelerou os ganhos salariais reais.

O aumento da inflação, a guerra cambial imperialista e a intensificação da luta de classes e intraclasse burguesa aumentaram as pressões do setor bancário-financeiro para a retomada do aumento dos juros e a desistência de qualquer lampejo de controle dos capitais. Internacionalmente, o *establishment* financista taxava o governo brasileiro de "intervencionista". Em 2012, por exemplo, o *Financial Times* pedia a demissão do ministro Guido Mantega. No mesmo ano, Lula da Silva sugeriu à presidenta trocar Mantega pelo banqueiro Henrique Meirelles (Singer, 2018, p. 55).

André Singer chamou esse conjunto de tentativas econômicas de renovação do pacto lulista de "ensaio desenvolvimentista". Segundo o cientista político, esse ensaio esteve calcado em nove pontos: redução de juros, uso intensivo do BNDES, política industrial, desonerações fiscais para setores empresariais, plano de infraestrutura através de parcerias público-privadas, reforma do setor elétrico (barateamento dos custos de energia), desvalorização do real, controle de capitais e proteção ao produto nacional (Singer, 2018, p. 45-46).

Contudo, as bases políticas e sociais da NME ou do "ensaio desenvolvimentista" eram frágeis e não atacavam o padrão de acumulação predominantemente financeiro consolidado no Brasil desde a década de 1990. Mesmo assim, parte dessas medidas entrou em choque com o bloco de poder bancário-financeiro e seus aliados internacionais. A fragilidade da frente "neodesenvolvimentista" era tamanha que a política de desonerações fiscais se transformou num balcão de negócios no Congresso Nacional, sem contrapartidas em ganhos de produtividade e investimento privado.

Já em março de 2013, o experimento "heterodoxo" na política de juros foi abortado pelo Banco Central. A desaceleração do crescimento econômico era visível, e a fração "produtiva" da burguesia interessava-se por ganhos corporativos sem contrapartida de investimentos privados. Pouco a pouco, a frente "neodesenvolvimentista" diluía-se, e a queda na rentabilidade e nas taxas de lucro empurravam a subordinação dos setores industriais da burguesia brasileira ao setor bancário nacional e financista internacional.

Singer (2018, p. 67-68) apresentou algumas hipóteses para explicar esse deslocamento gradual das ditas frações capitalistas produtivas com relação a NME. A primeira hipótese, sem maiores novidades, tendo em vista a contribuição dos estudos dos regulacionistas marxistas franceses sobre a financeirização, remete à imbricação entre o capital industrial e rentista na atual quadra histórica do capitalismo no Ocidente. Uma parte significativa dos lucros auferidos por empresas não financeiras também é logrado por meio de investimentos em ativos financeiros.

A segunda hipótese de Singer relaciona-se ao campo ideocultural. Numa cuidadosa pesquisa sobre a formação educacional e ideológica de amplas frações da burguesia brasileira através dos seus diversos aparelhos privados de hegemonia, constataremos suas raízes liberais-conservadoras e o "complexo de vira-lata", principalmente com relação aos Estados Unidos.

Esse fator ideocultural vincula-se à visão geopolítica e econômica dessas frações, num alinhamento, muitas vezes acrítico, ao centro imperialista. Singer traz o exemplo da Parceria

Transatlântica sobre o Comércio e Investimento (Ttip – Transatlantic Trade and Investment Partnership), um contraponto dos Estados Unidos e da UE às articulações chinesas da rota da seda e parcerias bilaterais com a Índia e o Irã, que contou com a simpatia de amplos setores burgueses no Brasil.

A quarta hipótese seria a luta de classes e o pânico histórico das classes dominantes brasileiras com qualquer sopro de revolta e organização das classes subalternas. O aumento das greves e do poder de barganha da classe trabalhadora, assim como o papel decisivo das massas populares empobrecidas, em especial as nordestinas, nas eleições geraram imbróglios e incômodos no "andar de cima".

Em nossa análise, acrescentaríamos mais um elemento determinante: a estabilidade dessa frente política e social, no médio prazo, entrava em choque com a economia política do tardoimperialismo, principalmente estadunidense. Parte desses conglomerados brasileiros transnacionais, impulsionados pelo lulismo, concorriam com empresas estadunidenses e europeias. Além disso, parte das tecnologias desenvolvidas por empresas públicas como a Petrobras, a Embraer e do programa nuclear brasileiro rompiam parcialmente com o monopólio tecnológico imperialista.

Nesse sentido, existiria uma crescente pressão imperialista à economia brasileira por meio de mecanismos financeiros (especulação com a depreciação do real), manipulação do "Risco Brasil" por agências de classificação de risco de crédito e o *lobby* para liberalizar os mercados de exploração de petróleo e infraestrutura, até então dominados por empresas públicas e nacionais. Ou seja, havia uma demanda objetiva externa para reconfigurar as alianças entre a burguesia brasileira e o capital imperialista.

As manifestações de junho de 2013 revelaram essa "explosão social" da coalizão governista e novas tendências da sociedade brasileira após uma década de governos petistas. Por um lado, inicialmente, os protestos cobravam melhorias nos serviços públicos e eram dirigidos pela oposição à esquerda ao governo, com a participação de jovens oriundos das camadas médias e das periferias mais escolarizados e indignados com suas posições no mercado de trabalho.

Por outro, a partir da atuação de grupos liberais, de extrema direita e dos conglomerados midiáticos, esses protestos foram capturados por pautas como a anticorrupção e o "intervencionismo estatal". A grande mídia, que inicialmente condenava as manifestações, posteriormente passou a saudá-las como um "ato de civismo" e "plantou" reivindicações das "vozes da rua", como, por exemplo, o arquivamento da PEC 37. Curiosamente, a crítica à corrupção passou a ser usada contra o governo que mais seguiu o roteiro internacional de combate à corrupção na história republicana do Brasil.

O progressivo isolamento do governo Dilma também se manifestava na cena política. Concomitantemente ao seu enfrentamento ao núcleo bancário-financeiro, a ex-presidenta pretendia minimizar a influência fisiológica e peemedebista em seu governo. Singer chamou esse confronto de "ensaio republicano".[112] O discurso oficial da presidenta, em vez de recorrer à pressão popular, apelava para o "combate à corrupção" no seio do Estado brasileiro.

Segundo o discurso oficial petista, diante da ascensão social de frações da classe trabalhadora mais empobrecidas, havia surgido

---

112 "Minha hipótese é de que Dilma decidira fazer, em seu mandato, o que se poderia chamar de um "ensaio republicano": a limitação do esquema clientelista predatório incrustado no aparelho estatal brasileiro. Ao diminuir os setores controlados pelo, procurou, genericamente, aumentar o espaço da "esfera pública imune a influências privadas", na caracterização que o ex-deputado Vivaldo Barbosa faz do Estado republicano" (Singer, 2018, p. PMDB 185).

uma "nova classe média".[113] Isto é, setores sociais que ingressaram no mercado formal de trabalho e ampliaram seu acesso ao consumo e à escolaridade. Esses trabalhadores, normalmente vinculados ao setor de serviços, seriam os novos membros da classe média. E, por isso, o discurso anticorrupção, em vez do apelo à universalização de direitos e políticas públicas, seria mais adequado para dialogar com esse setor.

Logo no primeiro ano de governo, Dilma demitiu nada menos que seis ministros por suspeita de corrupção. A "faxina ética" rendeu recordes de popularidade para a ex-presidenta e muitas inimizades entre figurões influentes na república. Em 2012, a faxina no segundo escalão do governo gerou novos atritos. O afastamento do diretor-geral do Departamento Nacional de Obras contra as Secas (Dnocs), acusado pela CGU, por desvios de quase 200 milhões de reais, causou a indignação de seu padrinho político, o deputado Henrique Eduardo Alves (PMDB-RN).[114]

Ainda em 2011, Dilma tirou a presidência de Furnas da influência de Eduardo Cunha (PMDB-RJ) ao indicar um quadro de "perfil técnico", Flávio Decat (G1, 2016b). Na Eletrobrás, a presidenta tirou um afilhado político de José Sarney em prol da indicação de outro quadro de "perfil técnico". No entanto, a principal mudança foi a indicação de Graça Foster para dirigir a Petrobras. Foster substituiu três diretores que, dois anos depois,

---

113 Academicamente, esse termo foi utilizado por Marcelo Neri (2012), economista e professor da FGV. Contudo, intelectuais orgânicos ao petismo também criticaram essa formulação, como Marcio Pochmann (2012) e Jessé de Souza (2018).

114 Em entrevista ao *Jornal Folha de S. Paulo*, sobre o caso, o então deputado ameaçou: "O governo vai brigar com metade da República, com o maior partido do Brasil? Que tem o vice-presidente da República, 80 deputados, 20 senadores? Vai brigar por causa disso? Por que faria isso?".

apareceriam implicados nos escândalos da OLJ: Paulo Roberto Costa, Jorge Zelada e Renato Duque (Singer, 2018, p. 187-188).

A "ofensiva republicana", descompassada da organização e mobilização de qualquer base social para defender o governo, rendeu uma popularidade passageira para a presidenta. No entanto, também rendeu articulações vingativas contra Dilma partindo da base aliada do governo, em especial por meio do PMDB sob liderança de Michel Temer e Eduardo Cunha.

5.1.2 Governo Dilma e a Operação Lava Jato

Antes de comentarmos a relação do governo de Dilma Rousseff com a OLJ, cabe uma rápida digressão histórica para setembro de 2013, quando a então presidenta nomeou para a Procuradoria-Geral da República (PGR) Rodrigo Janot. Janot, ao contrário de 2011, tinha sido o primeiro colocado na lista tríplice escolhida pela instituição. Após quatro meses de espera, Janot foi nomeado pela presidenta. Segundo seu livro de memórias sobre o período, Dilma, mesmo reticente sobre a lista tríplice, optou por indicá-lo.

> Em determinado momento, ela começou a falar sobre a lista tríplice. "O que o senhor acha da lista? Tem defeitos e qualidades, não é isso?", perguntou. Eu continuava olhando para os lados para saber se Ela Wiecko apareceria ou não quando Dilma disse:
>
> "O senhor sabe, a gente tem uma convicção de que é melhor seguir a lista tríplice, apesar de ela estimular o corporativismo. E, como o senhor foi o mais votado, eu achei que tinha de comunicá-lo. Vou indicar o seu nome para procurador-geral". (Janot, 2019, p. 30)

Apesar do maior apelo midiático de Sergio Moro e Deltan Dallagnol, a atuação de Rodrigo Janot como procurador-geral da República foi fundamental para a efetivação de denúncias de corrupção contra figuras políticas da República com foro privilegiado. Enquanto o núcleo de Curitiba estava em sua saga contra Lula e o PT (como no caso bizarro da apresentação de *slides* de Dallagnol), Janot, principalmente a partir de 2015, daria maior celeridade e aparência técnica da "luta contra a corrupção" impregnada aos diversos "centros de poder" da república.

O núcleo em torno de Janot incorporava a "síndrome de Bonaparte" na OLJ. Em seu livro de memórias, fica nítida sua preocupação em demonstrar como a "luta contra a corrupção" estaria acima de qualquer ideologia política, partidos, classes e grupos sociais. Janot foi a figura que indiciou o ex-deputado Eduardo Cunha (PMDB-RJ), diversos políticos do chamado "Centrão", assim como os ex-presidentes Lula da Silva e Dilma Rousseff, com acusações que, mais tarde, foram tidas como pouco convincentes e embasadas pelos tribunais superiores.

Após ser golpeada, Dilma Rousseff admitiu o equívoco em ter seguido a lista tríplice e ter indicado Janot para a PGR(Congresso em Foco, 2018). Além da PGR, outro fato importante refere-se às indicações da então presidenta para a Suprema Corte do país: Luiz Fux, Rosa Weber, Luís Roberto Barroso e Edson Fachin desenvolveram opiniões e posicionamentos públicos favoráveis aos métodos e resultados da OLJ.

Para além de escolhas individuais, essas nomeações e critérios adotados pelo governo Dilma, aparentam subordinação a uma política estratégica: o "republicanismo" para angariar simpatia das camadas médias da população e da alta burocracia do Estado. O governo petista parecia realmente acreditar na ascensão de uma "nova classe média" no Brasil, na necessidade de modernização da estrutura produtiva do país e na construção das bases de um Estado burocrático, no sentido weberiano.

Foi no esteio dessa premissa estratégica que o governo petista desenvolveu uma visão positiva sobre a crescente autonomia e independência do Judiciário, Ministério Público e da Polícia

Federal. Assim, manteve um tom otimista sobre a OLJ. Em 2014, após sua reeleição, Dilma, ao menos oficialmente, considerava que a OLJ poderia ser um divisor de águas para o "combate à impunidade" no Brasil (G1, 2014).

Afinal, para a presidenta, a OLJ, inicialmente, parecia investigar os esquemas de corrupção que ela mesma tentava combater em sua cruzada política contra líderes do PMDB e do chamado "Centrão". Nessa linha, a OLJ parecia acelerar a resolução de conflitos e contradições, por meio do expediente institucional, no seio da coalizão governista.[115]

A política de não interferência e até respaldo às investigações de combate à corrupção foi reconhecida até mesmo pelos protagonistas da OLJ, como Sergio Moro (Teófilo, 2020) e Deltan Dallagnol (Azevedo, 2016). No auge da crise política entre a ex-presidenta e o ex-deputado Eduardo Cunha, a OLJ e a atuação da PGR eram vistas como potenciais aliados para desbaratar os esquemas de corrupção e de evasão ilegal de divisas orquestrados por Cunha.

Como narrado por Singer (2018), Cunha admitiu a abertura do processo de impeachment contra a presidenta por conta da não intervenção do governo junto à PGR, liderada por Janot. A acusação do ex-deputado era de que havia uma conspiração entre o governo e a PGR para tirá-lo da presidência da Câmara dos Deputados e prendê-lo. Segundo relato de Janot, a política de não intervenção do governo nas investigações era cumprida à

115 "Do ponto de vista congressual, a esperança de Dilma era que Cunha recebesse uma flechada de fora. Em 16 de julho de 2015, o dardo chega. Um ex-consultor da empresa Toyo Setal diz, em delação ao juiz Sergio Moro, que Cunha havia pedido 5 milhões de dólares em propina para viabilizar um contrato de navios-sonda com a Petrobras. Cunha atribui a denúncia a uma manobra do procurador-geral, associado, na sua visão ao Planalto [...]" (Singer, 2018, p. 210).

risca pelo ex-ministro da Justiça, José Eduardo Cardozo, mesmo nos momentos de maior tensão e chantagem:

> Quando percebeu que a investigação da Procuradoria-Geral da República poderia trazer consequências concretas contra ele, Cunha mandou um recado para Dilma Rousseff. A presidente deveria "segurar" o procurador-geral, caso contrário ele tocaria adiante o pedido de impeachment dela. A mensagem foi transmitida à presidente pelo ministro Cardozo. Na conversa com Dilma, Cardozo adiantou que me segurar seria impossível, que o procurador-geral tinha autonomia, não podia ser controlado. A presidente ouviu as explicações e disse que conversaria com Cunha. "Ele que faça o que ele quiser", afirmou. (Janot, 2019, p. 85)

Cabe destacar que *autonomia funcional* do Ministério Público, da Polícia Federal e do Poder Judiciário é diferente de reforçar não apenas corporativismos, mas a escalada de um "poder soberano" nas mãos de juízes e procuradores. Nos parece que, no bojo do "ensaio republicano", a autonomia e o reaparelhamento desses órgãos de poder sem uma profunda reforma democrática no seu controle e composição social acabou descambando para o desenvolvimento de uma autonomização antidemocrática desses organismos de Estado.

A convicção nos pressupostos políticos e teóricos do "ensaio republicano" foi tamanha que, para o ex-ministro José Eduardo Cardozo, uma das principais razões para o golpe contra Dilma em 2016 foi o seu apoio e não intervenção nas investigações de "combate à corrupção". Segundo Cardozo, numa visão pouco crítica e autocrítica, apesar dos desvios da OLJ, o "combate à corrupção" seria essencial:

> Acho que o impeachment de Dilma foi causado por vários fatores. Um deles foi claramente e de forma comprovada parar as in-

> vestigações de corrupção. Embora existam abusos durante a Operação Lava Jato, o combate à corrupção é essencial. No entanto, algumas pessoas atingidas reagiram e tinham poder político. E falavam, portanto, em evitar a sangria da classe política. E fazer isso significava retirar a presidente, porque ela não orientava o governo no sentido de paralisar investigações. O que ela orientava, e isso é verdade porque eu recebia essas ordens, é que agíssemos para evitar abusos, ofensas a direitos. Mas nunca escolher quem é investigado ou impedir que setores da classe política ou empresarial fossem alvo de apurações. Isso incomodava setores que viram em Michel Temer a oportunidade de aparelhar o Estado para paralisar as investigações. Várias iniciativas têm sido tomadas pelo governo nessa direção. O que tínhamos que ver agora é essa mudança na PF. (NSC, 2017)

A relação entre o combate à corrupção, a OLJ e os governos petistas se tornou, infelizmente, uma tragédia grega contemporânea, à la *Édipo Rei*. A criatura voltou-se contra o criador. O governo que, sem dúvidas, mais procurou desbaratar grandes esquemas enraizados na república e fortalecer os órgãos de investigação, teve sua deposição legitimada, principalmente, pelo discurso anticorrupção.

5.1.3 O golpe parlamentar de 2016

No Brasil, importantes artigos e livros contribuem para uma perspectiva mais aprofundada sobre o golpe de 2016.[116] Dos Santos

---

[116] Corroboramos com as análises de Braz (2017), Dos Santos (2017) e Singer (2018), as quais por métodos e abordagens diferentes, ressaltam o golpe jurídico-parlamentar como um dos principais capítulos na reestruturação da dominação de classe, grupos sociais e políticos no capitalismo brasileiro.

(2017) aponta o caráter instável e contraditório dessa nova coalizão que se apoderou do poder após o impedimento da presidenta e recorda a história de "golpes dentro dos golpes", afirmando que isso não se modificaria no século XXI. Por sua vez, Marcelo Braz (2017) salienta a profundidade das mudanças em curso no terreno das relações de trabalho e direitos sociais e democráticos.

Decerto, por hora, nos cabe sublinhar o papel protagonista da OLJ para tornar o impeachment da presidenta Dilma algo "viável" e com apelo popular. Até 2015, o deslocamento das frações burguesas da coalizão governista para fortalecer as pressões fiscalistas e austeras advindas do setor bancário-financeiro e do capital imperialista pautavam-se em táticas de pressão/conciliação junto ao governo, tendo como objetivo desgastá-lo e aprovar as medidas reivindicadas pelas entidades empresariais. Contudo, foi a pauta anticorrupção e o apelo midiático da OLJ que potencializou as ações de rua e a organização de grupos de extrema direita e ultraliberais em prol do impeachment.

A vitória de Pirro em 2014 impôs um início de mandato defensivo para Dilma. O PSDB contestava o resultado das eleições, e o então senador e ex-candidato a presidente Aécio Neves prometia realizar uma oposição "intransigente" ao novo governo. Já em 2014, protestos de direita cobrando a anulação do resultado das eleições presidenciais ocorriam com a presença de grupos de extrema direita e neofascistas.

Acuado, o novo governo faz um giro de 180 graus em seu discurso econômico e social. Limitou direitos sociais, como o auxílio-desemprego, e defendeu a adoção de uma política fiscal ainda mais restrita. Os efeitos econômicos da OLJ, a queda da rentabilidade dos lucros empresariais e o pouco investimento privado e público na economia fazem aumentar a taxa de desemprego no país (Silveira, 2016). Dilma nomeou Joaquim Levy como ministro da Fazenda, quadro de confiança do mercado financeiro e dos bancos. A política austera e a alta nas taxas de juros fizeram retroceder ainda mais as taxas de investimento, e o PIB caiu 3,5% nesse ano.

O governo não conseguia nem aprovar seus cortes e o orçamento no Parlamento, Eduardo Cunha abriu uma guerra particular contra a presidenta e paralisou o governo através de suas "pautas bombas". Em agosto de 2015, por meio de almoços e jantares com entidades representativas de diversas frações da burguesia, os grupos empresariais pareciam apostar no fortalecimento da figura do vice Michel Temer e radicalizar a disputa programática por dentro do governo.

Em outubro do mesmo ano, o PMDB, assessorado por diversos economistas do establishment, como Marcos Lisboa, Delfim Netto e Roberto Brant, lança o Ponte para o Futuro, programa que se caracterizava pela proposição de um Estado fiscalista permanente e a adoção de medidas draconianas como o "teto para gastos públicos", a contrarreforma da previdência e trabalhista e o avanço das privatizações de empresas públicas:

> Nosso desajuste fiscal chegou a um ponto crítico. Sua solução será muito dura para o conjunto da população, terá que conter medidas de emergência, mas principalmente reformas estruturais. É, portanto, uma tarefa da política, dos partidos, do Congresso Nacional e da cidadania. Não será nunca obra de especialistas financeiros, mas de políticos capazes de dar preferência às questões permanentes e de longo prazo. É também uma tarefa quase heroica que vai exigir o concurso de muitos atores, que precisarão, pelo tempo necessário, deixar de lado divergências e interesses próprios, mesmo que tenham que retomá-los mais adiante. (Fundação Ulysses Guimarães; PMDB, 2015)

A incapacidade do governo em obter maioria e estabilidade no Parlamento, àquela altura rebelado contra o "ensaio republicano" do governo, era um dos principais pontos de crítica de diversas ramificações da burguesia. Contudo, até fins de 2015, com exceção da Fiesp, com sua campanha "Não vamos pagar o pato", a maioria das frações burguesas analisa que não havia condições políticas e institucionais para o impeachment (Friedlander, 2015; Rodrigues, 2015).

No entanto, o aumento das manifestações de massa, convocadas por grupos ultraliberais associados a *think tanks* imperiais dos Estados Unidos, como o MBL e o Estudantes pela Liberdade, e o avanço da OLJ em consórcio com os oligopólios midiáticos, em especial a Rede Globo, mudaram esse cenário. No início de 2016, mesmo após a saída de Levy, o governo reproduzia a necessidade de realizar as "reformas" previstas no Ponte para o Futuro, como o "teto de gastos", "reforma da previdência" (Cruz; Fernandes; Foreque, 2016).

Os conflitos do governo com o Parlamento continuavam, e o cerco da OLJ contra o ex-presidente Lula e dirigentes petistas aumentava. Corretamente, Singer analisa que a condução coercitiva de Lula, em março de 2016, jogava para o alto qualquer tentativa de repactuação entre as principais frações burguesas e a continuidade do governo petista:

> A condução coercitiva de Lula precipita os acontecimentos porque, com isso, a Lava Jato deixa claro que não aceitaria conciliação, alternativa que a maioria dos empresários, excluída a Fiesp, parecia ainda acalentar. O plano de Nelson Barbosa, que vimos no capítulo 6, com teto de gastos e reforma da previdência indica que Dilma entendera a mensagem empresarial e estava disposta a ceder. Mas a Lava Jato implode o acordo. Dez grandes empresários ouvidos pela *Folha de S. Paulo* depois da condução coercitiva afirmam que, em função dos desdobramentos da Lava Jato, precisava haver impeachment, do contrário a economia continuaria à deriva [...] (Singer, 2018, p. 272)

Três dias depois da condução coercitiva, a Lava Jato condenou o principal executivo da Odebrecht, Marcelo Odebrecht, a dezenove anos de prisão. Procuradores paulistas pediram a prisão preventiva de Lula alegando que ele poderia destruir provas e tumultuar as investigações sobre o caso do "Triplex do Guarujá". No dia 13 de março, ocorreu uma série de manifestações massivas no país contra a corrupção e pelo impeachment da presidenta Dilma (G1, 2016a). No dia 15, a presidenta nomeia Lula como ministro da Casa Civil.

No dia seguinte, Moro vazou os áudios de conversa da presidenta com o Lula para a Rede Globo, aumentando a pressão contra o governo. O presidente da Fiesp, Paulo Skaf, emite nota nos jornais pedindo a renúncia de Dilma e considerando o ato um "golpe contra a nação".

Até o fim de março, a maior parte do PMDB anunciou seu rompimento com o governo. As exceções ainda estavam na filial fluminense do partido e no Senado, por meio da figura de Renan Calheiros. Calheiros chegou a lançar um programa, semelhante ao Ponte para o Futuro, intitulado de Agenda Brasil, mas manteve-se crítico ao avanço da OLJ. O então presidente do Senado votou favoravelmente ao impeachment de última hora, mas articulou a manutenção dos direitos políticos de Dilma.

O golpe parlamentar sacramentou-se em agosto de 2016. O motivo jurídico formal foi simbólico: "as pedaladas fiscais" e o descumprimento do mantra da "responsabilidade fiscal" institucionalizado pela Lei de Responsabilidade Fiscal no governo de fhc. Essa lei proíbe que bancos públicos sejam usados para cobrir rombos de contas dos governos. O maior "crime" de Dilma, apontado pelo processo de impeachment, foi a edição de quatro decretos de créditos suplementares de 1,8 bilhão de reais no segundo semestre de 2015. Segundo Singer (2018, p. 225), 70% desses recursos foram repassados para o Ministério da Educação para suprir gastos com universidades e hospitais universitários.

O golpe jurídico-parlamentar, para além de depor a presidenta legitimamente eleita, foi um capítulo de uma complexa e violenta reconfiguração nos padrões de acumulação e estruturas de poder no Brasil e na América Latina. Desde então, o maior país da América Latina tornou-se laboratório e epicentro das contrarreformas de radicalização neoliberal no continente.

Braz (2017, p. 95) enumerou quatro razões prioritárias para essa reconfiguração: recolocar o Brasil e a América Latina como área prioritária da influência dos Estados Unidos e retomar melhores condições para esse país exercer sua dominância imperialista no subcontinente; reduzir o custo unitário do trabalho (CUT) e aumentar as taxas de extração de mais-valia relativa e absoluta; promover uma cruzada reacionária, no campo ideocultural, contra os direitos das "minorias"; e, por fim, readequar as políticas sociais a um novo programa neoliberal mais radical, de modo a criar condições para um ciclo profundo de políticas de austeridade fiscal.

Decerto, a via radicalizada, materializada no golpe parlamentar, não era a primeira opção para grande parte das frações monopolísticas da burguesia brasileira. Por suposto, essa radicalização veio a atender as expectativas econômicas, como veremos mais adiante, na acomodação de interesses entre essas frações, a alta burocracia de Estado e o tardoimperialismo. O conluio da OLJ e a grande mídia foi funcional para essa nova configuração econômica e nas estruturas de poder.

No entanto, a ampla coalizão do golpe parlamentar era frágil, tendo desde neoliberais ao núcleo fascista da extrema direita. Desde agosto de 2016, essa coalizão foi dissolvida e reconstruída. De imediato, os conflitos deram-se na composição do novo governo, principalmente por meio das disputas entre PMDB e PSDB.

Num segundo momento, a OLJ implode essa aliança através de investigações, prisões e vazamentos contra membros do novo governo e do próprio presidente usurpador, Michel Temer. Por sua vez, com a resistência governista, a aliança é recomposta sob tutela militar, cada vez mais viabilizando a extrema direita como alternativa viável para as eleições de 2018.[117]

Nesse sentido, podemos sintetizar que caracterizamos o golpe como um dos momentos de radical reconfiguração no padrão de acumulação e dominação burguesa-imperialista no capitalismo brasileiro e latino-americano. Esse golpe teve no consórcio da OLJ, nos monopólios de mídia e nas manifestações de rua seu grande impulsionador para evitar qualquer nova conciliação por parte das frações burguesas. Para essas frações, em grande parte abaladas com a tendência de queda em suas rentabilidades e lucros, o grande eixo unificador para essa aventura estava no programa Ponte para o Futuro".[118]

5.2 Breve história da Operação Lava Jato e do lavajatismo

A existência e a projeção da OLJ foram frutos de uma série de determinações sociais e institucionais nacionais e internacionais

---

117 A tendência à instabilidade na "estabilidade golpista" já era assinalada por Wanderley Guilherme dos Santos em 2017:
A vitória de um golpe parlamentar não se contempla com a precipitada ocupação do poder, que, nessa etapa, costuma receber apoio da maioria organizada da antiga oposição ativa. De imediato, a pauta necessariamente heterogênea e de variável incongruência das tarefas de governo contém já o esboço das divergências oriundas da quase unanimidade anterior. O poder usurpado está obrigado a escolher seus novos adversários entre os ruidosos aliados do passado imediato (Dos Santos, 2017, p. 18).

118 Em palestra no já citado Conselho das Américas, Temer alegou para empresários brasileiros e estadunidenses que o impeachment foi causado pela rejeição de Dilma ao programa Ponte para o Futuro. Ver *Carta Capital*, 2016.

que já abordamos. Todavia, enganam-se aqueles que ainda interpretam essa operação como um mero desdobramento de uma série de investigações sobre corrupção protagonizadas por policiais federais, procuradores e um juiz de primeira instância sediados em Curitiba, no estado do Paraná.

Apesar de partir do seu núcleo curitibano, a força-tarefa da OLJ desdobrou-se para outros estados, como o Distrito Federal, São Paulo e Rio de Janeiro, manteve relações de alianças e tensões com instâncias superiores, como os tribunais de segunda instância (TR2 e TR4), o Superior Tribunal de Justiça (STJ) e o Supremo Tribunal Federal (STF). Ademais, também tinha relações diretas, no âmbito do Ministério Público Federal, com a Procuradoria-Geral da República (PGR) e a direção-geral da Polícia Federal.

Baseado no modelo de força-tarefa, até 2021, acumulou expressivos números de prisões, acordos de delação, denúncias, ações penais e acordos de leniência. O modelo de força-tarefa foi implementado no Brasil nos anos 2000 na Polícia Federal, tendo como referência institucional os Estados Unidos e a Itália. No Ministério Público Federal, a primeira força-tarefa foi organizada em torno do caso Banestado entre 2003 e 2006.

No caso da OLJ, havia, até 2021, forças-tarefas com comandos próprios na Polícia Federal e no Ministério Público Federal. Ambos os mutirões mantinham comunicação e integração nos trabalhos. Normalmente, durante os governos petistas a fim de evitar vazamentos, as operações da PF só eram comunicadas ao diretor-geral da instituição e ao ministro da Justiça com menos de 24 horas de antecedência. Abaixo podemos constatar o volume dos resultados obtidos dos núcleos da OLJ de Curitiba, São Paulo e Rio de Janeiro:

Tabela 10: resultados da OLJ até 2021

Núcleo	Curitiba	São Paulo	Rio de Janeiro
Denúncias	130	9	104
Ações penais	179	9	104
Condenados (1ª e 2ª instância)	174	4	183
Acordos de colaboração	209	10	180
Acordos de leniência	17	2	9
Total de operações	79	6	56

Fonte: elaboração própria; MPF, s/d

Esses dados não contam com a força-tarefa sediada em Brasília, em que também se desenvolveu, em 2016, a operação Greenfield, que investigou atos de corrupção na gestão de fundos públicos. Decerto, não temos a competência para aprofundar uma crítica às interpretações técnico-jurídicas utilizadas pela OLJ. No entanto, a partir da contextualização sócio-histórica da operação, é possível captar as principais características do seu método de ação, sua intervenção política e suas contradições.

Segundo Deltan Dallagnol, a OLJ inaugurou no Brasil um "novo modelo de investigação" que teria como um dos seus fundamentos a importância do apoio da "sociedade civil". Para o chefe do núcleo curitibano da operação, as investigações da OLJ teriam quatro pilares: a busca por acordos de colaboração com os réus, cooperação no interior do Ministério Público e demais instituições do Brasil e exterior, a estratégia de fases da operação e, por fim, uma "nova estratégia de comunicação" (Fagundes; Odilla; Svejnar, 2021, p. 197).

Por sua vez, Sergio Moro, desde 2004, não escondia sua referência e admiração à operação Mãos Limpas,[119] ocorrida na década de 1990 na Itália. Em artigo acadêmico, Moro enfatizou a independência do Judiciário, o apelo midiático e a crescente deslegitimação do sistema político italiano como elementos fundamentais para a ocorrência da operação. Segundo o ex-juiz, a operação teve sucesso em construir uma imagem moralmente superior, para a população, dos juízes e procuradores com relação aos políticos profissionais por meio do largo uso da imprensa. Outro mecanismo destacado foi a importância do uso ostensivo da "delação premiada" para processar e punir os agentes envolvidos em corrupção. Para Moro, o Brasil reunia condições para efetuar operações parecidas com a Mãos Limpas:

> No Brasil, encontram-se presentes várias das condições institucionais necessárias para a realização de ação judicial semelhante. Assim como na Itália, a classe política não goza de grande prestígio junto à população, sendo grande a frustração pelas promessas não cumpridas após a restauração democrática. Por outro lado, a magistratura e o Ministério Público brasileiros gozam de significativa independência formal frente ao poder político. Os juízes e os procuradores da República ingressam na carreira mediante concurso público, são vitalícios e não podem ser removidos do cargo contra a sua vontade. O destaque negativo é o acesso aos órgãos superiores, mais dependentes de fatores políticos. (Moro, 2004, p. 61)

---

119 A Operação Mãos Limpas, coordenada pelo procurador da República Antonio Di Pietro, levou ao fim da chamada Primeira República Italiana (1948-1994) e a profundas mudanças no quadro partidário, com o desaparecimento de vários partidos políticos.

O cientista político Leonardo Avritzer afirmou que o método da OLJ se baseou em três marcos legais: a amplitude da Lei das Organizações Criminosas, aprovada em 2013, para membros do sistema político; a apropriação, advinda do direito estadunidense, do uso contínuo da colaboração premiada; e, por fim, para o autor, a OLJ reinterpretou o direito penal brasileiro em temas como a utilização da prisão preventiva e das punições para crimes de corrupção (Avritzer, 2018, p. 389).

A partir dessas apreensões, podemos constatar que a OLJ vai além de uma mera operação jurídico-policial. Em nome da "luta contra a corrupção" e da conquista de apoio da "sociedade civil", os agentes da operação produziram uma intervenção política e social midiática que, nas condições brasileiras, caracterizou-se por apresentar a "luta contra a corrupção" acima do sistema político e a associação entre os interesses corporativos de membros do Poder Judiciário e o programa ultraliberal protagonizado pela fração financista da burguesia brasileira e pelo tardoimperialismo.

Nesses termos, o grande legado da Lava Jato, mesmo após o seu "fim", é o surgimento do "lavajatismo" como corrente política e ideológica na cena política brasileira. O lavajatismo reúne as referências da ideologia imperial "anticorrupção" e a doutrina jurídica do imperialismo legal, a demonização da "política" e do "Estado como promotor do desenvolvimento econômico" são duas das principais consequências ideopolíticas do lavajatismo.

Os lavajatistas identificam o Estado e a "política" como os grandes promotores da corrupção. Os *slides* de Deltan Dallagnol na apresentação da denúncia contra o ex-presidente Lula são uma perfeita caricatura de parte da visão do mundo lavajatista. O centro de uma "organização criminosa corrupta" seria a principal liderança política da Nova República, um ex-operário, oriundo de um partido de esquerda e que governou o país a partir de uma ampla coalizão que também beneficiou amplas frações das classes dominantes brasileiras. A raiz da corrupção brasileira estaria nessa política de "conciliação" e "pactuação" e não na própria via autocrática de desenvolvimento do capitalismo e seu Estado periférico.

Ao criticar a "acomodação de interesses" no seio do Estado brasileiro que, historicamente, teve a corrupção como um dos seus instrumentos para essa pactuação, o "lavajatismo" identifica nos "políticos" o seu grande inimigo. A ojeriza à política, portanto, transforma-se no repúdio às limitadas facetas democrático-formais da soberania popular. O "povo" não estaria preparado para escolher seus representantes, por isso seria necessária uma intervenção externa "salvadora" para lhe mostrar quais seriam os candidatos "honestos" e "corruptos".

Nas linhas que seguem, apresentaremos uma breve história da OLJ associada ao lavajatismo. Para além de uma história formal e detalhada, relacionamos as ações da operação com a propagação lavajatista na sociedade brasileira. Essa história, para fins didáticos, dividimos em quatro partes: 1) O primeiro ano da OLJ e a intervenção lavajatista nas eleições de 2014; 2) A complexificação da OLJ e o protagonismo "lavajatista" no golpe de 2016; 3) O ápice da OLJ no Brasil, na América Latina e a implosão do sistema político; e 4) A aproximação do lavajatismo com a extrema direita e a cúpula das Forças Armadas e o declínio da OLJ.

5.2.1 2014: nasce a OLJ e o lavajatismo

Em 17 de março de 2014, a Polícia Federal (PF) prendeu o doleiro Alberto Youssef num hotel do Maranhão. O doleiro vinha sendo investigado pela PF por ligações com um esquema de lavagem de dinheiro envolvendo o ex-deputado federal do Paraná José Janene (PP) e o doleiro Carlos Habib Chater, dono do Posto da Torre, que inspirou o nome da operação.

Posteriormente, os investigadores descobriram um vínculo de Youssef com o ex-diretor de abastecimento da Petrobras, Paulo Roberto Costa, que foi indicado, em 2004, por José Janene e que tinha recebido um carro de luxo como presente de Youssef. No dia 24 de março, o ex-diretor da Petrobras teve sua prisão preventiva decretada por ser suspeito de destruir provas e inviabilizar a investigação sobre as suspeitas que tinham de que Costa seria o chefe de uma quadrilha que movimentara cerca de 10 bilhões de reais pagos em propina por meio de empresas de fachada criadas por Youssef.

O vínculo de Paulo Roberto Costa com deputados federais do PP, PMDB e PT aumentava a complexidade do caso. Em maio, o ex-diretor da Petrobras foi solto a mando do STF com a alegação de que seu processo estava diretamente vinculado a políticos com foro privilegiado. À época, Moro conseguiu, apoiado pela grande mídia, manter grande parte dos doleiros presos, com a alegação de que eram envolvidos com tráfico internacional de drogas. Essa manutenção das prisões preventivas decretadas foi fundamental para o estabelecimento de acordos de colaboração premiada, com base na Lei das Organizações Criminosas já supracitada (G1 PR, 2014).

Em junho de 2014, após cooperação internacional com o Ministério Público suíço, foram descobertas contas em paraísos fiscais ligadas ao ex-diretor da Petrobras, acumulando mais de 20 milhões de dólares. Paulo Roberto Costa volta a ser preso, os procuradores o pressionam para obterem um acordo de colaboração. Com receio do envolvimento de sua família, Costa aceita assinar o acordo de colaboração em setembro. Em troca, ele foi beneficiado com a prisão domiciliar.

Nesse período, ainda em setembro, a delação de Costa foi vazada para a *Veja*. Essa revista, até então, era a principal voz da oposição liberal-conservadora ao governo Dilma. Na reportagem sobre a delação, enfatizou-se que, segundo Costa, três governadores e cerca de duas dezenas de deputados foram beneficiados com o pagamento de propinas através de contratos superfaturados da Petrobras. Destacava-se que o esquema havia ocorrido durante os governos de Lula da Silva e Dilma Rousseff com um possível consentimento de ambos os presidentes (G1, 2014b).

Contudo, essas notícias não tiveram grande repercussão devido ao clima de "Copa do Mundo de futebol" que o Brasil sediava. Mesmo assim, desde, pelo menos, abril, a política de vazamentos de informações seletivas sobre as investigações da OLJ era uma constante (Carlotti, 2016). Nesse contexto, todo político, em especial os com potencial eleitoral, que teve alguma relação com Costa ou Youssef passava a ser suspeito na grande imprensa. Pouco a pouco, a pauta anticorrupção e a OLJ passaram a fazer parte da agenda eleitoral do período.[120]

Entretanto, a maior intervenção ainda estava por vir. Dez dias antes do segundo turno das eleições, o depoimento completo de Costa circulava nas redes sociais e nos jornais. A revista *Veja*, publicou, 72 horas antes do segundo turno, uma matéria intitulada "Eles sabiam de tudo", em que acusava Lula e Dilma de serem coniventes com os esquemas de corrupção na Petrobras. A matéria era baseada em uma afirmação vaga de Youssef em seu depoimento, dado 48 horas antes da publicação da revista.

Principal candidato de oposição, Aécio Neves (PSDB) "surfou" na retórica anticorrupção enquanto defendia um programa

---

120 Ademais, a imagem da Petrobras como empresa era associada à corrupção. Pesquisas do período indicavam que grande parte dos brasileiros passaram a considerar a principal empresa pública brasileira um grande instrumento de corrupção. Durante o primeiro turno das eleições, grandes jornais publicaram matérias associando diretamente a corrupção na estatal à gestão dos governos petistas (*O Estado de S. Paulo*, 2014; *Folha de S. Paulo*, 2014).

econômico de "reformas neoliberais" (G1, 2014c). Parte da grande mídia dava como certa a vitória de Aécio nas vésperas da eleição. Mesmo após as denúncias sobre a irregularidade do vazamento dos depoimentos de presos da OLJ e a vitória de Dilma, o *O Globo* continuava a insinuar a veracidade das informações dadas por Youssef sobre o consentimento dos líderes petistas com a corrupção na Petrobras (*O Globo*, 2014).

Conforme já mencionamos, a vitória de Pirro em 2014 e a tendência à busca por uma pactuação conservadora levaram a administração petista a cometer um verdadeiro estelionato eleitoral no campo das políticas econômicas e sociais ao abraçar a austeridade e o fiscalismo econômico como programa de governo. Por sua vez, se até então Dilma tinha partido para a ofensiva contra parte de seus futuros algozes por meio do "ensaio republicano", a OLJ reverteu esse jogo. O governo foi para a defensiva, o PT passou a ser associado à corrupção na Petrobras diariamente, e a petroleira foi "criminalizada". O lavajatismo passou a fazer parte da agenda política nacional.

A OLJ, desde seu início, já mostrava seus métodos: celebração de colaborações premiadas por meio de prisões preventivas e métodos "heterodoxos", busca por apoio e apelo midiático, vazamentos seletivos das delações, deslegitimação institucional do sistema político e, claro, a premissa ideopolítica de que o espaço público e o Estado eram os grandes "produtores da corrupção sistêmica" no Brasil. Os corruptores, isto é, o capital monopolista privado, deveriam ser reorganizados, "moralizados" por meio de programas de *compliance* e deveriam colaborar para desvendar os esquemas de corrupção liderados por políticos e empresas públicas que eram o centro de cadeias produtivas nacionais. Esses fundamentos mantiveram-se na essência da operação, mesmo com a sua complexificação e ampliação a partir de 2015.

5.2.2 O protagonismo da OLJ e do lavajatismo no golpe de 2016

No fim de 2014, a partir da fase 7 da OLJ, as investigações chegaram a outro núcleo duro de esquemas de corrupção na Petrobras: a relação da petroleira com as principais empresas de construção civil do país. O ex-juiz Sergio Moro decretou a prisão preventiva de Renato Duque, ex-diretor de serviços da Petrobras, indicado pelo PT. Segundo as investigações, Duque coordenava um esquema de cartelização das obras da Petrobras. Nesse esquema, as grandes empreiteiras dividiam-se e revezavam-se em lograr grandes contratos de obras junto à petroleira. As obras foram superfaturadas, parte dos recursos foram desviados para ganhos privados dos agentes e para o "caixa 2" dos partidos da coalizão governista. Esse esquema, como narra Pedro Henrique Campos (2016), tem seus germes no governo de JK e ampliou-se durante a ditadura civil-militar.

Na fase 7, além de Duque, executivos da Queiroz Galvão, Iesa, Galvão Engenharia, Camargo Correa, OAS, UTC/Constran, Odebrecht, Mendes Júnior e Engevix também tiveram suas prisões preventivas decretadas. Nesse mesmo período, outro agente fundamental entra em cena na OLJ: o então procurador-geral da República (PGR), Rodrigo Janot. Segundo suas memórias, em tom autoproclamatório, Janot afirmou que desde fins de 2014 parou de delegar parte de suas atribuições para o núcleo de Curitiba. Segundo o ex-procurador, as delações de Youssef e Costa, as mesmas que tinham sido vazadas às vésperas das eleições, eram "tecnicamente" muito frágeis. Sendo assim, a equipe da PGR refez as delações de Costa e Youssef e assumiu as demais relacionadas a indivíduos com foro privilegiado (Janot,2019, p. 42-43).

Em março de 2015, com base nas colaborações premiadas obtidas até então, o STF, por meio do relator dos processos da OLJ

Teori Zavascki, determinou a abertura de 21 inquéritos envolvendo parlamentares, ex-ministro, lobistas e tesoureiros de partidos. A lista foi chamada pela grande imprensa de "lista Janot". Decerto, ao, aparentemente, atacar quase todos os grandes partidos políticos da república, em especial aqueles que estavam na base aliada do governo, essa ação ganhava contornos de "neutralidade".

Ao passo que criminalizava a política de investimentos e de fomento às cadeias produtivas da Petrobras, a cruzada da OLJ e do lavajatismo contra o PT e o governo Dilma intensificou-se ao longo de 2015. Apesar de existirem denúncias contra todos os grandes partidos com representação no Congresso, os desvios de corrupção envolvendo quadros do PT eram mais enfatizados e espetacularizados na grande mídia.

Ademais, a imagem da Petrobras como empresa era associada à corrupção. Pesquisas do período indicavam que grande parte dos brasileiros passaram a considerar a principal empresa pública brasileira um grande instrumento de corrupção. Durante o primeiro turno das eleições, grandes jornais publicaram matérias associando diretamente a corrupção na estatal à gestão dos governos petistas (*O Estado de S. Paulo*, 2014; *Folha de S. Paulo*, 2014).

Em maio, o ex-diretor da área internacional da petroleira, Nestor Cerveró, foi condenado a cinco anos de prisão. No mês seguinte, foram presos preventivamente os presidentes da Odebrecht e da Andrade Gutierrez, Marcelo Odebrecht e Otávio Marques de Azevedo. A OLJ parecia fazer algo inédito no Brasil: punir os corruptores e os grandes capitalistas.

Entretanto, a prisão de doleiros, executivos e empresários era parte da estratégia da operação para chegar aos "donos do poder", isto é, aos "políticos" e ao "governo". As prisões preventivas[121]

---

121 Cabe destacar que a prisão preventiva não tem prazo pré-definido, pode ser decretada em qualquer fase da investigação policial ou da ação penal, quando houver indícios que liguem o suspeito ao delito.

foram poderosos instrumentos para negociar novas delações. As penas seriam aliviadas para os detentores do poder econômico, embora a operação tenha causado grandes prejuízos para as empresas e os setores econômicos envolvidos.

As investigações chegariam a afetar políticos influentes em Brasília, como Eduardo Cunha (PMDB), Fernando Collor de Mello (PTB) e Ciro Nogueira (PP). Com o avanço das investigações junto à Odebrecht e, posteriormente, com as delações de executivos e dos presidentes das empreiteiras, parecia que nenhum político e governante escaparia da OLJ.

O pânico em Brasília alastrava-se, pois parecia que a OLJ tornava o "ensaio republicano" de Dilma algo incontrolável. O governo, por sua vez, mantinha sua postura de não intervenção na operação. Avaliava que as investigações chegariam a desafetos do governo, como Eduardo Cunha. Enquanto isso, seu foco era repactuar com as frações burguesas e realizar parte do programa austero reivindicado.

No segundo semestre, o ex-dirigente petista José Dirceu foi preso preventivamente, acusado de corrupção, lavagem de dinheiro e formação de quadrilha. Segundo as investigações, Dirceu teria recebido propina para ajudar em negócios nacionais e internacionais as empreiteiras por meio de pagamento de palestras. Em setembro, a PF pediu autorização para o STF para recolher o depoimento de Lula e anunciou que ele era suspeito de ter se beneficiado pelos esquemas de corrupção da Petrobras (Ramalho, 2015).

A notícia caiu como uma bomba, estimulando as bases radicalizadas de direita e extrema direita nas manifestações contra o governo Dilma, e a imprensa fez o uso dessas suspeitas com matérias diárias sobre o possível envolvimento dos principais quadros petistas e de seus líderes com a corrupção na Petrobras.[122]

---

122 No ano de 2015, as investigações da OLJ também se ampliaram para outros setores econômicos com forte presença de empresas públicas,

O ano de 2015 consolidou o lavajatismo, para além das investigações e veracidade das acusações, como a principal expressão antipetista. Esse antipetismo era potencializado pela crise econômica e o aumento do desemprego provocado pelas políticas de ajuste fiscal do seu próprio governo. O antipetismo virou o eixo ideocultural unificador das diversas expressões da direita. Embora, conforme já mencionamos, grande parte das frações burguesas ainda entendiam que o impeachment geraria mais instabilidade para os negócios, o lavajatismo tornou-se a principal força política e ideológica de ruptura.[123]

O estouro ainda estaria por vir. Delcídio do Amaral, líder do PT no Senado, foi preso a mando do STF por tentar convencer Nestor Cerveró que, em sua delação, ocultasse a participação do então senador no caso da polêmica compra da refinaria de Pasadena, nos Estados Unidos.[124] Amaral expressava bem a miséria e a crise terminal do governo Dilma. Ex-tucano, Amaral tinha relações com os ex-diretores da Petrobras desde o governo fhc. Aproximou-se do PT a partir de ambições fisiológicas na década de 2000, e em 2015 se tornou o líder no Parlamento do governo Dilma. Em 2021, após os escândalos da OLJ, filiou-se ao PTB, partido de Roberto Jefferson.

Enquanto o núcleo de Curitiba avançava seu cerco contra o PT e o governo Dilma, Janot travava sua batalha contra o então presidente da câmara de deputados, Eduardo Cunha (G1, 2015). Mesmo sendo difícil comprovar uma completa articulação e

---

como foi o caso do programa nuclear brasileiro e a prisão do almirante Othon Luiz Pinheiro da Silva.

123 Outro ponto importante se refere à ampliação e complexificação da OLJ. Em 2015 e 2016 foram criados outros núcleos da OLJ no Rio de Janeiro, em São Paulo e Brasília.

124 Um dia antes, a PF prendeu o pecuarista José Carlos Bumlai, que, supostamente, teria pagado uma dívida de Lula em troca de uma intermediação para um negócio.

conspiração dessas táticas, essas cruzadas foram funcionais para deslegitimar o sistema político brasileiro, dar um tom de "imparcialidade" à OLJ aos olhos da população e aprofundar a crise política do governo petista. Segundo Avritzer:

> [...] A pressão seletiva sobre o sistema político exercida por Moro recebeu sinal verde do sistema judiciário, que ratificou quase que automaticamente suas decisões, dando assim sinal verde para a politização completa da Lava Jato. Agora as decisões já não têm a ver com o sistema Petrobras e sim com a política nacional. Os vazamentos são todos ligados às figuras de Lula e Dilma. Informações relevantes como a da propina de 100 milhões de dólares na venda da Perez Compac mencionando o Senador Aécio Neves levaram seis meses para serem divulgadas e não conduziram quaisquer investigações. Hipóteses de delação premiada que desgastam um partido ou político são imediatamente vazadas para a imprensa. A ação política tornou-se tão desenfreada neste terceiro momento da Lava Jato, que se perde a necessidade de justificar a investigação em termos de delitos cometidos na Petrobras. (Avritzer, 2018, p. 42)

Em fevereiro de 2016, houve novas investidas. A PF prendeu temporariamente o publicitário João Santana e sua esposa. Santana tinha trabalhado nas campanhas eleitorais de Lula e Dilma. Delcídio do Amaral firmou acordo para sua delação. Em depoimento parcialmente vazado para a Rede Globo, Amaral afirmava que Dilma e Lula atuavam para barrar a OLJ (Bomfim, 2016).

No mês seguinte, a OLJ operava a sua 24ª fase ao cumprir uma série de mandados de busca e apreensão cujos alvos eram Lula e sua família. O ex-presidente foi depor coercitivamente no Aeroporto de Congonhas, em São Paulo. As redondezas do aeroporto foram tomadas por protestos de lavajatistas e defensores de Lula.

No dia 16 de março, houve um golpe final na capacidade de rearticulação da coalizão governista. Lula reaproximava-se de Dilma, e a presidenta o anunciava como novo ministro da Casa Civil. A OLJ interpretou essa medida como uma forma de garantir o foro privilegiado ao ex-presidente. Nesse sentido, a operação, autorizada por um juiz de primeira instância, grampeou uma conversa telefônica entre Lula e Dilma. A ligação foi vazada, em primeira mão, para o *Jornal Nacional* da TV Globo. A repercussão e a narrativa propagandeada pelos principais veículos de comunicação eram a interpretação lavajatista.

O episódio reanimou novas manifestações ainda mais massivas pelo impeachment. Nelas, a OLJ era um consenso, e Sergio Moro, considerado um herói nacional. Curiosamente, o protagonismo da OLJ gerou uma dubiedade nas razões para a aceleração do impeachment. O discurso oficial dos líderes das manifestações, convocadas por grupos de liberais-conservadores e de extrema direita, era de que o governo petista queria "acabar com a OLJ".

Por sua vez, entre a maioria dos parlamentares em Brasília, conforme áudio vazado do ex-senador Romero Jucá, o impeachment seria a forma de "estancar a sangria" da OLJ e construir um novo "pacto nacional". Já para grande parte das frações burguesas, Dilma tinha perdido a capacidade de governar e realizar as contrarreformas a fim de recuperar as taxas de lucro (Pinto; Saludjian; Nogueira *et al.*, 2019, p. 139).

5.2.3 O declínio da OLJ e a consolidação do lavajatismo como "guarda-chuva" político e ideológico das novas direitas

Após a condenação em segunda instância do ex-presidente e a rejeição por parte do STF do pedido de *habeas corpus*, Lula foi preso, por ordem de Sergio Moro, em abril de 2018, por corrupção passiva e lavagem de dinheiro no caso do "Triplex do Guarujá".

Sua condenação chegou a ser ampliada para doze anos, por decisão unânime do TRF-4.

Em termos pragmáticos, o "problema Lula" era um empecilho para a coalizão golpista. A reconfiguração burguesa-imperialista e a edificação de um Estado permanentemente austero e de políticas econômicas ultraliberais tinham como obstáculo qualquer risco de "volta do PT" em 2018. Não por qualquer radicalismo desse partido, mas a amplitude (política e social) do pacto lulista criava dificuldades para a implementação de políticas como o "teto dos gastos" e os desinvestimentos da Petrobras. Nesse sentido, tirar Lula do jogo eleitoral de 2018, independentemente da questão jurídica e moral, era algo fundamental para o "andar de cima".

Temer, apesar de enfraquecido e impopular, conseguiu frear o "ensaio bonapartista" da OLJ. Além do apoio parlamentar, o então presidente contou com amplo apoio e participação da cúpula das Forças Armadas em sua administração. Durante o governo, alguns generais passaram a ocupar pastas estratégicas do governo.

O general Sérgio Etchegoyen, ministro-chefe do Gabinete de Segurança Institucional (GSI), era o mais influente. Além disso, o Ministério da Defesa passou a ser dirigido por um militar, o general Joaquim Silva e Luna. O orçamento do ministério também foi ampliado ao longo do governo.

Decerto, como declarou o general Eduardo Villas Bôas, comandante do Exército Brasileiro entre 2015 e 2019, as Forças Armadas reviram o seu papel de "grande mudo" da república brasileira desde o fim da ditadura civil-militar. Durante as gestões petistas, cada vez mais militares ocuparam pastas estratégicas do Ministério da Defesa e foram requeridos para intervirem na segurança pública interna, por meio de decretos presidenciais para a Garantia da Lei e da Ordem (GLO).

Durante esse período, as Forças Armadas foram reaparelhadas (compra de novos navios, submarinos e caças) e também participaram de "expedições de paz" da ONU, a mais notável sendo a ocupação do Haiti nos anos 2000.

Segundo o discurso oficial de seus líderes, as Forças Armadas sentiram-se traídas pelo governo Dilma devido à implementação da Comissão da Verdade. O pai de Sérgio Etchegoyen, por exemplo, foi incluído na lista dos 377 agentes responsáveis pela repressão política durante a ditadura civil-militar. A divulgação causou desconforto e até protesto oficial da família Etchegoyen. Apesar de não terem sido protagonistas no golpe parlamentar, as Forças Armadas foram consultadas sobre o processo de impeachment, como afirmou Villas Bôas:

> Pouco antes do impeachment, o vice-presidente Temer manifestou o interesse de falar conosco-Etchegoyen, chefe de Estado-Maior e eu. Fizemos o jantar em sua casa, na fazendinha. Durante o jantar o vice-presidente perguntou-me: "General, qual será a atitude do Exército caso se efetive o afastamento da presidente Dilma?" Respondi-lhe que iríamos cumprir o que estabelece a Constituição. Temos três pilares: contribuir para a preservação da estabilidade, agir guiados pelos limites da legalidade e sempre guardando a legitimidade. Essa última se constitui num patrimônio construído ao longo de muitas décadas, por isso é tão cara. (Villas Bôas, 2021, p. 180)

Apesar da resposta protocolar do então comandante do Exército brasileiro, a reunião entre o vice-presidente e membros do alto escalão das FFAA, às vésperas da votação de um impeachment, no mínimo é um fato questionável. Conforme já mencionamos, os militares passaram a ocupar posições-chaves durante o governo Temer a fim de garantir sua governabilidade, assim como participaram de ações fundamentais do governo, como a repressão à greve geral de 2017, a intervenção militar na segurança pública do Estado do Rio de Janeiro em 2018 e a administração dos problemas gerados pela "greve dos caminhoneiros" no mesmo ano.

Durante a gestão de Villas Bôas, segundo ele próprio (2021, p. 186-187), foi estimulada uma interação maior da alta cúpula militar por meio da grande mídia e das novas redes sociais, como o Twitter, mediante a emissão de posicionamentos dos militares da ativa e da reserva sobre temas de "interesse nacional". Desde o impeachment de Dilma, alguns militares, como o então general Hamilton Mourão, davam declarações em redes sociais e palestras que admitiam a possibilidade de as Forças Armadas (FFAA) atuarem como um poder moderador da república.

Em 2018, ainda sob o governo Temer e às vésperas do julgamento no STF sobre o pedido de *habeas corpus* do ex-presidente Lula, o próprio Villas Bôas emitiu mensagens que podiam ser interpretadas como ameaças veladas ao Supremo.[125] Nas eleições de 2018, o então chefe do Exército também chegou a convidar os candidatos presidenciáveis para uma sabatina particular (Éboli, 2018).

O jornalista Marcelo Godoy (2021, p. 55) analisou a atuação dos militares nas redes sociais na conjuntura recente brasileira. Para ele, as divergências entre a cúpula militar e o bolsonarismo "ideológico" não se caracterizam por diferenças de fundo estratégico e democrático, mas sim na tática da operação de sua guerra contra o "marxismo cultural" e a manutenção de seus privilégios corporativos.

---

125 No dia 3 de abril de 2018, Villas Bôas escreveu: "Nessa situação que vive o Brasil, resta perguntar às instituições e ao povo quem realmente está pensando no bem do País e das gerações futuras e quem está preocupado apenas com interesses pessoais?", dizia a primeira postagem.

"Asseguro à nação que o Exército Brasileiro julga compartilhar o anseio de todos os cidadãos de bem de repúdio à impunidade e de respeito à Constituição, à paz social e à democracia, bem como se mantém atento às suas missões institucionais".

Segundo Godoy, desde o fim da ditadura civil-militar, o anticomunismo foi renovado e manteve-se intacto como uma das principais características ideoculturais da formação dos militares brasileiros. Num primeiro momento, nas décadas de 1990 e 2000, essas tendências expressaram-se num modelo de confrontação política de baixa intensidade e concentrado dentro dos "muros militares". Com o agravamento da crise brasileira, pós-2013, cada vez mais parcelas importantes de militares da ativa e da reserva passaram a se posicionar de uma forma "salvacionista" contra a corrupção e o "esquerdismo" que vicejava no sistema político brasileiro.

Nesse sentido, nota-se como a ideologia da anticorrupção e o apoio velado e/ou aberto à OLJ fazem parte da legitimação da crença das FFAA como um poder moderador e tutelar da república brasileira. Não por acaso, foi a cúpula militar que articulou a entrada do ex-juiz Sergio Moro no governo Bolsonaro. No início do governo, Moro, ao lado do ministro da Economia, Paulo Guedes, eram as duas principais figuras da coalizão que reunia partidos de centro-direita até o núcleo neofascista bolsonarista.

Os casos de suspeita de corrupção envolvendo a família Bolsonaro, a aproximação desse governo com o chamado "Centrão" formado por um conjunto de partidos fisiológicos e o fim das políticas de independência e autonomia operacional da PF e do Ministério Público acabaram por enfraquecer o avanço de novas operações anticorrupção da Lava Jato. No entanto, a maior derrota, até então, contra a OLJ e o lavajatismo reside na absolvição das acusações contra Lula da Silva.

Em junho de 2019, após receber informações advindas de conversas privadas entre Moro e os procuradores do MP, o periódico online *The Intercept Brasil* publicou uma série de reportagens que revelaram conluio, seletividade e conspiração dos agentes da OLJ nos encaminhamentos das investigações. O escândalo tentou ser abafado por parte da grande mídia, principalmente a

Rede Globo, mas foi divulgado por outros jornais oposicionistas ao governo Bolsonaro, como a *Folha de S. Paulo*, tendo eco nas denúncias de parlamentares, movimentos populares e até por membros da Suprema Corte.

Em novembro de 2019, o STF recuou na sua decisão sobre a prisão imediata após a condenação em segunda instância. Lula foi solto, e esse foi um marco na reviravolta da perseguição judicial contra o atual presidente. Em junho de 2021, o plenário da Suprema Corte consolidou a posição sobre a suspeição nos julgamentos de Sergio Moro na OLJ. Antes disso, Lula já tinha recuperado seus direitos políticos e figurava entre um dos favoritos para a corrida eleitoral de 2022. Até 2023, o atual presidente Lula já tinha sido absolvido de 25 processos nos quais era acusado.

Por sua vez, o discurso oficial do governo bolsonarista era de que a "corrupção acabou com o novo governo", por isso não haveria necessidade de novas operações. O procurador-geral da República indicado por Bolsonaro, Augusto Aras, acabou com o modelo de "força-tarefa" no Ministério Público e transferiu as investigações da OLJ para um grupo de trabalho no interior do MPF. Com isso, os núcleos de primeira instância, como os localizados no Rio de Janeiro e em São Paulo, foram formalmente desativados.

Antes disso, no contexto de frear os intentos bonapartistas de agentes da Lava Jato, o Congresso Nacional, hegemonizado por forças políticas de centro-direita e extrema direita, e o STF tomaram uma série de decisões que minaram o poder de investigação e intervenção das investigações anticorrupção contra políticos com foro privilegiado.[126]

---

[126] Eis algumas medidas que minaram a OLJ: 1) Em 2021, o STFdecidiu, após a divulgação das mensagens interceptadas por um hacker, que o ex-juiz Sergio Moro foi parcial ao condenar o presidente Lula e que a 13ª Vara de Curitiba não tinha competência para julgar os

Mesmo assim, o legado da OLJ, principalmente no terreno da governabilidade e da mediação institucional das relações entre Estado e economia, é significativo. As aprovações de algumas legislações, como o fim da obrigatoriedade da participação da Petrobras na exploração do pré-sal (Lei 13.869/2019), a Lei das Estatais (Lei 13.303/2016), que proíbe as indicações do governo de quadros políticos e partidários para dirigirem empresas estatais e de economia mista e que, no entanto, simplesmente não regula o fenômeno da "porta giratória" entre cargos públicos e empresas privadas, e a Nova Lei de Licitações 14.133/214, que facilita a participação de empresas estrangeiras nas licitações de compras públicas no Brasil, são exemplos do legado da OLJ.

Não por acaso que o núcleo mais radicalizado à direita da OLJ, o de Curitiba, apostou na migração para a vida política partidária a fim de defender os "legados institucionais" da operação. Nesse sentido, o lavajatismo se consolidou, principalmente por meio das eleições de 2022, como força política, ideológica e jurídica que aglutina setores políticos de direita e extrema direita.

Segundo Godoy (2021, p. 65), apenas a saída de Sergio Moro do governo levou militares da ativa e da reserva a postarem

---

casos do atual presidente. Essa decisão teve um efeito em cadeia na contestação de outros juízos oriundos da OLJ. 2) Em 2019, o STF, sob hegemonia garantista, fez uma revisão sobre o entendimento das prisões em segunda instância ao decidir pelo fim das prisões sem trânsito em julgado. 3) Também em 2019, o então ministro Sergio Moro sofreu algumas derrotas na submissão de seu "Pacote Anticrime" no Congresso. Apesar do grande apelo punitivista, o Parlamento aprovou alguns limites para a utilização do expediente das "prisões preventivas" e das "delações premiadas", assim como a criação do "juiz de garantias". 4) O crime de corrupção eleitoral, como o uso de "caixa 2", passou a ser alçada da Justiça Eleitoral em nova interpretação do STF. 5) Por fim, e não menos importante, a lei contra o "abuso de autoridade" aprovada pelo Congresso em 2019.

homenagens e até mesmo críticas ao governo Bolsonaro. Em 2022, Moro tentou emplacar uma candidatura de "terceira via" à Presidência, contou com o apoio de políticos de direita e de setores da grande mídia. No entanto, diante da sua dificuldade de nacionalização, Moro optou pela candidatura ao Senado pelo Paraná e aliou-se na prática ao bolsonarismo.

Deltan Dallagnol foi eleito em 2022, com significativa votação, para deputado federal pelo estado do Paraná. Contudo, ironicamente, foi cassado por unanimidade pelo Tribunal Superior Eleitoral devido ao descumprimento da Lei da Ficha Limpa. Dallagnol exonerou-se do Ministério Público Federal para se candidatar antes da resolução das dezenas de processos que respondia no Conselho Nacional do Ministério Público.

O lavajatismo, para sua sobrevivência, cada vez mais oculta suas aparências de "neutralidade" e até de suas pretensões "bonapartistas" para se aproximar mais de um componente ideopolítico antiesquerda, anticomunista e como parte da cruzada contra o "marxismo cultural", uma espécie de teoria da conspiração difundida em meios militares e de extrema direita que sustenta que a "esquerda corrupta", desde a década de 1990, realizou uma virada estratégica "gramsciana" a fim de ocupar espaços culturais e de sociabilidade. Das lutas por direitos sociais às pautas ambientais, LGBT, feministas e antirracistas seriam expressões do "marxismo cultural" (Pinto, 2021, p. 240).

Mesmo após o fim da OLJ, a associação da anticorrupção com a antipolítica, o antidesenvolvimento econômico e o protagonismo do Estado e dos investimentos públicos na dinâmica econômica segue influente e aglutina, com tonalidades diferentes, diversos espectros políticos no Brasil.

Essas expressões lavajatistas foram utilizadas, por exemplo, como principal pauta do bolsonarismo durante o segundo turno das eleições de 2022, para arregimentar o voto antipetista. Assim como nos marcos dos debates sobre política fiscal, durante o terceiro governo Lula, setores liberais à direita e à esquerda criticam o dito regresso ao protagonismo dos bancos públicos para financiamento de grandes projetos de investimento e até mesmo do novo Programa de Aceleração do Crescimento (PAC) como medidas que facilitam esquemas de corrupção.

5.3 A relação da OLJ e do lavajatismo com outras frações de classe e instituições

5.3.1 O Supremo Tribunal Federal (STF)

A relação entre a OLJ e o lavajatismo com o STF está longe de ser simples. Sumariamente, podemos destacar que, num primeiro momento, o STF foi um dos impulsionadores institucionais dos "métodos heterodoxos" da OLJ e do próprio impeachment contra a ex-presidenta Dilma. Em seguida, conjunturalmente diante das pressões e protagonismo lavajatista no golpe de 2016, o STF subordinou-se/aliou-se ao avanço das investigações e denúncias anticorrupção, em especial envolvendo réus ligados ao Partido dos Trabalhadores (PT). Por suposto, na fase de declínio da OLJ, grande parte do STF notabilizou-se por ser crítica aos desdobramentos da Lava Jato, principalmente do núcleo curitibano, contudo ainda mantendo vozes lavajatistas no seu interior.

É importante sublinhar que não temos a pretensão de esgotar o tema neste item. Caberia, por exemplo, uma análise social e institucional das principais características da Suprema Corte brasileira no século XXI. Todavia, fizemos um breve mapeamento de posições-chave dessa instituição que impactaram nos rumos da OLJ e do lavajatismo.

Alguns analistas apontam que o julgamento da AP 470, entre agosto de 2012 e março de 2014, referente ao escândalo do "Mensalão", foi o ponto de partida para compreendermos a crescente intervenção jurídica na ordem política brasileira por meio de métodos pirotécnicos (Dos Santos, 2017; Fernandes, 2017). Sem entrar no mérito ou juízo de valor sobre os crimes cometidos através da prática histórica dos governos de "comprarem" os votos de parlamentares, é certo que tal julgamento foi um marco no agigantamento do Poder Judiciário na relação com os demais poderes. Para Wanderley Guilherme dos Santos, o STF impulsionou um processo jurídico de "expropriação do voto e da soberania popular":

> [...] A tese é a de que mesmo que certos condenados tenham cometido crimes denunciados, o nervo jurídico do argumento vitorioso no julgamento da AP 470 fraudou a lógica política e constitucional, lançando fundamentos para potenciais golpes parlamentares, com socorro sofístico da Constituição, ao canonizar três teses esdrúxulas. Enunciadas quase que casualmente ao longo ou a propósito das polêmicas sobre a culpa dos denunciados, são de alcance transcendente, sem que, acredito, ocorresse à defesa ou à acusação a extraordinária singularidade do que consagravam. (Dos Santos, 2017, p. 168)

As três teses analisadas por Dos Santos seriam o "sequestro do poder constituinte do povo", "a disjunção epistemológica entre ser inocente e não ser culpado" e "imputação de possibilidade objetiva e causalidade adequada". A primeira, numa crítica ao ex-ministro Joaquim Barbosa, seria a perspectiva de transformar o STF no poder representativo da ordem constitucional. Uma espécie de poder moderador da República, a partir dos togados e secundarizando a soberania popular (Dos Santos, 2017, p. 170). Diante da falta de transparência e controle externo do Poder Judiciário, essa tese, para muito além de Barbosa, ganhou terreno entre muitos agentes do Poder Judiciário.

As duas teses seguintes, apresentadas por Dos Santos, relacionam-se diretamente. A separação epistemológica entre ser inocente e não ser culpado reforça o subjetivismo nos julgamentos de crimes complexos ao secundarizar os fatos e à apresentação de provas concretas. Vincula-se a essa tese o uso abusivo de recursos midiáticos para tornar *alguém acusado* em alguém já *culpado socialmente*. Esse pré-julgamento inverteu os papéis do acusador e do acusado com relação à necessidade de apresentação das provas (Dos Santos, 2017, p. 173).

A terceira tese que marcou o julgamento da AP 470 refere-se à imputação de possibilidade objetiva e causalidade adequada, mais precisamente a adoção da teoria do "domínio do fato" para legitimar condenações. Segundo essa teoria, quanto mais alguém estivesse no topo de uma hierarquia numa cadeia de comando, mais fácil seria para esse indivíduo livrar-se de pistas e provas que o envolvessem em atos ilícitos.

Nessa linha, a inexistência de provas e ligações do "comandante" com seus subordinados, por si só, poderia ser um elemento criminalizador desse indivíduo. À época, além de Barbosa, essa tese apareceu, na opinião de Dos Santos, no discurso da ministra Rosa Weber, então assessorada pelo ex-juiz Sergio Moro, para a condenação de José Dirceu.[127]

---

127 "A terceira tese esdrúxula compareceu em outra de declaração de voto condenatório da ministra Rosa Weber. Disse ela, exatamente assim, embora não com os mesmo substantivos e verbos: quanto mais elevada a posição de alguém na cadeia de comando, mais facilitada lhe é a cautela de apagar pistas. Os chefes de organizações criminosas não deixam vestígio. Ora, ao final de dias de debates sem a apresentação de qualquer prova da participação de José Dirceu no crime que lhe era atribuído, o enunciado de teoria jurídica de Rosa Weber vestia lindamente seu voto pela condenação. E assim foi." (Dos Santos, 2017, p. 175).

O trato, o método e os encaminhamentos dados pelos ministros da Suprema Corte brasileira na AP 470 são necessários para se compreender a atuação dessa instituição durante a OLJ. A fim de superar as críticas sobre a duração dos julgamentos da AP 470, o então relator da OLJ no STF, Teori Zavascki, operou uma reforma regimental no tribunal ao liberar a maior parte dos inquéritos e ações penais às turmas, liberando a pauta do plenário. O STF, então, como assinala Machado (2021), passou de tribunal original para revisor das ações das instâncias ordinárias, sobretudo dos atos do ex-juiz Sergio Moro à frente da 13ª Vara Federal de Curitiba – que, por uma interpretação bastante extensiva das regras de competência, acumulava ações e investigações sem qualquer relação com os desvios da Petrobras.

O papel de revisor da OLJ, no período de protagonismo e ofensiva da operação contra o governo Dilma, não tornou as ações do STF menos importantes. Entre 2015 e 2017, o Supremo assumiu protagonismo ao determinar a prisão em flagrante do senador Delcídio do Amaral (PT-MS), ao impedir liminarmente a nomeação de Lula como ministro da Casa Civil e ao "suspender" o mandato – e afastar da Presidência da Câmara dos Deputados – do deputado Eduardo Cunha, mas não antes de ele concluir o processo de impeachment na Câmara.

No entanto, desde 2018, a OLJ sofreu sucessivas derrotas no STF.[128] Revisou a ordem das alegações finais entre réus colaboradores, estabeleceu a competência dos crimes comuns conexos aos eleitorais na Justiça Eleitoral, declarou inconstitucional a condução coercitiva e alertou para a ilegalidade da competência ampla dada à 13ª Vara Federal de Curitiba. Após Moro virar ministro do governo Bolsonaro e o do vazamento da troca de

---

128 Cabe destacar que a entrada de Alexandre de Moraes no STF, devido ao falecimento de Teori Zavascki, foi um dos fatores que ajudaram na mudança de correlação de forças no interior do tribunal.

mensagens, que revelavam o conluio entre o juiz e procuradores, sua suspeição ganhou terreno no interior da Suprema Corte. Apenas em 2021, essa suspeição foi formalizada.

O ministro Gilmar Mendes é símbolo dessa virada sobre a OLJ no interior da Suprema Corte. Mendes apoiou a política aparentemente passiva do Supremo até o impeachment de Dilma Rousseff. Com grande capacidade argumentativa e conhecimento da dogmática jurídica, o ministro foi voz protagonista na legitimação jurídica do impeachment, na prisão do ex-senador Delcídio do Amaral e no impedimento da nomeação de Lula para o ministério. Contudo, diante do "ensaio bonapartista" da OLJ e do lavajatismo, Mendes tornou-se um dos maiores inimigos da operação no STF.

Janot, por exemplo, revelou que, num momento de descontrole, entrou armado na Suprema Corte com o objetivo de alvejar o ministro. Nas conversas vazadas, os procuradores da operação chegaram a cogitar grampear Mendes. Nesse cenário, desde 2018, acirrou-se uma polarização no interior da Suprema Corte brasileira entre os ministros considerados garantistas e os punitivistas. Essa divisão não está imune a contradições e limites, pois, como podemos ver, entre os maiores defensores do lavajatismo estão Luís Roberto Barroso e Luiz Fux.

Barroso, indicado por Rousseff, teve um passado ligado à esquerda e foi acadêmico da Universidade Estadual do Rio de Janeiro (Uerj). É um dos ministros mais requisitados pela grande mídia, principalmente a Rede Globo, e desfruta de ótimo trânsito em *think tanks* e universidades dos Estados Unidos. O ministro tornou-se o principal porta-voz das teses da "ideologia da anticorrupção" e da crítica ao "patrimonialismo" no interior do tribunal. Consequentemente, transformou-se num apoiador da OLJ. Por sua vez, Luiz Fux, por exemplo, revela uma adesão oportunista ao lavajatismo. O juiz de passado garantista e com bom trânsito junto ao PMDB do Rio de Janeiro também foi indicado por Rousseff, e tornou-se uma voz de "confiança" da OLJ no tribunal.

Em seu auge, tendo em vista seu ineditismo, muitos juristas favoráveis à OLJ defendiam que os casos julgados da operação não deveriam seguir os mesmos parâmetros de "julgamentos comuns". Esse foi o principal e bizarro argumento do TRF-4, em setembro de 2016, ao julgar as "práticas heterodoxas" do ex-juiz Sergio Moro (Conjur, 2016). A partir da legitimação dessas práticas de "exceção" da OLJ em seu auge, fortaleceu-se o "mercado da integridade" por meio da *indústria do compliance*, delações premiadas e acordos de leniência.

O crescimento do "*mercado do compliance*" produziu o fortalecimento de escritórios de advocacia e contabilidade, criou relações promíscuas de "porta giratória" entre esses escritórios e instituições públicas, como o Ministério Público Federal. O crescimento desse mercado improdutivo foi fundamental para a cooptação dos agentes jurídicos para a lógica do avanço da economia política do tardoimperialismo. Por ora, cabe destacar que a falta de regulação institucional das delações premiadas, do *compliance* e dos acordos de leniência, por parte do STF, foram importantes para gerar essa instabilidade e esse mercado.

O próprio ministro Gilmar Mendes reconheceu que, por conta de falhas na Lei Anticorrupção, instaurou-se um regime de sancionadores múltiplos de acordos de leniência para empresas, aumentando a instabilidade dos acordos, o grau de discricionariedade e o poder dos lobbies. Portanto, um bom escritório de advocacia do ramo depende do seu grau de contatos em órgãos públicos, como no Ministério Público, CGU, TCU ou até no Cade (Mendes; Fernandes, 2021).

Em setembro de 2023, em decisão do ministro Dias Toffoli, as provas oriundas do acordo de leniência entre o MPF e a Odebrecht foram anuladas. Nos autos do julgamento, Toffoli afirmou que a condenação do atual presidente Lula foi um dos maiores erros da história do Judiciário brasileiro, assim como indicou a investigação e a possível punição civil dos agentes públicos envolvidos na farsa judicial.

5.3.2 O Ministério Público Federal e a Polícia Federal

Em termos institucionais, a OLJ representou a articulação entre vários componentes do sistema de Justiça brasileiro: o Poder Judiciário, a Polícia Federal e o Ministério Público Federal. Na breve historização que realizamos sobre a operação, o leitor pode acompanhar a disputa de protagonismo no interior da OLJ, principalmente entre o núcleo curitibano e o ex-PGR Rodrigo Janot.

Em novembro de 2017, em meio ao avanço e às primeiras derrotas do "ensaio bonapartista" do lavajatismo, procuradores do MPF dos núcleos de Curitiba, São Paulo e Rio de Janeiro da Lava Jato lançaram um documento público em defesa da operação: a Carta do Rio de Janeiro. O lançamento contou com uma coletiva de imprensa, ampla repercussão midiática e sem a presença da então PGR Raquel Dodge.

Sumariamente, o documento defendia o poder do MPF como "moralizador da República", atacava a "classe política" e sua resistência frente aos avanços da "luta contra a corrupção" e, de maneira indireta, conclamava a "renovação do Congresso" nas eleições de 2018 para defender a Lava Jato:

> 8. Se a luta contra a Corrupção depende essencialmente do Congresso, é preciso que a sociedade continue atenta aos movimentos dos atuais parlamentares, manifestando-se contra qualquer tentativa de dificultar ou impedir as investigações criminais de pessoas poderosas. Por fim, é crucial que em 2018 cada eleitor escolha cuidadosamente, dentre os diversos setores de nossa sociedade, apenas deputados e senadores com passado limpo, comprome-

> tidos com os valores democráticos e republicanos e que apoiem efetivamente a agenda anticorrupção. Olhando o passado, não podemos descuidar do futuro. (MPF, 2017)

A carta revelou a normalização do alto grau de autonomia jurídica e política dos integrantes do MPF, que expressavam a mediação entre a operação jurídica-policial e o lavajatismo como corrente política-ideológica. Essa mediação materializa-se num discurso de criminalização da política. Para eles, os conflitos sociais resumem-se à luta entre "honestos" e "corruptos", esvaziando as determinações socioeconômicas nos embates e conflitos políticos. Em artigo publicado em 2018, Fábio Kerche e Marjorie Marona identificam as raízes da crescente "politização" e autonomia do MPF, impulsionadas pela OLJ.

Para esses autores, a Constituição de 1988, ao estabelecer a autonomia do Ministério Público, não apresenta qualquer contrapeso de controle desse órgão, seja por meio do Poder Executivo, Legislativo ou Judiciário. Essa autonomia institucional também se soma à autonomia interna operacional entre os procuradores e os chefes do órgão (Kerche; Marona, 2018, p. 74).

Durante os governos petistas, conforme já sinalizamos, essa autonomia corporativa ampliou-se por meio da escolha do primeiro colocado da lista tríplice para a Procuradoria-Geral da República (PGR) e da organização das forças-tarefa, a partir das Câmaras de Coordenação e Revisão (CCRs). Ademais, os mecanismos de poder e ação penal para os promotores foram ampliados. A Constituição determinava uma divisão de tarefas entre os órgãos: a polícia investiga, o Ministério Público acusa e o juiz decide. Paulatinamente, o MPF avançou numa política de monopolização do sistema de Justiça criminal, controlando os processos de investigação e jurisdição, sem qualquer controle externo (Kerche; Marona, 2018, p. 96).

Essa monopolização do sistema penal edificou-se a partir de uma maior participação direta dos procuradores em investigações, assim como do maior leque de poder punitivo e discricionariedade. A Lei das Organizações Criminosas (Lei 12.850/2013) e a falta da regulamentação das delações premiadas criaram um "Cavalo de Troia" na estabilidade institucional brasileira ao dar excessivos poderes aos procuradores. A falta de critérios e de efetividade dos acordos de delação poderiam criar desvios antidemocráticos e atos de corrupção promovidos pelos próprios agentes de Justiça. Trata-se do uso de métodos corruptos em nome da "anticorrupção".

A Polícia Federal é outra instituição protagonista da OLJ. Criado em 1967, durante a ditadura civil-militar, o Departamento de Polícia Federal teve um papel marginal e associado ao Sistema Nacional de Informações (SNI) durante esse período. Na transição democrática, a PF passou por processos de modernização e disputas internas, sem romper com suas origens reacionárias. Nos anos de 1990, polarizou-se uma disputa entre dois grupos: o primeiro, mais próximo dos militares, e o segundo, mais corporativista, para Azevedo e Pilau (2018, p. 105):

> [...] A Polícia Federal não representou uma exceção, de modo que seu "processo de transição não foi menos conservador". Embora com novas atribuições e passando a atuar em um contexto democrático, a Polícia Federal passa a agrupar disputas internas entre a busca dos militares por poder sobre o órgão, representada pelo ex-diretor Romeu Tuma (1985-1992), e a tentativa de outro setor mais corporativista, representado por funcionários de carreira, de afastar a ingerência dos militares e firmar o comando civil. Esse segundo grupo fortaleceu-se somente a partir da gestão de Vicente Chelloti como diretor-geral (1995-1999), o qual era vinculado aos movimentos sindicalistas protagonizados pela Associação Nacional dos Servidores da Polícia Federal (Ansef) e Associação Na-

> cional dos Delegados de Polícia Federal (ADPF), sendo reforçado na gestão de Agílio Monteiro (2001-2003), no governo Fernando Henrique Cardoso, marcada pelo esforço "em ganhar autonomia em relação aos militares e por um processo inicial de modernização da Polícia Federal".

Ademais, conforme demonstra a pesquisa de Priscila Villela (2020), a modernização conservadora da PF foi fortemente influenciada por parcerias e treinamentos junto a órgãos estadunidenses, como o FBI e a DEA. Nessa linha, os princípios das doutrinas da "guerra às drogas" e do "combate à corrupção" são fundamentos dessa modernização que preserva o domínio corporativista no interior da PF.

Conforme já mencionamos, ao longo dos governos petistas, a PF aumentou seu orçamento, número de quadros internos e de operações. O orçamento saltou de menos de 2 bilhões de reais, em 2003, para mais de 5 bilhões em 2016. O número de efetivos também aumentou, de pouco mais de 9 mil profissionais, em 2003, para 14.943 em 2016. No entanto, o maior salto foi no número de operações:

> [...] Quer dizer, além de um maior orçamento, a existência de grandes operações, como a Lava Jato e outras, também propiciam o crescimento no número de investigações realizadas e no cumprimento de mandados de prisão, mandados de busca e apreensão, condução coercitiva, etc. Segundo dados disponibilizados no próprio sítio eletrônico da Polícia Federal, de 2003 e 2005, menos de cem operações foram realizadas por ano, contabilizando 18, 48 e 69, respectivamente. Somente o ano de 2006 já superaria, em quantidade, os três anos anteriores, sendo realizadas 149 operações. O ano de 2014 representa uma guinada em relação ao ano de 2013, sendo 390 para 303 operações. O que não supera o ano de 2015, com 516 operações, seguido de 2016, já sendo contabilizadas 550. [...] (Azevedo; Pilau, 2018, p. 109)

Segundo a dissertação de Carolina Cancian Bajotto (2009), nesses anos, a PF consolidou sua autoimagem como uma "polícia de elite", isto é, responsável pela investigação de crimes complexos, como os de colarinho branco. A OLJ projetou ainda mais esse imaginário com a espetacularização das fases da operação.

Para Azevedo e Pilau (2018, p. 129), a partir dessas ações de espetacularização, aprofundou-se uma tradição conservadora e "inquisitorial" já existente na PF. Seguindo o modelo da "guerra às drogas" e a construção de uma sujeição criminal e de "tipos sociais" criminais vinculados, principalmente, à população jovem, negra e periférica, no caso dos crimes de corrupção, esses tipos sociais criminais estariam associados ao mundo da política e dos políticos.

A política vista como espaço "sujo" e de "corrupção" nada mais é, como já abordamos, que uma ocultação ideológica promovida pelas ideologias anticorrupção imperialistas. Em vez de contextualizar as práticas tidas como corruptas como formas de reprodução social da via de desenvolvimento do capitalismo dependente, essas ideologias fomentam a criminalização de qualquer atividade política e impulsionam ensaios bonapartistas protagonizados por grupos e setores sociais diversos.

Nessa perspectiva, além de as atuações do MPF e da PF ao longo da OLJ terem sido protagonistas para o avanço das investigações e seus métodos, no mínimo, questionáveis, a ação autônoma de seus agentes também contribuiu para o impulso aos fundamentos políticos e ideológicos do lavajatismo.

5.3.3 A OLJ, o lavajatismo e a Rede Globo

Os constantes vazamentos e coberturas das fases da OLJ transformaram-se em grandes espetáculos televisivos, e as cidades brasileiras pareciam sofrer ações de justiceiros, como nas histórias de "Batman e Gotham City". No imaginário popular, Moro foi projetado como um herói, e até figuras grotescas, como o chamado "japonês da Federal", ganharam status de celebridades.

Essa relação entre a OLJ e a grande mídia, em especial a Rede Globo, foi a aliança mais duradoura e orgânica. Por suposto, o lavajatismo alicerçou-se em sua projeção nos veículos de comunicação para se consolidar como uma das principais variantes políticas no Brasil contemporâneo. Entre 2014 e 2016, a OLJ e seus efeitos políticos e ideológicos tornaram-se os grandes aglutinadores de uma ampla unidade de ação antipetista entre diversos segmentos da direita política.

Nessa primeira etapa, a combinação entre vazamentos seletivos, reportagens constantes sobre as operações, políticos suspeitos e a exaltação dos agentes da OLJ, além do apoio institucional das Organizações Globo à campanha do Ministério Público Federal, liderada por Deltan Dallagnol, das "Dez medidas contra a corrupção" foram as principais marcas dessa aliança. Em julho de 2016, por exemplo, Merval Pereira, membro do conselho editorial do conglomerado de mídia e do Instituto Millenium, escreveu uma coluna no jornal *O Globo* sinalizando apoio à aprovação das dez medidas anticorrupção no Congresso Nacional (Pereira, 2016).[129] Os pesquisadores José Feres Júnior, Eduardo Barbabela e Natasha Bachini (2018, p. 221) desenvolveram uma base de dados sobre as reportagens, editoriais, opiniões, chamadas e manchetes sobre a OLJ em alguns dos principais veículos de comunicação do país entre 2014 e 2018: o *Jornal Nacional* da Rede Globo e os jornais *O Globo*, *Folha de S. Paulo* e *Estadão*. Segundo os autores, durante esse período, quase 20% da cobertura total desses veículos foi sobre a Lava Jato.

---

129 Em 2023, Merval Pereira sustentou, sem qualquer prova, que o hacker Walter Delgatti Neto foi contratado pelo *The Intercept Brasil* para enviar os arquivos de conversas entre os procuradores da OLJ e Sergio Moro.

Para esses pesquisadores, a instrumentalização de escândalos políticos de corrupção foi prática constante da grande mídia para beneficiar, direta e indiretamente, a OLJ. Liderada pela Rede Globo, representava um outro patamar de conluio: a grande mídia tentava se projetar como uma força independente do sistema político brasileiro. Essa "independência" residiria numa aliança estratégica com agentes do sistema de Justiça:

> Voltemos então à pergunta fundamental colocada no início deste capítulo: qual o impacto da Lava Jato na grande mídia? Nossa resposta, como ficou claro ao longo do texto, é que não se trata somente de mais um escândalo de corrupção, como tantos outros que a grande mídia brasileira alimentou. A Lava Jato marca um novo paradigma de relacionamento da mídia com a política em nosso país, que começou a se esboçar na cobertura do Mensalão, mas só amadureceu sob a Lava Jato. Esse paradigma se caracteriza por uma maior independência da grande mídia em relação às forças políticas a ela aliadas. No paradigma anterior, estabilizado em torno da competição política entre PT e PSDB, a mídia estava alinhada quase que automaticamente aos tucanos. Uma evidência forte da mudança de paradigma é o fato de que Aécio passou a ter denúncias contra ele estampadas na primeira página dos jornais, ou que mesmo Alckmin tenha finalmente denúncias de corrupção de sua gestão publicadas na grande imprensa. O próprio Temer, bastante blindado depois da posse, foi jogado aos leões pelas mídias do Grupo Globo depois da acusação de Joesley, atitude também adotada pela *Folha*, após alguma hesitação, mas não pelo *Estadão*. (Feres Júnior; Barbabela; Bachini, 2018, p. 225)

As conversas vazadas, através das reportagens do *The Intercept Brasil*, corroboraram com as hipóteses que apontavam para a proximidade entre a OLJ e a grande mídia, em especial a Rede Globo. A Vaza Jato expôs as relações de proximidade de procuradores com jornalistas desse conglomerado, os vazamentos seletivos para o *Jornal Nacional* e até reuniões e encontros entre Deltan Dallagnol, João Roberto Marinho e Merval Pereira. Ademais, as denúncias do *The Intercept Brasil* até sugerem uma espécie de "assessoria de imprensa" informal para os procuradores da Lava Jato.

Sintomático desse caso, o jornalista Vladimir Netto, filho da também jornalista Miriam Leitão, foi autor de uma biografia apologética de Sergio Moro, assim como, de acordo com as mensagens vazadas, parecia ter uma relação de proximidade e intimidade com os procuradores de Curitiba. Não por acaso, a Rede Globo deu pouca visibilidade para as reportagens do *The Intercept Brasil*, assim como, mesmo após a ida de Moro para o governo Bolsonaro, manteve sua aliança com o lavajatismo.

Para a Rede Globo, no início do mandato do ex-capitão, os ministros Moro, Paulo Guedes e os militares representariam "amarras democráticas e liberais" diante das tentações "autoritárias" de Bolsonaro. Entre 2019 e 2020, foi propagada a existência de uma ala "legalista e técnica" versus a ala "ideológica e olavista" no interior do governo. Mesmo após a saída do ex-juiz do governo, por disputas no controle da Polícia Federal, e da divulgação das reportagens da Vaza Jato, Moro foi entrevistado, de maneira positiva, pela emissora no horário nobre de domingo no *Fantástico* (Abritta, 2020).[130]

As Organizações Globo, diante do desenvolvimento produtivo do mercado de *streaming* e de entretenimento no Brasil, passaram a contar com novos tipos de concorrência, inclusive com conglomerados transnacionais, para manter seus privilégios monopolísticos.

---

130 Ainda em 2020, Merval Pereira defendeu uma possível chapa presidencial composta por Sergio Moro e Luciano Huck para enfrentar Bolsonaro e Lula. Para o articulista, seria um erro caracterizar Moro como um político de extrema direita (Teodoro, 2020).

Nos últimos anos, a Globo expandiu suas ações por meio da TV aberta, Globoplay, Som Livre, Globosat e G2C (empresa que comercializa seus canais pagos). Em meio à pandemia, operou uma série de demissões e renegociações contratuais, além disso, parte significativa de seus lucros advém de operações financeiras, principalmente por meio da especulação com relação ao real. Em 2015, em meio à ofensiva lavajatista contra o governo Dilma e o PT, a Rede Globo, segundo o seu balanço financeiro anual, teve quedas em suas receitas de publicidade (aproximadamente 6% em comparação a 2014), mas mesmo assim a empresa ampliou seus lucros em 30% por meio de ações no mercado financeiro e o aumento das taxas de juros.

Uma hipótese plausível, ainda a ser pesquisada e comprovada, refere-se à relação entre esses lucros financeiros e a OLJ. Os vazamentos e o acesso às informações privilegiadas também afetaram a precificação do dólar e os valores de mercado das empresas envolvidas. Nesse sentido, para além da espetacularização e do apoio ao lavajatismo, a OLJ também representou uma janela de oportunidades para alavancar lucros e negócios para o principal conglomerado midiático do país (Sthephanowitz, 2016), além, claro, de revelar o seu apoio político e ideológico ao "ensaio bonarpartista" do lavajatismo.

5.3.4 A relação com entidades patronais

A OLJ fez o que parecia improvável na história brasileira: prender grandes empresários do país. Por mais que a esmagadora maioria dessas prisões tenham sido suavizadas, por meio dos acordos de colaboração premiada, e instrumentalizadas para criminalizar agentes públicos, que seriam os verdadeiros focos da produção de corrupção no Brasil. Segundo as premissas ideoculturais do lavajatismo, a ação da OLJ causou grandes prejuízos e até mesmo remodelou os padrões de negócios, de acumulação e de alianças interburguesas.

Sumariamente, é possível identificar a total instrumentalização da pauta anticorrupção por parte dessas frações, variando de acordo com seus interesses corporativos e políticos imediatos. Ademais, também constatamos a relação de proximidade, não imune a contradições, entre os agentes da OLJ e essas entidades representativas.

Foi, e é, cada vez mais comum esses agentes frequentarem os mesmos espaços políticos e sociais de outros dirigentes das frações burguesas, assim como ministrarem palestras, cursos e seminários organizados ou apoiados por essas entidades. A formação desse *habitus* em comum é vital para se compreender a proximidade do lavajatismo com a agenda contrarreformista e a política econômica de austeridade estrutural adotada no Brasil desde 2015.

A Federação Brasileira de Bancos (Febraban)

Em setembro de 2016, o ex-ministro Antonio Palocci foi preso acusado de receber propinas da Odebrecht. Em janeiro de 2018, Palocci teve a sua primeira colaboração premiada rejeitada pelos procuradores de Curitiba. Curiosamente, nessa delação, Palocci relatava sua relação com grande parte dos principais dirigentes da fração burguesa bancário-financeira. O ex-ministro citou nomes como Joseph Safra (Banco Safra), Pedro Moreira Salles (na época, do Unibanco), Lázaro Brandão e Luiz Carlos Trabuco (Bradesco) para confessar que vazou informações privilegiadas e que "ajudou" esse setor em processos de fusões e aquisições.

Em linhas gerais, a OLJ evitou punir os grandes bancos do país. No máximo, em 2019, três executivos do Banco Paulista e dois gerentes de uma agência do Bradesco no Rio de Janeiro foram presos por lavagem de dinheiro. No geral, a OLJ, ao priorizar sua ofensiva contra o sistema político, não procurou aprofundar investigações sobre o papel dos grandes bancos nas redes de lavagem de dinheiro. Os grandes bancos chegaram a ser multados e notificados por falhas em seus sistemas de segurança e *compliance*.

Decerto, a ofensiva da OLJ contra o governo Dilma foi funcional para os grandes vencerem a batalha contra a "Nova Matriz Econômica". Como já apontamos, enfraquecida e sem base de sustentação, Dilma recuou em sua batalha contra os altos juros cobrados pelos bancos e incorporou, parcialmente, a agenda econômica liderada pela fração bancário-financeira.

Os principais personagens da OLJ, como Moro e Dallagnol, participaram de eventos organizados pela federação dos bancos sobre prevenção à lavagem de dinheiro e sobre *compliance*. Apenas em 2018, Dallagnol, segundo denúncias do portal *The Intercept Brasil*, chegou a arrecadar cerca de 400 mil reais com esse tipo de evento.

As mensagens vazadas, que renderam uma reportagem específica sobre o tema no jornal *El País* (Rossi et al., 2019), sugerem o temor dos procuradores de Curitiba em investigar e processar um setor "grande demais para ser preso". Desde então, a relação entre agentes lavajatistas e a fração bancário-financeira se manteve harmônica, não somente por meio da Febraban.

Por exemplo, entre 2019 e 2020, a XP Investimentos[131] pagou e organizou algumas palestras de Sergio Moro para os seus principais clientes (Jardim, 2020). Em 2021, com a confirmação da filiação político-partidária de Moro e Dallagnol, a Febraban organizou um encontro de ambos com os principais economistas-chefe dos grandes bancos que fazem parte da federação.

---

[131] A XP Investimentos Corretora de Câmbio, Títulos e Valores Mobiliários S.A. é uma das maiores corretoras de valores independentes do Brasil.

A Federação das Indústrias do Estado de São Paulo (Fiesp)

A Federação das Indústrias de São Paulo (Fiesp) foi a entidade patronal com maior visibilidade e posicionamentos políticos diretos na história recente brasileira. Como já destacamos, a Fiesp foi protagonista na organização dos protestos de rua favoráveis à OLJ e ao impeachment da presidenta Dilma. Além disso, enquanto boa parte das frações burguesas ainda não se posicionavam enfaticamente pró-impeachment até fins de 2015, a Fiesp foi uma das primeiras entre as grandes entidades patronais a apostar no caminho do impedimento da ex-presidenta.

Diante do cenário de desindustrialização, transnacionalização periférica e oligopolização da economia brasileira, é plausível apontar algo que merece o aprofundamento de novas pesquisas: a Fiesp também vive um contexto de reestruturação de sua representatividade diante das metamorfoses nos padrões de acumulação e reprodução social da burguesia brasileira.

Mais que uma porta-voz de um setor influente e estabelecido no bloco de poder, a Fiesp destaca-se como uma entidade corporativa que versa por reivindicar uma série de pautas imediatas em prol de amplos setores entre os industriais: isenções fiscais, supressão de direitos trabalhistas, barateamento da força de trabalho etc. Desde a década de 2010, ao abandonar a "coalização neodesenvolvimentista" e seu apoio à "Nova Matriz Econômica", a entidade tem posicionamentos conjunturais descolados de qualquer projeto estratégico conservador e/ou reacionário.

Nesse sentido, a Fiesp adotou posições oportunistas sobre a OLJ. Entre 2014 e 2017, a federação era uma entusiasta da operação que estava desbaratando o "maior esquema de corrupção do país". Além da organização de manifestações (Borges, 2016), a entidade chegou a desenvolver estudos sobre como a corrupção era nociva para os negócios no Brasil e incentivou a introdução de programas de *compliance* nas empresas (Soares, 2017).

No entanto, diante da ofensiva bonapartista e principalmente das investigações contra agentes do primeiro escalão do governo Temer, a Fiesp, entusiasta das contrarreformas propostas pela Ponte para o Futuro, passou a não mais expressar seu apoio direto à operação (Venceslau; Weterman; Ítalo, 2017). Ademais, o então presidente da entidade, Paulo Skaf, ainda em 2017, estava sendo investigado por corrupção a partir da delação de executivos da Odebrecht (*Estadão Conteúdo*, 2017).

Em 2019, o então ministro Sergio Moro proferiu uma palestra sobre combate à corrupção para a diretoria ampliada da entidade. Segundo o ex-juiz, a corrupção aumentava o "custo Brasil". Skaf, no evento, declarou seu apoio às ações de Moro como ministro da Justiça. Em 2020, o ministro viajou com dirigentes da Fiesp, da Globo e da Microsoft para os Estados Unidos, oficialmente, com a justificativa de verificar como funcionava o modelo estadunidense de combate a crimes cibernéticos (*Revista Fórum*, 2020).

Essa proximidade de Moro com Skaf (Pauluze, 2019), teoricamente um suspeito de corrupção pela OLJ, gerou alguns desconfortos no Ministério Público Federal. Contudo, desse foi um exemplo didático da concepção de combate à corrupção lavajatista: o Estado e os entes públicos são os principais produtores de corrupção no Brasil; os empresários, mesmo aqueles que cometem atos ilícitos, são praticamente "forçados" a seguir esse roteiro.

A Confederação Nacional da Indústria (CNI)

Entre as associações patronais representativas aqui mencionadas, a CNI foi a que expressou publicamente maior preocupação com os rumos da OLJ. Entre os principais contribuintes da confederação estavam grande parte das empreiteiras investigadas pela Lava Jato. Ainda em fins de 2014, Robson Andrade, então presidente da entidade, defendeu que a corrupção praticada pelas grandes empresas da construção civil seria algo pontual (*Estadão Conteúdo*, 2014).

À época, embora reconhecesse as virtudes da OLJ em fomentar a "luta contra a corrupção e a transparência", Andrade declarava-se preocupado com o impacto da operação na economia nacional (Simão; Marchesini, 2014).

Em 2015, ano em que a operação implodiu as cadeias produtivas nacionais nos ramos da construção civil, indústria naval, petróleo e gás, a CNI tentou incidir no debate sobre a regulamentação da Lei Anticorrupção a fim de proteger as atividades das empresas privadas e de aperfeiçoar alguns mecanismos que pudessem amenizar penas contra as empresas, como a instalação de programas de *compliance* e uma melhor aplicação dos acordos de leniência.

Apesar dessa preocupação também ter sido compartilhada por setores de esquerda e dos movimentos populares, a verdade é que nenhum dos conglomerados nacionais da construção civil estava interessado em qualquer saída para proteger as cadeias produtivas nacionais e os empregos. A pressão lavajatista, a conjuntura política instável e a frente social e política das frações burguesas em torno da Ponte para o Futuro pressionaram ainda mais os conselhos de administração dessas empresas a adotarem políticas de cooperação com a OLJ e a "salvar-se como podiam".

No atual contexto de financeirização e hegemonia neoliberal, muitas vezes os conselhos de administração, mesmo de empresas não financeiras, estão mais preocupados com o valor de mercado, lucros imediatos e pagamentos de dividendos para os acionistas do que com qualquer debate estratégico sobre a atuação dos conglomerados.

As mudanças no Conselho de Administração da Odebrecht, após a OLJ, revelam essa preocupação. Em todo o conselho, mantiveram-se apenas dois membros ligados diretamente à família Odebrecht e foi aprovada a entrada de novos membros com vasta experiência na gestão de multinacionais e grandes empresas, assim como no mercado financeiro (D'Ercole, 2018).

Nesse sentido, é possível que as ponderações de Robson Braga de Andrade, ex-presidente da CNI, tenham tido pouca base de apoio e de sustentação entre os dirigentes dos grandes conglomerados da construção civil envolvidos em casos de corrupção. Mais do que propriamente uma defesa da "economia nacional", uma das características da CNI é a sua coordenação no lobby junto às bancadas empresariais no Congresso Nacional. A entidade possui um Conselho de Assuntos Legislativos (Coal), que monitora todos os projetos em tramitação no Congresso Nacional.

A bancada empresarial, contando com entre 250 e 280 parlamentares, também possuía suas contradições com as investigações da OLJ. Mesmo assim, em 2016, a CNI foi uma das últimas entidades patronais a se posicionar favorável ao impeachment da presidenta Dilma (Leitão, 2016). Naquele momento, a entidade priorizava a aprovação dos projetos de exclusão da obrigatoriedade de participação mínima da Petrobras na exploração de petróleo em áreas do pré-sal (PLS 131/2015), novas regras para o licenciamento ambiental (PL 3.729/2004) e regulamentação da terceirização (PLC 30/2015) (Maciel, 2016).

Em dezembro de 2016, Andrade manifestou, mais uma vez, sua preocupação com os impactos econômicos da OLJ. Um pouco mais de dois anos depois, em fevereiro de 2019, o presidente da CNI foi preso na Operação Fantoche por suspeita de corrupção em entidades do Sistema S (Coutinho; Meireles; Bomfim, 2019). O Ministério Público Federal conseguiu afastar Andrade da presidência da entidade. No entanto, após o enfraquecimento das operações ligadas à OLJ, Andrade conseguiu regressar para CNI e prolongar seu mandato até 2023 (Goulart, 2021).

A Confederação Nacional da Agricultura e Pecuária do Brasil (CNA)

A CNA é uma das principais entidades patronais do agronegócio brasileiro, assim como uma das principais financiadoras e organizadoras da poderosa "bancada ruralista" no Congresso Nacional. Em 2016, essa bancada já contava com mais de duzentos parlamentares; após as eleições de 2018, a bancada cresceu, chegando a 257 deputados (Cogresso em Foco, 2019). Durante os anos Dilma, a entidade, sob comando da senadora Kátia Abreu, aproximou-se do governo. Abreu, inclusive, chegou a ocupar o Ministério da Agricultura, Pecuária e Abastecimento na gestão Rousseff.

No entanto, a política, impulsionada pelos governos petistas, de fomento a oligopolização da indústria de commodities gerava contradições entre os novos megaempreendimentos transnacionais e os grandes produtores rurais. A JBS, por exemplo, tornou-se o maior produtor de proteína animal do mundo e o segundo maior produtor de alimentos. Essa condição monopolística possibilitou ao conglomerado estabelecer uma relação de preços mais baixos junto aos seus produtores. Ou seja, o processo de oligopolização gerava contradições e conflitos no interior das cadeias produtivas do agronegócio brasileiro (Ferreira, 2017).

Essas contradições se expressaram nos posicionamentos públicos da CNA. Sobre o impeachment, a entidade foi tomada por uma luta interna entre a presidenta licenciada, Kátia Abreu, e um dos seus vices, José Mário Schreiner. Abreu era contrária ao impedimento da presidenta Dilma, por sua vez, a maioria da CNA entendia que a ex-presidenta tinha perdido legitimidade para liderar as "reformas econômicas necessárias para a retomada do crescimento".

Nesse cenário, a CNA, em abril de 2016, emitiu seu posicionamento oficial favorável ao impeachment de Dilma (CNA, 2016a) e, em 2017, elegeu um novo presidente para a entidade, João

Martins. Sobre a OLJ, publicamente a CNA apoiou a operação sem, no entanto, deixar de ter contradições. Em dezembro de 2016, por exemplo, no âmbito das discussões sobre o projeto das "Dez medidas contra a corrupção" do MPF, a CNA apoiou a atitude dos parlamentares ruralistas[132] de incluir no projeto a questão do "abuso de autoridade" (CNA, 2016b). Segundo a nota da CNA, entidade:

> Defende a operação Lava Jato por tudo que ela representa na luta contra a corrupção no Estado brasileiro e pela coragem cívica que demonstra ao enfrentar políticos e empresários poderosos que nunca antes haviam sido alcançados pelos braços da Justiça.
>
> Os deputados da Frente da Agropecuária, que se posicionaram favoravelmente à Lei do Abuso da Autoridade e contra algumas das chamadas Medidas de Combate à Corrupção, propostas por membros do Ministério Público, têm suas justificativas. Nosso setor tem sido sempre alvo de ações desmedidas, que muitas vezes inviabilizam as atividades agrícolas e pecuárias no País [...].

No bojo do "ensaio bonapartista" lavajatista, por meio do cerco e da utilização da colaboração premiada de Joesley Batista, um dos donos da JBS, a CNA apoiou a operação Carne Fraca, que desmantelou um esquema ilegal, entre frigoríferos e fiscais governamentais, de venda de carne em condições sanitárias suspeitas para o consumidor (CNA, 2017a). Após o escândalo da delação de Joesley Batista, a CNA atuou junto ao BNDES para normalizar a governança do conglomerado para evitar uma grande crise no setor (CNA, 2017b).

---

132 Importante destacar que uma parte significativa desses parlamentares eram ameaçados por denúncias e investigações da OLJ. Segundo levantamentos de 2015, os ruralistas formavam a bancada congressual que mais tinha investigados na OLJ (Souza, 2015).

Em dezembro de 2017, o então ministro da Agricultura do governo Temer, Blairo Maggi, em conjunto com a CNA, lançou a campanha Pacto pela Integridade, que representava o compromisso na implementação de políticas internas, procedimentos e regras anticorrupção. Também criou um selo e a premiação "Agro+Integridade" a ser entregue para empresas do agronegócio com boas práticas de governabilidade, transparência e responsabilidade social.

A premiação passou a ocorrer no dia 18 de outubro, Dia da Agricultura, em 2018. Essas iniciativas foram continuadas no governo Bolsonaro pela ministra Tereza Cristina (Agricultura) e por Sergio Moro (Justiça). A relação entre Moro, o agronegócio e a bancada ruralista foi harmônica durante sua estadia ministerial. Sua saída do governo Bolsonaro, por exemplo, foi lamentada pelos líderes dessa bancada (Bassi, 2020).

Os vínculos entre a OLJ e os agentes do imperialismo estadunidense

O tema da relação entre combate à corrupção e o tardoimperialismo, sobretudo o estadunidense, já foi desenvolvido anteriormente por meio do estudo da importação de legislações extraterritoriais e de princípios deontológicos, criados especialmente nos Estados Unidos (imperialismo legal), da propagação de ideologias imperiais da anticorrupção sob roupagem acadêmica e da ação organizadora/educadora de diversos *think tanks* liberais e neoconservadores.

Os materiais jornalísticos de denúncia das relações promíscuas entre agentes da OLJ e autoridades dos Estados Unidos contribuem para comprovar nosso mapeamento das formas de atuação do imperialismo estadunidense por meio da tríade: imperialismo legal, propagação de ideologias imperiais sob aparência científica e o aprofundamento da ocidentalização periférica nos processos de modernização conservadora em países dependentes.

Reconhecer os vínculos entre esses agentes não significa reduzirmos nossa pesquisa a conclusões simplistas. Para além de conspirações, o imperialismo, como a economia política da dominação capitalista no mercado mundial, em sua época neoliberal, é parte orgânica dos padrões de acumulação e reprodução sociopolítica na periferia. Nesse sentido, Moro, Dallagnol, Janot e outros, mais do que "agentes imperiais", são produtos de uma radicalização da subalternidade de uma dada forma jurídica-política periférica.

Conforme já mencionamos, os Estados Unidos transformaram o tema da anticorrupção como um dos seus pilares para combater o terrorismo e preservar sua segurança nacional. Nesse contexto, a embaixada dos Estados Unidos no Brasil desenvolveu uma série de cursos, seminários e políticas que visavam a aproximação com autoridades policiais e jurídicas brasileiras. Esses espaços também funcionavam para a criação de vínculos informais entre as autoridades dos dois países.

Por meio desses vínculos formais e informais, ocorria uma intensa troca de informações. Os Estados Unidos, conforme sabido, possuem o maior sistema de vigilância do mundo. Antes da OLJ, através do vazamento da WikiLeaks, foi descoberta a espionagem estadunidense de autoridades brasileiras e da própria Petrobras. A reportagem elaborada por Gaspard Estrada e Nicolas Bourcier, publicada no jornal francês *Le Monde Diplomatique*, sugeriu uma relação duradoura entre o ex-juiz Sergio Moro e autoridades dos Estados Unidos, inclusive influindo no início da eclosão da Lava Jato.

Segundo Estrada e Bourcier (2021), desde o fim do caso "Banestado", a embaixada dos Estados Unidos no Brasil empenhou-se em criar uma rede de juristas simpáticos e de especialistas alinhados com os ditames jurídicos dos Estados Unidos para serem replicados no Brasil. Em 2008, a embaixada nomeou Karine Moreno-Taxman, procuradora especializada na luta contra a lavagem de dinheiro e o terrorismo, como assessora para assuntos jurídicos. Coincidência ou não, esse também é o período da descoberta e desenvolvimento da exploração de petróleo da camada do pré-sal pela Petrobras.

Moreno-Taxman foi responsável pela organização do Projeto Pontes, que estruturou cursos de formação para agentes brasileiros se apropriarem dos métodos de trabalho dos Estados Unidos (forças-tarefas anticorrupção), da doutrina jurídica, bem como da sua vontade de partilhar informação de maneira "informal", isto é, fora dos tratados bilaterais de cooperação judiciária. Em 2009, Moreno-Taxman foi uma das palestrantes para falar sobre "impunidade" no Congresso Anual de Delegados Federais (*Diário do Nordeste*, 2009).

Para Estrada e Bourcier (2021), além dos treinamentos e parcerias formais e informais, a aprovação da Lei Anticorrupção (12.846/2013) e da Lei das Organizações Criminosas (12.850/2013) apresentou uma janela de oportunidades para o amoldamento da jurisdição brasileira aos interesses comerciais e de segurança nacional dos Estados Unidos. Em 2013, por ocasião da Conferência da FCPA, encontro anual de personalidades do mundo jurídico americano, o procurador-geral adjunto do DOJ, James Cole, anunciou que o chefe da unidade da FCPA dos Estados Unidos faria uma viagem ao Brasil em seguida, com o objetivo de "treinar promotores brasileiros" no uso da lei.

Alguns meses depois, no primeiro semestre de 2014, a OLJ realiza suas primeiras fases públicas. A hipótese de que a operação foi uma criação dos Estados Unidos parece-nos exagerada; no entanto é inegável que existem fortes indícios da colaboração formal e informal de autoridades estadunidenses em suas investigações e encaminhamentos.

Além dos vínculos com agentes jurídicos da embaixada dos Estados Unidos, por meio da internacionalização acadêmica, diversos juízes, procuradores e delegados federais foram formados e convencidos de utilizar o "modelo estadunidense de combate à corrupção" como o grande exemplo a ser seguido. Essa internacionalização não se deu apenas por contatos entre universidades e órgãos governamentais, mas também através de eventos promovidos por uma série de *think tanks* imperiais.

Mais do que meros "agentes imperialistas", a referência ideocultural aos modelos criados por ideologias imperialistas fazem parte do *habitus* dos agentes da OLJ. Moro recebeu em Nova York o prêmio Milton Friedman pela Liberdade, dado pelo Cato Institute, e frequentemente participou de eventos de outros *think tanks* liberais imperiais, como o Conselho das Américas e o Wilson Center. Dallagnol foi também homenageado pelo Acton Institute, entidade neoconservadora e religiosa; já Janot exibe em seu currículo a participação como membro do Conselho Atlântico. Esses são apenas exemplos de uma relação social que reproduz a organicidade entre o tardoimperialismo e agentes de Estados capitalistas periféricos.

No entanto, a OLJ possui singularidades nesses vínculos que vão além da importação jurídica e da referência ideocultural. Durante a operação, principalmente por meio da cooperação internacional formal e informal, formou-se um verdadeiro conluio entre autoridades brasileiras e estadunidenses no rumo das investigações, com acordos de delação, de leniência e em outras punições.

Em 2020, a reportagem, assinada por Natália Viana e Rafael Neves e reproduzida nos portais da Agência Pública e do *The Intercept Brasil* (Viana; Neves, 2020), denunciou a participação direta do FBI na OLJ, principalmente por meio do núcleo de Curitiba. Viana e Neves narraram a atuação da agente especial do FBI Leslie R. Backschies, que esteve rotineiramente no Brasil, desde 2012, realizando treinamentos, junto às polícias brasileiras, contra o terrorismo.

Posteriormente, Leslie, como era chamada carinhosamente pelos procuradores da OLJ, especializou-se na FCPA e, em 2014, foi designada pelo FBI para acompanhar as investigações da OLJ. Segundo o vazamento de mensagens obtido pelo *The Intercept Brasil*, o relacionamento de Leslie e os agentes da OLJ era próximo e rotineiro. Informalmente, inclusive, agentes estadunidenses tiraram fotos de apoio à campanha Dez Medidas contra a Corrupção, encabeçada pelo MPF.

Segundo a denúncia da Agência Pública, além de Leslie, outros doze agentes do FBI atuaram junto à OLJ. Grande parte dessa atuação foi realizada de maneira informal, por fora dos acordos de cooperação internacional que deveriam ser intermediados pelo Ministério da Justiça e a PGR. Em 2016, Leslie e outros agentes do FBI ministraram um curso para o MPF sobre a FCPA (MPF, 2016).

O trabalho do FBI junto à OLJ era acompanhado também pelo Departamento de Justiça dos Estados Unidos (DOJ), através de reuniões quinzenais sobre os avanços nas investigações. O interesse estadunidense era coibir o avanço e a internacionalização de empresas brasileiras, como a Petrobras, a Embraer e a Odebrecht.

Posteriormente, Leslie R. Backschies foi promovida a uma das chefes de um dos esquadrões internacionais anticorrupção do FBI, sediado em Miami. Em suas palavras, o objetivo é transformar o modelo da OLJ em uma referência para países periféricos, em especial latino-americanos, combaterem a corrupção aos moldes da jurisdição estadunidense (Balsamo; Tucker, 2019).

Embora a OLJ, enquanto operação jurídica e policial, tenha entrado em declínio, as bases institucionais e políticas para a livre intervenção e cooperação formal e informal com autoridades do imperialismo legal estadunidense sequer foram questionadas na história recente do Brasil.

Esses vínculos ainda são tratados como meras "teorias da conspiração". Portanto, em se tratando da corrupção como um tema estratégico na segurança nacional dos Estados Unidos, podemos apontar que a experiência da OLJ foi apenas um primeiro grande modelo de intervenção do imperialismo legal na América do Sul, que ainda pode maturar e reaparecer com outras formas e roupagens.

5.4 A OLJ na economia política do imperialismo tardio

No presente item, focamos na relação funcional entre os impactos socioeconômicos da "maior operação anticorrupção da história brasileira" com a maior subordinação da economia brasileira aos centros imperialistas, sobretudo estadunidense. Conforme já sinalizamos, esse processo foi definido por uma série de mudanças políticas e institucionais. Nesse sentido, dividimos esta apresentação nas seguintes partes: 1) A economia política do tardoimperialismo; 2) A criminalização das políticas de conteúdo nacional e o ataque ao setor mais proeminente da retomada industrial brasileira; 3) O aumento do exército industrial de reserva e da deflação da renda dos trabalhadores como política do Estado capitalista periférico; e por fim 4) A recomposição nas taxas de lucro da grande burguesia brasileira.

5.4.1 A economia política do imperialismo tardio

Conforme Harry Magdoff (1978) definiu, "o imperialismo não é uma matéria de escolha para a sociedade capitalista, ele é o meio de vida dessa sociedade". Nesse sentido, na presente época do capitalismo neoliberal, sob a domínio da globalização produtiva e financeira, podemos afirmar que alguns elementos indicados pelos autores do imperialismo clássico, ao invés de se extinguirem, potencializaram-se como jamais visto na história.

O pensador egípcio Samir Amin, ao longo de sua extensa trajetória intelectual, procurou apontar os traços de continuidade e de renovação do fenômeno do imperialismo no capitalismo contemporâneo. A expansão do mercado mundial capitalista pressupõe também o aumento das desigualdades não somente sociais, mas regionais e entre os países. Segundo Amin (2005), a exportação, a concentração e a centralização de capitais ainda são a tônica num capitalismo realmente "globalizado", assim como o domínio do capital financeiro, o fenômeno da financeirização e a hegemonia das oligarquias financeiras – como fração dominante da classe capitalista –, por meio dos detentores de capitais portadores de juros e fictícios seriam alguns dos principais traços de continuidade/expansão de tendências já assinaladas por Hilferding, Bukharin e Lênin, por exemplo.

Ademais, a ascensão do capitalismo monopolista não significa o fim da concorrência intercapitalista; pelo contrário, é a intensificação da concorrência intermonopólica, ou seja, uma mudança de qualidade das contradições intercapitalistas nessa etapa, que se concentram, ao menos no plano interno, muito mais entre setores monopolísticos e não monopolísticos do que na clássica divisão por setores econômicos da burguesia.

A expansão do capitalismo monopolista e todo o seu complexo autocontraditório, conforme Baran e Sweezy (1974) já haviam identificado, geraram uma reconfiguração do sistema imperialista, em especial após a Segunda Guerra Mundial. Essas mudanças, aliás, retroalimentam-se e articulam-se. A emergência da dominância financeira e da "mundialização da lei do valor" ocorreram também por meio de mudanças políticas e de reorganização do aparelho de Estado no centro imperialista e na periferia.

Essas mudanças fortaleceram uma nova contradição do desenvolvimento capitalista de nosso tempo: se por um lado há uma total liberdade para os capitais no mundo, devido à "globalização produtiva e financeira", por outro os mercados de trabalho são gestados e limitados pela ação estatal. Fenômeno bem estudado por John Smith (2010; 2015), que o chamou de uma "arbitragem laboral global" (*global labour arbitrage*), que regula e nivela (por baixo) a exploração da força de trabalho por meio de taxas de exploração diferentes.

A "arbitragem laboral global" seria a base socioeconômica do tardoimperialismo. Sumariamente, para autores como John Smith, Intan Suwandi e Samir Amin, a globalização das cadeias produtivas se efetiva através da "desigualdade" na exploração da força de trabalho no mundo (Fernandes, 2021).

Utsa e Prabhat Patnaik (2017) defendem que os "países metropolitanos" dependem de uma série de produtos tropicais, não produzidos a contento nos países centrais, para a cesta básica dos seus trabalhadores. Esses produtos tropicais sofrem um aumento crescente da oferta, e, nesse sentido, o imperialismo atuaria, principalmente, mediante a redução do preço de oferta desses produtos primários, da deflação da renda dos trabalhadores da periferia e da hierarquização das moedas em prol dos países imperialistas.

Outro mecanismo estrutural imperialista é a deflação da renda dos trabalhadores por meio de políticas de austeridade e a conversão dos Estados nacionais em protetorados do grande capital financeiro. A deflação da renda e a formação de uma reserva mundial de trabalho para os países metropolitanos acabam por ocasionar a explosão de verdadeiros bolsões de fome e miséria nos países periféricos. Apesar de reconhecerem melhorias no padrão de vida das pessoas devido à grande disponibilidade de novos medicamentos que salvam vidas e uma maior conscientização sobre questões de higiene e saúde que reduziram as taxas de mortalidade e aumentaram a expectativa de vida, os autores sustentam que houve uma redução na disponibilidade *per capita* de alimentos e constroem uma crítica da economia política da fome.

A hierarquização monetária das moedas nacionais é vital para a estabilidade da acumulação ampliada de capital nos países imperialistas, segundo os autores. O "valor do dinheiro" se relaciona com a própria ascensão da hegemonia do dólar desvinculado do padrão-ouro depois de 1971. O dólar, para se tornar soberano no sistema monetário internacional, depende de uma série de pré-condições para gozar de estabilidade e segurança junto às classes capitalistas. Uma delas é que o valor da força de trabalho estadunidense, em termos da sua divisa, tem que ser relativamente estável (o que exclui uma inflação significativa, quanto mais uma inflação acelerada no seu próprio território); e, relacionado com isso, o valor das importações cruciais que entram no custo de salários e dos materiais também tem que ser relativamente estável.

Samir Amin (2005; 2011) sustentou que o sistema imperialista, após 1945, se ampara a partir da defesa econômica, política e militar da "mundialização da lei do valor" e da condição monopolística do domínio dos fluxos financeiros e monetários, das fronteiras tecnológicas, do acesso aos recursos naturais do planeta, dos meios de comunicação e das armas de destruição em massa. Por sua vez, Foster (2019) define o imperialismo tardio como o imperialismo da época madura do capitalismo, caracterizado pela globalização produtiva e financeira e pela necessidade de valorização de capitais excedentes sobreacumulados por meio de maiores taxas de exploração e expropriação, em especial dos trabalhadores do Sul Global. Em linhas gerais, buscaremos relacionar esses fundamentos da economia política do tardoimperialismo com os efeitos socioeconômicos da OLJ.

5.4.2 A OLJ e a criminalização das políticas industriais de conteúdo nacional no Brasil

Os antecedentes da Operação Lava Jato denotam um cenário de fortalecimento da Petrobras, que a alçou à condição de instrumento da política de desenvolvimento industrial nos governos Lula e Dilma, não somente pelo aumento substancial do seu volume de investimento, mas, somado a isso, pela ampliação e fortalecimento da Política de Conteúdo Nacional, que consolidou importantes elos da cadeia produtiva do petróleo e gás que outrora estavam operando fora do território nacional.

O aumento da capacidade de investimentos diretos e na produção de ciência e tecnologia contribuíram para a descoberta do pré-sal em 2007. A exploração de petróleo na camada pré-sal, a partir da tecnologia desenvolvida pela empresa brasileira, transformou o Brasil num dos maiores produtores de petróleo do mundo. Além disso, diferentemente de outros produtores, o Brasil teria capacidade industrial e tecnocientífica de desenvolver em seu território as cadeias produtivas de refino e de bens de capital ligadas ao setor de Petróleo e Gás (P & G).

À época, diante do desgaste da guerra do Iraque para os Estados Unidos, a defesa do "nacionalismo energético" (Pinto, 2020a) ganhou terreno no Brasil. Segundo Pinto (2020, p. 150), a estratégia do "nacionalismo energético" apoiava-se em três objetivos: 1) Ampliar a parcela do excedente econômico, gerado no pré-sal, para o financiamento de gastos sociais (Fundo Social); 2) Expandir a produção nacional de bens e serviços industriais destinados ao processo de exploração e produção do petróleo, aumentando os *spillovers* e o encadeamento produtivo na cadeia de fornecedores nacionais; e 3) Ampliar os investimentos da Petrobras, buscando, ao mesmo tempo, expandir a capacidade produtiva da empresa na produção de petróleo e no refino de derivados e dinamizar a economia brasileira, gerando emprego e renda.

Segundo Furno (2020, p. 187), o modelo de partilha seria uma "estatização moderada" da exploração do pré-sal. A política de ampliação dos investimentos, a ampliação da integração vertical da empresa e o fomento à política de conteúdo local por meio de grandes compras da Petrobras, no entanto, ligou um alerta nos interesses do capital transnacional, assim como na política imperial dos Estados Unidos para a América Latina. Nesse mesmo período, num contexto de ascensão de governos populares e de centro-esquerda e na reativação de diversos tipos e graus de radicalidade do "nacionalismo energético e de recursos naturais" no continente, os Estados Unidos reativaram a IV Frota.[133]

William Nozaki (2021, p. 30), ao citar William Rockefeller, aponta que a concorrência no mercado de petróleo é um exercício de "guerra e paz". Infelizmente, o governo petista, rodeado de mitos liberais, não se preparou para a reação de concorrentes poderosos diante do avanço da empresa brasileira. No espectro do campo de esquerda e progressista brasileiro, as teorias da globalização e "inserção negociada" tomaram o lugar da necessária renovação da teoria do imperialismo e das lutas anti-imperialistas.

As condições objetivas e subjetivas para a deflagração da Operação Lava Jato e seu objetivo, no campo econômico, de reversão do "nacionalismo energético dos recursos naturais" e retomada de um mercado cativo aos investimentos transnacionais, encontraram no ano de 2014 uma "tempestade perfeita". Em primeiro lugar, há uma abrupta queda no preço do barril do petróleo no mercado internacional, que saiu de 130 dólares em 2008 para 50 dólares em 2014. Com isso o preço de mercado da empresa sofre uma dura queda, uma vez que uma empresa de petróleo está precificada, em grande medida, no preço da sua principal mercadoria de referência.

---

133 A Quarta Frota dos Estados Unidos é uma frota numerada da Marinha dos Estados Unidos. É o Comando de Componente Naval do Comando Sul dos Estados Unidos (USSouthcom – U.S. Southern Command). A Quarta Frota está sediada na Estação Naval de Mayport em Jacksonville, Flórida. É responsável pelos navios, aviões e submarinos da Marinha dos Estados Unidos que operam no Mar do Caribe e nos oceanos Atlântico e Pacífico ao redor da América do Sul e Central.

O segundo elemento foi o choque cambial, no ano de 2015, com a abrupta desvalorização do real. A Petrobras – como qualquer grande empresa petrolífera – se financia no mercado externo. Dessa forma, o endividamento da empresa, que já era elevado em função dos altos recursos que demandaram as descobertas e a operacionalização das áreas do pré-sal, foi – em termos reais – triplicado, embora o dólar tenha permanecido o mesmo. A taxa de câmbio também afetou o acumulado do patrimônio líquido da empresa. Ou seja, criou-se – com ajuda do espetáculo jurídico e midiático – a narrativa de que a corrupção havia "quebrado a empresa", demonstrado pela perda de valor de mercado, e que a "farra dos gastos" logrou um brutal endividamento da empresa, que só voltaria a ser solvente com a venda de ativos fixos e um processo de desinvestimento.

Sob a justificativa da corrupção, a Petrobras elaborou um novo plano de negócios em 2016, cortando em 25% o seu investimento; além de explicitar a motivação de se desfazer de ativos fixos, como a Liquigás e a BR distribuidora; reduziu seu capital na Braskem, saindo da petroquímica, e se retirou da área de biocombustíveis e fertilizantes. Tudo isso amparado nesse mito. Além disso, a Petrobras – constrangida por esse espetáculo da moralidade seletiva – anunciou uma lista de 29 empresas que foram impedidas de participar de licitações de obras públicas. No entanto, nesse universo estão a quase totalidade das empresas de infraestrutura, construção e engenharias brasileiras.

Não somente o setor de petróleo e gás era liderado por uma grande empresa estatal, carro-chefe do modelo de desenvolvimento dos governos petistas, como a política de conteúdo local e de outras modalidades de apoio estatal estavam produzindo uma rede de empresas fornecedoras altamente competitivas, disputando não somente a hegemonia no mercado brasileiro e na América Latina quanto no próprio coração do capitalismo imperialista.

Os escândalos de corrupção denunciados pela OLJ, mais do que gerar uma crise reputacional da Petrobras, ocasionaram a criminalização da política de conteúdo nacional, industrial e de investimentos da estatal. Em 2014, a empresa estimou 6,2 bilhões de reais de prejuízos com corrupção. Embora seja uma cifra altamente significativa, o lucro bruto da empresa foi de 80,4 bilhões, ou seja, os problemas com corrupção atingiram cerca de 8% do lucro da empresa. Em 2015, o lucro bruto subiu para 98,5 bilhões e as perdas com a OLJ foram orçadas em 230 milhões de reais (0,23% do lucro total) (Petrobras, 2016). Mesmo assim, o discurso lavajatista era de que a corrupção do PT tinha "quebrado a Petrobras".

O impacto entre os conglomerados nacionais da construção civil foi avassalador, em especial, no volume das demissões no setor. Entre 2014 e 2019, a Odebrecht teve uma queda na receita bruta de 107 bilhões de reais para 78 bilhões, o número de funcionários da empresa caiu de 168 mil para 35 mil. A empresa também deixou de operar em treze países, passando de 27 para catorze. A Queiroz Galvão, entre 2014 e 2018, teve seu total de ativos financeiros diminuindo de 15,3 bilhões de reais para 2,9 bilhões. A OAS declinou de 1,69 bilhão para 368 milhões de ativos financeiros. A Camargo Corrêa e a Andrade Gutierrez passaram de 3,31 e 5,3 bilhões para 2,27 e 1,91 bilhões de reais em ativos financeiros, respectivamente. Dados coletados do periódico *Valor Econômico* por De Paula e Moura revelam que, entre 2014 e 2018, as grandes empreiteiras brasileiras encolheram 85% em termos de receitas líquidas (De Paula; Moura, 2021, p. 128).

Essa especialização produtiva da nova estratégia da empresa consolidou-se num novo arranjo institucional, após o golpe parlamentar de 2016. Em 29 de novembro do mesmo ano, aprovou-se no Congresso Nacional a Lei 13.365, um novo marco regulatório do pré-sal. Essa lei retirou a Petrobras como operadora única do pré-sal, abrindo espaço para as transnacionais estrangeiras do setor.

A nova política de preços, atrelada ao mercado internacional e a financeirização na administração da empresa, também influenciou, por ser hegemonizada pelos interesses dos acionistas, em grande parte estrangeiros, da Petrobras (Campos, 2019; Nozaki, 2021; De Paula; Moura, 2021).

Com a decisão estratégica de exportar petróleo cru para o mercado internacional, para ser refinado fora e reimportado processado em combustível, as refinarias brasileiras ou foram vendidas, ou estão ociosas. A precificação, nessa nova política, em paridade com o mercado internacional e mais uma margem que seria praticada para remunerar riscos inerentes à operação (volatilidade da taxa de câmbio e dos preços sobre estadias em portos e lucro, além de tributos) resultaram em grandes lucros imediatos para os acionistas, aumento no preço dos combustíveis para os consumidores e espiral inflacionária para a população brasileira.

O último pilar é a crescente financeirização da Petrobras, aprofundada durante o governo Bolsonaro. Segundo Eduardo Costa Pinto, ao analisar o Plano de Negócios e Gestão 2017-2021 da empresa, em consonância com a estratégia de desalavancagem financeira e desarticulação da integração verticalizada a Petrobras, após a OLJ e o golpe de 2016, foi priorizado o pagamento adiantado de suas dívidas a instituições nacionais e internacionais.

Mesmo reduzindo os juros no curto prazo, a empresa brasileira continua a emitir novos títulos no mercado financeiro. Ademais, para o economista, existe uma articulação de interesses entre as instituições credoras internacionais e transnacionais petroleiras concorrentes por meio da influência em diferentes conselhos de administração cruzados, como, por exemplo, a JP Morgan Chase & CO e Exxon Mobil (Pinto, 2019, s/p).

Além dos efeitos imediatos da OLJ, o lavajatismo foi vital para a interdição de um debate mais aprofundado e qualificado sobre os impactos socioeconômicos do "combate à corrupção" para o país. Mantendo suas premissas liberais de que a "intervenção estatal é a causa principal da corrupção estrutural no Brasil", criaram-se mitos do tipo "a corrupção quebrou a Petrobras" e a criminalização de toda a política de soberania energética, tecnológica e industrial.

A política de desinvestimento, privatização de refinarias e de Preço de Paridade Internacional (PPI) geraram efeitos sociais catastróficos para o país: aumento da inflação, aumento dos preços da gasolina, gás de cozinha, cesta básica e desemprego oriundo da desarticulação das cadeias produtivas internas. No primeiro ano do governo Lula III, a nova gestão mudou a política de preços, de dividendos para os acionistas minoritários e retomou investimentos, apesar de até então não ter revisado privatizações de algumas refinarias. Tais medidas, embora ainda tímidas, diminuíram em quase 50% os preços dos combustíveis (se mantivesse a PPI), ajudaram no controle da inflação e dos custos de alimentos.

5.4.3 A OLJ, desemprego, deflação da renda e austeridade como política do Estado capitalista periférico

Na literatura sobre os impactos econômicos da OLJ, o ônus do desemprego nas costas dos trabalhadores é um dos pontos consensuais. Segundo o Dieese, cerca de 4,4 milhões de empregos foram perdidos com a operação "anticorrupção". Além dos efeitos imediatos, a influência ideopolítica lavajatista foi extremamente funcional para a consolidação de políticas ultraliberais e a subordinação ao imperialismo. Ainda em 2015, durante o segundo governo Dilma, a visão de que o governo interveio e gastou muito era difundida nos grandes meios de comunicação sistematicamente como um dogma, ação que alguns economistas chamam de "terrorismo fiscal".

Embora políticas de ajuste fiscal tenham tido mais espaço na agenda de sucessivos governos e do Estado desde a redemocratização,[134] inclusive petistas, com exceção da política econômica austera do segundo governo Dilma, a agenda fiscalista foi moderadamente questionada através de políticas de fomento ao investimento público e a flexibilização do tripé macroeconômico neoliberal.[135]

---

134 Neste ponto cabe destacar a formulação da economista Leda Paulani (2008) sobre a construção do "Estado de emergência econômica", ao longo dos anos de 1990 e 2000, que flexibiliza os princípios e conquistas sociais da Constituição de 1988 em nome de uma dita "crise fiscal do Estado". Desse modo, se edificou, segundo Paulani, uma série de legislações que potencializaram a economia brasileira como uma plataforma de valorização financeira, em especial de capitais especulativos. São exemplos de legislações de "emergência econômica", segundo a autora, a Lei de Responsabilidade Fiscal (2000), a regra de ouro, a nova Lei de Falências (2005). Essas legislações ajudaram a transformar o chamado "tripé macroeconômico" (metas fiscais, câmbio flutuante e responsabilidade fiscal) em uma política econômica inquestionável do Estado neoliberal periférico no Brasil.

135 Cabe destacar que, mesmo assim, a agenda de ajuste fiscal permanente se manteve ao longo dos governos petistas. Embora com uma intensidade menor, por exemplo, com o aumento do superávit primário nos primeiros anos do governo Lula e os cortes de gastos em 2011, que tiveram ciclo curto. No caso do superávit de 2003 e 2004 além das metas inicialmente previstas, em 2005 as metas de superávit foram revistas e, inclusive, abriram espaço para diversos gastos, como os da própria Petrobrás, ficarem de fora da meta de resultado primário. No caso do ajuste de 2011, o ciclo não durou nem mesmo um ano. Em 2012, a política fiscal voltou a ser expansionista com o arrefecimento do crescimento do PIB naquele ano.

Além disso, as políticas de ajuste não foram constitucionalizadas, como o caso da agenda fiscalista pós-Lava Jato que galgou a aprovação da PEC do Teto de Gastos. Com o golpe parlamentar de 2016 e o avanço da OLJ, a austeridade radical deixou de ser uma política econômica de governo para virar uma política de Estado, por meio da aprovação da Emenda Constituição do Teto dos Gastos Públicos (EC 95).[136]

No caso brasileiro, a radicalização do fiscalismo econômico não se relaciona somente ao excesso de benefícios e isenções fiscais para frações da burguesia ou aos casos de corrupção investigados pela OLJ, mas sim à queda na taxa de lucro operativo e de rentabilidade de frações importantes da burguesia brasileira e sua composição como sócia subordinada e associada ao imperialismo. A ideologia anticorrupção e o fiscalismo, que equivalem à comparação da administração da economia doméstica com a da economia pública, apenas ocultam o caráter de classe das políticas de austeridade.

Com exceção do setor bancário-financeiro, que manteve sua alta rentabilidade, durante o governo Dilma amplas frações burguesas identificavam a estagnação da produtividade e a política de valorização do salário-mínimo como entraves para a

---

[136] Mark Blyth sintetiza bem os fundamentos socioeconômicos da austeridade:

> Austeridade é uma forma de deflação voluntária em que a economia se ajusta através da redução de salários, preços e despesas públicas para restabelecer a competitividade, que (supostamente) se consegue melhor cortando o orçamento do Estado, as dívidas e os déficits. Fazê-lo, acham seus defensores, inspirará a "confiança empresarial" uma vez que o governo não estará "esvaziando" o mercado de investimento ao sugar todo o capital disponível através da emissão de dívida, nem aumentando a já "demasiada grande" dívida da nação (Blyth, 2017, p. 22).

competitividade dos negócios da burguesia brasileira nas cadeias globais de valor-trabalho (Fecomercio, 2014).

Durante os governos Lula, a política do "ganha-ganha" e do fomento à centralização de capitais e internacionalização de empresas brasileiras viabilizou a ampla coalizão do pacto petista. Entretanto, com a mudança da conjuntura internacional, esses conflitos agravaram-se, e grande parte das frações burguesas necessitavam aumentar suas taxas de exploração. A estagnação produtiva e a valorização do salário-mínimo e do real, assim como os baixos níveis de desemprego, produziam condições adversas para o cumprimento dessa necessidade para a burguesia, conforme demonstra o gráfico a seguir, produzido por Fonseca, Arend e Guerrero (2019, p. 799).

Figura 5: gráfico da variação da produtividade do trabalho, do salário-mínimo e do custo unitário do trabalho no Brasil de 2000 a 2015

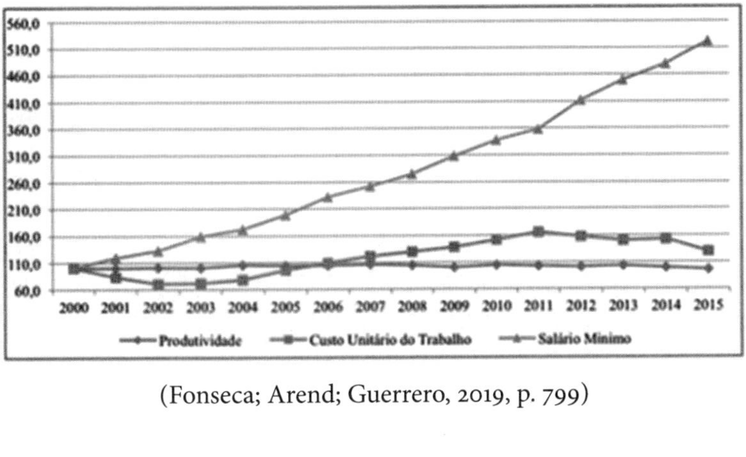

(Fonseca; Arend; Guerrero, 2019, p. 799)

O Custo Unitário do Trabalho (CUT) é a razão entre salários em dólar e a produtividade. Quanto mais baixo o CUT, maior a tendência a taxas mais altas de exploração e extração de mais-valor.

O gráfico é didático ao demonstrar como a política de valorização do salário-mínimo, a estagnação da produtividade do trabalho e a valorização do real representaram entraves para a elevação das taxas de exploração na economia brasileira.

Em nossa interpretação, a austeridade como política de Estado, impulsionada pelo fiscalismo econômico e pelo lavajatismo em termos ideopolíticos, foi fundamental para o aumento das taxas de exploração após 2015, por meio do incremento de mecanismos de intensificação na extração da mais-valia relativa, absoluta e da própria superexploração da força de trabalho.

Isso foi possível graças à reorientação no padrão de acumulação, hegemonizado pela atividade financeira, e à indução ao aumento das taxas de desemprego, subocupação e deflação dos salários e da renda dos trabalhadores. No campo do investimento privado, após 2016, ocorreu uma explosão na atividade financeira não somente entre os bancos, mas também entre os chamados Agentes Autônomos de Investimentos (AAI), como assinalam Ferreira e Gaspar (2021, p. 209):

> [...] Um estudo realizado pela B3 (antiga BM&F Bovespa) mostra que entre 2016 e 2020, cresceu 440% o número de pessoas físicas investindo na Bolsa no Brasil (ver Gomes; Zanlorenssi, 2020). Uma empresa de corretagem como a XP Investimentos, que em 2010 era avaliada em R$ 500 milhões, teve 49,9% de suas ações compradas pelo Itaú por R$ 6 bilhões, em 2017 (ver InfoMoney, 2020). Apenas dois anos depois, a companhia abriria capital na bolsa nova-iorquina Nasdaq, em uma operação de R$ 78 bilhões (ver Guimarães; Leopoldo, 2019). Hoje, 7 dos 8 mil AAI certificados são ligados à XP (Costa; Mendes, 2020).

Por outro lado, além da reorientação no padrão de acumulação, os cortes no investimento público criaram duas situações importantes para a recuperação das margens de lucro. A primeira induz ao alto desemprego e, com isso, os trabalhadores perdem poder de barganha e os salários são comprimidos pelo efeito do desequilíbrio entre oferta e procura. A segunda refere-se à abertura de novos mercados mediante a venda do patrimônio público e de recursos naturais.

Não foi à toa que o CEO do Itaú, Candido Bracher, ao cobrar a aprovação das contrarreformas no Congresso Nacional, declarou que o "alto desemprego permite o crescimento econômico sem inflação". Nesse cenário, desde 2015, o número de desempregados no país sempre ultrapassou as 10 milhões de pessoas, e durante a pandemia de Covid-19 esse número oficial passou dos 14 milhões. Desemprego apenas medido entre aqueles que efetivamente procuram trabalho e que não prestam nenhum serviço de "bico", que, na metodologia oficial, não são considerados desempregados.

Ademais, cabe destacar o alto número de desalentados (pessoas que desistiram de procurar emprego), que, em 2021, passou dos 6 milhões, e de subocupados (pessoas que gostariam de trabalhar mais horas), que passa dos 10 milhões. Ou seja, o problema do desemprego, da subocupação e do desalento – que formam a taxa composta de subutilização do trabalho – afeta mais de um terço da população economicamente ativa brasileira nos últimos anos.

A política de austeridade radical e estrutural; a desregulamentação do mercado de trabalho por meio da contrarreforma trabalhista; o avanço das terceirizações e o enfraquecimento dos sindicatos contribuíram para o avanço da precarização do trabalho, ainda mais agravada pela regressão produtiva da economia brasileira, isto é, cada vez mais uma economia financeirizada, agroexportadora e geradora de empregos por meio do setor de serviços (Pochmann, 2020). Segundo relatório do Iree (2021), as taxas de desemprego formal caem com o crescimento da subocupação através do trabalho "intermitente" e "por conta própria".

A deflação salarial e da renda, além de incrementar a extração da mais-valia relativa e absoluta, também potencializa a superexploração da força de trabalho no Brasil. Isto é, condições salariais abaixo da reprodução mínima física e social da força de trabalho. Pesquisas apontaram que, em 2019, metade da força de trabalho brasileira já vivia com menos de 413 reais mensais, afetados pelo fenômeno da informalidade e da terceirização (Mendonça, 2019).

Ademais, mesmo entre os formais, a política de congelamento de ganhos reais no salário-mínimo, institucionalizada pelos governos Temer e Bolsonaro, potencializa ainda mais esse fenômeno, já que a valorização do salário-mínimo tem um impacto expressivo em toda a curva de salários. Uma pista importante é a relação entre o salário-mínimo e o aumento da cesta básica nas capitais brasileiras. Abaixo podemos ver que, em 2020, parte significativa do salário-mínimo é gasto com a compra da cesta básica, o que demonstra a defasagem salarial se levarmos em conta outros gastos mínimos, como moradia, pagamento de impostos etc.

Figura 6: preço médio (em reais) da cesta básica em dezembro de 2020, por capital

Fonte: Silveira, 2021

Segundo Pochmann (2017), o golpe de 2016 e a OLJ representaram a diminuição do Custo Unitário do Trabalho no Brasil (CUT). Até 2014, o custo do trabalhador brasileiro era 20% maior do que na China. A partir de 2016, a força de trabalho na China passou a custar 16% mais do que aqui. Igualmente, até 2014, segundo o economista, um trabalhador brasileiro custava um terço do equivalente nos Estados Unidos; em 2017, já valia 17%. Segundo dados fornecidos pela CNI, entre 2011 e 2019, o CUT teve uma queda acumulada de 29%. Essa queda foi intensificada, principalmente após 2016, quando o salário médio real parou de crescer acima da produtividade (Rodrigues, 2020).

5.4.4 Centralização de capitais e recuperação das margens de lucros operativos

Os efeitos econômicos da OLJ e a crise econômica brasileira também impactaram o perfil de fusões e aquisições no mercado nacional. Conglomerados envolvidos em escândalos de corrupção venderam parte de seus ativos. Em 2017, o valor médio dos negócios foi de cerca de 102 milhões de dólares, bem acima da média histórica, que oscilava entre 30 e 40 milhões (Napolitano, 2018).

Esse processo de centralização de capitais foi acompanhado do aumento da desnacionalização da economia brasileira. Em números coletados pela Transactional Track Record (TTR), que acompanha o volume de fusões e aquisições no mundo, entre 2014 e 2018, quase quatrocentas empresas brasileiras passaram para as mãos estrangeiras, que desembolsaram cerca de 133 bilhões de reais. Empresas nacionais tidas como gigantes foram vendidas: a Odebrecht Ambiental para a canadense Brookfield; a multinacional estadunidense Archer Daniels Midland Company (ADM) comprou ativos da Algar Agro – o negócio incluiu as instalações de processamento de oleaginosas em Uberlândia (MG) e Porto Franco (MA) (Pereira, 2018, s/p). As multinacionais dos Estados Unidos (75 operações), China (23 operações) e França (22 operações) foram as que mais participaram da "liquidação" de empresas brasileiras.

Além das empresas diretamente afetadas pela OLJ, cabe sublinhar o crescente processo de centralização de capitais em outros ramos do capitalismo brasileiro, como o varejo (Magazine Luiza), as *startups* na área financeira (associação entre o Itaú e a XP Investimentos), os serviços e o agronegócio. Essa reconfiguração no poder econômico entre as frações da burguesia brasileira e o capital imperialista contribuíram para a recuperação das taxas de lucro.

Segundo Eduardo Costa Pinto (2020), estudioso do tema, embora o crescimento econômico esteja estagnado, o processo de centralização de capitais faz com que o capital monopolista-financeiro associado ao que chamamos de imperialismo tardio "engula" as grandes, médias e pequenas empresas regionais. Esse processo, associado à redução dos custos trabalhistas e ao aumento do preço internacional das *commodities*, possibilitou a recuperação das taxas de lucro operativo da grande burguesia brasileira.

Figura 4: gráfico da massa de lucro (líquido) e taxa de lucro (líquido/patrimônio líquido) das 920 maiores empresas não financeiras

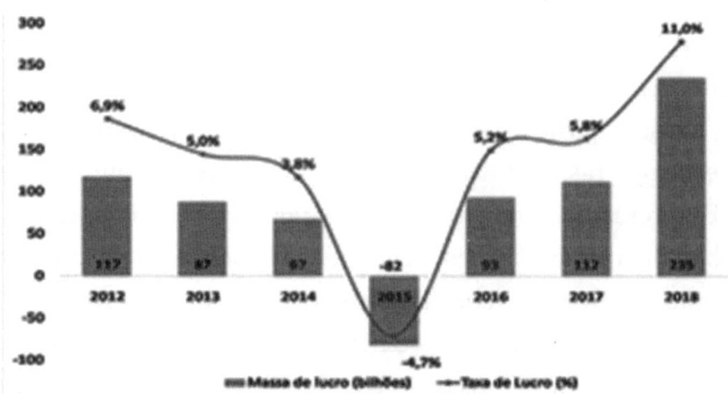

Fonte: Pinto, 2020

Segundo o autor, essa recuperação nas margens de lucro e a radicalização no padrão de acumulação dominante, mesmo sem gerar crescimento da atividade econômica no país, explica em termos o apoio aberto ou velado aos governos de Temer e Bolsonaro por parte da grande burguesia monopolista e do capital transnacional, em especial o financista. Mais uma vez, podemos constatar como a OLJ e o lavajatismo foram importantes para essa reconfiguração nas relações econômicas e de poder da burguesia e do imperialismo no Brasil.

5.4.5 Os lavajatistas também enriqueceram: a indústria do compliance e da delação premiada

O *compliance* ("conformidade", em português) é a atividade que busca que as empresas estejam em conformidade com as leis, ou seja, trata-se da elaboração de um conjunto de padrões de governabilidade para evitar práticas corruptas. No Brasil, para as empresas com capital aberto que atuam nos Estados Unidos e na Europa, o *compliance* já era legalmente obrigatório desde o início dos anos 2000. Porém, desde a promulgação da Lei Anticorrupção em 2013 e sua regulamentação em 2015, durante o governo Dilma (PT), e as grandes proporções da OLJ, ocorreu uma volumosa expansão do mercado de *compliance* no Brasil, beneficiando grandes escritórios de advocacia e contabilidade.

Em 2017, por exemplo, a Odebrecht chegou a investir 65 milhões de reais nos programas de conformidade e anticorrupção. A Petrobras criou uma diretoria com essa função em 2015 e adotou uma série de novas medidas de governança. Outras empresas afetadas pela OLJ, como a OAS, Camargo Corrêa, Braskem, JBS, Engevix e Andrade Gutierrez, também anunciaram novos investimentos na área e a contratação de grandes escritórios de advocacia para cuidarem do setor. Além das empresas afetadas diretamente, nesse mesmo de ano 2017, o *compliance* era a segunda maior preocupação entre os grandes executivos brasileiros, perdendo apenas para a questão da tributação (Alvarenga; Melo, 2017, s/p).

Grande parte desses escritórios contratados são transnacionais, muitos sediados nos Estados Unidos, e empregam advogados, ex-juízes e ex-procuradores brasileiros com generosos honorários. Importantes figuras da "luta contra a corrupção" no Brasil têm estreitas relações com esse mercado. Rodrigo Janot, ex-procurador-geral da República, abriu um escritório especializado em *compliance*, pelo qual poderá prestar consultorias para empresas que antes ele próprio investigava (Jota, 2019, s/p). Deltan Dallagnol é um assíduo defensor do *compliance* como mecanismo anticorrupção no mundo empresarial e participa de diversos congressos, oficinas e até de palestras remuneradas sobre o tema para grandes empresas (*Fórum*, 2019, s/p).

Um dos casos mais emblemáticos e que ilustra o controverso mercado da "luta anticorrupção" foi o do ex-procurador da Operação Lava Jato Marcelo Miller. Ele foi contratado pela Trench Rossi Watanabe para representar um grande escritório norte-americano depois de ter sido a parte brasileira nas negociações da Embraer nos Estados Unidos. No acordo com o Departamento de Justiça estadunidense, a Embraer, além de pagar uma multa milionária, deveria se submeter a regras de *compliance* e remeter um conjunto de informações para os órgãos estadunidenses. Pouco tempo depois, foi fechada a polêmica compra da empresa brasileira pela Boeing dos Estados Unidos (Landim; Nunes, 2016, s/p).

O ex-juiz Sergio Moro, ao lado de seu cônjuge, após sair do governo Bolsonaro, trabalhou para a firma de *compliance* Alvarez & Marsal em Washington, nos Estados Unidos. O jornalista Luís Nassif (*Jornal* GGN, 2020) tem se dedicado a denunciar os vínculos da OLJ com os interesses financeiros da "indústria do *compliance*". Para Nassif, esse mercado, consolidado nos Estados Unidos e na Europa, funciona sob a lógica da "porta giratória".

A OLJ também possibilitou uma janela de oportunidades para uma nova modalidade dos "advogados de porta de cadeia". Trata-se das pequenas e médias firmas de advocacia, com contatos junto ao Ministério Público, que ofereciam seus serviços para potenciais investigados da OLJ e negociavam suas delações junto às autoridades do MPF. O conluio foi denunciado pelo ministro do STF Gilmar Mendes e pela jornalista Amanda Audi (Audi, 2018). A esposa de Sergio Moro, Rosângela Moro, tinha ligações com esse tipo de "caso" com escritórios de advocacia (RBA, 2017).

Inclusive, em 2019, foi descoberto que 31 delatores homologados pelo STF deram calote na Justiça brasileira, descumprindo seus acordos, com cifras que beiravam os 120 milhões de reais (Moura; Pupo, 2019), o que demonstra que o setor privado nunca foi o alvo principal das investigações, mas sim o "intervencionismo estatal" como raiz da "corrupção sistêmica".

Mais recentemente, no primeiro semestre de 2023, o advogado Rodrigo Tacla Duran acusou Sergio Moro e Deltan Dallagnol de liderarem um esquema de extorsão de investigados pela Lava Jato. Segundo Duran, delatores da OLJ o ameaçaram, e Fábio Aguayo, empresário de Curitiba e apoiador de Moro, ofereceu a ele serviços enquanto era processado em Curitiba, no que o advogado entendeu ser uma insinuação para a obtenção de propina. O caso foi encaminhado para o STF.

A denúncia de Duran corrobora outras que indicam a possível instrumentalização financeira e política das delações premiadas durante a OLJ. O ex-executivo da Odebrecht Alexandrino Alencar, um dos principais delatores da OLJ, afirma ter sido pressionado para envolver o presidente Lula em seu acordo de colaboração com o Estado. A declaração foi feita em entrevista para o documentário *Amigo Secreto*, lançado em 2022.

À GUISA DE UMA CONCLUSÃO

Ao completar dez anos de seu início, a Lava Jato, enquanto força-tarefa jurídica e policial, parece derrotada. No âmbito do Superior Tribunal Federal (STF), em 2023, por meio da decisão do ministro Dias Toffoli apontou a anulação do acordo de leniência da OLJ com a Odebrecht. Ademais, o ministro indicou a necessidade de se investigar, na esfera civil, possíveis desvios cometidos pelos agentes da operação. A decisão sofreu recursos de procuradores federais, no entanto, no campo político e jurídico, foi simbólica, ainda mais tendo como protagonista um dos ministros que mais se aproximou da alta cúpula militar na última quadra histórica.

Além disso, em relatório parcial divulgado em 2023 pelo Conselho Nacional de Justiça, elaborado pela Corregedoria Nacional de Justiça, apontou-se irregularidades e uma "gestão caótica" de valores em acordos da Lava Jato. Segundo o relatório, os acordos eram homologados pela vara sem todos os documentos necessários, como a apresentação das circunstâncias da celebração e as discussões ocorridas entre as partes. Os servidores responsáveis pela investigação também afirmam que os acordos poderiam beneficiar, com o repasse de 2,5 bilhões de reais de recursos desviados da Petrobras, a criação da chamada Fundação Lava Jato, gerida pela própria força-tarefa, que foi chefiada pelo ex-procurador Deltan Dallagnol.

No campo da política institucional, apesar da eleição de Dallagnol, para Câmara Federal, e Moro, para o Senado, até o momento em que escrevemos, o primeiro foi cassado pela Lei da Ficha Limpa e o segundo ainda corre o risco de cassação pela Justiça

Eleitoral. No entanto, sem dúvida, a grande derrota da Lava Jato foi a eleição de Lula, em 2022, para a Presidência e a manutenção, não imune a contradições, do PT como principal partido nacional na cena política brasileira.

A derrota eleitoral do bolsonarismo possibilitou uma mudança parcial na correlação de forças no campo institucional e social. Desse modo, o presente livro poderia acabar com um "final feliz" e otimista, afinal, depois de uma ofensiva jurídico-política que possibilitou o crescimento da extrema direita e de seu núcleo neofascista no Brasil, esse intento foi freado.

Para uma leitura desatenta, as razões para escrevermos este livro estariam mais concentradas numa elaboração crítica sobre o passado recente. No entanto, caro leitor, nossa proposta ao longo destas páginas foi a de irmos "além da Lava Jato", isto é, investigarmos as condições políticas, ideológicas, jurídicas e econômicas que possibilitaram a sua existência e seus legados para a dinâmica sociopolítica brasileira. A Lava Jato, principalmente o lavajatismo, ainda permanecerá como uma constante ameaça na vida política nacional, sobretudo por ser uma das parteiras de rupturas institucionais que propiciaram o avanço de forças ultraliberais, neoliberais e neofascistas na atualidade.

Assim como as forças antidemocráticas, antinacionais e direitistas acumularam potência com as tentativas de golpes em 1954 e 1961, no Brasil recente, a Lava Jato foi funcional para a radicalização ultraliberal de subversão constitucional que desencadeou no golpe jurídico-parlamentar de 2016 e na nacionalização do bolsonarismo.

Engana-se quem acredita que tamanha operação "anticorrupção" foi fruto apenas do "conluio" ou de "desvios" particulares de agentes do sistema de Justiça. O voluntarismo de tais agentes foi viabilizado por meio de uma série de condições institucionais e políticas. Para explicar essas condições e desdobramentos, demos centralidade ao imperialismo, em especial a uma das suas formas de intervenção contemporânea, o *imperialismo legal.*

A teoria do imperialismo, ao contrário de muitas abordagens reducionistas, articula o particular das distintas formações sociais periféricas/dependentes com a totalidade da dominância capitalista nas hierarquias de poder econômico e político no mercado mundial. Principalmente após 1945, o fenômeno imperialista se amplificou e se complexificou.

O imperialismo contemporâneo, liderado pelos Estados Unidos, ao passo que aumentou o seu domínio militar, também modernizou as hierarquias de poder financeiro, monetário, ideológico e cultural na história recente. O *imperialismo legal* é uma faceta do imperialismo contemporâneo, pois trata-se de uma série de políticas e jurisdições extraterritoriais que tornam, direta ou indiretamente, os Estados Unidos os policiais do mundo nas guerras contra o "terrorismo", as " drogas" e a "corrupção".

Com o advento da crise capitalista de 2008 e as consequências da pandemia de Covid-19, o sistema imperialista vive um impasse contraditório. Se até os anos 2000, sob hegemonia dos Estados Unidos, o sistema imperialista representou a economia-política da *ampliação* do mercado mundial, na atualidade, a manutenção da hegemonia estadunidense e de seus aliados restringe o avanço de novos polos de desenvolvimento e de acumulação no mundo. Das guerras imperialistas que liquidam covardemente países inteiros, como na Síria e na Líbia, até as práticas de sanções econômicas vemos exemplos de mecanismos que se caracterizam por manter o poder estadunidense, contudo sem representar crescimento da economia mundial nos marcos capitalistas.

A "luta contra a corrupção" é uma das frentes do *imperialismo legal.* Sob liderança dos Estados Unidos, por meio das suas políticas externa e de segurança nacional, principalmente a partir da década de 1990, a agenda anticorrupção ganhou notoriedade em fóruns, campanhas e intervenções de agências multilaterais e se tornou uma das temáticas nas relações internacionais no sistema interestatal pós-guerra fria.

O *imperialismo legal* tem dimensão *coercitiva* através das sanções econômicas, do poder de investigação e de punição de órgãos ligados ao governo dos Estados Unidos. O *imperialismo legal* tem dimensão *jurídica* a partir da exportação de legislações advindas dos Estados Unidos, proximidade de agências estadunidenses com juízes, promotores e policiais de outros países e o aumento da sua aplicabilidade extraterritório estadunidense.

O *imperialismo legal* também tem uma dimensão *econômica* ao se transformar num mecanismo de intervenção extraeconômica a fim de proteger mercados, patentes, preços de monopólio e interesses estratégicos de grandes oligopólios sediados nos países imperialistas. Por último, o *imperialismo legal* tem dimensão ideopolítica. A ação contínua de ONGS, *think tanks*, entidades empresariais e acadêmicos influem, legitimam e constroem diálogos e alianças entre as classes capitalistas e até influenciam pautas de grupos progressistas mundo afora.

Essas dimensões não são compartimentadas, se articulam e fazem parte da lógica da economia política do imperialismo contemporâneo. No Brasil, a ação de entidades empresariais, ONGS e *think tanks* em conluio com setores da alta burocracia estatal (Judiciário e cúpula das Forças Armadas) instrumentalizaram a pauta anticorrupção para fins políticos de oposição ou de disputa de rumos nos governos petistas. Nesse contexto, os princípios jurídicos, o contato contínuo com entidades privadas e públicas estadunidenses e a absorção acrítica de legislações internacionais do *imperialismo legal* se tornaram algo útil para a estratégia de organizações burguesas no processo de renovação das direitas no Brasil.

A existência da OLJ foi produto dessas complexas articulações e condições. Decerto, sua *autonomia relativa* conjuntural, decisiva para o golpe de 2016 e o crescimento do bolsonarismo, foi impulsionada por grandes manifestações de rua convocadas por organizações de direita, extrema direita e neofascistas com intensas relações com entidades empresariais e políticas dos Estados Unidos. A ação política dessa autonomia conjuntural coincidiu com os interesses imediatos da política imperialista estadunidense em enfraquecer/derrubar os governos progressistas na América Latina.

Desse modo, a derrota da OLJ, embora importante para as lutas democráticas e nacionais, ainda não representou um freio na influência *imperialismo legal* no ambiente político, jurídico e no interior do Estado capitalista brasileiro. A pauta anticorrupção, por exemplo, instrumentalizada pela subversão ultraliberal da constituição de 1988, se mantém como um dos principais discursos para combater qualquer tentativa do governo Lula III de ampliar direitos sociais e de reconfigurar o padrão de acumulação do capitalismo brasileiro fora das diretrizes do ajuste fiscal permanente.

Desse modo, as tutelas da "Faria Lima" e até a da cúpula das Forças Armadas ainda tendem a se utilizar do discurso, de abordagens acadêmicas, de legislações e de doutrinas econômicas que foram impulsionadas pela OLJ. Para além de figuras como Dallagnol e Moro, o lavajatismo ainda deve se manter como uma força ideológica na vida política brasileira.

Por fim, caro leitor, este livro não termina com um "final feliz", mas com um alerta: a crítica insuficiente da OLJ, isto é, afirmar que seus crimes contra o Brasil seriam meros desvios de agentes e entidades públicas, tende a se transformar numa *crítica conservadora do combate à corrupção*. Fundamentalmente por duas razões, a primeira se oculta na necessidade da luta contra a corrupção como parte de uma agenda de transformações sociais e de controle democrático que reforcem a economia pública.

A segunda é a manutenção dos ditames do *imperialismo legal* nas entranhas da sociedade civil e do Estado no Brasil. Uma

Comissão da Verdade democrática sobre os crimes da Lava Jato é uma pauta fundamental para o fortalecimento da soberania popular e democrática no Brasil. Para além da responsabilização civil e até penal dos envolvidos, cabe uma profunda investigação crítica e autocrítica sobre as condições que resultaram na OLJ, assim como seus legados econômicos e institucionais que aprofundaram a crise social e a condição dependente da economia do Brasil.

Referências

Para ver as referencias bibliográficas usadas nesse livro, acesse o QR CODE

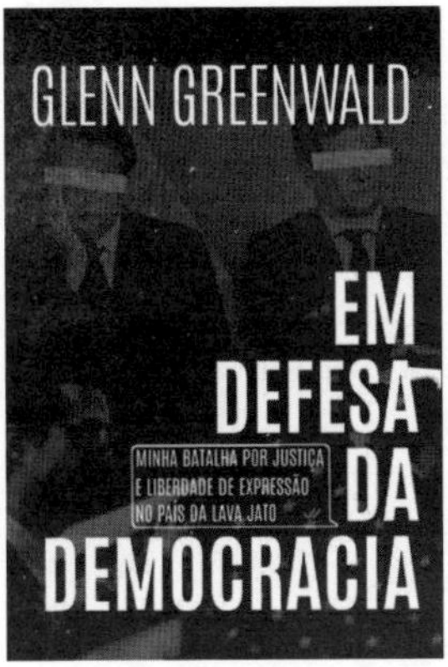

Leia Também

Em defesa da democracia: minha batalha por justiça e liberdade de expressão no país da Lava Jato
Glenn Greenwald

"As coisas começaram a acontecer e me vi novamente no centro de uma controvérsia jornalística explosiva", narra Glenn Greenwald, que, com sua equipe, foi responsável pela Vaza Jato, série de reportagens que revelou as entranhas da poderosa operação Lava-Jato.

Essas reportagens, baseadas em um enorme arquivo entregue ao jornalista por uma fonte anônima, repercutiram internacionalmente e causaram um terremoto político no Brasil, implicando uma das figuras mais poderosas do país, o ex-juiz e então "superministro" da Justiça Sergio Moro, apenas seis meses após a posse de Jair Bolsonaro na presidência.

A Vaza Jato despertou fortes rancores e ataques diretos do próprio Bolsonaro, culminando numa tentativa do governo de processar criminalmente Greenwald: "Uma onda de ameaças de morte me obrigou a sair de casa com guardas armados e carro blindado".

Em defesa da democracia oferece não só um mergulho fascinante nos bastidores do jornalismo e da política, mas também um retrato íntimo de Greenwald e seu marido, o deputado David Miranda, e as consequências pessoais e familiares de enfrentar a tirania lavajatista.

Apesar das dificuldades, Greenwald não se arrepende: "As revelações fortaleceram a democracia brasileira. Corrigimos erros, revertemos injustiças e expusemos corrupção". A Vaza Jato, ele conclui, mostra que "uma imprensa livre ainda é o elemento central para garantir a democracia".

Primeiro eles tomaram Roma: como a extrema direita conquistou a Itália após a operação Mãos Limpas
David Broder

Por que a Itália se tornou um desastre político?

Há pouca explicação detalhando por que deu tudo errado na Itália nas últimas três décadas. O crescimento econômico estagnou, a infraestrutura desmoronou e os jovens desempregados não têm mais futuro. Esses problemas são reflexos da política que dominou o país, dos escândalos de Silvio Berlusconi à ascensão da extrema direita.

Muitos comentaristas culpam o mal-estar da Itália por males culturais – apontando para a corrupção da vida pública ou um atraso supostamente endêmico. Nessa leitura, a Itália não convergiu com as reformas neoliberais montadas por outros países europeus, ficando atrás do resto do mundo.

Primeiro eles tomaram Roma oferece uma perspectiva diferente: a Itália não está deixando de acompanhar seus pares internacionais, mas está mais adiantada no mesmo caminho de declínio neoliberal que os demais países estão seguindo. Na década de 1980, a Itália ostentava o Partido Comunista mais forte do Ocidente; hoje, a solidariedade social está em colapso, os trabalhadores sentem-se cada vez mais atomizados e as instituições democráticas tornam-se cada vez mais obsoletas.

Estudando a ascensão de forças como o Lega de Matteo Salvini, este livro mostra como a extrema direita se valeu de uma fraudulenta operação judicial e um poço profundo de desespero social, ignorado pelo centro liberal. A história recente da Itália é um aviso do futuro – e o colapso da vida pública corre o risco de se espalhar por todo Ocidente.